GEXINGHUA XINWEN TUIJIAN DE FANLONGDUAN
GUIZHI YANJIU

个性化新闻推荐的反垄断规制研究

喻 玲 兰江华／著

中国政法大学出版社

2023·北京

声　明　1. 版权所有，侵权必究。

　　　　2. 如有缺页、倒装问题，由出版社负责退换。

图书在版编目（CIP）数据

个性化新闻推荐的反垄断规制研究/喻玲, 兰江华著. —北京：中国政法大学出版社，2023.6
ISBN 978-7-5764-0932-1

Ⅰ.①个⋯　Ⅱ.①喻⋯②兰⋯　Ⅲ.①新闻工作－研究　Ⅳ.①G21

中国版本图书馆CIP数据核字(2023)第119976号

出　版　者　中国政法大学出版社
地　　　址　北京市海淀区西土城路 25 号
邮　　　箱　fadapress@163.com
网　　　址　http://www.cuplpress.com (网络实名：中国政法大学出版社)
电　　　话　010-58908435(第一编辑部) 58908334(邮购部)
承　　　印　固安华明印业有限公司
开　　　本　720mm×960mm　1/16
印　　　张　23
字　　　数　374 千字
版　　　次　2023 年 6 月第 1 版
印　　　次　2023 年 6 月第 1 次印刷
定　　　价　89.00 元

序

　　喻玲教授一直致力于反垄断法研究，著述丰硕，已是经济法学界引人注目的青年学者。兰江华博士是江财法学院培养的优秀才俊，自本科以来即随喻教授聚焦数字经济领域诸如算法个性化定价、算法个性化推荐等反垄断前沿问题的研究，相关成果以其敏锐性和洞察力引起同行的关注。《个性化新闻推荐的反垄断规制研究》一书是国家社科基金后期资助重点项目的结题成果，即将付梓之际，喻教授嘱我作序，我与有荣焉。作为喻教授的老同事，有机会"先睹为快"，权且以序的方式率先交上一份"读后感"吧。

　　人类已经进入数字经济时代，我国数字经济规模也已位居世界第二。数字经济作为一种新的经济形态，具有高创新性、强渗透性、广覆盖性，业已成为重组要素资源、重塑经济结构和改变竞争格局的关键力量。数字技术和数字经济的快速发展给经济社会发展带来包括法律问题在内的诸多挑战，其中最为突出的是平台反垄断问题。平台化是数字经济各行业的发展趋势，得益于我国发达的资本市场、健全的各类基建、巨大的市场需求、有效的政策支持，我国各行业的平台化得以快速布局，为我国经济带来强劲新活力。但是，平台化也通过影响竞争格局催生了数字经济的治理难题，比如说，加剧数字经济结构失衡、影响资本市场健康发展、损害参与各方福利、威胁创新生态构建、引发国家与信息安全隐患等问题。平台化催生的上述问题已经成为我国反垄断规制实践和理论研究的重点。

　　就平台反垄断的研究而言，相关著述已蔚为大观，但既有研究的主题大多集中于平台不公平价格竞争、低于成本销售、二选一、大数据杀熟、链接封禁等热点问题,聚焦"个性化新闻推荐(推送)"这一具体场景展开的专著尚付阙如。反过来,如果以"个性化新闻推荐(推送)"为主题进行观察,可以发现,当下的相关研究多发生于软件与计算机技术以及新闻与传媒学科,且主要聚焦于"个性化新闻推荐(推送)"如何实现和实施的问题,对"个性化新闻推荐(推送)"行为的负面效应关注不足,而直接从反垄断规制视角切入的更是寥寥无几,即使有,相关讨论也只是偶见或散见于"信息茧房""今日头条"为主题的一些论文之中。据此而察,这本专著大概可以算作既是平台反垄断规制问题场景化研究的先行之作,也是我国"个性化新闻推荐(推送)"反垄断规制问题研究的开篇专著,在这一领域自然有其开创性的学术和文献地位。

这项研究除了具备一定的开创性,在研究体系上也具有很强的完备性。具体表现在:一是采取了场景化的研究进路。这项研究从对数字新闻生产方式和商业模式的具体分析出发,揭示了个性化新闻推荐的技术架构和商业模式,从而使得整个研究建立在对业务场景清晰刻画的基础上,没有落入空泛议论的老套路。相反,这项研究通过"亲临"具体数字业务场景的方式,有效消解了个性化新闻推荐行为不易观察、理解和把握所带来的认知困难,大为增强了说理的信服力。二是构建了综合化的论述框架。这项研究在谋篇布局上很好地处理了事实判断、价值判断和制度判断的层次关系,既有数字新闻生产方式"变革"、新闻商业模式"创新"以及个性化新闻推荐带来的反垄断规制"挑战"的事实判断内容,也有个性化新闻推荐反垄断规制"目标与定位"的价值判断内容,还有个性化新闻推荐反垄断法规制的本体"制度设计"的制度判断内容,从事实——价值——制度三个层面递进展开论述,彰显了论述框架的体系性和稳健性。三是采纳了协同化的观点立场。个性化新闻推荐并非局限于经济领域的一个话题,还涉及政治、伦理、文化、社会等诸多领域的一系列重大议题。这项研究提出,个性化新闻推荐的治理除了要发挥反垄断法这一工具的作用,还要发挥经济、技术、文化和社会治理等工具的功能,以有效支撑个性化新闻推荐反垄断规制防火墙的搭建。

个性化新闻推荐是数字经济条件下的新生事物,对其展开研究,既要洞悉其业务实态、分析其社会影响、研判其是非得失、平衡其各种法益、拿捏其规制分寸、协同其各方执法，又要横跨各学科，还要观瞻全球动态，捕捉中国机遇，凡此等等，可谓宏微并具，动静得宜，短长兼顾，皆需议论，可见为其著书立说绝非易事。加之开创性研究都会碰上文献匮乏的困难，为此需要大量搜集和消化外文文献，不能不说是一件"苦差事"。难则难矣，好在可以期待研以致用。相信这项研究构建的分析框架和提出的政策建议，或能助益我国在个性化新闻推荐反垄断规制方面果断进行法制创新，合理且有效地规制平台不良行为。

除了实践价值之外，这项研究还有一定的学术价值。这项研究聚焦"个性化新闻推荐"的业务场景展开平台反垄断规制分析，对于平台反垄断规制的后续研究或可起到两个方面的样板价值：

第一，提供了一个场景化研究的样板。"个性化新闻推荐"只是平台反垄断的一个具体业务场景，考虑到由平台强势地位造就的垄断行为具有多样性、隐蔽性与组合性的特征，场景化研究的进路对于平台反垄断的后续研究而言，恐怕已不再是仅仅限于有益而已，而是不可回避，这本专著作了一个很好的示范，期待着平台反垄断研究领域出现更多更深入的场景化研究新作。

第二，提供了一个较为成熟的分析框架样板。研究过程中，这本专著要处理的一个基本问题就是"个性化新闻推荐"反垄断规制与平台反垄断规制两个问题之间以及两者分析框架之间的关系问题，显然，这其中的分析逻辑既包括具体与普遍的关系，也包括个性与共性的关系。从辩证统一的观点看，"个性化新闻推荐"的反垄断研究印证、充实和发展了平台反垄断研究的分析框架，反过来，平台反垄断研究的分析框架也为"个性化新闻推荐"反垄断研究提供了价值、体系和方法。这本专著在研究"个性化新闻推荐"反垄断规制中已经掂量过的一些重大利益平衡的难题——既要积极支持平台经济的壮大以发挥其对引领高质量发展的重要作用，又要强化平台反垄断执法以防范可能造成的效率损失；既要关注经济效益，又要关注更加广泛的非经济性的治理利益；既要站在反垄断的立场，又要注意与经济管制政策的分工协同；既要考虑平台本身的反垄断执法问题，又要考虑平台跨界带来的与现有行业监管体制冲突的问题——将为我国平台反垄断规制实践进入持续深化的新阶段的后续研究提供分析框架样板和早期"难题库"。这些难题在这本专著中或许有的只是点到为止，但透过其所展示的早期问题清单，我们依稀可以展望平台反垄断后续研究将呈现出更为宽广也更令人激动的问题图景，而这幅图景中的问题，我相信应该是与我国平台反垄断规制进入新阶段后的宏伟目标相关联的，那就是要达到优化数字行业结构、保障资本市场稳定、助力共同富裕建设、完善数字创新生态、规避国家安全风险等高标准的反垄断政策目标。

　　读后有感，是为序。

邓　辉[1]

2023 年 3 月

---

　　[1]　邓辉，博士、教授、博士生导师，现任江西财经大学校长，第十二届、第十四届全国人大代表，民进江西省第九届委员会副主任委员、江西省人大法制委员会委员。

目　录

绪　论

　　做好党的新闻舆论工作，事关旗帜和道路，事关贯彻落实党的理论
和路线方针政策，事关顺利推进党和国家各项事业，事关全党全国各族
人民凝聚力和向心力，事关党和国家前途命运。[1]

——习近平

一、选题背景与问题提出

　　伴随新的创新型信息社会（数字）服务应运而生，人们之间的沟通、链接、
消费和经营的方式随之而变。[2] 算法成为第三波信息技术浪潮中的关键性结构
要素，人类步入"算法经济时代"。[3] 在传播方式从大众传播（适合新闻媒体）
转向个性化传播（有利于平台）的转变过程中（ACCC，2018），平台构建了自
身与对象的强连接优势，而个性化推荐成为平台凝聚这种优势的关键。[4] 通过
精妙的算法，平台的兴起与普及的确深化了市场竞争并为公众带来诸多便利与实
惠。[5] 在传播大变革的过程中，算法改变了数字平台，数字平台改变了新闻，

---

　　〔1〕　李源、秦华："习近平在党的新闻舆论工作座谈会上强调：坚持正确方向创新方法手段 提高新
闻舆论传播力引导力"，载《人民日报》2016年2月20日，第1版。

　　〔2〕　European Commission，*Proposal for a Regulation of The European Parliament and Of the Council on Con-
testable and Fair Markets in The Digital Sector（Digital Markets Act）*，COM/2020/842，final.

　　〔3〕　〔美〕卢克·多梅尔：《算法时代：新经济的新引擎》，胡小锐、钟毅译，中信出版集团2016年
版，第1页。

　　〔4〕　曾白凌："媒介权力：论平台在算法中的媒体责任"，载《现代传播（中国传媒大学学报）》
2021年第10期。

　　〔5〕　〔英〕阿里尔·扎拉奇、〔美〕莫里斯·E. 斯图克：《算法的陷阱：超级平台、算法垄断与场景
欺骗》，余潇译，中信出版社2018年版，序言。

新闻的生产、消费、传播发生了根本性的变化。[1] 路透社的实证研究[2]表明：①在大多数国家，当地报纸及其网站仍然是特定城镇或地区的首要新闻来源（占比为44%），但是人们获取新闻的渠道变得更加分散。超过1/4（28%）的人更喜欢通过网站或应用程序开始他们的新闻之旅，50%以上18~24岁的人（Z世代）[3] 更喜欢通过社交媒体、新闻聚合平台获取新闻。主流新闻品牌和记者在脸书和推特上的关注正在逐步被抖音、色拉布（Snapchat）和照片墙（Instagram）等网络中的影响者和替代者蚕食。目前有不到1/4（24%）的35岁以下人口使用抖音获取新闻，在拉丁美洲和亚洲部分地区该应用的渗透率更高。另外，智能手机在新闻获取中的使用率已经高达73%，笔记本电脑、台式电脑和平板电脑在新闻中的使用则稳定下降。②伴随着向更加数字化、移动化和平台主导的媒体环境的转变，传统媒体的商业模式逐步瓦解，这给许多仍然依赖印刷或广告收入的传统媒体带来了普遍的财务危机。[4] ③深度数字化、网络化后，在一个新闻消费变得更加丰富、更加分散、更加难以驾驭的时代，传统媒体接受了像Instagram、抖音这样的社交平台，对于新闻编辑来说，如何吸引这些在线受众成为一项巨大的挑战。[5] ④尽管社交媒体平台在新闻传播中的作用不断强化，但数据还显示，人们对新闻的兴趣总体出现了历史性的下降。究其原因在于，"少数派和年轻人觉得自己被不公平地对待"。⑤数字新闻面临的媒体信任度危机、

---

[1] 如人们越来越频繁地消费新闻，并且他们更喜欢在线阅读而不是线下阅读。See Wilding, P. Fray, S. Molitorisz & E. McKewon, *The Impact of Digital Platforms on News and Journalistic Content*, *Australian Competition and Consumer Commission Report*, 2018, p. 22.

[2] 路透社在2012至2021年间就数字新闻消费的有关问题进行了持续观察并发布了相关研究报告。如2020年的报告基于对来自六大洲和40个市场、80 000多名在线新闻消费者的调查数据形成；2021年的报告基于对46个市场的92 000多名在线新闻消费者的调查数据完成。See "Digital News Report 2020", https：//www. digitalnewsreport. org/survey/2020/；"Digital News Report 2021", https：//reutersinstitute. politics. ox. ac. uk/digital-news-report/2021。

[3] Z世代（Generation Z）指1995年~2009年间出生的人。他们一出生就与网络信息时代无缝对接，受数字信息技术、即时通信设备、智能手机产品等影响比较大，所以又被称为"网生代""互联网世代""二次元世代""数媒土著"等。Y世代（Millennials, 千禧一代）指1981年至1996年间出生的人，是X世代之后和Z世代之前的人口群体。

[4] Reuters Institute, "Reuters Institute Digital News Report 2021", https：//reutersinstitute. politics. ox. ac. uk/sites/default/files/2021-06/Digital_News_Report_2021_FINAL. pdf, pp. 5-11.

[5] Reuters Institute, "Reuters Institute Digital News Report 2021", https：//reutersinstitute. politics. ox. ac. uk/sites/default/files/2021-06/Digital_News_Report_2021_FINAL. pdf, p. 15.

受到的批评，如限缩公共辩论空间、威胁民主等问题亦与日俱增，数字新闻市场的发展在不同国家呈现出不均衡的状态（如希腊的数字新闻市场仍然支离破碎[1]），围绕社交媒体平台在政治和公共领域的作用的讨论增多，这也提醒了公众来自独立新闻机构的值得信赖的新闻的重要性和价值。[2]

新闻生态的颠覆、技术的革新乃至社会的变革，把数字新闻平台推向了"深度链接新闻业生存、社会舆情、个体思想、民族文化"的风口浪尖。在数字技术革命所引发的保护和限制的张力之间，"稳居 C 位"的平台承载了前所未有的责任与压力。

数字技术作为一种先进生产力的新常态，在提供历史机遇的同时，也给社会主义核心价值观的传播带来了日益严重的话语困境、动力困境和技术困境。规制数字新闻平台的市场力量已成为一个显性的时代法律命题。[3] "反垄断"成为2021 年经济工作的关键词之一，数字平台反垄断行政处罚决定书接踵而来，反垄断强监管信号密集释放，[4] 都折射了这种紧张的关系。如何在维护致力于技术创新的数字新闻平台正当权益的同时，避免公众落入算法殖民逻辑，并充分激发新闻应有的公共职能？如何在持续深入推进新闻业市场化、数字化改革的同时，在个案中切实平衡好新闻提供行为公共性与私益性的关系？如何在构建把社会效益放在首位、社会效益与市场效益统一的新闻乃至文化体制及其管理体制的同时，依托不断提升的国家数字经济与技术实力，提升中国国际新闻与国际文化产品的供应能力，积极提供全球新闻治理的"中国智慧""中国方案"？寻找这些问题的答案，不仅是数字新闻法律监管具体制度建设的要求，也是回应数字时代下国家文化自信塑造诉求的必经探索。

---

〔1〕　Reuters Institute, "Reuters Institute Digital News Report 2021", https：//reutersinstitute. politics. ox. ac. uk/sites/default/files/2021-06/Digital_News_Report_2021_FINAL. pdf, p. 81.

〔2〕　如有受访者表示："如果我想生活在一个自由民主的社会，我相信，作为一名公民，我有责任支持自由、独立和基于事实的新闻和媒体。" See Reuters Institute, "Reuters Institute Digital News Report 2021", https：//reutersinstitute. politics. ox. ac. uk/sites/default/files/2021－06/Digital _ News _ Report _ 2021_ FINAL. pdf, p. 29.

〔3〕　李晓辉："算法商业秘密与算法正义"，载《比较法研究》2021 年第 3 期。

〔4〕　秋林："实现平台经济更加规范更有活力更高质量发展"，载人民日报客户端，https：//wap. peopleapp. com/article/6083914/5995231，最后访问日期：2022 年 3 月 27 日。

（一）选题背景

1. 国家战略背景：新闻与文化的政治意蕴。新闻业的迅速发展对社会产生了巨大的影响，成为人类文明的一个标志。[1] 新闻业生产的信息构成一种公共知识。[2] 作为公共知识的新闻，有助于社会成员融入公共生活，并促进不同社会群体统一意见，进而成为加强社会团结的利器，[3]"做好党的新闻舆论工作，事关旗帜和道路……事关党和国家前途命运"。[4]

文化是体现在人们日常生活当中的最基本的道德法、道德准则和伦理价值。[5] 文化是民族生存和发展的重要力量，[6]"没有高度的文化自信，没有文化的繁荣兴盛，就没有中华民族伟大复兴"。新闻媒体手握"公众话语的生杀大权"，是大众文化的最佳载体，[7] 是提升国家文化软实力的决定性因素。[8] 为激发全民族文化创新创造活力，建设社会主义文化强国，党的十九大报告提出，要深化文化体制改革，完善文化管理体制，加快构建把社会效益放在首位、社会效益和经济效益相统一的体制机制。2021 年，《中华人民共和国国民经济和社会发展第十四个五年规划和 2035 年远景目标纲要》（以下简称《十四五规划》）发布，其中，"第十篇 发展社会主义先进文化 提升国家文化软实力"浓墨重彩地表明了党和国家对文化事业的高度关注。

2. 社会变迁背景：技术变迁对新闻活动的影响。信息技术革命普遍渗透了人类活动的全部领域，[9] 网络创造并分享着社会时间和空间，任何网络的特殊

〔1〕 李良荣：《新闻学概论》，复旦大学出版社 2018 年版，第 14 页。

〔2〕 徐桂权："新闻：从意识形态宣传到公共知识——知识社会学视野下的媒介研究及其理论意义"，载《国际新闻界》2008 年第 2 期。

〔3〕 William A. Galston, *Political Knowledge, Political Engagement, and Civic Education*, Annual Review of Political Science, Vol. 4, Issue 1, 2001, pp. 217-234.

〔4〕 李源、秦华："习近平在党的新闻舆论工作座谈会上强调：坚持正确方向创新方法手段 提高新闻舆论传播力引导力"，载《人民日报》2016 年 2 月 20 日，第 1 版。

〔5〕 John J. Macionis & Linda M. Gerber, *Sociology*, Pearson Education Canada, 2010, p. 54.

〔6〕 习近平："在文艺工作座谈会上的讲话"，载中央文献研究室编：《十八大以来重要文献选编（中）》，中央文献出版社 2016 年版，第 119 页。

〔7〕 李良荣：《新闻学概论》，复旦大学出版社 2018 年版，第 245 页。

〔8〕 陆阳："中国新闻传播的软实力构成及其创新"，武汉大学 2010 年博士学位论文。

〔9〕 ［美］曼纽尔·卡斯特：《网络社会的崛起》，夏铸九等译，社会科学文献出版社 2001 年版，第 5 页。

性都由创造它的技术所赋予并界定。[1]　自 1994 年 4 月中国被国际社会正式认可为"真正拥有全功能互联网（internet）的国家"[2] 后，互联网在中国迅速生根发芽。今天，互联网对我国的经济、政治、文化、教育等各个领域都发挥着巨大的推动效应，[3] 其对新闻业的影响更是深远（详见表 0-1）。毋庸置疑的是，在网民数量超过 10 亿的中国，[4] 舆论的主阵地已从传统媒体转向以平台为核心的新媒体。[5]

表 0-1　互联网技术变革对新闻传播的影响一览表[6]

比较因素	Web1.0	Web2.0	Web3.0	Web4.0
时间	1990 年~2000 年	2000 年~2010 年	2005 年~2020 年	2015 年~2030 年
社会价值	过去时	过去时	过去时	现在时
网络价值	信息共享	信息共建	知识传承	知识分配
网络连接	人—网络的连接	人—人的连接	人—网络—人	人—人/物、物—物的连接
网络功能	单向信息、获得；连接知识	社会网；连接知识；表达	人工智能、关联数据和语义网络构建；连接知识	无所不在的网；协同（连接情报、分配知识）

〔1〕　［澳］罗伯特·哈桑：《注意力分散时代 高速网络经济中的阅读、书写与政治》，张宁译，复旦大学出版社 2020 年版，第 61 页。

〔2〕　中国互联网络信息中心："1994 年~1996 年互联网大事记"，中共中央网络安全和信息化委员会办公室官网，http://www.cac.gov.cn/2009-04/11/c_126500497.htm，最后访问日期：2022 年 3 月 27 日。

〔3〕　李名亮编著：《网络新闻编辑实务》，学林出版社 2015 年版，第 13 页。

〔4〕　截至 2021 年 12 月，我国网民规模达 10.32 亿，手机网民规模达 9.86 亿，"10 亿网民构成了全球最大的数字社会"。参见中国互联网络信息中心："第 49 次《中国互联网络发展状况统计报告》"，载中国互联网络信息中心官网，http://www.cnnic.cn/hlwfzyj/hlwxzbg/hlwtjbg/202202/t20220225_71727.htm，最后访问日期：2022 年 7 月 28 日。

〔5〕　李良荣：《新闻学概论》，复旦大学出版社 2018 年版，第 220 页。

〔6〕　本表根据资料自行整理。

（续表）

主导技术	网页搜索引擎、网站、数据库、文件服务器等	社区、RSS、Wiki、社会化书签、社会化网络等	本体、语义查询、人工智能、智能代理、知识结点、语义知识管理等	个性化推荐算法（在任何时候、任何地方能够提供给用户任何需要的东西）
主导者	门户网站	博客、BBS	社交网络、算法	新闻聚合平台、算法
新闻时效性	理论上的即时性	理论上的即时性	技术上的即时性	全时性
对新闻生态的影响	生产者即信息提供者（单向性的提供和单一性理解）；传统新闻传媒在互联网上的复制	生产者与用户共同提供信息，其他用户通过网络获取信息；更多用户参与新闻活动	网络即平台；平台为用户需求理解者和提供者、个性化新闻推荐者	网络即协同；用户创造和分享内容、消费新闻内容，完成社交，进行从最私密到最公开的沟通和传播

当前社会已深度媒介化（deep mediatization），社交平台成为人们获取新闻的主要路径，"媒介化"的本质是以算法为代表的数字技术（元技术）[1]"渗入"并全方位"组织"人们的日常生活，促成了人类社会空间与时间的聚焦，以此对社会与人类实践行为产生影响。[2] 于新闻活动而言，数字技术极大地提升了新闻业的生产效率、改变了新闻生产关系，"人人都是记录者""人人都是生产者""人人都是传播者""人人都有偏好""人人都有标签"。为获得更多的用户注意力并撮合更多的注意力交易，平台利用用户与新闻生产者之间的网络正效

---

〔1〕 "元技术"是指在诸多信息传播技术之中处于基础性地位、起奠基作用的技术形态；从信息传播的角度讲，元技术就是数字技术。参见姜华、张涛甫："传播结构变动中的新闻业及其未来走向"，载《中国社会科学》2021年第8期。

〔2〕 洪晓楠、郭丽丽："唐娜·哈拉维的情境化知识观解析"，载《东北大学学报（社会科学版）》2012年第2期。

应，创造了规模庞大的注意力市场，使新闻生产、消费、交易各方互动成为可能；[1] 人们每天都在接受经过算法分类、筛选、加工、取舍的信息，通过利用这些信息，我们得以高效地进入"猜你喜欢""可能你还喜欢"的阅读需求。可以说，传播越来越便捷，技术越来越复杂。个性化新闻推荐技术形塑了"个性化时代"，"算法成为新闻业运作不可或缺的基础设施"[2]，新闻活动在算法的推动之下发生了翻天覆地的变化。具体可归纳为：

（1）数字新闻给新闻采集带来颠覆性变革——从单一化到多元化、智能化。过去，新闻采集多始于"头脑风暴+任务分派"；今天，新闻采集已经向"用户参与+算法热点预判"模式转向。[3] 在传统媒体时代，专业媒体多以现场采访方式进行新闻采集；今天，电子邮件、在线搜索、电子公告栏、网络电话、网上聊天、大数据分析热搜词等方式逐一进入新闻采集工具箱。[4]

（2）数字新闻给新闻生产主体带来颠覆性变革——从专业化到公众化、协同式。数字新闻彻底打破了新闻生产的专业垄断格局。①数字空间的扁平化结构极大拓展了新闻生产者、加工者的范围，新闻生产加工主体从专业机构、职业人士"中心化生产"向自媒体、用户"认知盈余分享"的"分布式新闻生产"模式转变。[5] 大众传播时代形成的相对封闭、稳定的"强结构式新闻再生产"，逐渐被开放、联结且高度易变的"弱结构式新闻再生产"取代。[6] ②用户不再是被动的接受者，他们既消费新闻又生产新闻、传播新闻。消费者从"处于弱势地位的信息被动接收者"转变成"能够与传播主体进行双向互动的积极参与者

---

〔1〕［美］亚历克斯·莫塞德、尼古拉斯 L. 约翰逊：《平台垄断：主导 21 世纪经济的力量》，杨菲译，机械工业出版社 2018 年版，第 15 页。

〔2〕白红义、李拓："算法的'迷思'：基于新闻分发平台'今日头条'的元新闻话语研究"，载《新闻大学》2019 年第 1 期。

〔3〕如美联社与在多领域坐拥 2500 亿个数据点的 Graphiq 公司合作，开启了美联社新闻采集变革。该合作以在线生产为根本诉求，允许用户访问以智能化、可视化为特点的庞大数据库。这种做法不仅有效增强了新闻可读性和渗透性，而且激发了新闻编辑的数据探索意识。参见徐健："人工智能助力美联社新闻生产变革"，载《传媒》2019 年第 1 期。

〔4〕李名亮编著：《网络新闻编辑实务》，学林出版社 2015 年版，第 62~64 页。

〔5〕吕尚彬、刘奕夫："传媒智能化与智能传媒"，《当代传播》2016 年第 4 期。

〔6〕姜华、张涛甫："传播结构变动中的新闻业及其未来走向"，载《中国社会科学》2021 年第 8 期。

甚至传播者"，除了生产新闻，消费者还通过新闻聚合平台生产知识、娱乐，平台亦为用户展示自己的才华提供了无限宽广的空间与可能，释放了用户无限的创造活力，新闻生产成为"大众创新、万众创业"的时代舞台之一。③新闻机器人、算法进入新闻生产领域，专业生产、人—人协同、人—机协同、机器独立生产在数字新闻时代齐头共进。

（3）数字新闻给新闻把关带来颠覆性变革——从人工化到人工智能化。新闻传播流程从"信息采集—生产加工—把关—分发—传播"向"按需确定主题—生产加工—聚合把关—呈现分发—传播"模式转变。新闻把关主体呈现"从人工到人工智能"的转变；把关关系呈现"从训示到迎合"的转变；把关机制呈现"从编辑到算法"的转变；把关内容呈现"从整体到碎片"的转变。[1] "任何人在任何时间、地点都可以自由地接收、发送任何信息，从而把宪法赋予公民的传播权利（right）变成了实实在在的传播权力（power）"。[2]

（4）数字新闻给新闻聚合呈现带来颠覆性变革——从普遍化到个性化。①传统媒体通过简单的分头采访、制作、汇集完成新闻"聚合"。数字平台在完成新闻聚合（news aggregation）后，通过对用户订阅、用户属性数据、消费行为（阅读）数据的综合分析，完成对不同消费者的个性化内容推荐。②在个性化推荐技术的支撑下，某一新闻的呈现度与阅读量几近由算法规则及其所反映的用户偏好与特性的"标签"决定，专业机构职业人士的把关权力与呈现传播设置的能力不断被削弱。[3] ③新闻内容呈现形式从传统的文字、图文结合、音频、视频、音频图文结合、视频图文结合方式向更为丰富的"freestyle"转变。新闻内容呈现形式不拘一格，只要能够有助于吸引用户注意力，便会出现在呈现形式当中，如漫画、直播、问答、互动等形式。由此，媒介交互性强、"媒介人性化"趋势彰显，用户与新闻平台之间的黏性亦得到显著增强。

（5）数字新闻给新闻分发传播带来颠覆性变革——从统一化、标准化到协同化、精准化。传统媒体时代，无论是"消极受众"（只接受不反馈）还是"积

---

[1] 罗昕、肖恬："范式转型：算法时代把关理论的结构性考察"，载《新闻界》2019年第3期。

[2] 李良荣：《新闻学概论》，复旦大学出版社2018年版，第131页。

[3] 崔迪、吴舫："算法推送新闻的知识效果——以今日头条为例"，载《新闻记者》2019年第2期。

极受众"（积极反馈），在大众传媒面前，基本上都只能被动接受，他们的权利就是选择——看或不看，看多或看少。[1] 在数字新闻时代，用户"一人分饰多个角色"，在新闻分发中的话语权也随之增强。个性化新闻推荐系统的标准在于——迎合用户偏好，推荐用户偏好，实现精准推送。这就意味着看似作为分发权力执掌者的平台，也不得不屈尊降贵，以用户自选"订阅"之内容、平台根据用户数据制作的用户"标签"或用户画像来分发恰当的内容以提升用户需求和海量信息之间的匹配度，进而斩获用户注意力。因此，导致新闻内容窄化、结构失衡的"信息茧房"并非平台独著的大作，而是平台、新闻生产者、用户与广告商合力为之。[2]

（二）问题提出

"当前，舆论生态、媒体格局、传播方式发生深刻变化，新闻舆论工作面临很多新情况、新问题、新挑战"。[3] 新闻技术的变革、新闻活动的变革带来了新闻生产方式的变革，形成了新的信息与文化交流传播模式，进而引发了新闻市场秩序的变革，[4] 与此同时，新闻媒体监管也面临严峻挑战。这些问题与挑战可具化如下：

1. 现实困境。"文化在不同的时代和不同的地方具有各种不同的表现形式。这种多样性的具体表现是构成人类的各群体和各社会的特性所具有的独特性和多样化。文化多样性是交流、革新和创作的源泉，对人类来讲就像生物多样性对维持生物平衡那样必不可少"。[5] 在个性化新闻出现以及按需生产、流量争夺的背景之下，粗制滥造、信息无序（如恶信息、假信息、错信息）[6]、"标题党"等行业失范行为时有发生，这损害了新闻"消费者"的知情权与接近权，破坏了

〔1〕 李良荣：《新闻学概论》，复旦大学出版社 2018 年版，第 133 页。

〔2〕 王斌、李宛真："如何戳破'过滤气泡'算法推送新闻中的认知窄化及其规避"，载《新闻与写作》2018 年第 9 期。

〔3〕 习近平："在为什么要旗帜鲜明反对西方所谓的'普世价值'？"，载中共中央宣传部主编：《习近平新时代中国特色社会主义思想学习问答》，学习出版社、人民出版社 2021 年版，第 314 页。

〔4〕 李名亮编著：《网络新闻编辑实务》，学林出版社 2015 年版，第 200 页。

〔5〕 参见联合国教科文组织于 2001 年通过的《世界文化多样性宣言》第 1 条。

〔6〕 有些研究中称之为不当内容（inappropriate content）、假新闻（fake news），较之于后二者，信息障碍是更中性、所含信息量更大的术语，因此，日益为更多的研究人员使用。See The Aspen Institute, *Commission on Information Disorder Final Report*, 2021, pp. 1–3.

新闻媒体对公众的旗帜作用、引领导向，不仅冲击着新闻伦理的底线，淡化了新闻应有的社会功能，破坏了多样化文化的形成与传播，而且还威胁着数字文化产业的发展与创新，更威胁了国家文化安全，影响国家文化强国战略的实施。

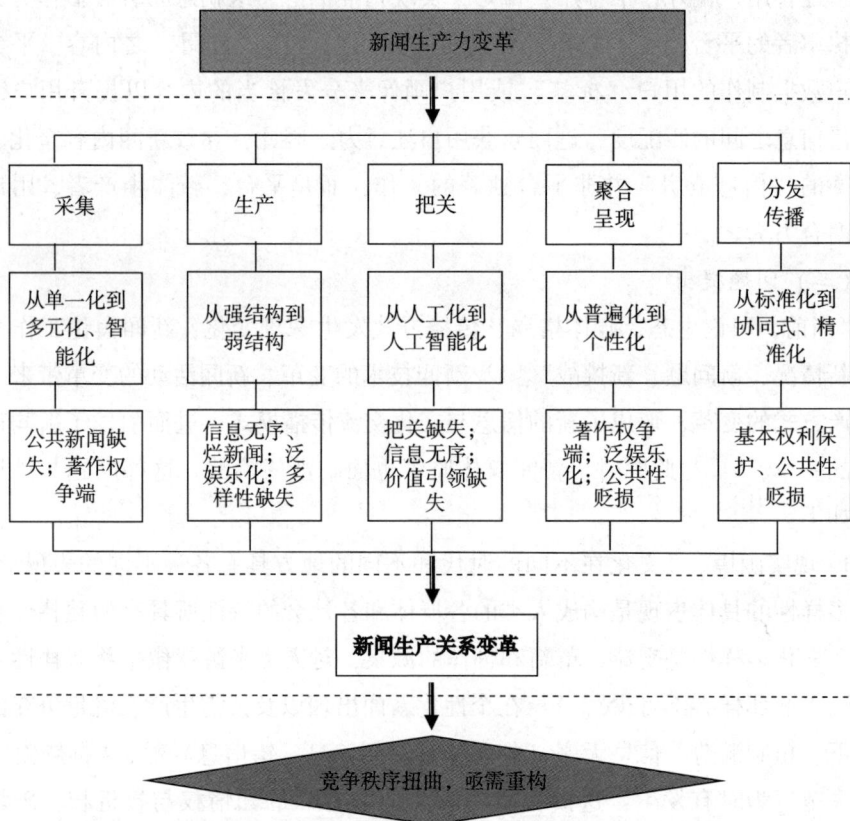

图 0-1　问题提出示意图

2. 理论缺失。"基础理论研究的深度，是衡量一种研究领域的研究成熟度的关键变量。理论范式不仅本身能够用于对特定现象的解释，而且还可用于指导实践的进程。"[1] 社会科学研究必须重视理论对于实践的三大价值：①理论是理解

---

〔1〕 孔建华："当代中国网络舆情治理：行动逻辑、现实困境与路径选择"，吉林大学 2019 年博士学位论文。

实践的先决条件；②实践难题由理论争议所引发；③实践难题的解决本质上是理论工作。[1] 在个性化新闻推荐反垄断规制研究领域，新闻传播学、软件工程、社会学、伦理学、公共管理学、经济学等诸多学科的研究内容、研究视角、研究方案、研究结论，为其研究开展与推进积累了丰富的素材。如信息异化理论、信息生态理论、信息生命周期理论等理论范式为数字新闻形成与特征捕捉和阐释提供了科学的认知路径；信息成瘾理论、盈余分享理论为个性化新闻推荐的消极影响解释提供了理论支持。

　　然而，以"提升新闻公共性""提高新闻产品质量"的治理目标为导向，从文化多样性保护与文化自信构建高度来探讨个性化新闻推荐治理问题的研究较少。"阅尽千帆归来"，本研究认为，没有哪个单一的理论可以支撑起个性化新闻推荐这座研究的大厦，市场失灵理论可以为反垄断法对新闻平台的重拳出击提供正当性支撑；注意力交易理论可以为平台垄断行为的认定破解"无价交易"反垄断适用难题；合作规制理论和回应性规制理论则可为该问题的解决构筑起宝贵的方法文库和思想"金矿"。以上种种合力为个性化新闻推荐的规制困境和规制创新指明道路，这正契合了本研究的研究目标。上述理论工具的组合，可以为个性化新闻推荐提供一般分析路径与模型，为其规制困境消解提供多元主体参与和考量复杂因素的相互交织、相互作用的规律性认识。通过总结梳理这些规律性认识，一是可为当下我国个性化新闻推荐法律规制的后续学术研究提供示范性的视野路径；二是可为司法机关、执法机构应对由个性化新闻推荐导致的各类纠纷的解决提供理性的认识和指导；三是亦可为立法机关科学合理地确定利益相关者的权利义务，尤其是数字新闻平台作为"数字守门人"所应该承担的特定义务，提供意见参考。概言之，以回应性规制理论来研究、以合作规制理论解决个性化新闻推荐问题，既填补了该研究领域的理论缺失，也可避免我们面对"个性化推荐"这个新事物时表现出的手足无措甚至惊慌失措。

---

　　[1]　陈景辉："法理论为什么是重要的——法学的知识框架及法理学在其中的位置"，载《法学》2014 年第 3 期。

二、国内外研究现状综述

(一)相关研究知识图谱分析

1. 研究方法与数据收集。关于数字新闻的相关研究受到学者广泛关注。以"个性化推荐"或"算法新闻""数字新闻"或"个性化新闻推荐"为关键词或主题,将时间范围设定在 2000 年 1 月至 2021 年 12 月期间,在中国知网数据库进行文献检索。得到检索结果文献数为 1623 篇后,按照文献相关度进行二次筛选后,得到 366 篇文献数据。此后,利用软件 vos viewer 对其进行进一步的可视化分析。

2. 研究情况整体描述。总体来说,2000 年~2021 年间,文献发表数量呈现显著持续上升态势;2012 年是相关研究的一个转折点,在经历短暂的下降后,研究成果数量一路攀升,于 2021 年达到峰值 183 篇(见图 0-2)。这也侧面印证了相关研究的热度在持续上升。

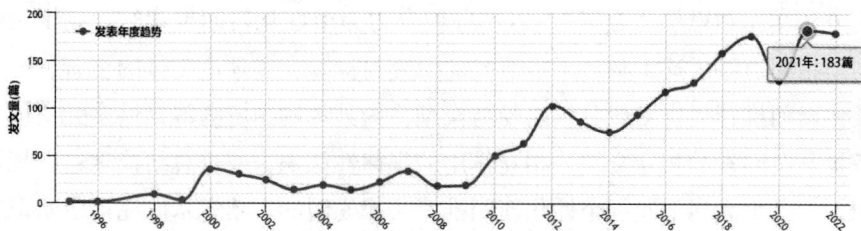

图 0-2 相关文献发表分布情况

3. 研究热点与趋势。利用文献计量软件 vos viewer 将中英文文献以 reworks 的格式批量下载并进行数据转化。将关键词作为节点类型进行关键词共现分析(见图 0-3)可知,数字新闻的主要研究领域为:一是算法及数字新闻的技术发展研究;二是个性化新闻推荐对新闻事业及市场的研究;三是个性化新闻推荐对公民基本权利影响及个体发展的价值评价;四是新闻聚合平台在新闻市场重构中的价值研究。将可视化模式改为时间线(time line)并选择强度较高的前 5 个聚类(clusters),可以看出几乎每年都有以"数字新闻"为关键词的相关论文发表,且"算法新闻""个性化推荐""算法歧视""信息茧房""新闻聚合平台"

等聚类为近年热点研究领域。通过分析统计，直观地展现了数字新闻相关研究的变化过程，国内相关研究主要针对数字新闻的价值与技术实现，数字新闻对新闻生产力、生产关系的变革、新闻伦理、数字新闻法律规制等方向进行研究，且视角多维，包括软件工程、新闻学、社会学、经济学、文化学、历史学、法学等。

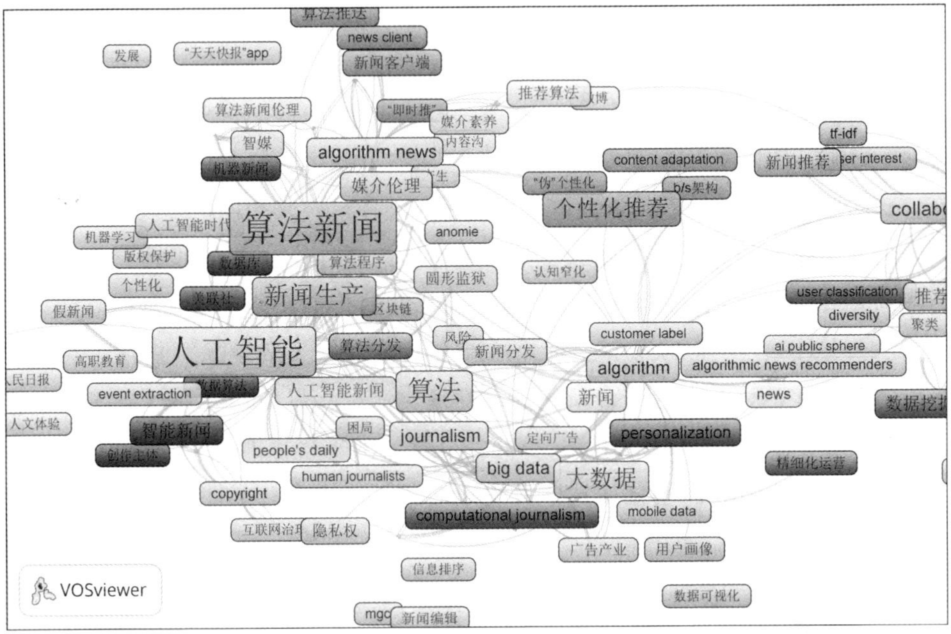

图 0-3　相关研究关键词共现分析图

（二）国内外相关研究梳理

个性化新闻推荐反垄断规制体系的构建是一个事涉软件工程、数字科技、科技伦理、新闻传播与法律的复杂问题。关于该问题的研究和相关立法、执法、司法情况，各国差距比较大。以下就相关研究主要内容与研究进展作出概述。

1. 社会背景维度：关于个性化新闻推荐对新闻活动的颠覆研究。

（1）数字新闻崛起对新闻事业及新闻市场的影响为国内外研究者所高度关注。其一，有学者对数字新闻主体进行了专门研究，认为将以算法技术为代表的元技术植入新闻活动中，帮助算法创设主体、新闻生产主体、新闻分发主体、新闻传播主体、新闻消费主体实现了自身的自由和价值，提升了过去处于被动接受地位的主体的积极性，并引发了各主体关系之大变革（杨保军、李泓江，2019）。[1] 其二，许多学者深入讨论了数字技术植入新闻活动对新闻生产各环节的影响。如，对新闻把关问题，有学者认为，个性化算法推荐导致新闻"把关人"角色缺失（张瑜烨，2018）；也有学者认为，新闻把关人获得了新的发展，并衍生出基于算法机制的新闻把关[2]（鞠宇恒，2019）；还有学者剖析了数字新闻把关的结构性变化[3]（罗昕、肖恬，2019）。其三，有学者全面探讨了数字技术对新闻活动的影响及新业态的塑造，并将其归纳为四点：新闻生产从专业化向普遍化转变；新闻接收从受众向用户转变；新闻机构从单一媒体向融合媒体转变；新闻体制从单一国企体制向混合体制转变（李良荣，2018）。[4]

（2）数字新闻对社会公共利益的影响主要表现在个性化新闻推荐机制破坏新闻的公共性、损害公民基本权利。其一，新闻的公共性被破坏。新闻立命之本在于"公共性"，早在1958年，阿伦特就在其名著《人的境况》中深入讨论了何为"公共性"[5]，学者结合新闻活动的现实情况，将新闻公共性概述为"报道公共事务，满足公众的知情权；搭建公众交流的平台，即公共领域"。对于权力而言，数字新闻的普遍化如达摩克里斯之剑。一方面，个性化推荐具有精确性、客观性与多样化，这有助于公共性的建构；另一方面，信息茧房以及平台在"个性化"中"夹杂私货"——广告，个性化推荐也对新闻公共性伤害至深。[6]数字新闻实则是消费者的精神"饲料"，个性化推荐系统则是戕害消费者注意力

---

〔1〕 杨保军、李泓江："论算法新闻中的主体关系"，载《编辑之友》2019年第8期。

〔2〕 鞠宇恒："大数据算法下新闻把关机制研究——以今日头条为例"，载《传播力研究》2019年第3期。

〔3〕 该变化可归纳为，把关主体从人工到人工智能转向、把关关系从训示到迎合转向、把关机制从编辑到算法转向、把关内容从整体到碎片转向。参见罗昕、肖恬："范式转型：算法时代把关理论的结构性考察"，载《新闻界》2019第3期。

〔4〕 李良荣：《新闻学概论》，复旦大学出版社2018年版，第128~139页。

〔5〕 公共性含义有二：一是"透明"或"无遮蔽"，即在公共领域中展现的任何东西都可以为在场的人所见所闻；二是"公众直接参与公共事务"，即没有人仅仅是观众，人人都是参与者，人人都是主体。参见〔美〕汉娜·阿伦特：《人的境况》，王寅丽译，上海世纪出版集团2009年版，第32~35页。

〔6〕 刘斌："算法新闻的公共性建构研究——基于行动者网络理论的视角"，载《人民论坛（学术前沿）》2020年第1期。

的帮凶。[1] 其二，公民的基本权利被侵蚀。坐拥注意力钻石矿藏的平台，对注意力变现、收益分配并无天生的免疫力，他们甚至比一般企业更势利，更服从于权力和利益，更易成为受政治或者商业控制的工具。[2] 在算法的助推下，虽然个性化新闻推荐满足了人们对符合个人偏向的新闻的需求，但也隐藏着与新闻行业公共性相背离的算法"黑箱"、算法歧视、侵犯用户隐私，以及侵犯公民公共知情权、选举权等基本权利的问题（黄杨，2021）。[3] 在逐利本性的驱动下，在算法的帮助下，数字新闻走向公共性的反面存在必然性。

2. 技术逻辑维度：关于数字新闻及其驱动技术的研究。关于数字新闻（digital news）的内涵、本质、驱动技术的研究颇丰，且学界尚未达成共识。有学者从数字新闻的生产流程角度解释了什么是数字新闻，"Web 和数字新闻平台要求我们采用无平台思维方式来实现全包式制作方法——首先创建数字容，然后通过适当的平台分发"（穆林，2012）。有学者从数字新闻与传统新闻的形式差异角度解释了什么是数字新闻，"有些在线用户满足于印刷内容的再利用，而另外一些用户则需要使用数字媒体的独特功能（如超文本）来创建新闻内容，此即数字新闻"。[4] 在此基础上，有学者添加了多媒体和交互性来完善对数字新闻本质的描述，认为数字新闻与传统新闻的区别在于"记者在创建或显示数字新闻内容时必须使用技术组件"。[5] 数字新闻的内涵包括纯粹的在线编辑内容（如 CNN 新闻，其内容由专业记者制作）、公共连接网站（如 Slashdot），从此角度出发，杜泽教授认为数字新闻与传统新闻的区别在于它重新概念化了记者与受众等和新闻机构相关的角色。[6]

---

[1] ［美］吴修铭：《注意力经济——如何把大众的注意力变成生意》，李梁译，中信出版集团 2018 年版，第 1 页。

[2] 彭增军："算法与新闻公共性"，载《新闻记者》2020 年第 2 期。

[3] 黄杨："算法新闻推送中个性化与公共性的博弈"，载《青年记者》2021 年第 6 期。

[4] Fondevila Gascón and Joan Francesc and Segura, Herlaynne, "Hipertextuality in digital journalism in Colombia", Hipertext. net, 2012, http：//www. upf. edu/hipertextnet/en/numero-10/hipertextuality-in-digital-journalism-in-colombia. html.

[5] Fondevila Gascón and Joan Francesc, "Multimedia, Digital Press and Journalistic Genres in Catalonia and in Spain：An Empirical Analysis", in *Communication Studies Journal*, No. 7, 2010, pp. 81-95.

[6] Mark Deuze, "The web and its journalisms：Considering the Consequences of Different Types of Newsmedia Online", in *New Media & Society*, Vol. 5, No. 2, 2003, pp. 203-230.

与数字新闻相关的概念有五个，即算法新闻（algorithmic journalism）、机器（人）新闻（robot journalism）、自动化新闻（automated journalism）、数据驱动新闻（data-driven journalism）以及计算新闻（computational journalism）。"数字新闻是建立在算法和自动化已经完全能够从事真正的新闻工作，运用智能算法可以促成采集储存、生产加工、聚合把关、呈现分发、传播全过程的自动实现"，[1] 该定义侧重描述新闻活动中算法技术的重要性。[2] 机器（人）新闻侧重描述新闻的生产加工主体是人工智能（AI）而非智人，即平台推荐的新闻是由智人预先设定的软件程序生产加工的内容。[3] 自动化新闻侧重描述生产过程的非人工干预性，即机器将数据自动转换为叙述性新闻文本。[4] 数据驱动新闻侧重描述新闻生产加工的"原材料"来自于大数据，即数据质量对新闻内容质量有着举足轻重的作用。[5] 计算新闻侧重描述新闻是数学、计算机和社会科学等多学科计算工具协作生产的结果。[6]

抽丝剥茧，在不同的"概念"外衣下，这些名词有着本质的相同，即数字新闻是以数字化为表现形式的、能够体现一定新闻价值的信息报道。与传统新闻生产及运营模式相比，数字新闻加工生产呈现出五大共性：一是数据驱动，二是算法引领，三是智能操作，[7] 四是人机协同，五是依赖个性化推荐技术分发内容。

---

〔1〕 Konstantin Nicholas Dörr, "Mapping the Field of Algorithmic Journalism", in *Digital Journalism*, Vol. 4, Issue 6, 2016, pp. 700-722.

〔2〕 Nicholas Diakopoulos, *Automating the News*：*How Algorithms are Rewriting the Media*, Harvard University Press, 2019, pp. 1-2.

〔3〕 Christer Clerwall, "Enter the Robot Journalist", in *Journalism Practice*, Vol. 8, Issue 5, 2014, pp. 519-531.

〔4〕 吴锋："发达国家'算法新闻'的理论缘起、最新进展及行业影响"，载《编辑之友》2018 年第 5 期。

〔5〕 Michael Hagenau, Michael Liebmann, Markus Hedwig, Dirk Neumann, "Automated News Reading：Stock Price Prediction Based on Financial News Using Context-Specific Features", in *Decision Support Systems*, Vol. 55, Issue 3, 2013, pp. 685-697.

〔6〕 吴锋："发达国家'算法新闻'的理论缘起、最新进展及行业影响"，载《编辑之友》2018 年第 5 期。

〔7〕 吴锋："发达国家'算法新闻'的理论缘起、最新进展及行业影响"，载《编辑之友》2018 年第 5 期。

个性化新闻推荐是数字经济时代最主要的一种信息推荐方式。[1] 通过大数据技术收集用户个人数据与行为数据，探寻用户的"内容足迹"，准确预测用户的阅读兴趣偏好，而不仅是简单遵循用户的指令，为不同的消费者推荐不同内容，进而提升个性化阅读体验、获取流量、促成交易，可谓是数字新闻平台成功运营的关键。[2] 其益处在于，既为用户找到与其需求相匹配的内容，又为内容找到与其属性相匹配的用户。[3] 总体而言，驱动个性化新闻推荐的算法主要有五类，即基于最近邻原则的协同过滤推荐算法；基于用户行为的推荐算法；基于数字新闻匹配的推荐算法；基于社交网络的推荐算法；基于深度学习自动推荐的算法（张志军，2015；夏培勇，2011）。当然，从来没有一个平台仅仅使用一种算法实现精准推送，各平台往往根据自己的平台类型来设计、组织、完善自己的推荐算法（邱宁佳、杨长庚等，2021）。通过不断分析现实世界以及"大数据喂养式"学习，算法掌握了注意力吸取的"诀窍"，[4] 平台据此设计出注意力变现的利益分配方案，从而向着"平台企业（利润最大化）"目标前进（赵俊生、王鑫宇等，2021）。

3. **基础理论维度**：关于个性化新闻推荐反垄断规制的基础理论研究。

（1）关于"信息茧房"及其真伪之辩的研究。国内外学者融合了传播学、社会学、计算机科学、心理学、政治学、经济学、法学等各个领域的理论及观点，对"信息茧房"进行了跨学科、跨领域的研究，对"信息茧房"的成因、影响、消解路径等皆有涉猎。目前，学界就数字新闻目前并不健全达成共识，但对个性化新闻推荐遭遇批评与质疑的缘起——"信息茧房（information cocoons）"问题的真伪却有激烈争议。

"信息传播中，因公众自身的信息需求并非全方位的，公众只注意自己选择

---

[1]　舒悦、尹莉、李梦雅："基于算法的个性化信息推送服务"，载《新闻研究导刊》2018 年第 1 期。

[2]　See Christopher Townley & Eric Morrison & Karen Yeung, "Big Data and Personalised Price Discrimination in EU Competition Law", in *Yearbook of European Law*, Vol. 36, 2017, pp. 683-748.

[3]　舒悦、尹莉、李梦雅："基于算法的个性化信息推送服务"，载《新闻研究导刊》2018 年第 1 期。

[4]　See Oxera, "When Algorithms Set Prices: Winners and Losers", https://www.oxera.com/wp-content/uploads/2018/07/When-algorithms-set-prices-winners-and-losers.pdf, p. 5.

的东西和使自己愉悦的通讯领域，久而久之，会将自身桎梏于像蚕茧一般的'茧房'中"（桑斯坦，2008），[1] 此后对"信息茧房"效果的担忧引发了传统媒体精英的共情。[2] 拥趸者或从成因上分析了"信息茧房"来自数字新闻"把关人"角色缺失[3]（张瑜烨，2018），或从学理上论证算法如何使用户的媒体接触被自己的兴趣固化，或从"群体极化"视角论证了"信息茧房"的危害性（薛尧云，2019），或用实证研究的方法测量了受众所面临的信息窄化的风险（孙士生，2018），或证明了"过滤气泡"确实存在，但其产生更多归因于媒体内容提供方还是用户个人却存在争议[4]（王斌，2018）。

　　批评者则用"以子之矛，陷子之盾"的论辩方式，对此进行了反驳：① "茧房效应"从来不是新兴事物或数字新闻专属的问题，因为在传统媒体的新闻加工过程当中也普遍存在着遮蔽与虚伪（储殷，2018）。[5] ②目前几乎没有实证证据可以证明对过滤泡沫的担忧具有必要性。[6] 社会学家综合了自选个性化和预选个性化的程度和效果进行了实证研究：在自选个性化中，人们主动选择他们接收的内容；在预选个性化中，个性化推荐算法在没有任何来自用户选择的信息帮助下，自动为用户生成个性化内容。[7] ③ "茧房效应"自有"个性化"方法来化解，如消费者所具有的数字素养，对此无需过分担忧。[8] "茧房效应"影响力被放大，"个性化"背后的消费者用脚投票的权利却被忽视，个性化推荐

〔1〕［美］凯斯·R. 桑斯坦：《信息乌托邦：众人如何生产知识》，毕竞悦译，法律出版社 2008 年版，第 7~9 页。

〔2〕储殷："'算法新闻'真地撕裂了社会吗"，载《世界知识》2018 年第 17 期。

〔3〕鞠宇恒："大数据算法下新闻把关机制研究——以今日头条为例"，载《传播力研究》2019 年第 3 期。

〔4〕王斌、李宛真："如何戳破'过滤气泡'算法推送新闻中的认知窄化及其规避"，载《新闻与写作》2018 年第 9 期。

〔5〕储殷："'算法新闻'真地撕裂了社会吗"，载《世界知识》2018 年第 17 期。

〔6〕［美］伊莱·帕里泽：《过滤泡：互联网对我们的隐秘操纵》，方师师、杨媛译，中国人民大学出版社 2020 年版，前言。

〔7〕Frederik J. Zuiderveen Borgesius, Damian Trilling, Judith Möller, Balázs Bodó, Claes H. de Vreese, & Natali Helberger, "Should We Worry About Filter Bubbles", in *Internet Policy Review*, Vol. 5, Issue 1, 2016, pp. 1-16.

〔8〕See D. Wilding, P. Fray, S. Molitorisz & E. McKewon, "The Impact of Digital Platforms on News and Journalistic Content, Australian Competition and Consumer Commission Report", 2018, p. 58.

既能催生"茧房效应",亦能消解"茧房效应",理性分析二者的辩证关系实有必要[1](王诗雯,2020)。

(2)关于反垄断法可适用的基本前提的研究:注意力市场与注意力交易。关于注意力经济的研究肇始于20世纪70年代。西蒙第一个注意到信息的丰富导致注意力稀缺,注意力是一种行之有效的吸收和过滤信息的机制(西蒙,1971)。[2]克劳福德认为,注意力是一种资源,且每个人的注意力皆为有限。[3]今天,学者们普遍认为"注意力已经成为一种货币(currency),可以用来进行交易,在交易中使用注意力犹如使用货币一样便捷"(吴修铭,2017)。[4]

注意力经济研究作为行为经济学的一个分支不断深入。克劳福德认为,注意力经济是以"人类注意力是一种稀缺资源"为假设,以解决信息管理问题为研究目标。[5]对于注意力市场交易成本阻碍了消费者和广告商间有效交换的问题,西蒙提出通过"现代设备处理来解决注意力稀缺问题",但多数学者对此不予以认可,并一直致力于更好的管理注意力的方案研究。[6]著名平台经济反垄断专家埃文斯教授注意到市场就是一种竞争机制,如果将注意力市场视为"一种竞争,在这种竞争中,平台从消费者那里获得时间并为其提供内容和捆绑广告服务,同时平台向市场参与者出售广告以传递相关信息"(Evans,2020),上述交换的有效性就能够得到提升,注意力市场通过提供有价值的内容,足以补偿广告的任何滋扰。[7]

关于反垄断法在注意力市场适用有效性的讨论,是由谷歌和脸书等注意力市

---

〔1〕　王诗雯:"信息茧房:对个性化推送的过度担忧",载《视听》2020年第6期。

〔2〕　H. A. Simon, *Designing Organizations for an Information-Rich World*, in Greenberger M. (ed.), *Computers*, *Communications*, *and the Public Interest*, The Johns Hopkins Press, 1971, p. 40.

〔3〕　Matthew B. Crawford, The World Beyond Your Head: On Becoming an Individual in an Age of Distraction, Farrar, Straus and Giroux, 2016, pp. 23-26.

〔4〕　Tim Wu, "Blind Spot: The Attention Economy and the Law", in *Antitrust Law Journal*, Vol. 82, Issue 3, 2017, pp. 771-906.

〔5〕　Matthew B. Crawford, *The World Beyond Your Head*: *On Becoming an Individual in an Age of Distraction*, Farrar, Straus and Giroux, 2016, pp. 23-26.

〔6〕　T. H. Davenport, J. C. Beck, *The Attention Economy*: *Understanding the New Currency of Business*, Harvard Business Review Press, 2002, p. 9.

〔7〕　David S. Evans, "The Economics of Attention Markets", https://papers. ssrn. com/sol3/papers. cfm? abstract_ id=3044858.

场中的主导行为者的做法引发的。注意力市场交易对象的特殊性、市场集的高度垄断性、对国家的战略重要性等，使人们对传统反垄断法适用模式的有效性提出了质疑。由于传统的竞争政策关注的是物品交换而不是人口交换的活动或贸易，因此，多数学者认为，需要一项新的竞争政策来规制注意力市场。"这不仅将保持创造性和竞争的有效性，而且最重要的是，它将保护公民免受其负面影响。这一政策的目标应该是人类福祉，而不是消费者福祉"。[1]

（3）关于新闻、文化产品的特殊性与文化多样性的反垄断法保护路径研究。对公共性行文是否构成公共产品问题，学界尚未达成共识。有学者认为，新闻产品、文化产品兼具商品与公共产品的双重属性；有学者认为数字时代新闻消费具有排他性，因此，公共物品的范畴在数字新闻领域不适用（曲创，2022）。对其特殊性与多样性保护的方式与路径亦有争议。在反垄断法对新闻业、文化产业的规制中，有学者认为，保护文化多样性的价值追求应当融入反垄断法的制定与实施中，反垄断法应以最为文化友好型的方式来实现其经济效率目标（焦海涛，2017）。但具体到数字新闻规制领域，对于如何将竞争行为规范、数字新闻市场治理与公共利益保护、文化多样性传承相结合，尚无研究涉及。可供参考的解决方案是：①在数字时代，个人及社会群体拥有的渠道和来自他们的参与是保证文化多样性的必要条件，这也应当成为指导当代文化政策的原则（联合国教科文组织，2013）。[2] ②在进行了市场化改革但产品仍然具有公共性与商品性双重属性的领域，反垄断法应该如何适用？张占江教授在充分论证了反垄断适用的可行性基础上，搭建了"一般适用、例外豁免"原则、成本效益原则为基底的反垄断法适用框架，为行业监管机构与反垄断法执法机构提供了清晰的监管权力配置方案。该方案的核心在于，在协调统一的前提下，对不同的业务环节采取不同的规制策略，同时须明确反垄断法和行业立法间冲突的解决规则，最终提升反垄断法的实施效果（张占江，2006）。[3] 该方案已成为我国管制行业改革普遍采纳的

---

〔1〕 Paweł Drobny, "The Attention Markets as a Challenge for Competition Policy", in *Research Papers of Wrocła W University of Economics*, Vol. 63, Issue 5, 2019, pp. 30-42.

〔2〕 参见联合国教科文组织于 2013 年通过的《关于在数字时代保护及促进文化多样性的宣言》。

〔3〕 张占江："自然垄断行业的反垄断法适用——以电力行业为例"，载《法学研究》2006 年第 6 期。

方案。

4. 制度构建维度：关于个性化新闻推荐反垄断规制的制度建设研究。在中国社会平台化进程中，新闻内容治理与经济发展的复杂关系被嵌入平台算法系统和管理制度中。数字时代早期延续了人们对于技术的膜拜，促成一种技术统治乃至技术垄断的技术意识形态后果。[1] 当前，以算法为主的数字技术正在以一种悄然又迅猛的方式渗透人类生产和生活空间[2]，数字技术不只是中介（mediate），更组成或构成我们的生活；社会互动与联系（associations）不只以软件与计算机语言/编码（code）为中介，更是由它们所构成。[3] 时至今日，以算法为代表的数字技术已然成为当今社会秩序的重塑者。因此，"平台的技术配置有多好，消费者阅读、观看和听到的内容之选择、质量、多样性就有多好"，但是"技术并不能直接决定消费者的行为，它是通过鼓励消费者以某种特定方式而不是以其他方式参与在线活动来影响和塑造在线行为"（ACCC，2018）。[4] 因此，对技术影响的任何评估都必须解决一个初始问题：技术应该为用户行为承担多大程度的责任？谁应该为技术的恶果承担责任？这场辩论中的极端立场可以分为"决定论"（determinism）和"工具主义"（instrumentalism）。在工具主义者看来，用户是自由的，用户可以100%自由选择是否以及如何参与在线活动，因此，用户应该自担其责（Lessig，2006）。在技术决定论者看来，用户行为由技术决定，互联网和数字平台技术化我们的生活，以至于我们别无选择，只能按照他们的指令行事。"作为人机交互的决策机制，技术尤其是支撑个性化推荐的算法技术并非价值中立，具备可苛责性"（Carr，2010）。随着人们对平台生态理解的深入，越来越多的学者更加倾向于站在平台力量、平台权力异化的视角来审视在线责任承担问题。法律学者爱丽丝·马维克在实证研究后得出网络电视比 YouTube 更贴近主流意识形态的结论，并指出"技术的物质供给放大或扼杀了某些类型的

---

〔1〕　张凌寒：《权力之治：人工智能时代的算法规制》，上海人民出版社 2021 年版，第 2 页。

〔2〕　郭哲："反思算法权力"，载《法学评论》2020 年第 6 期。

〔3〕　R. Burrows, "Afterword: Urban Informatics and Social Ontology", in Marcus Foth, *Handbook of Research on Urban Informatics: The Practice and Promise of the Real-Time City*, Information Science Reference, 2008, pp. 450-454.

〔4〕　D. Wilding, P. Fray, S. Molitorisz & E. McKewon, "The Impact of Digital Platforms on News and Journalistic Content, Australian Competition and Consumer Commission Report", 2018, pp. 47-58.

人类行为，平台于此确实发挥了作用"。[1] 还有学者从"启示性"（技术允许其用户做什么）[2]、"可提供性"（用户选择仅限于嵌入或编码在技术中的参数和值的范围内）、"可视性"（多数情况下，算法决定了用户可以看到哪些新闻内容，但这些算法的工作方式并不透明[3]）视角讨论了平台技术对行为的影响与承担责任的理据（Spinello，2011）。

2010 年后，重视市场结构对政治民主影响的"新布兰代斯主义"兴起，该学派以巴里·林恩（Barry Lynn）、莉娜·可汗（Lina Khan）以及吴修铭（Tim Wu）为杰出代表。其主要观点是反对将"消费者福利"作为反垄断的唯一指标，并主张在遏制垄断的过程中，可以采用多种手段，包括拆分。[4] 国内关于平台应当承担竞争性义务的研究日益增多，其中佼佼者为张晨颖教授。她在揭示平台缺乏有效监管、公共性异化造成竞争扭曲进而导致垄断后，指出要以"滥用公共性"为正当性理据对适格的平台经营者设立竞争性义务。[5]

"人总是以技术——身体的方式去参与实践，这种实践不仅包括身体的体验，还包括对文本的阅读以及对意义的建构等"，[6] 对于情境化的身体实践规制，学界普遍认可丁晓东博士的特殊性分析，即"传统算法及平台规制困境，多生于监管者忽视了算法的场景性，毕竟算法可能因为运用算法主体的不同、针对对象的不同以及涉及问题的不同而具有不同的性质"（丁晓东，2020）。[7] 在国内，李剑教授较早将注意力经济学、行为经济学相关理论引入平台治理研究，"从企业的角度看，吸引用户注意力成为网络经济中生存和发展的关键"且"免费是一

〔1〕 A. E. Marwick，"Why do people share fake news? A Sociotechnical Model of Media Effects"，in *Georgetown Law Technical Review*，Vol. 2，2018，pp. 474−512.

〔2〕 T. Bucher and A. Helmond，"The Affordances of Social Media Platforms"，in J. Burgess，A. Marwick & T. Poell（eds），*The SAGE Handbook of Social Media*，SAGE Publications Ltd.，2017，pp. 233−253.

〔3〕 D. Wilding，P. Fray，S. Molitorisz & E. McKewon，"The Impact of Digital Platforms on News and Journalistic Content，Australian Competition and Consumer Commission Report"，2018，p. 47.

〔4〕 See Lina Khan，"Amazon's Antitrust Paradox"，*Yale Law Journal*，Vol. 126，No. 3，2017，pp. 564～907. And Tim Wu，"The Curse of Bigness：Antitrust in the New Gilded Age"，*Columbia Global Reports*，2018.

〔5〕 张晨颖："公共性视角下的互联网平台反垄断规制"，载《法学研究》2021 年第 4 期。

〔6〕 Donna Haraway，"A Cyborg Manifesto：Science，Technology，and Socialist−Feminism，in Joel Weiss et al.（eds.），The International Handbook of Virtual Learning Environments"，in *Springer*，2006，pp. 117−158.

〔7〕 丁晓东："论算法的法律规制"，载《中国社会科学》2020 年第 12 期。

种最具渗透力的广告"（李剑，2009）。[1] 喻玲教授则以算法个性化定价所涉三大类场景为铺陈，详细论证了不同场景之下的个性化定价之经济效果，并对其反垄断规制做出了难点预测，包括相关市场的界定、市场支配地位的认定、滥用行为分析、正当性判断四大问题。[2] 鉴于算法尤其是个性化推荐算法具备的内容生杀大权紧握在新闻平台手中，对数字新闻的规制，可以以反垄断法为圆心，构建一个规制工具箱。张凌寒博士创造性地对算法权力的生成、异化、治理、监督、问责、解释等问题进行了系统研究（张凌寒，2021）。[3] 喻玲教授、兰江华博士则深入分析了算法之下的消费者细分之道，并进而提出了依托"市场失灵识别"与"消费者利益识别"技术，综合打造政策路径（算法审计与算法透明）、法律路径（优化举证责任分配）、竞争法治文化路径（竞争文化宣传与算法个性化定价教育）、技术路径（赋予消费者反制能力）"四维一体"的规制工具箱。[4]

在具体适用的难点问题上，对于文化多样性保护的具体方式为何，学界争议颇大。一为"统一适用说"，即反垄断法的实施是确保市场开放与竞争活力之本，文化产业也不是法外之地[5]（William S. Comanor，1985）。该学说为部分信奉自由竞争的反垄断司法辖区所采用，李剑[6]、张长明[7]教授亦用实证研究对此进行了声援。二为"直接豁免说"，即有些文化领域的反竞争行为（如出版物多样性转售价格维持），可以促进文化多样性，反垄断法对此行为可以直接豁免。三为"酌定豁免说"，即在文化市场应当以产品性质来区分反垄断法是否适用。普通的消费性文化产品适用统一的反垄断法律规则，对于非消费性文化产品则应

---

〔1〕　李剑："百度'竞价排名'非滥用市场支配地位行为"，载《法学》2009 年第 3 期。

〔2〕　喻玲："算法消费者价格歧视反垄断法属性的误读及辨明"，载《法学》2020 年第 9 期。

〔3〕　张凌寒：《权力之治：人工智能时代的算法规制》，上海人民出版社 2021 年版，第 2~4 页。

〔4〕　喻玲、兰江华："算法个性化定价的反垄断法规制：基于消费者细分的视角"，载《社会科学》2021 年第 1 期。

〔5〕　William S. Comanor, "Vertical Price-Fixing, Vertical Market Restrictions, and the New Antitrust Policy", in *Harvard Law Review*, Vol. 98, Issue 5, 1985, pp. 983-1002.

〔6〕　李剑："出版物多样性保护与反垄断法的转售价格维持规制"，载《中外法学》2013 年第 2 期。

〔7〕　张长明："出版物转售价格维持的逻辑思辨与适用——基于反垄断法视角"，载《财经理论与实践》2016 年第 2 期。

进行个案分析以酌定是否豁免[1]（焦海涛，2017）。

（三）文献评述

学界对数字新闻问题缘起、个性化推荐技术、传播生态颠覆、算法霸权、算法及数字新闻市场治理等问题展开了大量研究，并取得了丰富的研究成果，为认识和理解我国个性化新闻推荐乃至数字文化产业的发展提供了大量的真知灼见和知识储备。但现有研究还存在需要进一步完善和深入的地方：①理论上，我国规制个性化新闻推荐的理论根据尚不完备和系统，尚未形成科学理论体系。②研究视角上，侧重于就个性化新闻推荐探讨个性化新闻推荐规制问题，或就数字新闻的规制探讨数字新闻的规制问题，忽视了个性化新闻推荐对公众公共信息获取以及知识结构养成的重要性，低估了个性化新闻推荐在数字中国战略背景下对于"中华文化"发展以及文化多样性保护、传承的价值，由此，缺乏将个性化新闻推荐置于"文化强国"系统中的考察与研究。③研究内容上，已有研究基本假设个性化新闻推荐是一个传播学的问题、软件工程学的问题或者是科技哲学的问题，然而当前学科的边界仍比较模糊，打破学科边界，建立面向未来的学科体系已然成为社会学科变革的趋势，深入技术底层，探寻新的社会问题背后真实的法律关系，科学分配各方权利义务，进而提出相应的纠纷解决方案，最终实现"数字正义"。[2] 数字新闻平台是实现个性化新闻推荐的重要载体、是现代公民获取公共信息以及其他知识的重要途径，已有研究侧重于不同个性化新闻推荐算法类型、技术逻辑、发展规律与瓶颈的总结，并未对作为"权力中心"的数字新闻平台的法律治理与义务分配进行深入研究。在运用反垄断法对数字新闻平台进行规制之时，对于作为竞争效果考量的因素——如新闻质量（包括隐私保护）、文化多样性保护——是应该成为"正当理由"豁免的因素之一，还是应该将其置入"公共利益"之下享受直接豁免的"待遇"？对此，已有研究并没有涉及，更没有对其进行系统研究；更未能直接涉及反垄断损害理论的构建及其分析框架、裁量因素的探讨。④研究方法上，目前学者大多采用定性分析方

---

〔1〕 焦海涛："文化多样性保护与反垄断法文化豁免制度"，载《法学》2017年第12期。

〔2〕 关于数字正义，可以参考：［美］伊森·凯什、［以］奥娜·拉比诺维奇·艾尼：《数字正义：当纠纷解决遇见互联网科技》，赵蕾、赵精武、曹建峰译，法律出版社2019年版，第15~28页。

法，缺乏运用案例分析、比较分析、法经济学分析方法对个性化新闻推荐进行定量研究。

概言之，既有研究中关于个性化新闻推荐治理系统的深入研究成果较少、实证研究匮乏；对个性化新闻推荐法律治理工具的研究未能对社会制度需求做出有力回应、研究结论不具有代表性与可操作性。因此，实有必要系统梳理个性化新闻推荐的社会效应，厘清不同场景下算法权力、平台权力的生成机制，准确评价由此引发的各类竞争行为的反垄断法法律属性，科学评价其竞争效果，探索面向管制与反垄断法、兼顾效率、公共利益保护、文化多样性传承与保护的个性化新闻推荐反垄断规制体系。

（四）研究价值与社会效益

1. 学术价值。本研究聚焦"个性化新闻推荐"的业务场景展开平台反垄断规制分析，对于平台反垄断规制的后续研究或可起到如下三个方面的样板价值：

（1）提供了一个场景化研究的样板。"个性化新闻推荐"只是平台反垄断的一个具体业务场景，考虑到由平台强势地位造就的垄断行为具有多样性、隐蔽性与组合性的特征，场景化研究的进路对于平台反垄断的后续研究而言，恐怕已不再是仅限于有益而已，而是不可回避。本研究做了一个很好的示范，同时期待平台反垄断研究领域能出现更多更深入的场景化研究新作。

（2）提供了一个较为成熟的分析框架样板。本研究要处理的一个基本问题就是"个性化新闻推荐"反垄断规制与平台反垄断规制两个问题之间以及两者分析框架之间的关系问题，显然，这其中的分析逻辑既包括具体与普遍的关系，也包括个性与共性的关系。从辩证统一的观点看，"个性化新闻推荐"的反垄断研究印证、充实和发展了平台反垄断研究的分析框架，反过来，平台反垄断研究的分析框架也为"个性化新闻推荐"反垄断研究提供了价值、体系和方法。

（3）提供了一个注意力市场价值判断、法律关系识别的样板。本研究探讨了基于个性化新闻推荐的注意力市场所涉法益的相关认识和判断及其与反垄断法的关系。这种价值判断与法律关系的识别，虽以数字新闻为对象，但其结论可以推广至个性化广告、个性化社交等其他注意力市场的具体场景。这也是本研究的重点和难点。

2. 应用价值。

（1）助力全面依法治国战略与文化产业数字化战略实施。媒体对大众有引导功能和教化责任。海量、全时、互动及全媒体表达的新闻平台已然成为现代公民获取公共信息、行使公民选举权利的主要途径，是讲述"中国故事"的重要平台。对个性化新闻推荐乱象的治理与对数字文化产业的更好规制是发挥现代新闻媒体整合功能、交流功能、价值引领功能、继承和发展功能的关键所在。开展本研究，对推进全面依法治国战略的实施与文化产业数字化战略的实施定有裨益。

（2）具化国家文化安全维护、文化强国塑造内涵。"文化帝国主义"是大众文化传播中必须关注的现象。在新一轮的技术变革中，各国步调不一，新闻生产、传播技术亦有云泥之别。发达国家（尤其是美国）有意或者无意地控制了发展中国家、影响了其他发达国家的媒介系统和文化生活，[1] 由此造成了其他国家的文化危机。消解文化帝国主义威胁唯有根植于内心的文化自信，文化自信关乎文化自身的繁荣兴盛，更关乎国家和民族伟大复兴。[2] 当然，文化自信不是空穴来风，它是更深厚的自信，它来自于时间淘洗、实践锤炼，亦需要与时俱进的、生生不息的精神供给与道德滋养。如何在数字社会中积聚各方力量、弘扬核心价值观，这个重任要落在数字文化产业的身上。

（3）提供数字文化产业政策制定与实施参考理据。数字文化产业的发展与改革必须根植于对文化产品公共性与商品性二元统一的认知基础之上。对该产业的规制，既要引导、促进、预防，又要威慑、惩戒；既要着眼社会技术变迁的整体情况、考虑技术实现上的可行性，又要权衡利益分配的公平性及文化自身的多元性需求；既关注数字文化产业的创新与发展，又关注中华文化多样性的保护与传承，这对于不断提升中华文化传播力、引导力、影响力、公信力[3]的国家文化战略百年大计定有裨益。

---

〔1〕 李名亮编著：《网络新闻编辑实务》，学林出版社 2015 年版，第 248 页。

〔2〕 中央宣传部：《习近平新时代中国特色社会主义思想学习问答》，学习出版社、人民出版社出版 2021 年版，第 289~292 页。

〔3〕 "习近平致人民日报创刊 70 周年的贺信"，载新华网，http：//www.xinhuanet.com/politics/leaders/2018-06/15/c_1122991111.htm，最后访问日期：2022 年 3 月 27 日。

（4）规范个性化新闻推荐行为、维护数字新闻市场竞争秩序。只要媒介技术能够具有内在的时间逻辑，那么媒介必然是有政治性和权力性的。内在的时间逻辑造就了行动边界，因此也就诞生了不同的权力结构。[1] 位于数字新闻"计划体制"核心的平台治理，理应成为数字新闻市场治理的核心所在。相关研究理应既要识别作为利益连接点的注意力之本质，又要理解商业运行的基本逻辑，准确认识新闻平台在注意力分配中的权力、厘清各种竞争行为的"反垄断法属性"，也要关注具体行为违法性判断上文化多样性传承、保护的具体价值位阶。

（5）拓展数字文化产业研究内容与路径。数字新闻是数字技术与内容生产、发布、传播的深度融通融合，现有研究的体量和质量都尚不能与该议题的社会价值相匹配。本研究将突破学科藩篱，融合文化产品公共性、文化保护的特殊性、算法技术的决定性、新闻平台权力的异质性、个性化推荐治理的反垄断抓手性等特征，全面梳理个性化新闻推荐的规制内容，从跨学科研究的视角，系统提出个性化新闻推荐的规制方案，这必将有助于推进数字文化产业相关研究并产生重要学术影响。

三、研究思路与研究方法

（一）研究思路

命题是研究之本，是统领整个研究的核心要点，是研究需要验证或论证的基本问题及观点。[2] 本研究之命题为：个性化新闻推荐规制实践需要改进。要论证此问题，需先探讨以下几个主要子问题：

1. 什么是个性化新闻推荐？个性化新闻推荐相较于传统个性化新闻推荐或传统新闻有何特殊性？

2. 在经济实践中，个性化新闻推荐有哪些主要场景？在不同场景之下，算法有何区别，个性化新闻推荐生产、分发、推荐的技术逻辑为何？

3. 要改进对个性化新闻推荐的反垄断法规制意味着，当下中国社会有改进

---

[1] ［澳］罗伯特·哈桑：《注意力分散时代：高速网络经济中的阅读、书写与政治》，张宁译，复旦大学出版社 2020 年版，第Ⅶ页。

[2] See Estelle M. Phillips & D. S. Pugh, *How to Get A PhD: A Handbook for Students and their Supervisors*, Open University Press, 1994, p. 42.

反垄断规制个性化新闻推荐状况、优化个性化新闻推荐的现实需求。为此，我们必须找出个性化新闻推荐给社会发展带来的风险或潜在风险，探明个性化新闻推荐给新闻市场秩序、消费者福利带来的损害以及对新闻公共性的具体损害。

4. 运用非技术手段规制个性化新闻推荐是否具备可行性？主要司法辖区对此采取了何种解决方案？解决方案中的法律解决办法，尤其是反垄断法解决方案，权重几何？从不同的解决方案中是否可以推测出世界各国对此问题的一般看法、共同经验以及规制趋势变化？

5. 我国对个性化新闻推荐的反垄断规制有何特殊的诉求？其主要目标为何？易言之，我国在对个性化新闻推荐进行反垄断规制之时，有哪些特殊因素需要考量？有哪些特殊的问题需要克服？

6. 在社会制度需求与全球化的规制变革之间，我们应该如何构建科学的、能够兼及新闻质量提升、新闻公共性提升的个性化新闻推荐反垄断规制体系，并对其未来发展做出合理的预测？[1]

对以上六大问题组的逐次剖析，既反映了本研究的研究价值，呈现了本研究的基本框架，亦构成了本研究的基本结论、意见和建议。本研究路径模型如图0-4：

---

〔1〕 详细论述参见 ［意］毛罗·卡佩莱蒂："比较法教学与研究：方法与目的"，载沈宗灵、王晨光编：《比较法学的新动向——国际比较法学会议论文集》，北京大学出版社1993年版，第15~19页。

1.研究目标　**个性化新闻推荐的反垄断规制**

2.基础研究

现象理清　文献综述　法规梳理　话语体系

3.研究背景

■ 个性化算法成为新闻生成之必要技术
■ 舆论主阵地转向新媒体

■ 个性化新闻推荐反垄断规制效果不佳
■ 系统化、本土化的制度研究相对匮乏

4.问题分析

现实问题　←　**社会制度需求**　→　反垄断规制回应

新闻生产力变革

新闻生产关系变革

平台权力异化
竞争行为失范
市场竞争失序

质量危机/公共信息供给不足/外部性显著

提升规制绩效
（注意力产权合理分配/公共性新闻供给增加/外部性消解/多样性文化传承等）

重构竞争秩序
（规训算法/规范竞争行为/规制平台）

规制目标厘清

规制理念革新

管制的回归

反垄断法持续发力

规制协同效应发挥

5.制度构建

合作化规制：立法、司法、执法、社会中间层、平台

6.结论推广

数字文化产业高质量发展

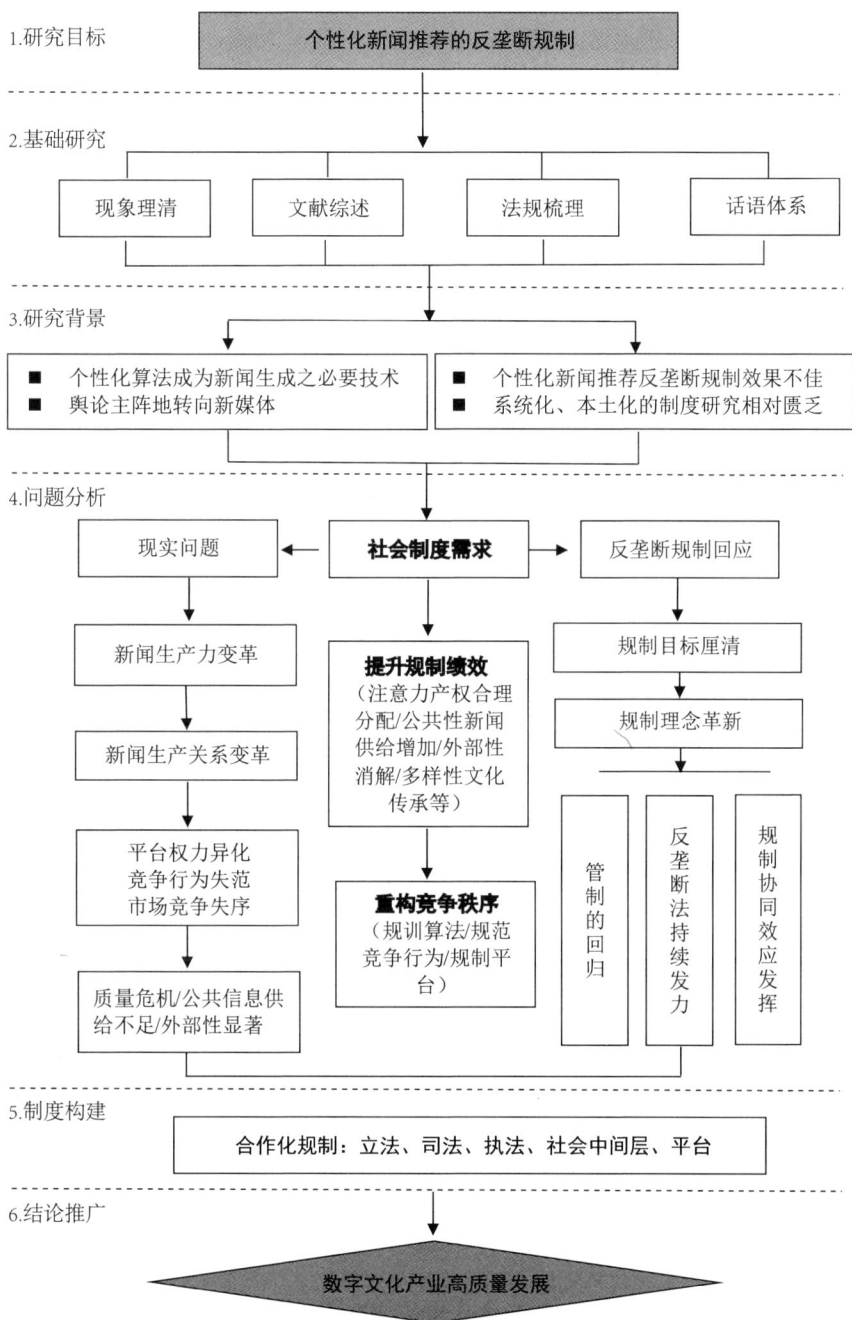

图0-4　技术路线图

（二）研究方法

本研究采用"文献研究→哲理分析→定性研究→定量研究→比较研究→对策研究"的研究路径，在充分收集、分析相关文献资料的基础上，针对不同的研究内容采用多种实证方法开展研究。

1. 在理论分析研究中，采用公共领域理论、新闻媒体社会责任理论、新公用事业理论、注意力损害理论、新闻多样性理论、分配正义理论等理论进行规范分析，为本研究提供坚实理论支撑。

2. 价值分析与哲理分析法。重点运用价值分析和利益衡量方法研究新闻平台"注意力分配"的规则及各方利益冲突与平衡；运用相关科技伦理和法哲学原理研究算法透明、算法伦理问题。

3. 法律实证分析法。重点运用文化比较和功能比较方法开展比较法研究，同时在政策建议研究中主要运用诠释法、事例法、案例法等对研究成果进行总结、概化和系统解释。

4. 经济实证分析法。重点运用法经济学研究方法阐释数字新闻市场规制中的外部性及其危害问题、运用博弈论方法研究注意力收益分配问题。

5. 文献计量方法。对"个性化新闻推荐+反垄断"主题内容进行数据抽取、处理，聚类计量分析，再利用可视化工具软件，绘制知识图谱，直观呈现"个性化新闻推荐+反垄断"相关内容和研究资料来源等情况的演变过程，进行研究主题的分析评估、演变影响因素的把握以及发展态势预测，从而实现对文献更深刻、更精确的"质"的认识。

四、研究目标、创新与不足

（一）目标

1. 梳理数字新闻生产力、生产关系的变革，借助对国内外经典案例的梳理与再解释，廓清个性化新闻推荐乱象并准确研判数字新闻平台反垄断规制"痛点"，把握个性化新闻推荐反垄断规制制度供给的要点，为执法机构克服规制过度、规制不当、规制不足等"威慑陷阱"，引领数字文化产业规制的法治化。

2. 阐释新闻公共性保留、促进、提升的具体制度方案，基于对数字新闻守门人的生态的科学评估，对数字新闻领域的反垄断问题从"理念——价值——原则——制度"各层面进行"量体裁衣"式的设计，帮助数字新闻相关主体跳出注意力分配不公、"合规陷阱"等火坑，并引导其踏上"超越合规"、追寻文化多样性生成之旅，引领数字文化产业的现代化。

3. 锚定新闻公共性、文化多样性传承与保护的目标，结合个性化新闻推荐的技术特性，深度探讨"国家文化安全、公共利益、竞争秩序、消费者权益"四种法益的定位，并据此展开文化产业竞争政策的制度设计，为推进国家数字经济战略、文化战略提供政策参考，引领数字文化产业规制的规范化。

（二）创新点

本课题研究力求能在以下四个方面，对相关制度的研究和革新有所贡献：

1. 研究的系统性：从技术逻辑、基础法理、具体制度设计、难点问题聚焦四个层面对个性化新闻推荐的反垄断规制展开系统研究，以求能够在融通四者的基础上为我国个性化新闻推荐的反垄断规制体系构建提供系统支持，并为我国数字文化产业的规制体系构建提供示范样本。

个性化新闻推荐的反垄断规制体系构建需要结合新闻的功能及其对文化多样性的价值、新闻平台对个性化推荐算法运用的主要场景、技术逻辑与权力逻辑、具体的竞争损害对相关的法理和制度进行"自下而上"的系统思考。在我国着力建设数字社会、建设文化强国的历史节点上，对接国家战略，结合实践问题探索数字文化产业高质量发展的具体路径，理应为反垄断学者研究的一项重要任务。在这方面，国内的既有研究尚显不足，本研究的开展就是要弥补不足，希望能够在广泛研究国内外既有相关理论与实践的基础上，通过系统化的研究来推动我国相关理论研究的发展，进而为我国最终建立相对完善的数字新闻的法律治理体系寻找可能的突破方向和理论方案。

2. 理论的明晰性：通过梳理数字新闻市场失灵、竞争失序的具体情形，明确数字平台在数字新闻（注意力）市场分配注意力行为的反垄断法属性及其公共职能，以克服"行为性质归属不明"给反垄断法适用带来的干扰，进而实现个性化新闻推荐的反垄断规制体系构建的一般法理的明晰性。

个性化新闻推荐的反垄断规制体系构建必须以明确的新闻市场失灵、竞争损害为基础，而要实现这一点，首先就必须要梳理数字新闻市场失灵、竞争失序的具体情形，理清竞争损害与数字平台之间的因果关系，以解答反垄断法是否可以适用的质疑。本课题研究就是要以数字新闻市场竞争乱象梳理为基础，通过对数字新闻业生产方式与生产关系变革的剖析、对基本理念（从行为治理到主体治理）的法理分析与阐释，以明确其制度构造的一般法理，并主张应摒弃传统的基于侵权行为的论证路径（这种论证在价值理念和违法行为认定的具体技术构造上都存在难以逾越的障碍），转而将个性化新闻推荐反垄断规制体系的构建建立在保障公共新闻供给和提升新闻质量的基础目标之上，从而使之得以在核心意义上与侵权行为治理保持明显区别——侵权行为治理的本质在于威慑和惩戒，平台反垄断治理的本质在于通过良好的竞争秩序的构建促进数字新闻业乃至整个数字文化产业的高质量发展。当然，在涉及数字平台采集、使用用户数据等情形时，二者之间也会发生法律适用的竞合与冲突，但这种竞合与冲突并不能从根本上改变反垄断法对数字新闻市场规制的理念仍主要在于维护自由竞争、保护文化多样性在内的公共利益。简言之，明晰数字平台在数字新闻（注意力）市场分配注意力行为的反垄断法属性及其公共职能，超越传统的侵权行为论证路径，应是科学构建个性化新闻推荐的反垄断规制体系的重要基础，而这正是本课题研究所要努力做到的。

3. 制度的本土化：从中国语境下的意识形态属性、注意力市场交易与收益分配规则的固有秉性、新闻质量评价与文化多样性保护和本土制度环境相关联的角度，思考和探究个性化新闻推荐反垄断规制体系发展的本土化路径以及相关制度的生成之道。

个性化新闻推荐反垄断规制制度在域外的多样化发展已经表明，该体系的构造系个性与共性共存。而此个性很大程度上又是由其本土的数字技术与数字平台的发展状况、文化建设的特色与内涵以及相关的制度环境所造就。以此为鉴，本研究认为，在构建我国个性化新闻推荐反垄断规制体系时，除需要对反垄断执法中的难点进行预测，在立法层面对数字平台单一经济体概念的法律内涵、适用行为、反竞争效果分析框架与裁量因素、数字平台的权利义务等基本问题作出明确规定外，还需要充分考虑到以下本土因素的影响，如新闻舆论在我国是思想文化传播的重要渠道，承载着巩固、壮大积极、健康、向上的主流舆论这一社会主义文化建设的重要任务，[1] 我国新闻业的市场化改革尚处于深化阶段，公众对个性化新闻推荐的危害性认识不足，平台反垄断相关的制度也不是很健全等实际情况对个性化新闻推荐反垄断规制体系整体构造所产生的重要影响等。正是基于以上考虑，本研究认为，在现有条件下，我国个性化新闻推荐反垄断规制体系的构建宜秉持宽容审慎与低度干预的理念，不宜在执法技术层面简单照搬"斗志高昂、执法严苛"的欧盟执法机构的技术或经验[2]，以至于管得过死，而是可以考虑更多地借鉴"坚持合理分析、注重创新效果的综合考量"的美国、德国之经验。毕竟，反垄断法的具体适用本质上是一项旨在通过保护竞争促进市场有效运作的国家行动，也是国家维护自身利益的重要工具，[3] 预留创新空间、确保本国数字经济持续繁荣是许多国家不谋而合的愿望。

4. 话语体系的创新性。在继承自身国际话语权演进逻辑的基础上，凭借不断提升的国家数字经济与技术实力，以维护国家利益与推进国家文化战略实施为出发点，兼顾全人类共同利益，从制度性、伦理性和科技性三个维度构建国际话语权，努力提升中国国际新闻与国际文化产品的供应能力，积极提供全球新闻治理的"中国智慧""中国方案"。

百年未有之大变局背景下，中国构建国际话语权既迎来了前所未有的历史机遇，又面临西方话语霸权、西方话语陷阱以及国际传播能力不足的严峻挑战。[4] 因此，中国特色新闻理论与实践的研究应着眼于规制变革与话语权构建两大维度，既为新时代中国特色新闻体制机制的建立提供理论依据，[5] 又立足于以时

---

〔1〕 "《习近平总书记系列重要讲话读本》全文"，载新华网，http：//www.xinhuanet.com/politics/2014-10/13/c_127090941_8.htm，最后访问日期：2023 年 3 月 5 日。

〔2〕 根据维基百科的统计，全球最大互联网企业排行榜前 20 名中，美国 10 家、中国 8 家、日本 1 家、欧盟 1 家。通过反垄断法的实施，保护欧洲联盟利益、维护成员国国家安全，同时为本联盟内部企业与经济的发展预留足够的空间，自然是欧盟对外国平台企业执法的策略选择依据，据此也就可以理解为何欧盟的做法或多或少具有抑制平台（外国企业）发展的色彩。See Wikipedia, "List of largest Internet companies", https：//en.wikipedia.org/wiki/List_of_largest_Internet_companies.

〔3〕 Paweł Drobny, "The Attention Markets as a Challenge for Competition Policy", in *Research Papers of Wrocła W University of Economics*, Vol. 63, Issue 5, 2019, p.34.

〔4〕 李强："中国国际话语权：演进逻辑、构建维度与现实挑战"，载《中央社会主义学院学报》2020 年第 2 期。

〔5〕 季为民："中国特色社会主义新闻学'三大体系'的建构"，载《新闻与传播研究》2019 年第 9 期。

代精神激活中华文化的生命力。个性化新闻推荐的反垄断法规制研究具有鲜明的时代特征、独特的学科交叉优势和丰富的实践基础。本研究注重加强新闻理论与法学、经济学、公共管理和计算机科学等其他学科的交叉融合，面向中国数字文化产业改革和数字经济发展，回应个性化新闻推荐技术、新闻生态、新闻伦理变革，在实践和系统研究中不断进行理论创新，以期创新、完善新时代中国特色数字经济发展理论及方法体系，在世界技术变迁、社会变革与人类发展研究领域贡献中国智慧和中国方案。

（三）不足之处

1. 驾驭多学科深度融合研究的能力不足。课题组成员系统研习新闻传播、算法技术的时间不长，知识体系难免存在阙如。

2. 对既有资料的收集整理难免存在不足。尽管课题组成员历时 3 年，收集了大量的数字新闻、个性化技术相关研究资料，但相关领域的文献出现速度用"一日百篇"形容实不为过，将如此宏大的选题，需用如此细微的视角呈现，信息占有的全面性、资料取舍的科学性较难把握。

3. 协调研究综合性与深入性能力不足。综合还是深度，是个两难问题。关于新闻质量标准与反竞争效果判断之间的科学性与可操作性问题、新闻伦理与技术伦理的不一致性讨论等内容，是本研究仍待完成的工作。如何协调综合性与深入性的关系，并在具体的研究内容上合理安排二者的权重，是本研究的总体性困难与不足。

本课题已经初步探讨了以"管制+反垄断法"二元规制模式来处理数字新闻市场的反垄断问题，管制手段动用的理论依据来自于"新公用事业"理论与新布兰戴斯主义的研究，然而"管制回归"的正当性与科学性论证难题绝非仅凭二者就能解决，相关研究还有待深入。

第一章　新闻、新闻业与个性化新闻推荐基础理论

假使国家是一条船，新闻记者应是站在船桥上的瞭望者，他要在一望无际的海面上观察一切、审视海上的不测风云和浅滩暗礁，及时发出警报。他不计自身的成败荣辱和喜怒盈亏，非功利地为信任他的读者服务。[1]

——约瑟夫·普利策

第一节　新闻与新闻业基础理论

一、新闻与新闻业的内涵

（一）新闻的内涵

1. 新闻的定义。很少有公共活动像新闻一样存在如此多的定义争议。根据对新闻各要素的强调程度的差异，可将关于新闻的不同定义归纳为四种学说：①"事实说"，即新闻是广大群众欲知、应知而未知的重要事实，它强调新闻的本源及变动特性。[2] ②"报道说"，即新闻是对新近发生事实的报道，[3] 它强

---

[1] 约瑟夫·普利策为普利策奖设立人、哥伦比亚大学新闻学院的创办人。转引自高金萍："社交媒体格局下传统媒体如何担当'船桥上的瞭望者'：析美媒'占领华尔街'运动报道"，载《国际新闻界》2012年第4期。

[2] 范长江："记者工作随想"，载《新闻战线》1979年第1期。

[3] 陆定一："我们对于新闻学的基本观点"，载《解放日报》1943年9月1日，第4版。

调报道是新闻的表达形式。③ "信息说"，即新闻是经报道的贴近事实的信息，它强调信息是新闻的实质。[1] ④ "表达能力说"，即新闻是 "任何能让人说话的东西"。这是来自于《纽约太阳报》编辑查尔斯·达纳（Charles Dana）的归纳。达纳认为，数字经济的发展，导致传统新闻媒体的聚合以及向互联网一方的迁移，[2] 掌握互联网 "连接万物" 功能的平台对新闻活动长驱直入，这颠覆了新闻业态，并极大地拓宽了 "新闻" 的外延，进而对新闻的定义产生了直接而深刻的影响。这个概念准确地表达了数字时代 "新闻" 外延变动的事实，但尚不足以涵盖新闻的本质特性。综合上述学说内涵，本研究将新闻定义为：具有新鲜性、客观性、即时性和公开性的关于客观事物变动的各种重要信息。

2. 新闻的特征。在数字技术快速发展并深度植入新闻活动的背景下，原本应该具有客观性、新鲜性、及时性和公开性特征的新闻正在面临重大挑战或悄然发生变化。[3]

（1）新鲜性是新闻存在的根本动因。"news" 最初被描述为 "新奇事物"，[4] 这抓住了此术语不言而喻的本质：新闻是 "新的"。新鲜性是指新闻中存在的人们未知、欲知和应知的信息。新闻工作者需要凭借对事件进行分析、把握的独到眼光，同时考虑受众的内容需求来形成新闻。在新闻聚合平台竞争激烈的背景下，部分平台，甚至主流平台以及一些自媒体为追求高曝光率、高点击量，过度 "消费" 新闻新鲜性，导致出现大量 "吸睛" 又 "雷人" 的 "新闻标题党" 和低俗、庸俗、媚俗的 "三俗" 新闻，这亦是数字新闻治理中需要解决的现实问题之一。

（2）客观性是新闻最基本的特征。客观指新闻报道中的具体事实合乎客观实际，也包括新闻工作者对具体事实的正确认识和客观评价。客观性要求记者之报道应是公正、中立、客观、公平的，因而是可信的。客观性是公众信赖新闻媒体的源泉，也是新闻发挥社会作用的基础。对新闻客观性的要求可以追溯到 18

---

〔1〕 宁树藩："新闻定义新探"，载《复旦学报（社会科学版）》1987 年第 5 期。

〔2〕 ［美］查尔斯·斯特林：《大众传媒革命》，王家全、崔元磊、张祎译，中国人民大学出版社 2014 年版，第 377 页。

〔3〕 王光艳："大数据时代新闻特性的变化研究"，载《编辑之友》2014 年第 6 期。

〔4〕 S. Lamble, *News as It Happens: An Introduction to Journalism*, Oxford University Press, 2011, p. 34.

世纪和19世纪，源于记者们努力维护自己的独立性，不受高度党派化的新闻大亨和雇主的影响，而是将自己在社会中的角色定位为公众的仆人，[1] 平衡和公平的目标被用来表达记者"对事实和价值分离的职业忠诚"，坚持客观性的概念是记者区别于非记者的一个关键标志。[2] 然而，在信息过载的时代，真伪难辨的复杂网络环境以及新闻生产主体多元化的现实，在一定程度上给新闻的客观性蒙上了灰尘。

（3）即时性是指新闻发布与事件发生的时间间隔短，甚至达到同步的程度。即时性对记者提出的要求是，要"有一种即时感、真实感和速度感"。[3] 数字技术植入新闻的生产与传播，给新闻的即时性也带来重大挑战，部分新闻媒体正在尝试推出高准确率的预测性新闻。当代新闻业面临的核心挑战之一是向"24/7"新闻周期的数字新闻环境过渡。[4] 值得注意的是，在个性化新闻推荐算法技术的加持下，使用数字新闻平台的用户可能对新闻的兴趣和要求更侧重于相关性，而非及时性。

（4）公开性是指新闻传播应当具有社会性和大众性。公开性是新闻的重要特征，是实现新闻媒体的基本功能的前提与基础，也是新闻媒体社会影响力与社会公信力的来源。[5] 随着数字经济的快速发展，新闻生产主体范围呈现逐渐扩展的趋势，大量恶、错、假新闻充斥在公共空间，产生了诸多不良影响，这有悖新闻公开性的初衷。

3. 新闻的分类。根据公共性强烈程度，新闻可分为公共新闻与非公共新闻。公共新闻，也称核心新闻内容（core news content）、"硬新闻"（hard news），是

---

〔1〕 D. Wilding, P. Fray, S. Molitorisz & E. McKewon, "The Impact of Digital Platforms on News and Journalistic Content, Australian Competition and Consumer Commission Report", 2018, p.71.

〔2〕 M. Deuze, "What is Journalism? Professional Identity and Ideology of Journalists Reconsidered", in *Journalism*, Vol. 6, No. 4, 2005, pp. 442-464.

〔3〕 M. Deuze, "What is Journalism? Professional Identity and Ideology of Journalists Reconsidered", in *Journalism*, Vol. 6, No. 4, 2005, pp. 442-464.

〔4〕 24/7是指一天24小时，一周7天。See D. Wilding, P. Fray, S. Molitorisz & E. McKewon, "The Impact of Digital Platforms on News and Journalistic Content, Australian Competition and Consumer Commission Report", 2018, p. 75.

〔5〕 杨保军："全面理解新闻的'公开性'——5·12特大地震报道的启示"，载《理论视野》2008年第6期。

指报道、调查或解释的内容与公民参与公共辩论和为民主决策提供信息相关的问题或事件；或者是在地方、地区或国家层面上对公民具有公共意义的当前问题或事件。[1] 这类新闻通常由客观、准确和及时的要求驱动，题材比较严肃，往往关系国计民生以及人们的切身利益，[2] 包括：着重思想性、指导性和知识性的政治、经济、科技新闻。

非公共新闻或称"软新闻"（soft news），是指以市场为中心的新闻，包括：专题文章、社会花边新闻、体育新闻、服务性新闻、娱乐新闻和人们感兴趣的故事等。[3]

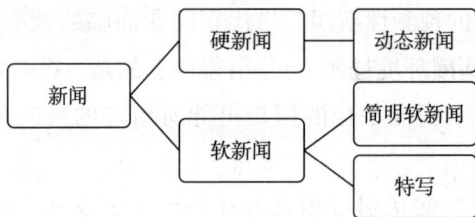

图 1-1　新闻涉公共性程度分类示意图

（二）新闻业的定义

新闻业（journalism）是指通过收集信息和使用讲故事的技巧来制作新闻的实践。这包括但不限于履行监督职责和报道"公共新闻"的实践，因此，新闻业是"事实报道和对当前或最近事件加以解释"的产物。[4] 从起源上说，它可以追溯到许多世纪以前，即它成为一个行业和职业之前。彼时，新闻业以"小册子和大幅面（仅在一面印刷的大纸张）""私人信件、公告以及口碑报道的内

---

〔1〕　Art. 52A, The Parliament of Australia, *Treasury Laws Amendment（News Media and Digital Platforms Mandatory Bargaining Code）Act 2021*, Part IVBA, *Competition and Consumer Act 2010*.

〔2〕　See D. Wilding, P. Fray, S. Molitorisz & E. McKewon, "The Impact of Digital Platforms on News and Journalistic Content, Australian Competition and Consumer Commission Report", 2018, p. 18.

〔3〕　甘惜分主编：《新闻学大辞典》，河南人民出版社 1993 年版，第 11 页。

〔4〕　D. Wilding, P. Fray, S. Molitorisz & E. McKewon, "The Impact of Digital Platforms on News and Journalistic Content, Australian Competition and Consumer Commission Report", 2018, p. 18.

容"等形式存在。[1] 制作这些内容的人不会被认为是记者，且他们的目标通常是"赚钱、政治辩论、提供社区服务、推广其信仰"。[2]

19 世纪，约翰·斯图亚特·密尔（John Stuart Mill）的自由主义（liberalism）思想风靡一时，新闻业的社会化质变亦受到该思想的影响。此前，欧洲君主"对可以使用的印刷机数量有限制"，这些印刷机也"受到出版前审查"。新兴的"资产阶级"中抵制这些限制新闻自由的捍卫者开始出现。密尔提出了一个论点——要将媒体视为"国家的监督者"，从而使新闻业的公共职能具体化。这些公共职能包括：提供信息；公共领域的便利化。"国家的监督者"这一观点的提出标志着新闻业发展与以前用来支持新闻自由的精神和道德论点的重大背离，[3] 新闻与记者扮演的"国家监督"角色开始影响社会结构和文化习俗。新闻业的角色演化为"建构新闻记者和公众之间传受关系的桥梁和中介"。[4]

二、新闻与新闻业的性质

性质是事物的根本属性，是一事物区别于其他事物的显著特征。[5] 习近平总书记指出，文化产业既有意识形态属性又有市场属性，但意识形态属性是本质属性。[6] 谈及新闻的"商品＋意识形态"二元属性，学界素来不存在争议。在我国，李良荣、宋建武[7]等国内学者也明确提出了新闻媒体的双重属性问题。

（一）新闻与新闻业的市场属性

1. 新闻具有一般商品属性。新闻是文化的组成部分，人们常常将其置于精神价值、意识形态等抽象的、信仰的层次，"心""物"隔离。[8] 当文化形成产

---

〔1〕　D. McQuail, *Journalism and Society*, SAGE Publications, 2013, pp. 2-3.

〔2〕　C. F. Marshall and E. M David, "Prior Restraint 2. 0：A Framework for Applying Section 230 to Online Journalism", in *Wake Forest Journal of Law & Policy*, Vol. 1, No. 1, 2011, pp. 75-91.

〔3〕　W. Errington and N. Miragliotta, *Media & Politics：An Introduction*, Oxford University Press, 2007, pp. 1-8.

〔4〕　姜华、张涛甫："传播结构变动中的新闻业及其未来走向"，《中国社会科学》2021 年第 8 期。

〔5〕　李良荣：《新闻学概论》，复旦大学出版社 2018 年版，第 164 页。

〔6〕　刘杨："习近平谈文创产业：守正创新，坚持正确导向"，载 http：//www. gov. cn/xinwen/2020-09/18/content_ 5544382. htm，最后访问日期：2022 年 3 月 16 日。

〔7〕　宋建武："论新闻媒介的双重性质——兼论传媒产业化运作的条件、方式及后果"，载《新闻与传播研究》1997 年第 1 期。

〔8〕　单世联：《论文化观念与文化生产》，新星出版社 2014 年版，第 376 页。

业，通过文化产业的桥梁，文化实现了向世俗的、物质的领域之扩张，越来越多地具有物质商品的形态。按照马克思的观点，商品区别于一般物品的本质区别在于，商品不仅具有使用价值（物品对人的需要的可满足性，本来就存在于物件内），还具有交换价值。确认新闻的交易价值，目的在于确定新闻产品的消费者、供应者以及为准确研判新闻业商业模式的变革风向提供依据。一个消费者只有在一个产品中看到用处，或者以为在一个产品中看得到用处的时候才会消费这个产品。新闻是商品的理论由德国法兰克福学派的学者马克斯·霍克海默及狄奥多·阿多诺等人提出，可以追溯至西方的"文化工业论"（cultural industry theory）。该理论强调"文化工业就是标准化机器生产并理性分销文化商品的系统"，经该系统产出来的商品旨在牟利。对作为商品的新闻而言，当新闻随同其他文化被商品化、营利化而失去了精致文化的反抗元素时，新闻产品就成了"大众文化"的一部分以及现代商品市场的重要组成部分。[1] 在信息过载的时代，消费者的注意力是有限的、稀缺的资源，注意力由此成为最有价值的通货以及最为理想的理论尺度和管理工具。[2] 在以注意力作为对价的新闻市场中，提供娱乐，制造焦点瞬间成为平台吸引更多消费者、获得更多注意力的主要方式。因此，数字新闻不是社会经济权力的"法外之地"，不是地方风习、民族惯例、意识形态；它是技术、是娱乐、也是服务，是一种商品、一种经济，是社会生产力中的一个重要组成部分，成为现代经济新的增长点。[3]

2. 新闻具有一定的公共属性。在经济学中，如果产权没有明确界定，则可能存在四种不同类型的商品：私人物品、公共物品、公共池资源和俱乐部物品（见图1-2）。[4] ①私人物品（private goods）。那些消费具有竞争性和排他性的商品被称为私人物品。大多数商品（如食物、衣服和住宅）都是私人物品。②公共物品（public goods，也称社会物品或集体物品）。这是一种消费兼具非竞争性（non-rivalry）与非排他性（non-excludability）的物品。如国防、免费电

---

〔1〕 何乏笔："如何批判文化工业？阿多诺的艺术作品论与美学修养的可能"，载《中山人文学报》2004年第19期。

〔2〕 详细论述可参见兰克福学派名著《文化的肯定性质》《单向度的人》《机械复制时代中的艺术作品》《作为"意识形态"的技术和科学》等。

〔3〕 单世联：《论文化观念与文化生产》，新星出版社2014年版，第376页。

〔4〕 Hal R. Varian, *Microeconomic Analysis*, W. W. Norton & Company, 1992, p. 414.

视、免费开源软件、路灯。国防不可能有选择地保护付费客户免受恐怖分子攻击，而任由其他人遭受攻击，一个人消费国防（即受到保护）并不会使其他人更难对其进行消费。公共物品的一个显著特征是，自由市场生产的公共物品少于社会总需求，因此，公共物品总是遭受"搭便车"问题的困扰。③公共池资源（common pool resources，CPR），也称拥挤物品（congestible public goods）。公共资源虽然为整个社会成员所共享（非排他性），但在消费上仍是具有一定程度的竞争性的物品（有竞争性）。消费的竞争性意味着随着消费者人数的增加会产生拥挤，从而会减少每个消费者可以从中获得的效益。公共资源通常是一种由自然或人造资源系统组成的商品，其规模或特性使其成本高昂，但却不可能排除潜在受益者从其使用中获益，当它们被大量使用时，使用者就会成为竞争对手。典型例子为公路、桥梁、火车。如对公路而言，在高峰时段每增加一辆汽车使用道路就会导致拥堵，从而降低其他司机的效用，当行驶的车辆达到一定数量之后，追加车辆就会阻碍交通，甚至增加交通事故的风险。与纯粹的公共物品不同，公共池资源面临拥塞或过度使用的问题，即公地悲剧（tragedy of the commons）。[1]例如，渔民有尽可能多地捕捞鱼的动机，因为如果他们不这样做，其他人就会这么做——因此，如果没有管理和监管，鱼类资源很快就会枯竭；赣江为数个其流经的城市提供饮用水，但如果法律没有禁止工厂污染河流，在其他人会承担成本的前提下，工厂可能会试图排污，最终导致水源污染。④俱乐部物品（club goods）。俱乐部物品是在消费上表现出高排他性和低竞争性的商品。如电影院、私人公园、卫星电视等。消费中的低竞争意味着俱乐部物品的边际成本基本上为零，但俱乐部商品具有人为的稀缺性，它们通常由所谓的自然垄断提供。[2]

---

〔1〕　Elinor Ostrom, *Governing the Commons：The Evolution of Institutions for Collective Action*, Cambridge University Press, 1990, p. 15.

〔2〕　Jodi Beggs, "The 4 Different Types of Goods：Private Goods, Public Goods, Congestible Goods, and Club Goods", https：//www. thoughtco. com/excludability-and-rivalry-in-consumption-1147876.

消费竞争性

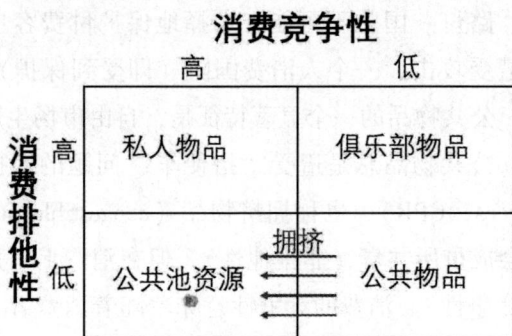

图1-2　商品属性分类示意图

对数字新闻属性的判断应该建立在对数字新闻市场全面考察的基础上，即需要全面考量数字新闻消费的竞争性与排他性。①排他性是指商品或服务的消费仅限于付费客户的程度。路透社研究报告指出，在线新闻付费的总体比例很低（见表1-1）。[1] 大部分新闻表现出低排他性或非排他性，人们可以免费访问它。另一方面，部分新闻表现出高度的排他性或排他性，因为人们必须付费才能使用该服务，如国内提供深度原创财经新闻的财新网。②消费中的竞争性是指一个人消费某一单位的商品或服务而排斥其他人消费同一单位的商品或服务的程度。如，苹果具有消费竞争性，原因在于，如果张三正在吃A苹果，李四就不能完全吃掉A苹果；当然，他们可以分享A苹果，而不可能每个人同时吃掉整个A苹果。就新闻尤其是传播广泛的数字新闻而言，消费者A与B完整分享一则新闻不存在任何困难，新闻消费具有非竞争性。一则，新闻的边际生产成本为零，即新闻生产的成本不因受众的增加或减少而发生变化，即受众增加的边际成本为零；二则，新闻的边际拥挤成本为零。即单个新闻消费者的消费或使用并不会对其他人的消费或使用造成影响。[2]

---

〔1〕 Reuters Institute, "Reuters Institute Digital News Report 2021", https://reutersinstitute. politics. ox. ac. uk/sites/default/files/2021-06/Digital_News_Report_2021_FINAL. pdf, pp. 8-14.

〔2〕 左惠："文化产品的公共物品属性及其供给模式选择"，载《中州学刊》2009年第5期。

表 1-1 2021 年各国数字新闻付费情况一览表[1]

国家	付费比例	国家	付费比例	国家	付费比例
波兰	18%	加拿大	13%	法国	11%
瑞士	17%（+4）	意大利	13%（+3）	日本	10%
比利时	16%（+4）	西班牙	12%	德国	9%
爱尔兰	16%（+4）	奥地利	12%	英国	8%

在传统媒体时代，人们一般认为，广播、电视、门户网站等属于纯公共物品，电影、有线电视等属于准公共物品，书籍、报纸、杂志等属于私人物品。[2]进入数字时代，学界对数字新闻的商品属性争议较大。有学者坚持认为，新闻属于混合产品，即新闻中既具有一般商品属性，又具有公共物品属性。[3]有学者认为，关于传媒产品的属性分类争议较大、属性复杂，在讨论某一具体产品的属性时应该回到现实，选择恰当的工具和方法进行界定。[4]而以曲创教授为代表的部分经济学家基于数字新闻平台存在收费情况则认为，数字时代的注意力消费具有排他性，公共物品的范畴在此领域不适用，但不可否认的是，新闻业提供的产品和服务具有公共属性。基于以上分析，本研究认为，新闻内容涉及社会生活的方方面面，其属性不能一概而论：

（1）从新闻涉及内容来分：①如关乎公众投票权的政治公众人物或者事件的报道等内容，政府有义务、媒体有责任免费提供给公众，其消费兼具非竞争性、非排他性，公共物品属性明显；②如仅限会员阅读的深度报道等内容，其消费具有排他性、但竞争性较弱，具有俱乐部物品属性。

（2）从新闻传播方式来分：①人民网、新华网等新闻门户网站及其应用程

　〔1〕路透社的问卷调查题目为：在过去的 1 年中，您是否为在线新闻内容付费，或访问过付费数字新闻服务？（付费包括：数字订阅、数字/打印组合订阅或文章、应用程序或电子版的一次性付款）。基数：各市场 2021 年样本总数（n≈2000）。另外，如果没有显示同比变化，2020 年和 2021 年之间没有统计学上的显著差异。
　〔2〕颜远绅主编：《新闻传播学考研名校真题解析》，新华出版社 2020 年版，第 44 页。
　〔3〕左惠："文化产品的公共物品属性及其供给模式选择"，载《中州学刊》2009 年第 5 期。
　〔4〕颜远绅主编：《新闻传播学考研名校真题解析》，新华出版社 2020 年版，第 44 页。

序（App）。鉴于网站普遍存在负载能力上限，过度使用会带来网络拥堵，新闻门户网站的消费兼具非排他性与较低的竞争性，不完全符合公共物品的特征，但公共物品属性明显；②财新网等收费新闻门户网站及其App。财新主推两款App：一是财新网，主要是将一线采编的新闻第一时间发布在财新网App上；二是《财新周刊》，主打深度报道。这两大App皆采用收费模式。[1] 其消费呈现排他性与非竞争性，属于典型的俱乐部物品。

媒体广泛承担公共责任，如欧洲议会在其《关于促进媒体多元化的措施》中强调了个人获得多元化媒体内容的重要性，并特别强调新闻媒体应使社会中的不同群体和利益——包括语言、社会、经济、文化或政治少数群体——能够表达自己的意见。[2] 所以，尽管从理论上看，上述新闻内容、传播形态之外的新闻应该属于私人物品，实则多数新闻又难以满足私人物品应该具有的消费排他性、竞争性的特征。综上，本研究认为，除上述三种类别之外的新闻，具有受益上的非排他性（难以排他或排他成本很高）[3] 和消费上的非竞争性，属于纯公共物品和私人物品之间的准公共物品（见图1-3）。

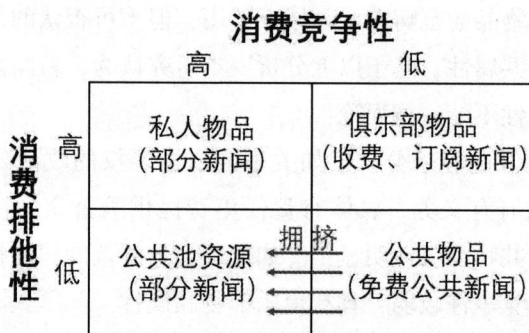

图 1-3　新闻商品属性分类示意图

---

〔1〕　郭全中："财新传媒全平台收费 国内新闻收费又迈出探索一步"，载人民网，http：//media. people. com. cn/n1/2017/1114/c40606-29645622. html，最后访问日期：2022年2月25日。

〔2〕　See Council of Europe, *Recommendation No. R (99) 1 of the Committee of Ministers to Member States on Measures to Promote Media Pluralism*, 1999.

〔3〕　郑艳馨："论公用企业的界定"，载《社会科学家》2011年第10期。

　　3. 传统新闻业的商业模式。由于信息产品的生产方式与家电、汽车等消费品的生产方式存在内在差异，因此，传统新闻业的商业模式一直与家电业、汽车业的商业模式存在显著不同。其一，在新闻产生之前，媒体机构必须承担非常大的固定成本。就印刷媒体而言，这涉及印刷设施和设备以及发行费用，同时还需要雇用专业记者和其他工作人员。普通商品的价格与生产后续产品的成本密切相关，其定价往往遵循"边际成本"定价规则，但"报纸的第一份拷贝承担了所有固定的生产成本"，[1] 这导致了报纸等新闻产品与普通商品定价方式的背离，"边际成本"定价对新闻产品无法适用。其二，随着人们对新闻产品接触的增多，其价值呈指数级增长。即新闻的价值具有显著的"网络效应"。该规则不仅适用于传统上寻求大众媒体曝光率的广告商，也适用于从额外收入中获得新闻投资的消费者。传统价值判断法则对新闻产品无法适用。其三，新闻在大多数情况下是经济学家所说的"公共信息"，在社会中具有一定的"公益"色彩，即新闻须服务于某种超出广告商和新闻消费者眼前利益的公共目的。"新闻具有更大的社会价值，政府认为，如果任由人们自行消费，新闻生产的数量应该超过公众愿意消费的数量；但如果任由市场决定，它很可能供应不足"，[2] 因此，各国政府往往以补贴或其他监管方式来弥补新闻生产者的损失。总体而言，早在数字化或平台出现之前，新闻供应的大部分特征是广告形式的交叉补贴（就商业媒体而言）或政府直接或间接支持（就公共服务广播而言）。[3]

　　（二）新闻与新闻业的意识形态属性

　　意识形态"是一种思想体系的集合，是全部社会精神生活及其过程的总概括"。意识形态是上层建筑的重要组成部分，包括占统治地位的政治思想，法律思想、道德、宗教、哲学和大部分的社会科学等。[4] "只有在意识形态臣服的形

---

〔1〕　R. G. Picard and C. Dal Zotto, "The Dimension of Ownership and Control of Media", in P. Valcke, R. Picard and M. Sükösd（eds）, *Media Pluralism and Diversity*: *Concepts*, *Risks and Global Trends*, Palgrave Macmillan, 2015, pp. 54−66.

〔2〕　G. Doyle, *Understanding Media Economics*, SAGE Publications, 2013, p. 95.

〔3〕　D. Wilding, P. Fray, S. Molitorisz & E. McKewon, "The Impact of Digital Platforms on News and Journalistic Content, Australian Competition and Consumer Commission Report", 2018, p. 29.

〔4〕　徐光春主编：《马克思主义大辞典》，崇文书局 2017 年版，第 79 页。

式下并受到这种形式的制约，才能为劳动力技能的再生产做好准备"，[1] 因此，意识形态借助意识形态国家机器（AIE）实现其功能。根据阿尔都塞的意识形态国家机器理论，它包括：宗教 AIE、教育 AIE、家庭 AIE、法律 AIE、政治 AIE、工会 AIE、传播及其他文化 AIE。[2] 意识形态国家机器有别于通过暴力发挥功能的"镇压性"国家机器（AE），如政府、行政机关、军队、警察、法庭、监狱。其一，"镇压性"国家机器具有唯一性，但 AIE 则具有统一性，即数量多但内在精神统一；其二，"镇压性"国家机器完全属于公共领域，但绝大部分的 AIE 则分散于宗教、党派、工会、家庭、学校、报纸、文化机构甚至企业等私人领域。[3]

在所谓的"经济基础/上层建筑"关系框架内，文化被视为意识形态的产物；文化作为被经济基础决定的上层建筑，或隐或现地维护统治集团的利益。而手握权力的统治者，则是这一社会经济结构的受益方。这种受益是多方面的，包括社会利益、政治利益、经济利益与文化利益。[4]

传播信息与文化的新闻业既依托意识形态开展工作，又通过其公共性职能的发挥不断夯实意识形态，是主流意识形态的再生产者。社会的健康取决于它所接收信息的质量，提供新闻不仅仅是通知人们，而是更好地服务于人类，使人类能够朝着未来成功地生活。[5] 具体来说，新闻作为统治阶级意志的主流意识形态，具备三大功能：①政治功能，这是意识形态的首要、最为显性、效用发挥最大的功能。作为政治信仰的象征，意识形态是维护政治制度、确保政治正常运行的软性力量。[6] ②经济功能。就其经济功能而言，作为一种社会结构，意识形态具有解释功能（解释产权制度的合法性与合理性）、约束功能（设定标准，约束、

〔1〕〔法〕阿尔都塞：《哲学与政治：阿尔都塞读本》，陈越编译，吉林人民出版社 2003 年版，第 326 页。

〔2〕〔法〕阿尔都塞：《哲学与政治：阿尔都塞读本》，陈越编译，，吉林人民出版社 2003 年版，第 335 页。

〔3〕〔法〕阿尔都塞：《哲学与政治：阿尔都塞读本》，陈越编译，吉林人民出版社 2003 年版，第 335~336 页。

〔4〕〔英〕约翰·斯道雷：《文化理论与大众文化导论》，常江译，北京大学出版社 2010 年版，第 4 页。

〔5〕 W. Lippmann, *Liberty and the News*, Princeton University Press, 1920, pp. 48-52.

〔6〕 王喆："新媒体时代主流意识形态安全研究"，吉林大学 2020 年博士学位论文。

引导社会成员行为）以及节约功能（稳定社会预期，节约社会交易成本），成功的意识形态是促进经济发展的内生变量。[1] ③社会功能。就其社会功能而言，作为一种观念合集的主流意识形态具有反映现实、维护与批判现实以及调节社会冲突、实现社会控制的功能。[2]

三、新闻业的社会功能

基于新闻与新闻业的"市场—意识形态"双重属性，新闻业的公共性不容忽视。2017 年，墨尔本大学新闻公民影响项目向澳大利亚参议院提交了一份关于新闻公共利益的调查报告，该项目揭示了良好的新闻实践具有六个关键特征：①让公众了解世界上正在发生的事情；②向公众提供可靠的信息，为他们作为政治、经济和社会生活参与者提供选择依据；③提供一个交流想法和意见的论坛；④成为当权者的监督者；⑤帮助社会了解自己；⑥为一个社会的成员提供共同对话的基础材料。[3] 据此，本研究将新闻业的社会功能归纳为以下五点：

（一）提供信息，社会监督

提供信息是新闻的首要基本功能。从新闻的历史起源来看，提供信息，满足公众对信息的需求是新闻出现的最初目的；从受众的角度看，获取信息以指导自身的决策与行为，也是受众阅读新闻、收听广播或收看电视节目的根本目的。当然，"报纸并不想照看全体人类""新闻首先并不是社会情况的一面镜子，而是一种突出的事实报道"，[4] 有限地报道满足公众需求的公共新闻（硬新闻）。硬新闻的受众是所有社会成员，它是多数社会成员社会生活基本信息的来源，决定了他们工作的得失、事业的成败、生存的安危，并决定了他们是否能够得到准确实时的信息进而根据变化做出正确的应对。

早在 1790 年，英国议员埃德蒙·伯克就说过："议会中有三个等级，但在记

〔1〕 刘英杰、魏澂："意识形态何以提高经济绩效——意识形态的经济功能分析"，载《东南学术》2015 年第 5 期。

〔2〕 王喆："新媒体时代主流意识形态安全研究"，吉林大学 2020 年博士学位论文。

〔3〕 Misha Ketchell, "The Conversation's submission to the Senate inquiry into the Future of Public Interest Journalism", https://theconversation.com/the-conversations-submission-to-the-senate-inquiry-into-the-future-of-public-interest-journalism-82152.

〔4〕 ［美］沃尔特·李普曼：《舆论学》，林珊译，华夏出版社 1989 年版，第 226 页。

者席那边有第四个等级,比所有等级都强大。"[1] 记者是独立且有影响力的。伯克唤起了人们对新闻业是"第四权力"——公众看门人[2]角色的认知。作为权力监督者,新闻业属于独立于议会、司法和行政部门之外的第四等级,这种思维奠定了当代新闻业的基础。从新闻实践的角度上看,调查性新闻和监督角色是新闻业"第四权力"功能的关键组成部分,"硬新闻"数量的充足性是新闻业行使"第四权力"的必然要求。

(二) 设置议程,构建公共领域

议程设置(agenda setting)是指,大众传播媒介通过报道内容的方向及数量,对一个议题进行强调。大众媒体中的信息是许多人与政治的唯一联系。新闻报道、专栏和社论中包含的承诺、许诺和修辞构成了投票决定必须依据的大部分信息。人们所知道的信息大部分来自大众媒体的"第二"或"第三"手传播或者来自更不具有权威性的其他人。实证研究表明,在媒体上被强调的议题,与受众心目中所认知的重要议题,存在显著的正相关关系;媒体在这个影响机制作用过程中是一个非常重要的因变量,即媒体报道越多,大众会觉得越重要。[3] 议程设置体现了新闻媒体影响公共议程主题重要性的能力,也客观地反映出媒体的议程设置是由媒体对政治、经济和文化等事物的偏见驱动的现实。[4]

公共领域(public sphere)是寓居于公共权力领域与私人领域之外,作为民主政治基本条件的公民自由讨论公共事务、参与政治的活动空间。一个社会的正常运行需要搭建"不同群体和不同利益——包括不同语言、社会、经济、文化或政治少数群体——能够通过辩论、讨论、结社来表达自己意见的公共领域"[5]公共领域由汇聚成公众的私人所构成,他们将社会需求传达给国家,而其本身就

〔1〕 D. Wilding, P. Fray, S. Molitorisz & E. McKewon, "The Impact of Digital Platforms on News and Journalistic Content, Australian Competition and Consumer Commission Report", 2018, p. 20.

〔2〕 彭增军:"算法与新闻公共性",载《新闻记者》2020 年第 2 期。

〔3〕 Maxwell E. McCombs and Donald L. Shaw, "The Agenda-Setting Function of Mass Media", in *The Public Opinion Quarterly*, Vol. 36, No. 2, 1972, pp. 176-187.

〔4〕 Maxwell E. McCombs, "A Look at Agenda-setting: Past, Present and Future", in *Journalism Studies*, Vol. 6, Issue 4, 2005, pp. 543-557.

〔5〕 Council of Europe, *Recommendation No. R (99) 1 of the Committee of Ministers to Member States on Measures to Promote Media Pluralism*, 1999.

是私人领域的一部分。[1] 公共领域的繁荣程度对民主而言至关重要，因为如果只代表某些"真理"，如果不同的观点因排斥而被压制，或者如果某一组声音比其他声音更响亮，"公共"利益就会受到损害。[2] 在公共领域，市民间以阅读为中介、以交流为中心进行公共交往。[3] 在各自领域中已取得支配地位的新闻媒体，对其受众的思想意识的影响大到不容被忽视，因此"新闻媒体要接受自己作为信息和讨论的共同载体的责任"。[4] 自主搭建这个空间或"自由意见市场"[5] 的媒体之职责有三：一是确保"透明"或"无遮蔽"，使该空间内的事物可为公众所见所闻；二是确保"公众直接参与公共事务"，公众即参与主体；[6] 三是促进社区对话和公众辩论。

（三）舆论引导，弘扬价值

新闻媒体可以发挥的宣传功能不同于一般的宣传：①新闻媒体发挥的宣传功能是多方面的，通过反映、影响和引导社会舆论获取力量，新的社会舆论又通过宣传活动不断产生；②新闻媒体的宣传功能是结合客观现实的，与公众的现实生活密切相关，具有弘扬价值的重要功能，具体表现为：及时向广大人民传达并解释党和国家的重大方针、政策，有助于人民理解和响应党的号召，弘扬社会主义核心价值观；传承和发扬本国、本民族或是统治阶级所认可的文化价值观。[7]

马克思曾言："报刊最适当的使命就是向公众介绍当前形势，研究变革的条件，讨论改良的方法，形成舆论，给共同的意志指出一个正确的方向。"[8] 议程设置理论（agenda setting theory），是大众传播媒介影响社会效果的重要理论之一，其基本思想是媒介的议程不仅与受众的议程相吻合，而且受众的议程就是媒介的议程。大众传播往往不能决定人们对某一事件或意见的具体看法，但可以通

---

〔1〕 [德] 哈贝马斯：《公共领域的结构转型》，曹卫东等译，学林出版社 1999 年版，第 201 页。

〔2〕 Michael Edwards, *Civil Society*, Polity Press, 2004, p. 61.

〔3〕 [德] 哈贝马斯：《公共领域的结构转型》，曹卫东等译，学林出版社 1999 年版，第 34~38 页。

〔4〕 [美] 新闻自由委员会：《一个自由而负责的新闻界》，展江、王征、王涛译，中国人民大学出版社 2004 年版，第 56 页。

〔5〕 陈映、董天策："试论传媒多元化的政策逻辑"，载《南京社会科学》2012 年第 7 期。

〔6〕 [美] 汉娜·阿伦特：《人的境况》，王寅丽译，上海世纪出版集团 2009 年版，第 32~35 页。

〔7〕 吕娜："文化产品审查制度研究——以道德审查为视角"，中国政法大学 2011 年博士学位论文。

〔8〕 《马克思恩格斯全集》（第四十三卷），人民出版社 1982 年版，第 488 页。

过提供信息和安排相关的议题，有效地左右人们关注的事实和意见以及谈论的先后顺序；大众传播可能无法影响人们怎么想，却可以影响人们去想什么。在引导舆论方面，中国的新闻媒体理应代表国家和人民的利益，坚持正确舆论导向，把握统一认识的主旋律。

（四）传播思想，涵养文化

传播思想是新闻在提供信息的功能上的继续延伸，新闻是思想的载体，思想决定新闻的高度与厚度。新闻媒体提供信息、传播思想的方式一般包括两种：一是报道新闻或刊登广告的明示；二是评论的暗示，随着新闻媒体的发展，评论存在多种形式，包括评论员文章、专家访谈或微博评论等。新闻评论是媒体的旗帜，常常能发挥特殊的重要作用：由新闻媒体发布的评论体现着新闻媒体的政治倾向性，传达政府对社会政治热点或某个突发事件的态度；由公众发表的评论则能广泛体现出公众对民生事件或热点事件的意见与情绪。数字技术赋予了新媒介尤其是数字平台于数字社会传播思想的最佳渠道，他们具有其他传统信息传播机构（如学校、教会等）无法比拟的传播优势。当然，自由竞争的结果也让数字平台走上了垄断之路。[1]

文化是一个复杂的整体，包括知识、信仰、艺术、道德、法律、习俗以及人类作为社会成员获得的任何其他能力和习惯。[2] 新闻与知识、文化之间是一个多重互动的关系。文化是随着时间的推移而获得的知识的集合，知识是滋养新闻活动的重要成分。其一，新闻并非孤立存在，它深受社会政治、经济的影响，具有不同时代的鲜明文化烙印和多样的文化特征。其二，新闻堪称"快速反应的大百科全书"，它传播与公众生活密切相关的日常知识、科学技术和社会科学的探索与创新，是向公众传播知识、思想的重要渠道。其三，文化的特殊性来源于每一种文化皆有其产生的文化土壤，[3] 新闻是一种文化产品，是一国文化土壤的重要组成部分，承担涵养中华文化特殊性的重要功能。

---

〔1〕［美］新闻自由委员会：《一个自由而负责的新闻界》，展江、王征、王涛译，中国人民大学出版社 2004 年版，第 17~20 页。

〔2〕Edward Burnett Tylor, *Primitive Culture*, Vol. 2, Cambridge University Press, 2012, p. 1.

〔3〕章伟文："传统文化是涵养文化自信的源泉"，载 http://theory.people.com.cn/n1/2017/0825/c40531-29493891.html，最后访问日期：2022 年 2 月 16 日。

（五）提供娱乐，赢得利润

新闻媒体和新闻业是社会主义市场经济下的强大经济力量中不可或缺的一部分。作为企业的新闻媒体可以积极参与市场竞争，为吸引更多受众以赢得更多利润，新闻媒体更注重发展大众喜闻乐见的娱乐新闻。从传播学的视角来看，"娱乐"新闻是关于性、演艺圈、体育、人类兴趣、动物、热播影视作品、搞笑素材以及娱乐照片等标题或列表总和。[1]

新闻业的市场化改革、新闻媒体竞争态势的形成带来了国家税收的增加、新闻媒体实力的提升与新闻从业人员的增长，这是我国新闻业得以持续良性发展的重要因素。

第二节　个性化新闻推荐基础理论

互联网的广泛应用把我们带进信息爆炸的时代，在注意力有限的情况下，快速有效地获取想要的信息成为用户的新需求。个性化推荐是互联网时代最主要的一种信息推荐方式，[2] 这种高效的个性化传播方式的益处在于，既为用户找到与其需求相匹配的内容，又为内容找到与其属性相匹配的用户，是抓住用户注意力的最根本方式。[3] 个性化新闻推荐是指通过大数据技术收集用户个人数据与行为数据，探寻用户的"内容足迹"，准确预测用户的阅读兴趣偏好，为不同的消费者推荐不同的内容，进而提升个性化阅读体验、获取流量、促成交易的互联网信息服务。[4]

---

〔1〕　T. Harcup and D. O'Neill, "What is News? News Values Revisited (Again)", in *Journalism Studies*, Vol. 18, No. 12, 2017, pp. 1470-1488.

〔2〕　舒悦、尹莉、李梦雅："基于算法的个性化信息推送服务"，载《新闻研究导刊》2018年第1期。

〔3〕　舒悦、尹莉、李梦雅："基于算法的个性化信息推送服务"，载《新闻研究导刊》2018年第1期。

〔4〕　See Christopher Townley & Eric Morrison & Karen Yeung, "Big Data and Personalised Price Discrimination in EU Competition Law", in *Yearbook of European Law*, Vol. 36, 2017, pp. 683-748.

一、个性化新闻推荐的主要实践

随着数字经济的高速发展，数字新闻成为人们获取新闻资讯的主要途径，数字新闻市场迎来全面爆发式发展，新闻资讯行业实现全方位升级重塑。根据运营主体进行之不同，现有的数字新闻平台大致可分为三类：①依托门户网站、社交软件资源催生的新闻平台，如腾讯、新浪微博等；②传统媒体运营的新闻平台，如新华报业网、纽约时报网等；③新生的互联网公司催生的新闻平台，如"今日头条"和"一点资讯"等。按照内容来源进行分类，多数传统媒体运营的新闻平台都属于 PGC 类型（Professional Generated Content），即专业媒体人生产的内容，具有较强的公信力和权威性；以"今日头条"和"一点资讯"为首的新生新闻平台则属于 RSS 类型（Really Simple Syndication），即聚合平台。新闻聚合平台因其对算法技术的应用，拥有在简易信息聚合的基础上实现个性化新闻推荐的能力，得以迅速从众多新闻平台中脱颖而出。个性化新闻推荐何以获得用户青睐？本研究将选取最具有代表性的新闻聚合平台予以讨论。

1. "今日头条"。2020 年，"今日头条"以 2.6 亿的月活跃用户量排名新闻聚合平台首位，与腾讯新闻和新浪新闻共同构成新闻行业的第一梯队。[1]"今日头条"作为新闻聚合平台的领跑者，2018 年以前，信奉"你关心的，才是头条"的"今日头条"，坚持用户至上的服务宗旨，以读懂用户、为用户提供精准化、个性化服务的定位，不仅满足受众的个性化需求，还形成了独特的竞争优势。[2]

2. "一点资讯"。2020 年，"一点资讯"月活跃用户量同比增长显著，高达44.3%。[3]"一点资讯"全球首创的"兴趣引擎"（interest engine）不仅是技术上的创新，更是颠覆性产品的创新。"兴趣搜索+频道定制+个性化推荐"的兴趣引擎以用户"兴趣"为核心，融合搜索引擎和推荐引擎，[4]是数据爬取和文本分析等技术优势与利用个人画像推送内容形式的有机结合。其一，"搜索"功能是用户主动表达兴趣和参与信息流创建的入口，用户的搜索行为中体现的特定需

---

〔1〕 "Trustdata：2020 年中国移动互联网新闻资讯行业发展分析报告"，载中文互联网数据资讯网，http：//www.199it.com/archives/1063689.html，最后访问日期：2022 年 3 月 19 日。

〔2〕 王宁："'今日头条'新闻客户端的成功突围探析"，载《传媒论坛》2018 年第 8 期。

〔3〕 "Trustdata：2020 年中国移动互联网新闻资讯行业发展分析报告"，载中文互联网数据资讯网，http：//www.199it.com/archives/1063689.html，最后访问日期：2022 年 3 月 19 日。

〔4〕 周思维："浅析黑马'一点资讯'的成功之道"，载《卷宗》2016 年第 8 期。

求，是"一点资讯"捕捉用户"兴趣"的重要数据来源。其二，在频道定制方面，除首页展示的时政新闻、财经资讯、社会热点、军事报道等常规频道之外，用户还可以搜索关注其他小众长尾频道；"一点资讯"还打造"一点号"内容创作平台，以多重榜单激励优质原创[1]。其三，在个性化推荐方面，"一点资讯"挖掘用户数据，记录并分析用户行为，包括点击、评论、分享和转发等阅读行为以及广告消费行为，完成"用户画像"并进行推荐。基于兴趣搜索与频道定制，"一点资讯"可以完成更加真实和完整的用户画像，从而达到"有趣更有用"的精准推荐。"一点资讯"考虑用户偏好的同时也重视内容质量，旨在满足与用户日常生活相关的长尾价值阅读需求。"一点资讯"首席执行官李亚在接受采访时表示："贯彻'价值阅读'的策略，算法应具有价值观，所谓'价值'的概念，是指在满足用户兴趣的基础上，更要坚持提供有品、有用的内容"。[2] 在"流量至上"的时代，"有趣更有用"是一点资讯价值阅读理念的进一步延伸，更是为了应对"内容消费升级"趋势下用户对内容需求转变的全新品牌战略。[3]

3. "天天快报"。腾讯公司于 2015 年推出今日头条的相似竞品——"天天快报"，该平台上线半年内便跻身新闻聚合平台的前列。"天天快报"以其"个人兴趣+内容关联+个性化推荐"的平台模式、"个性阅读、快乐吐槽"的定位和绝对"有料"的调性，再附加腾讯的品牌效应，迅速吸引了大批年轻群体。其独有的平台模式主要体现在：①"天天快报"提供多元化的频道与趣味性的内容。除常规频道外，"天天快报"还提供大量具有趣味性的个性化频道与内容，如明星八卦、内涵段子、福利美图等，精准地抓住了用户的猎奇心理，用户还可以将相关新闻分享到腾讯旗下的微信朋友圈进行互动评论，或者在文中直接对图片进行批注和吐槽。②在数据获取、数据分析和用户画像形成等方面，腾讯旗下海量的用户和数据为"天天快报"提供强大技术支撑，如当用户使用同在腾讯旗下的微信或者 QQ 绑定登录后，"天天快报"即可立刻获取其性别、年龄、个

---

〔1〕 一点资讯以多重榜单激励优质原创。红榜：弘扬正能量；金榜：推荐优质深度内容；绿榜：加速新生力量成长；炫榜：优秀图集榜和视频榜；黑榜：打造自媒体行业的"3·15"。参见一点资讯官网，https：//www.yidianzixun.com/，最后访问日期：2022 年 3 月 25 日。

〔2〕 任晓宁："一点资讯做有料有品的内容平台"，载《中国新闻出版广电报》2016 年 12 月 15 日，第 8 版。

〔3〕 一点资讯官网，载 https：//www.yidianzixun.com/，最后访问日期：2022 年 2 月 5 日。

性签名、个性标签和最近在玩等用户基本数据。在内容来源方面，腾讯为"天天快报"提供源源不断的丰富原创优质内容，无论是微信公众号、企鹅媒体平台，还是腾讯合作的媒体，产出的内容都会被传输到"天天快报"中。

二、个性化新闻推荐的主要算法类别

除了具有推荐系统、过滤信息的一般功能，个性化新闻推荐作为推荐系统的子任务，还肩负着促进信息与用户需求精准匹配的重任。个性化推荐算法是推荐系统中最核心的技术，在很大程度上决定了电子平台推荐系统性能的优劣。算法是"为了完成特定任务，按照一定顺序执行的规则的连续序列"。[1] "问题"好比是一种输入/输出关系，算法则是用语言、图表、代码、程序等来辅助，从而实现输入/输出关系的特定计算过程的描述。在个性化推荐系统中常使用的算法包括：

（一）基于用户行为的推荐算法

基于用户行为的推荐算法的基本思想是：基于用户行为挖掘用户的兴趣和需求，根据用户的偏好进行推荐。

用户行为数据中蕴含着大量并不是那么显而易见的规律与信息。用户在使用新闻聚合平台的过程中会留下大量"足迹"，该算法通过挖掘用户点击、阅读、评价、收藏和转发等行为，了解用户的兴趣和需求，从而为其个性化推荐他们可能感兴趣的新闻。用户行为数据的采集是推荐系统最直接的数据来源，包括点击、阅读、收藏、评论、转发等显式行为，也包括网页浏览时间、鼠标轨迹等隐式行为。基于用户行为的推荐算法被广泛地应用于各大新闻聚合平台，平台通过分析用户留下的显式行为以及隐式行为，挖掘用户的兴趣和需求，从而推测用户的偏好。平台收集的用户行为的数量越多、范围越广、类型越多样，对用户的兴趣和需求的了解就越全面，因而对用户的偏好的预测就越精细，推荐结果的精准度也随之得到大幅提高。

（二）基于内容匹配的推荐算法

基于内容匹配的推荐算法的基本思想是：建立用户模型，推荐与用户模型相

似度高的内容。与基于协同过滤的推荐算法相比，该算法可以处理冷启动问题，推荐新出现的新闻和低热度的新闻，因而被广泛运用于个性化新闻推荐系统中，即使只有一个用户，也能够为其生成个性化推荐列表。基于内容匹配的推荐算法的根本在于信息获取和信息过滤，建立用户模型常用的属性包括年龄、性别、学历等用户人口统计学属性；收藏和发表的评论等用户的兴趣；住址、环境特征等用户的位置信息。常用的内容特征属性包括关键词、主要人物、内容形式等。新闻"标签化"和"标签"的再精细化是基于内容匹配的推荐算法的应用要点，例如"宠物标签"的再精细化为"猫"或"狗"，再如"法律标签"的再精细化为"经济法"或"民商法"。

然而，基于内容匹配的推荐系统不可避免地受到信息获取技术的约束，[1]其局限性表现在：①语义处理难度大，基于内容匹配的推荐算法在处理新闻文本信息时难以处理一词多意、同义词等问题。②基于内容匹配的推荐算法，虽然推荐结果专业化程度高，但是推荐结果的新颖度较低。[2]

（三）基于社交网络的推荐算法

上述传统基于相似度的推荐系统，在学术和应用上虽然已经研究过并且开发得比较完善，但是这些算法都是基于一个假设，即认为用户都是同等独立分布的个体，却总是忽略了用户之间的关系。而在现实生活中，"社会化推荐"是每天发生的事情，我们经常会向我们的朋友推荐一些好的物品，也会向我们的朋友寻求建议。实际上，我们在寻求基于社交网络的推荐算法。

基于社交网络的推荐算法的基本思想是：依靠亲密程度或互动频率等指标计算用户间的相似度，将相似度较高的用户所感兴趣的新闻纳入推荐候选的集合中，从而向目标用户推荐其可能会感兴趣的新闻。[3] 新闻聚合平台运用基于社交网络的推荐算法主要缘于：①基于社交网络的推荐可以增加个性化新闻推荐的可信度。相比于数据挖掘与数据分析的结果，用户显然更信任来自于和自己有社交关系的好友推荐。向目标用户输出推荐物品的同时，标注该结果是来自于目标用户的8个好友，这显然更能让用户心动，以微信公众号为例，被标注"1位朋

〔1〕 刘建国、周涛、汪秉宏："个性化推荐系统的研究进展"，载《自然科学进展》2009年第1期。
〔2〕 李鑫欣："个性化推荐算法概述与展望"，载《数据挖掘》2019年第3期。
〔3〕 陈豪、王泽珺："个性化推荐算法综述"，载《企业科技与发展》2019年第2期。

友分享"或"8 位朋友读过"的文章更容易被用户点击阅读。②社交网络推荐可以解决冷启动问题。当一个新用户通过绑定其他社交平台，如微博或者腾讯账号来登录新闻平台时，平台可以从被绑定的用户社交平台账号中挖掘好友列表数据，从而为用户推送好友看过、读过或分享过的新闻，以提供较高质量的推荐结果。

（四）基于深度学习的推荐算法

该算法的程序逻辑在于，从样本中学习数据集具有的本质特征，或从多源异构数据中获得统一表征，并据此向目标用户推荐感兴趣的新闻。[1] 研究表明，Facebook "收集了大约 16 亿人的数据，包括'赞'和社交联系，它利用这些数据来寻找行为模式，如投票习惯、关系状态、与某些类型内容的互动以及人们对特定内容的感受"。[2] 与其他推荐算法相比，深度学习可以更好地理解用户的需求、项目的特点以及它们之间的历史交互，给出更高质量的建议。如图 1-4 所示，深度学习自动推荐算法的基本架构包含三个层次。

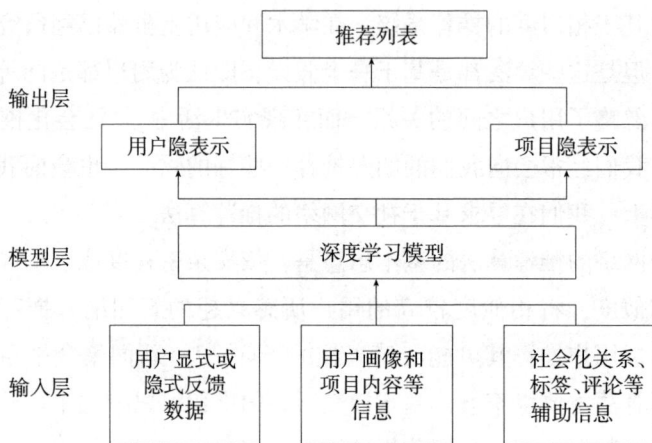

图 1-4　基于深度学习的推荐系统框架[3]

〔1〕　黄立威等："基于深度学习的推荐系统研究综述"，载《计算机学报》2018 年第 7 期。

〔2〕　Maurice E. Stucke and Ariel Ezrachi, "How Your Digital Helper May Undermine Your Welfare, and Our Democracy", in *Berkeley Technology Law Journal*, Vol. 32, No. 3, 2018, pp. 1239-1300.

〔3〕　黄立威等："基于深度学习的推荐系统研究综述"，载《计算机学报》2018 年第 7 期。

（五）基于最近邻原则的协同过滤算法

该算法的程序逻辑在于，收集数据、找到相似用户或物品再进行推荐。因此，该类算法可以分解为计算用户之间的相似度、推荐目标用户相似度较高的用户偏好两个步骤。[1] 根据相似度比较对象的不同，协同过滤可细分为以下两种：

1. 基于用户的最近邻推荐算法。基于用户的协同推荐的基本思想是：根据用户之间的相似度进行推荐。寻找用户 A 的最近邻，通过计算得出用户 A 与 C 之间相似度最高，从而根据用户 C 喜爱的物品 4 对用户 A 进行推荐，如表 1-2 所示。

表 1-2　基于用户的协同过滤推荐算法示例

用户/物品	物品 1	物品 2	物品 3	物品 4
用户 A	√		√	推荐
用户 B		√		
用户 C	√		√	√

2. 基于物品的最近邻推荐算法。基于物品的协同推荐的基本思想是：根据物品之间的相似度进行推荐。寻找物品 A 的最近邻，通过计算得出物品 A 与 C 之间相似度最高，从而根据用户对物品 C 的评分决定是否推荐物品 A，如表 1-3 所示。

表 1-3　基于物品的协同过滤推荐算法示例

用户/物品	用户 1	用品 2	用户 3	用户 4
物品 A	√		推荐	√
物品 B	√	√	√	
物品 C	√		√	√

---

〔1〕 张志军："社交网络中个性化推荐模型及算法研究"，山东师范大学 2015 年博士学位论文。

协同过滤系统可以发现用户的潜在偏好。然而，在新闻平台上，旧新闻很快会被新的新闻淹没，这导致新闻推荐面临严重的冷启动问题，使得基于协同过滤的推荐算法难以直接应用于个性化新闻推荐系统。

在实践中，尽管包括今日头条、微信、谷歌、脸书和推特在内的数字平台都把推荐算法视为"黑匣子"或"商业秘密"，对其算法的工作细节都讳莫如深，[1] 但可以肯定的是，这些平台都广泛使用"混合过滤"系统，综合利用不同推荐算法，以克服单一算法在数据稀疏、用户评价不足、系统扩展时产生的系列问题。[2] 推荐系统在推荐内容、推荐方法、推荐对象等各个方面都朝着越来越多元的方向发展，人与信息的精准匹配度越来越高，用户粘性也越来越强。

三、个性化新闻推荐的系统示例与技术逻辑

在数字社会，人们将自己的个人信息视为一种商品：他们愿意放弃一些个人信息，以换取个人利益。个性化推荐系统就是因此而生。在这个系统中，平台收集各种各样的用户数据作为推荐系统的输入，反过来为他们的用户提供更好的服务和产品。[3] 平台收集的信息可能包括用户的点击或查看行为；背景信息，如位置或情绪；用户朋友、家人或同事等社交信息；以及年龄和职业等人口统计参数。[4]

从目标上看，个性化新闻推荐以识别阅读意愿（注意力支付意愿，消费者保留价格）为目标。所谓阅读意愿，既包括阅读的欲望，也包括所能承受的注意力价格（保留价格），前者通常体现在消费者对新闻的浏览时间、关键字的使用和

---

〔1〕 T. Bucher, "The Algorithmic Imaginary: Exploring the Ordinary Affects of Facebook Algorithms, Information", in *Communication and Society*, Vol. 20, No. 1, 2015, pp. 30-44.

〔2〕 数据稀疏性问题指如果用户对商品的评价非常稀疏，这样基于用户的评价所得到的用户间的相似性可能不准确。冷启动问题是指如果从来没有用户对某一商品加以评价，则这个商品就不可能被推荐。系统可扩展性问题指随着用户和商品的增多，系统的性能会越来越低。参见王维国："个性化推荐——人民网发展的利器"，载人民网，http://media.people.com.cn/n1/2016/0316/c403195-28203859.html，最后访问日期：2022 年 4 月 10 日。

〔3〕 Arik Friedman, Bart P. Knijnenburg, Kris Vanhecke, Luc Martens & Shlomo, "Privacy Aspects of Recommender Systems", in F Ricci, L Rokach & B Shapira (eds), *Recommender systems handbook*, Springer Science, 2015, pp. 649-688.

〔4〕 Arjan Jeckmans, Michael Beye, Zekeriya Erkin, Pieter Hartel, Reginald Lagendijk and Qiang Tang, "Privacy in Recommender Systems", in *Social Media Retrieval*, *Computer Communications and Networks*, 2013, pp. 263-281.

搜索频率以及与已收藏内容的相似性；后者通常体现在消费者的注意力消费水平以及消费者的比价习惯。对于同样的新闻，消费者的阅读意愿是不同的，这取决于消费者的偏好、预算以及消费者从本次交易中所能获得的利益大小。[1]

（一）个性化新闻推荐的系统示例一："纽约时报"

以"纽约时报"（NYT）推荐系统为例，其运行流程具体如下：[2]

1. 确定文章的主题：使用一种被称为"潜在狄利克雷分配"（Latent Dirichlet Allocation，LDA）的自然语言处理技术来分析每篇文章的内容，以了解它是关于什么主题的内容（基于内容的过滤）。LDA 算法能够自主确定文章的主题。例如，"国家主席"或"议会"等词很可能与"政治"主题关联。当一篇文章中出现多个主题时（称为"权重"），则加入线性判别分析技术帮助确定该篇文章与特定主题的关联度。例如，将一篇文章判别为 50% 政治类、20% 环境类和 30% 商业类。

2. 基于受众阅读模式的模型交叉检验：语言的模糊性与文字的个性化给 LDA 方法带来极大挑战。例如，文章中双关和隐喻的修辞方法会使 LDA 系统难以对内容进行正确分类。NYT 算法通过结合阅读模式来创建一种混合方法，从而弥补了这种主题错误。这需要使用协同过滤技术来比较正在阅读特定文章的用户的阅读行为。例如，假设线性判别分析技术确定一篇文章为 50% 政治类、20% 环境类和 30% 商业类，但该文读者判断为 30% 政治类、50% 环境类和 20% 商业类，算法将根据这两组比值之差异（取决于算法中指定的权重）调整文章的主题分类。NYT 算法还优先考虑其他因素，如最近的内容、单词长度、特定单词等。

3. 理解读者偏好：其一，NYT 对用户阅读的文章进行主题建模，以建立用户偏好的基线。这意味着，如果用户在 1 周内阅读了 10 篇 NYT 的文章，推荐系统会取这些文章中出现的主题的平均值来确定用户的偏好。当然，"点击"并不

---

[1]　Oren Bar-Gill, "Algorithmic Price Discrimination: When Demand Is a Function of Both Preferences and (Mis) Perceptions", in *The University of Chicago Law Review*, Vol. 86, No. 2, 2019, pp. 217-254.

[2]　A. Spangher, "Building the Next New York Times Recommendation Engine", New York Times Open Blog, https://open.blogs.nytimes.com/2015/08/11/building-the-next-new-york-times-recommendation-engine/.

总是偏好的象征,[1] NYT 使用了一种叫作"后退"的方法来对此予以校正。其二,NYT 推荐系统包含了更精细的用户信息,如用户阅读行为信息(包括滚动深度、文章停留时间、社交媒体共享和其他指标),使 NYT 能够构建一个更完整的用户简档模型来了解他们的偏好。其三,为了训练算法来解释用户不断发展的偏好,NYT 推荐系统还构建了一个读者群子集来区别用户的属性和偏好,然后应用监督学习(机器学习的一种)技术来预测用户的阅读需求,而不仅是简单遵循用户的指令。其四,对更多数据(用户偏好和新闻文章)的训练以及算法权重反复调整,迭代算法以提高其分类和推荐能力。

4. 个性化推荐:NYT 推荐引擎为混合推荐系统,它根据建模主题内容和用户偏好,为用户提供个性化的新闻推荐。它使海量的在线新闻内容能够在个人层面得到过滤,并随着更多的用户互动而改进。

(二)个性化新闻推荐的系统示例二:"今日头条"[2]

"今日头条"拥有独特的"PGC(平台生产内容)/UGC(用户生产内容)+个性化推荐"平台模式。"今日头条"不仅利用网络爬虫在全网范围内进行新闻聚合,为了解决内容侧的供给精准性的问题,还以用户对内容满意度为函数,构建了一套独特的个性化推荐模型。其工作原理如下:

步骤一,底层假设:用户对内容满意度的函数。这个函数需要输入内容、用户特征、环境特征三个维度的变量。结合这三个维度,模型会给出一个预估,即推测推荐内容在这一场景下对这一用户是否合适。

步骤二,推荐特征构成因素集设置(见表 1-4)。

---

〔1〕 例如,一些被点击的文章其实并非用户所好,同时,用户也可能会错过一些他们原本会喜欢的文章。

〔2〕 曹欢欢:"干货:3 分钟了解今日头条推荐算法原理",载腾讯云网,https://cloud.tencent.com/developer/article/1188995,最后访问日期:2022 年 3 月 23 日。

表1-4　"今日头条"推荐特征构成因素集[1]

	构成	特点
1	相关性特征	关键词匹配、分类匹配、来源匹配、主题匹配	评估内容属性与用户是否匹配
2	环境特征	地理位置、时间	可能成为实施差别对待的依据
3	热度特征	全局热度、分类热度、主题热度、关键词热度	对于用户冷启动非常有效
4	协同特征	点击、兴趣分类、主题、兴趣词等相似性	有利于解决"信息茧房"问题

　　步骤三，模型训练与召回策略：①实时训练。基于 storm 集群实时处理样本数据，包括点击、展现、收藏、分享等动作类型。②召回策略。由于"头条系"内容量巨大，尽管每次推荐时系统会从海量内容中筛选出千级别的内容库，但推荐系统仍然难以载入所有内容完成模型预估，因此需要建立召回措施以提升用户、环境与信息的匹配程度。召回策略设计要求是"性能极致"，一般超时不能超过 50 毫秒。

　　步骤四，内容分析与用户画像：这是推荐系统存在的两大基石。内容分析在推荐系统的主要作用是辅助用户兴趣建模，没有内容标签，无法得到用户兴趣标签进而绘制用户画像。用户画像分析技术是"今日头条"个性化新闻推荐系统的关键，用户画像分析得越清晰，为用户推荐的新闻就越准确。其一，对于首次登录"今日头条"的用户，系统立刻对用户年龄、性别、兴趣等基本信息，甚至对绑定的社交账户信息进行数据挖掘，完成对用户的初步画像，此时，根据初步画像进行的个性化推荐还不能达到完全精准。其二，在用户使用过程中，"今日头条"通过直接和间接两种方式获取用户信息来再次构建"用户画像"：直接获取的方式包括消息推荐、自主搜索等；间接获取的方式包括用户每一天点击、阅读、评论、屏蔽、转发、收藏的行为数据以及用户的反馈信息（包括顶、踩、

---

　　[1]　曹欢欢："干货：3分钟了解今日头条推荐算法原理"，载腾讯云网，https：//cloud. tencent. com/developer/article/1188995，最后访问日期：2022年3月23日。

转发等行为），上述用户信息为后台所记录和分析，"用户画像"也逐渐清晰。其三，环境特征。也是"今日头条"个性化新闻推荐系统的重要方面。移动互联网时代，工作场合、居家休闲等不同的环境特征下，用户偏好也有所差异。"今日头条"还提供更多样的个性化服务性功能，包括定制用户专属的阅读模式等。

步骤五，数据处理策略：①过滤噪声，如通过删除停留时间短的点击，过滤标题党；②热点惩罚，即对用户在热度较高文章上的动作做降权处理；③时间衰减，即推荐行为与新的用户行为相关联，旧的用户行为特征权重随时间衰减；④惩罚展现，即降低推荐给用户但用户没有点击的文章相关特征的权重；⑤建立泛低质内容识别机制，包括鉴黄模型、谩骂模型以及低俗模型；⑥建立兼顾短期指标与长期指标、重视社会责任和行业领导者责任的内容推荐模型。

（三）个性化新闻推荐技术逻辑

综合各数字新闻平台推荐系统工作流程，本研究将个性化新闻推荐技术逻辑概述如下（见图1-5）：

第一步，收集和分析消费者个人属性数据与消费行为数据，识别消费者的阅读意愿。平台业务不同、功能有别，推荐特征组合不同，数据收集的范围也会存在差异。综合而言，平台收集的信息基本都包括：用户的点击或查看行为；背景信息，如位置或情绪；用户朋友、家人或同事等社交信息；以及年龄和职业等人口统计参数。[1] 信息收集完成后，平台再利用数据挖掘和算法分析工具对阅读记录、上网痕迹进行跟踪、分析，初步绘制包含消费者的偏好、习惯、支付能力的数据画像。该步骤的价值在于，将注意力消费需求与新闻内容初步匹配。

第二步，基于受众阅读反馈的模型检验与召回。平台在初步了解消费者阅读意愿的基础上，结合新闻的静态特征与动态特征，前者包括关键词、主题分布、发布时间等，后者包括新闻评分、累计点击量等，[2] 以及结合用户对初步内容投放的反馈（是否阅读、阅读时长、转发点赞等），进行内容投放策略召回，提升用户、环境与信息的匹配程度。召回策略设计要求"性能极致"，一般超时不

〔1〕 Arjan Jeckmans, Michael Beye, Zekeriya Erkin, Pieter Hartel, Reginald Lagendijk and Qiang Tang, "Privacy in recommender systems", in *Social Media Retrieval*, *Computer Communications and Networks*, 2013, pp. 263-281.

〔2〕 王绍卿等："个性化新闻推荐技术研究综述"，载《计算机科学与探索》2020年第1期。

能超过 50 毫秒。[1] 这一步骤的价值在于，打破传统新闻时代内容输出从生产者到受众单向流通的僵局。

第三步，过滤噪声，实施个性化新闻推荐。用户的信息需求是个性化新闻推荐的原动力，[2] 以上两步为基础，借助用户和内容的匹配机制，过滤噪声，并通过模型验证和反馈，推测出消费者的阅读意愿，索取消费者能够支付的最高注意力价格。其规则在于：阅读意愿较低的消费者获得较低的交易价格（较少的注意力消费），或调整推荐内容；反之，阅读意愿较高的消费者则获得较高的交易价格（较高的注意力消费）。这一步骤的价值在于，最终确定注意力交易价格，完成交易，并验证交易的效率，为未来技术与交易架构改进提供支撑。

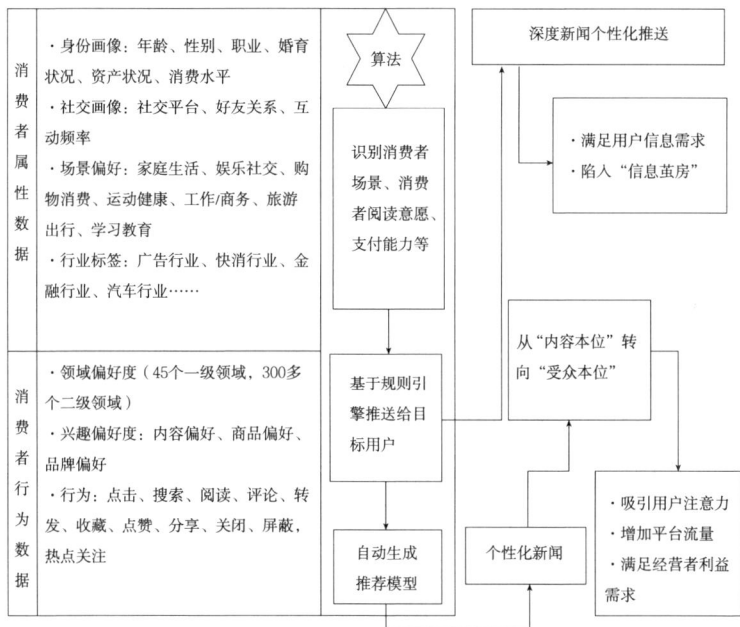

图 1-5 个性化新闻推荐的技术逻辑

〔1〕 A. Spangher, "Building the Next New York Times Recommendation Engine", New York Times Open Blog, https://open.blogs.nytimes.com/2015/08/11/building-the-next-new-york-times-recommendation-engine/.

〔2〕 谢新洲、王强："个性化新闻推荐发展动力及趋势研究"，载《新闻爱好者》2020 年第 6 期。

第二章 数字新闻生产方式变革与新闻商业模式创新

人工智能和生物科技可能即将彻底变革人类社会和经济，甚至是人类的身体和心智，但当前的政治对此却几乎毫无警觉。现今民主制度收集和处理相关数据的速度太过缓慢，而且大多数选民对生物学和控制论（cybernetics）的认识也不足，无法形成切中要点的意见。因此，传统民主政治正逐渐失去控制，也提不出有意义的未来愿景。[1]

——尤瓦尔·赫拉利

一个社会从事经济生产的方式对其文化形态的生产与传承起着决定性作用。[2] 生产方式是人类获得物质资料的方式，是生产力与生产关系的有机结合。生产力包括劳动力和生产资料（如生产机械、商业和工业建筑、技术知识等）。生产关系则是在社会生产过程中形成的人与人的关系，这些关系包括管理社会生产性资产、权力和控制关系、人与工作对象之间的关系，以及社会阶级之间的关系。一定的社会生产方式总是在生产力与生产关系的矛盾运动中产生、发展、变化的。[3] 进入数字社会，数字技术成为驱动经济发展的关键引擎，[4] 人机协同

---

〔1〕 ［以色列］尤瓦尔·赫拉利：《未来简史：从智人到神人》，林俊宏译，中信出版社 2017 年版，第 341 页。

〔2〕 ［英］约翰·斯道雷：《文化理论与大众文化导论》，常江译，北京大学出版社 2010 年版，第 26 页。

〔3〕 逢锦聚等主编：《政治经济学》，高等教育出版社 2018 年版，第 28 页。

〔4〕 See ISC and UN International Telecommunication Union, *The Age of Digital Independence*, 2019, p. 4.

生产成为普遍的生产形式、数据成为重要的生产资料，算法成为新闻生产不可或缺的基础设施，[1] 这不仅带来了传播观念的转变，更引发了传统新闻生产方式的颠覆性变革，相对封闭、稳定的"强结构式新闻再生产"坐看开放、联结且高度易变的"弱结构式新闻再生产"将自己推下神坛。[2]

第一节　盈余分享与新闻生产力的变革

生产力是生产的物质内容，是人类改造自然和影响自然并使之适应社会需要的客观物质力量。按照政治经济学的基本观点，生产力有三要素：劳动力、劳动资料、劳动对象。劳动力是"人的身体即活的人体中存在的、每当人生产某种使用价值时就运用的体力和智力的总和"。劳动资料（劳动手段）是劳动过程中所运用的物质资料或物质条件。劳动对象即劳动过程中所能加工的一切对象（含自然物和加工过的原材料）。劳动资料和劳动对象合称生产资料。通常来说，劳动力是生产力的决定性要素，但划分经济时代的标志是生产资料。各种经济时代的区别不在于生产什么，而在于怎样生产、用什么生产资料进行生产。[3]

一、劳动力变革：走向分布式

传统新闻时代，新闻生产者、传播者、受众之间的界线明晰，新闻生产与传播具有极强的专业性。专业人员生产内容（Professionally Generated Content，PGC）是新闻生产的主要模式，新闻生产呈现封闭、稳定的"强结构式新闻再生产"格局。[4] 数字新闻时代，传统媒体不再是稀缺资源，媒体突破报纸杂志、广播电视等商业形式和素材的限制，转变为一种有组织的廉价而又全球适用的分

---

〔1〕　白红义、李拓："算法的'迷思'：基于新闻分发平台'今日头条'的元新闻话语研究"，载《新闻大学》2019 年第 1 期。

〔2〕　姜华、张涛甫："传播结构变动中的新闻业及其未来走向"，载《中国社会科学》2021 年第 8 期。

〔3〕　逢锦聚等主编：《政治经济学》，高等教育出版社 2018 年版，第 24 页。

〔4〕　姜华、张涛甫："传播结构变动中的新闻业及其未来走向"，载《中国社会科学》2021 年第 8 期。

享工具。新闻生产逐渐打破传统的专业属性垄断格局，向更加开放、更加联结、更加多变的用户生产（user-generated content，UGC）、人机协同式生产转向。新闻生产呈现分布式（distributed）特点，媒体演进为"媒介"，扮演着传播中间层的角色，是"社会的连接"。[1]

（一）认知盈余分享与用户生产

随着互联网从根本上降低了每个人集体行动的成本，它也彻底改变了每个普通个体与作为 20 世纪社会主导力量的大型等级制度之间的关系，人们汇集业余时间和才能的热情形成一种全新的资源，即"认知盈余"（cognitive surplus）。把过去那些碎片化的时间和散落在民间的智慧汇集起来，它们就能涓滴成海、聚沙成塔，并最终形成一种"创造公民价值"的文化。[2] 根据克莱·舍基的观点，作为原材料的认知盈余不具备价值，不可能推动社会变革，唯有人的行为能让它产生价值或者作用，因此，人不仅是认知盈余的来源，也是通过自己参与和对彼此的期望来设计它、使用它的主体。具体来说，认知盈余产生力量的基本条件有四：①存在大量受过教育、有丰富的知识背景、拥有自由支配时间及强烈分享欲望的"人"。②人的内在分享动机。在特定社区内，人的分享动机主要来自四种需求：提高能力、对所做的事情有自主权、成为具有共同价值观和信仰的社区成员、与该社区群体分享事物能够获得认同。③外在动机。如对某些行为的奖励、认可或惩罚。外在动机可以细分为个人动机和社会动机。社会动机包括成员资格和分享，而个人动机包括能力和自主权，社会动机加强了人的外在分享能力，强化了个人动机。④科技发展。科技的发展提升了分享工具的便捷性。信息的流动主要依靠电视、广播、报纸等传统媒体，其特点是单向输出，用户只是被动接受。认知盈余的成功分享，得益于互联网改变了信息流动的单向性、给用户分享提供了协作工具。借助这些工具，协作与分享的门槛极大降低，处于孤岛中的自由时间与认知盈余被聚集起来，消费者角色不再只为单一的内容的消费者，他们

---

〔1〕〔美〕克莱·舍基：《认知盈余：自由时间的力量》，胡泳、哈丽丝译，中国人民大学出版社 2011 年版，第 31 页。

〔2〕〔美〕克莱·舍基：《认知盈余：自由时间的力量》，胡泳、哈丽丝译，中国人民大学出版社 2011 年版，第 28~31 页。

也因此具备了便捷高效地成功输出内容的能力，新的大型社区不断涌现。[1] 可以说，自古分享者恒有，改变认知盈余分享效果的则是机会，以及轻松连接、分享和学习的能力。

马化腾说，"认知盈余"是网民赋予互联网最大的红利之一，[2] 一个成功的互联网平台必定是能够让无数人持续贡献自己的"认知盈余"的平台，而如何激发用户的持续贡献热情则需要设计一套能够激励协作的机制——成功搭建"网络共享社区"。成功的"网络共享社区"通常具有四大特征：①循序渐进，确保社区服务的价值性。社区成立初期进行小规模试点，评估并调整社区服务确保其契合用户刚需、有实用性。②存在用户持续地分享盈余的反馈机制。客观地说，用户是否分享、如何分享自己的"盈余"具有非强制性与不确定性，社区运行必须锚定用户动机，用动机引导用户行为、用可操作性便捷用户社区服务行为，激励提供持续性的"社区服务"。如平台普遍使用点赞、关注（收藏）、打赏（投币）三种操作方式激励社区服务，B站更是设计了"一键三连"的功能提高用户打赏概率。③通过质量管理，让用户快速获得优质服务。平台是连接内容提供者与消费者的核心，内容提供者与消费者之间存在显著的网络效应（即某产品对用户的价值会随着其他用户的使用而增加的现象），且这种网络效应可能是正向的，也可能是负向的，其分界因素在于内容与社区服务质量（详见图2-1）。优秀的平台社区犹如一块巨大的磁石，可以把哪怕是躲藏在角落的人群都吸引过来，它的磁性无他，唯有良好的社区体验。因此，平台需要建立服务质量评估及社区服务提供者的筛选标准与筛选机制，以确保社区服务与社区用户注意力消费之间呈现正的网络外部效应，如知识分享平台"知乎"早期实行的"邀请注册制"。通过"邀请注册制"，筛选、聚集大量技术帝、学术帝等"知乎达人"，确保知乎平台所传播的知识盈余的品质，方成就其今日之知识付费"霸主"地位。再如，"今日头条"则以"你关心的，才是头条"为服务口号，完美迎合了受众的需求，成为光速成长的社区。④通过社区文化打

---

〔1〕［美］克莱·舍基：《认知盈余：自由时间的力量》，胡泳、哈丽丝译，中国人民大学出版社2011年版，第50~81页。

〔2〕［美］克莱·舍基：《认知盈余：自由时间的力量》，胡泳、哈丽丝译，中国人民大学出版社2011年版，封底。

造，让社区自行健康运营。文化能够塑造发自内心的认同与自觉，唯有认同与自觉才能涵养"不作恶"的商业文化，才能阻止科技沦为作恶工具。

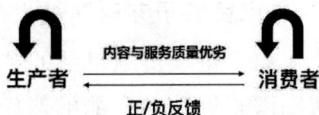

图 2-1　认知盈余分享网络效应示意图

总之，随着盈余分享实现规模化、常态化，社会经济价值创造的源头发生了巨大的改变。企业不再是价值创造的唯一源头，消费者通过盈余分享也开始创造价值，新闻生产"强结构式"模式被拉下神坛，去中心化的"弱结构式"模式将其取代，[1] PGC 向 UGC 转向，UGC 已然成为当下新闻生产的重要方式之一。[2]

（二）人机协同与新闻生产

1989 年，美国《大西洋月刊》记者比尔·戴德曼因《金钱的颜色》获得了"普利策奖"。[3] 戴德曼利用计算机检索功能，梳理了海量的住房按揭数据，完成该系列新闻报道。媒体称："这可以算作机器夺奖"。[4]

进入 21 世纪，机器人参与新闻生产为越来越多的媒体所采用，专业生产、人—人协同、人—机协同、机器独立生产在数字新闻时代并行（见表 2-1）。

---

〔1〕 姜华、张涛甫："传播结构变动中的新闻业及其未来走向"，载《中国社会科学》2021 年第 8 期。

〔2〕 陈鹏："公众新闻生产如何改变新闻业：基于新闻规范、观念与文化的分析"，载《现代传播（中国传媒大学学报）》2020 年第 12 期。

〔3〕 "The Pulitzer Prize，Winners And Finalists：1917 To Present"，https：//www. pulitzer. org/cms/sites/default/files/content/the_ pulitzer_ prizes_ winners_ and_ finalists_ 2019. pdf.

〔4〕 小苗说科技："编辑室的 AI 机器人在做什么？那些独家新闻也许出自它们之手！"，载搜狐网，https：//www. sohu. com/a/256421027_ 100275731，最后访问日期：2022 年 3 月 27 日。

表 2-1 主要媒体运用机器生产新闻实践一览表[1]

序号	媒体	机器人（软件）名	使用时间	工作任务
1	BBC	榨汁机（juicer）	2012 年	处理 RSS 信息推送；整合处理数据；完成组织机构、地点、人物、事物四类数据归档
2	华盛顿邮报	Heliograf	2016 年	大数据分析整理、信息配对、生产新闻稿、于不同平台发布新闻稿
3	美联社	NewsWhip	2013 年	追踪、预测社交媒体平台趋势、向记者提供实时或历史时段的分析结果
		Wordsmith	2015 年	把盈利数据转换成财经新闻
4	石英财经网	Quartz App 聊天机器人	2016 年	以对话方式向用户"发送"新闻、编写新闻、生成数据
5	腾讯财经	Dreamwriter	2015 年	编写经济消息稿件
6	新华社	快笔小新	2015 年	编写体育赛事及财经消息稿件
7	今日头条	小明(xiaomingbot)	2016 年	在 2016 年里约奥运会期间，每天写出三十多篇赛事简讯和赛场报道
8	南方都市报、凯迪网	小南	2017 年	写稿
9	广州日报	阿同、阿乐	2017 年	撰写政府工作报告热词分析、外交部部长记者会热点问题分析等报道，回复公众提问
10	人民日报	小融	2017 年	在人民网和其他社交媒体平台与网友互动

---

[1] 本表系笔者根据网络资料自行整理。

从上表可知，机器参与新闻生产，还可以细分为两种模式：①人机协同生产模式。在此模式下，人机优势各异、分工明确。如对于人所无法到达之处的突发性新闻的报道，人机协作模式为"传感器+无人机"负责收集新闻素材，尤其是图片与视频类素材，再由记者完成稿件。其优势在于，新闻可信度与"新"之速度大幅度提高。对于价值导向、社会伦理等新闻的报道，则充满人性的记者是写作主力，但是算法等技术或机器可以通过热点预测将关键词推送给记者，以提高新闻质量、提升新闻被阅读概率。②机器独立生产模式。[1] 即新闻生产者使用预先编制的程序生产新闻。关于机器生产新闻，人类经历了机器只能生产格式化新闻到机器独立产生新闻的认识变迁，一批批新闻机器人（软件）的出现，使得人们不得不抛弃成见，重新审视技术变革对"智人"的挑战。如 2013 年，美联社使用的 Wordsmith，可达到每秒生产 2000 篇文章的速度。2017 年，能够创作定制新闻的 Custombot 出现，其所具备的针对不同消费者的、差异化的偏好、标准或元素创建个性化新闻文章的能力为世人所称叹。[2] 近日，科技巨头谷歌投资某自动化新闻编写软件，据称，该软件每月能够编写 3 万条本地新闻。[3]可以说，人机协同塑造了基于工具理性的、以效率最大化为核心的新兴新闻生产方式，从而"极大地提高了新闻数据处理的广度和深度，并解决了传统新闻生产批量化就难以个性化、个性化就难以批量化的矛盾"。[4] 这意味着新闻生产者结构大调整或将来临。

二、生产资料变革：要素数字化

生产资料（means of production），是生产力中的物质因素，指劳动者进行生产时所需要使用的资源或工具，包括劳动资料（如土地、机器等）和劳动对象（如原料）两大类。生产工具的变革是社会生产力水平变革最主要的标志。与农业社会、工业社会相仿，土地、资本、技术仍为数字社会运行的主要生产资料；

〔1〕 苏宏元、舒培钰："网络传播重构新闻生产方式：协作、策展与迭代"，载《编辑之友》2017 第 6 期。

〔2〕 Naeun Lee, Kirak Kim and Taeseon Yoon, "Implementation of Robot Journalism By Programming Custombot Using Tokenization and Custom Tagging", https://ieeexplore.ieee.org/document/7890154.

〔3〕 优美商学院："谷歌 AI 要逆天！一月写 3 万新闻稿，还玩得了摄影"，载搜狐网，https://www.sohu.com/a/158556680_593375，最后访问日期：2022 年 3 月 27 日。

〔4〕 陆新蕾："算法新闻：技术变革下的问题与挑战"，载《当代传播》2018 年第 6 期。

与前者不同的是，数字社会中人们对生产资料的使用往往经过数字化技术处理，如产业数字化，在这一技术处理过程中必然出现海量的数据，由此出现新的生产要素（数据、算法）、新的商业模式、新的产业。[1] 可以预计，伴随数字技术的发展，数据、算法等先进生产要素，对生产力发展的贡献也将呈现递增的趋势，由此，人们发展生产力的方式也不断发生变革。[2]

（一）数字数据成为新闻生产的核心要素

数据（data）来自拉丁语"已知"，可作"事实"之意理解，是指任何以电子或者其他方式对信息的记录。[3] "在互联网经济时代，数据是新的生产要素，是基础性资源和战略性资源，也是重要生产力"。[4] 流量是互联网的生命，数据是互联网经营的重要支撑。借助对数据的挖掘、记录、分析、重组，平台可以预测并判断不同内容的受欢迎程度、不同区域访问者的观看爱好、观看时间段，并据此优化其服务内容和服务方式，包括制定相应的推荐内容、广告合作和服务器布局等重要的经营决策事项。与此同时，新闻生产者、广告合作商及消费者，也会根据浏览量、点击量等数据确定与平台的合作策略、交易频次与交易方式。[5] 可以说，通过精准化的数据处理，人们可以捕获、利用隐藏在数字、数据背后的信息，进而深刻地影响现实的经济和社会，也改变了消费者相互交流和数字新闻市场的交易方式。数据，尤其是消费者数据，已经成为推动广泛的创新的商业模式、技术和交易的重要经济资产。[6] 因此，数据的真实性成为互联网行业健康有序发展的基石，以浏览量、点击量、粉丝量等为代表的数据，对数字平台以及

---

〔1〕 腾讯研究院、工信部电子科学技术情报研究所："数字经济崛起：未来全球发展的新主线"，载腾讯研究院网，https：//www.tisi.org/16092，最后访问日期：2022 年 3 月 27 日。

〔2〕 逄锦聚等主编：《政治经济学》，高等教育出版社 2018 年版，第 25 页。

〔3〕 《中华人民共和国数据安全法》（以下简称《数据安全法》）第 3 条。

〔4〕 杨杰："着力发挥数据基础性和战略性作用"，载求是网，http：//www.qstheory.cn/llwx/2020-06/05/c_1126076949.htm，最后访问日期：2023 年 3 月 5 日。

〔5〕 深圳市腾讯计算机系统公司、腾讯科技（深圳）有限公司与数推（重庆）网络科技公司、谭旺不正当竞争纠纷案，重庆市第五中级人民法院（2019）渝 05 民初 3618 号民事判决书。

〔6〕 OECD，"Challenges to Consumer Policy in the Digital Age"，in *Background Report G20 International Conference on Consumer Policy*，2019.

数字新闻服务提供商、广告商等相关主体而言，都至关重要。[1]

数据也是数字新闻生存的基础，个性化新闻推荐的本质是以消费者个人数据、消费数据、阅读数据等大数据为"原料"，通过对消费者进行精准的用户画像，为其推荐"感兴趣""喜欢"的商品和服务。对消费者个人数据、消费行为数据和阅读数据的收集和整理，对海量数据的挖掘、分析、匹配、组合，是数字新闻大规模生产的前提。掌握这些信息与资源，是新闻生产者、传播者适应数字经济变革的基本条件。[2] 据统计，从 2007 年开始，企业收集的数据的来源、类型和数量都有了相当大的增加，当今世界上 90% 的数字、数据都创建于这段时期。[3]

数据作为生产资料，与其他类型的生产资料最大的区别在于数据可共享、可再生。数据可共享性含义有二：一是对数据的占有不具有排他性；二是数据不会因为使用而减少。数据可供不同时期或同一时期的很多人使用，而不影响其价值。数据可再生性则是指，由于数据在使用过程中会产生新的数据，使用者越多、新数据越多，且原始数据、衍生数据、创生数据价值各异。

（二）算法成为新闻生产必要设施

起初，算法仅被用于运算和数据处理，伴随数据的迅速增长、数据分析服务行业的急剧发展以及数据质量和可用性的显著提高，算法亦迭代到"自我学习算法"阶段，其处理复杂问题的能力显著增强。因此，今天算法已经普遍运用于商业决策与商业预算分析实践。在数字新闻生产中，生产绝非传统意义上、孤立的"机械式"的活动，[4] 算法不仅仅是机械地按照用户偏好的预先设定值安排新闻生产与推荐，算法需要对实时采集的与注意力消费相关的各种数据（阅读内容、屏幕停留时长等）予以快速反应，算法还需要通过对不同消费类型的注意力吸收数据进行分析、模仿、训练，以提升其"个性化"推荐的精准度以及广告植入的可接受度。简言之，算法犹如一座桥梁，便利了两岸的供给者与消费者，

---

〔1〕 深圳市腾讯计算机系统公司、腾讯科技（深圳）有限公司与数推（重庆）网络科技公司、谭旺不正当竞争纠纷案，重庆市第五中级人民法院（2019）渝 05 民初 3618 号民事判决书。

〔2〕 吕洪："新闻莫被算法'绑架'"，载《中国广播》2017 年第 9 期。

〔3〕 Thomas H. Cormen, Charles E. Leiserson, Ronald L. Rivest & Clifford Stein, *Introduction to Algorithms*, MIT Press, 2009, p. 12.

〔4〕 张海超："算法新闻生产中的把关及伦理问题研究"，载《传播力研究》2018 年第 20 期。

算法的广泛运用改变了新闻生产者、传播者与用户互相联系的方式，也使得新闻市场向着数字化的方向演化。[1]

对大型新闻平台来说，开展新闻活动乃至经营活动的最核心竞争力是算法。以今日头条为例，其对算法的依赖可以描绘如下（见图 2-2）：第一阶段，借助算法分析其收集的各种数据，用 5 秒钟初步识别消费者阅读意愿。第二阶段，用10 秒钟形成用户画像，并确定向某个消费者推荐何种内容或内容集，以实现"注意力吸收"最大化。第三阶段，通过用户阅读行为观测、优化用户数据。对于一些中小企业来说，为了降低成本，主要是向专门开发算法的公司购买算法以及所需要使用的数据。推荐算法在数字平台已经发展得十分成熟，无论是用于数学运算还是决策分析、商品定价，算法正发挥着越来越重要的作用，解决越来越多的问题。算法已经成为人类社会不可或缺的工具，影响着整个人类社会的福祉。

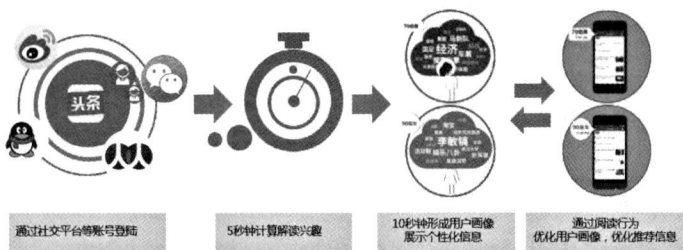

图 2-2　今日头条个性化推荐算法流程图

第二节　注意力分配与新闻传播生产关系变革

生产关系是人们相互之间的关系，是一个由多重关系组成的系统。生产关系要适应生产力的发展状况；生产关系的变革，要以生产力的发展为物质基础。没有不与生产关系相联系的生产力，也没有不与生产力相联系的生产关系。[2] 在

---

〔1〕 Thomas H. Cormen, Charles E. Leiserson, Ronald L. Rivest & Clifford Stein, *Introduction to Algorithms*, MIT Press, 2009, p. 5.

〔2〕 逄锦聚等主编：《政治经济学》，高等教育出版社 2018 年版，第 18 页。

数字时代，随着新闻内容的丰富以及传播的加速，在新闻消费中"注意力"演变成一个具有"有限性"或"稀缺性"的资源。[1] 因为稀缺，注意力之争成为数字平台之间、新闻生产者与传播者之间的现代战场，注意力之争改变了新闻生产、消费、交换、分配的关系，改变了在新闻生产、消费、交换、分配的关系过程中人的关系。可以说，数字经济不仅在生产力方面推动了劳动工具数字化、劳动对象服务化、劳动机会大众化，而且在生产关系层面促进了消费者中心化与多角化，以及组织平台化。[2]

一、生产关系变革：管理稀缺的注意力

"注意力"（attention）是人们对特定信息项的集中精神参与能力。当某个信息项进入人们的意识，人们开始关注该内容，然后决定是否采取行动。[3] 注意力可以帮助人们过滤信息，以便其从环境中提取最重要的信息，而忽略不相关的细节。注意力效应的一个强烈触发因素是人类有限的心智能力导致的人类的信息接受能力有限。[4] 数字化技术变革诱发新闻生产方式变革与生产效率提升，内容变得越来越丰富且立即可用，注意力成为信息消费的限制因素。来自包括心理学、认知科学、神经科学和经济学在内的广泛学科研究表明：人类在任何给定的时间内都可以使用有限的认知资源，当认知资源被分配给一项任务时，可用于其他任务的资源将是有限的。

信息丰富引发信息消费缺乏，过度的信息会离散受众的注意力，在浩如烟海的信息汪洋中，管理注意力实有必要。[5] 作为一种具有稀缺性的资源，注意力具有四大特征：①人的注意力总是针对特定的人或特定的事（所以有不同的应用）。②人类的注意力总量有限。首先，注意力受到一天清醒时间的限制，即人

---

〔1〕 Matthew B. Crawford, *The World Beyond Your Head：On Becoming an Individual in an Age of Distraction*, Farrar, Straus and Giroux, 2016, pp. 23-26.

〔2〕 胡莹："数字经济发展的时代特色"，载《中国社会科学报》2021 年 2 月 25 日，第 A6 版。

〔3〕 Thomas H. Davenport and John C. Beck, *The Attention Economy：Understanding the New Currency of Business*, Harvard Business Review Press, 2002, p. 20.

〔4〕 Anastasia Kiyonaga and Tobias Egner, "Working Memory as Internal Attention：Toward an Integrative Account of Internal and External Selection Processes", in *Psychonomic Bulletin & Review*, Vol. 20, No. 2, 2012, pp. 228-242.

〔5〕 H. A. Simon, "Designing Organizations for an Information-Rich World", in Greenberger M. (ed.), *Computers, Communications, and The Public Interest*, 1971, p. 40.

的大脑在处理信息时，存在时间和物理上的限制。[1] 其次，注意力的有限也可以表现在特定个体身上，取决于"思考的成本"。[2] 最后，随着时间的推移，可用的认知能力可能会过载或耗尽（在给定的时间点表现为认知负荷过重）。就像引擎一样，我们的大脑要么会"过热"，要么会耗尽燃料。无限的信息会压倒我们有限的认知能力，正如米勒在其开展的一项研究所表明的，大多数人一次只能接收、处理和记住不超过七条信息。[3] ③注意力选择信息。"注意力作为一种吸收和过滤信息的机制是行之有效的"。[4] ④注意力影响作为其主体的人的决定和行为，也影响那些"获得"注意力的人的决定和行为。产生注意力的意识流为人类行为提供了交易情景，能刺激许多人的活动，影响人们的决策和行为。[5] 因此，在市场交易的背景下，能够用多种方式对注意力加以利用。

（一）新闻生产者对注意力的生存依赖

数字新闻的出现适逢中国新闻媒体进行市场化改革之时，在个性化推荐、个性化呈现、个性化阅读的机制变革影响下，新闻生产亦随之发生了以获取注意力（吸引眼球）为核心的生存变革。如果说，传统媒体占据垄断地位的时代，是以严谨的报道构建的一个内容为王的时代；那么以新媒体为急先锋的后媒体时代，则是一个以眼球经济和资本崇拜的渠道为主的时代。[6] 在注意力经济时代，新闻生产者对注意力的生存依赖表现有二：

1. 新闻生产者的收益来自用户[7]的注意力消费。新闻生产者尤其是自媒体一般依赖广告或个人会员等收益维持生存。广告商是精明的商人，在"有限注意

---

〔1〕 Matthew B. Crawford, *The World Beyond Your Head: On Becoming an Individual in an Age of Distraction*, Farrar, Straus and Giroux, 2016, pp. 23-26.

〔2〕 See Jonathan Levav, "Order in Product Customization Decisions: Evidence from Field Experiments", 118 J. POL. ECON, Vol. 118, 2011, pp. 274-276.

〔3〕 George A. Miller, "The Magical Number Seven, Plus or Minus Two: Some Limits on Our Capacity for Processing Information," in *Psychological Review*, Vol. 63, Issue 2, 1956, pp. 81-97.

〔4〕 H. A. Simon, "Designing Organizations for an Information-Rich World", in Greenberger M. (ed.), *Computers, Communications, and The Public Interest*, 1971, p. 40.

〔5〕 M. H. Goldhaber, "The Attention Economy and the Net", in *First Monday*, Vol. 2, Issue 4, 1997.

〔6〕 媒体上校："新媒体得宠，传统媒体面临七大危机"，载搜狐网，https://www.sohu.com/a/119656950_242827，最后访问日期：2022年3月27日。

〔7〕 本书中的"消费者"指最终用户，即最终消费者，而"用户"是指平台任何服务的买方，他们不一定是最终消费者。

力"的约束下，广告费用的多寡取决于用户分配给单个平台或者单个新闻生产者的注意力总量。在市场化的生存压力下，将注意力资源的开发与新闻服务相结合是当下新闻生产的潮流和趋势。[1] "注意是主体的心智力量在特定客体上的集注"，[2] 为斩获更多的公众注意力，新闻生产者必须要有鲜明的风格，这包括内容的选择和表达风格。因此，绝大多数新闻生产者，尤其是自媒体，通常只在一、两个专业领域内发表独具特色的个人见解和评论，以确保获取该领域新闻用户流量收益，或获得足够的广告或个人会员等收益。流量时代，成王败寇，最善于捕捉注意力的商人往往获益最丰厚。[3]

2. 为刺激注意力消费，新闻生产者必须提升引导注意力转移的能力。其一，利用热点与流量转移公众注意力。注意力具有传递性，自带流量人物的新闻、因为热度大被平台置顶的新闻、恶俗的新闻等往往容易影响和引导公众的注意力消费。为博得眼球与关注，有些明星、网红恶意炒作没有下线，部分因为金钱而迷失的新闻生产者也在其中起到推波助澜的作用。其二，利用重复消费提升注意力使用效率。从科学的角度上看，尽管记忆十分脆弱，容易被遗忘且容易带有暗示性、错误插入，但对于人类决策而言，哪怕是插入错误都可以被看作是一个灵活的系统标志，这个系统提供了相关的既往经验，并在不断变化和不确定的世界中进行行为指导。简言之，记忆的目的不只是记录过去，其根本作用还在于指导未来。[4] 在单个新闻生产者人财物资源有限的前提下，如何将已经消费的注意力转化为未来消费的指引，就成为摆在他们面前的难题与出路。由用户单次消费的注意力换取的信息大部分将被遗忘，少部分信息则可能因为反复消费而形成记忆存储、经验或习惯，并为消费偏好与消费决策打下心理基础。因此，对新闻生产者而言，

---

〔1〕 杨庆仪："互联网时代公众注意力资源的管理与开发"，载《今传媒》2019 年第 5 期。

〔2〕 汪丁丁："'注意力'的经济学描述"，载《经济研究》2000 年第 10 期。

〔3〕 以今日头条为例：当用户已不满足于被动接收信息，而是渴望生产内容、渴望创造影响力，传统移动资讯平台就难以满足用户的个性化需求。今日头条创始人张一鸣紧紧抓住这一机遇，于 2012 年 3 月创立"致力于为用户提供个性化、社会化的移动资讯平台，基于数据挖掘，为用户推荐有价值的、个性化的信息，提供连接人与信息的新型服务"的今日头条。仅一年多时间，今日头条便已在中国手机新闻客户端活跃用户分布榜单中占据一席之地，并高居用户满意度榜单榜首。

〔4〕 Natalie Biderman, Akram Bakkour and Daphna Shohamy, "What Are Memories For? The Hippocampus Bridges Past Experience with Future Decisions", in *Trends in Cognitive Sciences*, Vol. 27, Issue. 7, 2020, pp. 542-556.

用户单次消费的注意力效率之和小于用户对其反复消费的注意力效率。[1]

（二）平台积聚注意力的策略

人们的生活越来越离不开数字媒体，数字媒体超过任何传统媒体，成为人们最广泛的新闻来源。平台为人们提供了极大的便利，却没有收取任何费用。平台当然不是慈善家。在数字时代，平台将追逐用户金钱的竞争嵌入了对用户注意力的竞争，平台所渴求的是注意力消费。

经济学研究表明，注意力竞争的性质取决于代表典型用户心智能力的心理参数，以及决定用户寻求注意力动机的经济基础。借助以下基本因素，可以判断特定经济形式是信息丰富型还是信息贫乏型：①信息技术进步使企业能够面向更广泛的买家，或降低满足特定范围需求的成本。②市场规模的扩大，例如，国际一体化使注意力能够跨越国界。③将注意力从直接互动扩大到全球媒体渠道的可能性。[2] 以此为判断标准，平台信息的丰富程度是毋庸置疑的，但平台面临着信息丰富但注意力不足的生存威胁。

平台利用注意力娱乐大众，构建社会资本，获取金钱财富，甚至改变人类的历史进程。[3] 具体来说，平台生存面临的是典型的注意力危机问题，平台必须找到一种管理信息或者利用信息的方法，解决信息过载导致的用户注意力管理故障问题，更准确地说，要解决如何准确寻找到具有注意力且愿意消费注意力的人的问题。[4] 通常来说，新闻平台可以从以下四个方面入手增强自身的注意力积聚能力：

1. 匹配信息，吸引更多注意力。用户的注意力消费是最珍贵、最稀缺的资源，如何吸引用户、能否读懂用户阅读偏好并增强其黏性，系平台发展甚至生死存亡的关键。[5] 用户都倾向于寻找相似的或者符合自身喜好或价值观的内容，

---

〔1〕 杨庆仪："互联网时代公众注意力资源的管理与开发"，载《今传媒》2019 年第 5 期。

〔2〕 Josef Falkinger, "Limited Attention as the Scarce Resource in an Information-rich Economy", University of Zurich and IZA Bonn, Discussion Paper, Issue 1538, 2005, pp. 39-41.

〔3〕 刘燕南："数字时代的受众分析——《注意力市场》的解读与思考"，载《国际新闻界》2017 年第 3 期。

〔4〕 Matthew B. Crawford, *The World Beyond Your Head*：*On Becoming an Individual in an Age of Distraction*, Farrar, Straus and Giroux, 2016, pp. 23-26.

〔5〕 黄琪："算法时代的新闻传播：应用、问题与对策"，载《甘肃理论学刊》2020 年第 3 期。

作为新型的注意力中间商，数字新闻平台通过处理三个层次的数据，借助新闻个性化的精准推荐来激发消费者的兴趣、吸引眼球。消费者兴趣的标准：新近（recency）或先发性（firstness）、接近性（proximity）、争斗性（combat）、人情味（human-interest）和新奇性（novelty）。这些标准限制了准确性（accuracy）和重大性（significance）。[1] 为了让用户点击所推送的内容，从而消耗用户更多的阅读时间，提升注意力获取效果，平台的策略包括：①鼓励平台内互动。如评论、分享、参与讨论、喜欢、不喜欢等反馈功能的设置目的即在于此；②打造海量标签，绘制精准的用户画像；③提供多元化的、精准的交易媒介服务，"以新闻聚流量，以流量促交易"。即数字平台往往一手做媒介（注意力交易媒介），一手做数据生意（向平台内经营者以及其他经营者提供各种数据产品）。其一方面向消费者提供针对其个性化特征的推荐，另一方面向平台内经营者提供各种数据产品。[2]

2. 营造情绪化的环境，吸引更多注意力。Prezi 的《2018 年注意力状况报告》通过对两千多名商业专业人士的调查，对注意力跨度问题进行了深度分析。研究发现，由于信息量的不断增加，人们所关注的内容也变得更加有选择性。因为信息太多，人们不可能有时间阅读所有内容，因此，人们更倾向于立即决定某个内容是否值得他们花费时间和精力去阅读。[3] 强烈的叙述或故事（比如愤怒）以及有趣的视觉效果是吸引人们注意力的重要因素，进一步的研究表明，社交媒体的分发流程和内容需求创造了一个越来越"情绪化"的媒体环境。[4] 为了提高单个故事的"点击率"，新闻标题被改写成强调多愁善感、激发愤怒、创造惊喜等形式，以吸引眼球。同时，那些内容"更新颖"的故事，更容易激发恐惧、厌恶或惊讶的情绪，更适应碎片化的新闻阅读格局，进而在数字新闻市场

---

〔1〕 ［美］新闻自由委员会：《一个自由而负责的新闻界》，展江、王征、王涛译，中国人民大学出版社 2004 年版，第 33 页。

〔2〕 注意力交易市场普遍采用多元化经营战略。如淘宝公司，在淘宝诉安徽美景公司不正当竞争案中的涉案产品"生意参谋"，就是淘宝出售给平台内经营者的数据产品。参见武腾："最小必要原则在平台处理个人信息实践中的适用"，载《法学研究》2021 年第 6 期。

〔3〕 Prezi, "The 2018 State of Attention Report", https：//blog. prezi. com/the-state-of-attention-2018-infographic/.

〔4〕 V. Bakirand A. McStay, "Fake News and The Economy of Emotions：Problems, Causes, Solutions", in *Digital Journalism*, Vol. 6, No. 2, 2018, pp. 154-175.

上大行其道。YouTube 基于保持用户对其平台粘性的目的动机，使用倾向于强化有偏见内容的推荐算法，[1] YouTube 以及脸书、谷歌等数字新闻平台也因此被指责加速了信息无序的扩散。[2] 新闻媒体的批评者声称："美国的新闻已经成为一种娱乐形式。记者没有向公众提供他们需要的信息，而是努力满足公众对令人震惊和耸人听闻的头条新闻的胃口。"[3]

3. 诱导习惯养成，塑造成瘾机制。从生理学的角度上看，人的思考方式、认知方式和行为方式受基因与经历影响，但并非完全由其决定，而是由人的行为方式、劳动工具等共同形塑。习惯与技术可以改变人类大脑的物理结构进而改变人的行为方式。如有实验表明，出租车司机的大脑海马体比普通人的大很多，所以出租车司机具有普遍高于其他职业人群的方向感。[4] 抖音的 15 秒视频亦是根据人的专注力最能集中的时长来设计的成瘾机制。习惯是大脑学习复杂行为的方式之一，神经科学家认为，习惯让人能够集中注意力。对于数字平台而言，获取注意力的最便捷、最长效的方式便是诱导用户养成习惯。在此方面，平台机制设计基本遵循了一个旨在利用人类心理，让用户习惯性地使用服务，而不需要外部影响的"钩子模型"（见图 2-3）。[5] 其形成过程如下：①触发阶段。这是最初的"行动号召"，旨在鼓励人们使用服务。这一阶段既包括"外部触发器"，如广告、朋友的推荐或明确建议使用该服务的类似提示等，也包括"内部触发器"，如系统提示用户返回该服务而没有特别要求他们返回的提示。②行动。这是旨在推进用户与服务交互的步骤，可能是这个循环中最简单的一步。该模型对

---

〔1〕 See Arik Friedman, Bart P. Knijnenburg, Kris Vanhecke, Luc Martens & Shlomo, "Privacy Aspects of Recommender Systems", in F Ricci, L Rokach & B Shapira (eds), *Recommender systems handbook*, Springer Science, 2015, pp. 649-688.

〔2〕 D. Wilding, P. Fray, S. Molitorisz & E. McKewon, "The Impact of Digital Platforms on News and Journalistic Content, Australian Competition and Consumer Commission Report", 2018, pp. 32-40.

〔3〕 Parker Molloy, "The Press is Making the Same Mistakes As 2016 — and Time Is Running Out to Fix the Problem", https://www.mediamatters.org/donald-trump/press-making-same-mistakes-2016-and-time-running-out-fix-problem.

〔4〕 张田勘："为什么有的人总'找不着北'？"，载百度网，https://baijiahao.baidu.com/s? id = 1625944114519138633&wfr = spider&for = pc，最后访问日期：2022 年 3 月 27 日。

〔5〕 Nir Eyal and Ryan Hoover, *Hooked: How to Build Habit-Forming Products*, Portfolio, 2014, pp. 15-28.

行动发生的设计提出了三个要求，即用户有足够的动机、用户有足够的能力以及提示用户采取该行为。③可变回报。植入激励因素，提高用户采取期望行动的能力，最大限度地提高采取行动的可能性。回报或酬赏是多变的、不可预见的，包括：有趣、好玩、好看、好酷以及概率性的酬赏。如此一来，用户就会更加频繁地继续行动下去，最后乐此不疲地深陷其中。④投入。这是指当用户享受酬赏后，平台会引诱用户投入，从而提高了行动效率。"投入"可能是转发视频、评论，或者拍视频、录入好友关系、填写身份资料等。为了让用户行动不受到阻碍，这些标签按钮以及行动流程都设计得极其简单显著，如，Facebook、Twitter、微信等社交媒体平台通常将分享、转发、打赏等按钮集中显示在内容网页，以便用户在不必离开网站（程序）的情况下完成上述行为。当个性化推荐算法遍布在线文化基础设施，变得几乎不可避免，平台提供给用户的推荐服务则随之演化为"算法捕获"。[1]

图 2-3　习惯养成示意图

在平台精心设计的"触发—行动—可变回报—投入"的成瘾机制中，现实世界不断向后退却，用户纵情于各种符号和感官刺激，柔弱得像一条水草。他们被悄然锁定，逐步丧失深度阅读和深度思考的能力，最终沦为平台的注意力

---

〔1〕 Christopher Burr, Nello Cristianini and James Ladyman, "An Analysis of the Interaction Between Intelligent Software Agents and Human Users", in *Minds and Machines*, Vol. 28, No. 4, 2018, pp. 735-774.

奴隶。[1]

4. 创造进入壁垒，塑造价值认同。平台将自己的推荐算法视为重大商业秘密，算法是平台生存的法宝，而平台市场新进入者由于缺乏训练数据，难以开发有效的推荐算法与在位平台竞争，这显著增加了平台竞争对手的进入难度，平台市场越来越集中。另一方面，在位平台运用算法推荐新闻的过程中，也在塑造客户的价值观，习惯了平台的内容推荐后，由于成瘾机制的影响、阅读习惯的固化、数据的不可迁移、转移成本的显著，用户很难投向其他平台。个性化新闻推荐显著强化了平台的封锁效果，极大降低了平台服务的可替代性。

（三）消费者对注意力价值的认知

1. 消费者做出"注意力决定"具有无意识性。詹姆斯将注意力描述为大脑的"光标"，也就是说，某种选定的信息流进入大脑的工具；"每个人都知道什么是注意力。它是头脑以清晰而生动的形式，从几个似乎同时可能的对象或思路中占有一个"。[2] 大脑处理信息的能力有限，且注意力不能被储存，也不能保留其价值以备日后使用（这是注意力与传统货币截然不同的一点），如果不过滤掉大部分信息，消费者的大脑将无法运作，在某种意义上也无法思考。因此，消费者无意识间会忽略或过滤几乎所有的东西，只把注意力集中在可用信息的一小部分上，[3] 即做出"注意力决定"。人的大脑有办法在各种选择中决定人们将关注或处理哪些信息流。科学家们发现了至少两种不同的机制来做出这些"注意力决定"。有一种非自愿机制，位于大脑的下部；还有一种自愿机制，其运作依赖于大脑的上部。

就像货币支出一样，消费者的注意力支出由个体偏好决定，包括各种按部就班的行动或习惯（如花"黄金时间"看电视，或者"查看"电子邮件或推特），当然也受到其所处技术环境的限制。总而言之，人类注意力的生物学研究表明了三个重要事实：①人总是关注一些事情；②人的注意力受到大脑处理能力的限

---

〔1〕　［美］尼古拉斯·卡尔：《浅薄：互联网如何毒化了我们的大脑》，刘纯毅译，中信出版社 2010 年版，第 V ～ Ⅻ 页。

〔2〕　Herbert Spencer, *The Principles of Psychology*, Vol. 1. Appleton, 1895.

〔3〕　Martin Sarter, William J Gehring and Rouba Kozak, "More Attention Must Be Paid: The Neurobiology of Attentional Effort", in *Brain Res Rev.*, Vol. 51, Issue 2, 2006, pp. 145−160.

制，也受到每周分配给其的非工作时间的限制；③人做出"注意力决定"，意味着他/她决定关注某些事情同时忽略其他事情。当然，这三个基本事实有助于我们理解为什么注意力是一种稀缺资源。

2. 消费者罹患"慢性注意力分散"。在信息洪流中，一旦被成瘾机制俘获，消费者便柔弱得像一条水草，"慢性注意力分散"，日益成为注意力消费的病态。[1] 诚如卡尔在其名著《浅薄》中所述："网络正在做的是蚕食我保持专注和沉思的能力。如今，无论我是否在线，我的心灵都希望以网络传递信息的方式来接收信息，那是一种粒子快速流动的一般的方式。曾经我是文字海洋中的深潜者，但如今我只能像是在滑水（jet ski）一样，在表面快速掠过"。[2] 罹患慢性注意力分散的人就像一个口袋里有大量金粉的人，口袋底部有一个小孔，导致金粉以恒定的速度泄漏，散落在他选择消磨时间的任何地方。这个类比有助于捕捉注意力是如何被消耗的。我们"注意"某事，但是注意力也受制于不自觉的控制。无意识系统也被称为"自下而上"或"刺激驱动"，由意识控制之外的大脑下部激活。[3]

3. 注意力消费成瘾的消费者无索价能力。从交易关系上看，注意力消费成瘾的消费者，属于交易中被锁定（lock-in）的人群，在交易的讨价还价中往往缺乏索价能力。[4] 虽然平台推送个性化新闻给消费者带来的好处是直接的，但消费者支付的对价通常是间接的，并且可能会在分配免费商品的市场以外的市场中产生。对此：①消费者无法识别这些损害，如，接受免费报纸可以节省购买报纸的成本，或者可以供人消遣，但这也可能意味着由于金钱或时间限制，消费者无法访问其他更关键和基于事实的信息源，从而妨碍民主进程和必要的信息获取。当然，消费者对此成本或者对价，可能一无所知。②即使消费者意识到这些

〔1〕［澳］罗伯特·哈桑：《注意力分散时代：高速网络经济中的阅读、书写与政治》，张宁译，复旦大学出版社 2020 年版，第 108~111 页。

〔2〕［美］尼古拉斯·卡尔：《浅薄：互联网如何毒化了我们的大脑》，刘纯毅译，中信出版社 2010 年版，第 7 页。

〔3〕 Tim Wu, "Blind Spot: The Attention Economy and the Law", in *Antitrust Law Journal*, Vol. 82, Issue 3, 2017, pp. 771-906.

〔4〕 Case 27/76, *United Brands &co and United Brands Continental BV v. Commission*, ECR 207, 1 CMLR 429〔1978〕.

成本的存在，他也可能无法对此进行正确价值评估。数字新闻领域竞争激烈，竞争性商品自由提取的成本也千差万别，这无疑加剧了消费者对其成本或价值的评估难度。[1] 免费欺诈[2]或免费陷阱的存在，诱发了潜在的集体行动问题，即每个消费者都可能没有考虑到其不理性的注意力消费行为强加给社会集体福利的外部性——"免费"提供可能滋生有限理性、不完全信息以及诸如搭便车之类的战略行为的组合。因此，我们可以得出以下结论：不能把消费者对免费产品的短期偏好作为衡量其长期福利的指标并依靠它们来确保长期福利最大化。[3]

二、生产关系变革的呈现：消费者身份的多元化

当新闻生产传播更加数字化、个性化，新闻生产、交换、分配和消费过程中的人际关系亦历经了颠覆性的变革。以消费者为视角，这种关系变革可以梳理如下：

（一）消费者从被动接受者转向新闻生产者

过去，媒体是"有态度的媒体"，媒体传播新闻之时也传播自己的态度。传统新闻的生产以专业人员（记者、编辑）为主体，以固定且模式单一的内容输出为表现形式。[4] 进入数字新闻时代，数字技术尤其是人工智能算法与新闻媒体的融合极大降低了新闻生产者的专业技术要求，专业群体所垄断的新闻产业链被逐条打破，新闻用户可主动参与生产、传播的 UGC 模式生成。在 UGC 模式下，消费者不再需要传统媒体式的灌输对某事件的"客观"评价，他们偏好结合众多用户群体的讨论，凝练或表达自己的意见和想法，需要自由地对媒体的报道评头论足（如对于疑似歪曲事实真相或故意隐瞒事实真相的媒体行为提出公开批评，对危险场景的现场新闻播报表示喜欢，对社会恶行表达憎恶等），甚至需要指导媒体的新闻活动（如进行跟踪报道、"人肉报道"），以影响整个用户群体对原事件的看法。

UGC 模式契合了数字新闻 24/7 生产的现实需求，具有 4A 元素特征（any-

---

〔1〕　John M. Newman, *Copyright Freeconomics*, Vol. 66, Issue 5, 2013, p. 1407.

〔2〕　David A. Friedman, "Free Offers: A New Look", in *N. M. L. Rev.*, Vol. 38, Issue 1, 2008, pp. 49-94.

〔3〕　COMP/M. 6281 Microsoft/Skype.

〔4〕　江怡恒："新媒体时代的算法新闻与个性化服务"，载《国际英语教育研究（英文版）》2019 年第 1 期。

one、anywhere、anytime、anything）[1]，即任何人在任何地方、任何时间报道任何事情。一些突发性重大新闻，即使专业记者深入了现场报道，但他们毕竟人数有限，且存在时间空间障碍，远不如分散在各个角落数以亿计的个体传播者效率强大。现在，任何人在任何时候、任何地点都可以自由地接收、发送任何信息，从而把宪法赋予公民的传播权利（right）变成了实实在在的传播权力（power)。[2] 另外，在 UGC 模式下，根据收受信息主体的偏好、点击率、历史记录等信息所生产出的新闻内容，虽然缺乏专业性与原创性，但其借助社交媒体的粘性和关系传播的特点实现了更广泛的传播。[3] UGC 模式下，最具代表性的生产者便是自媒体。尽管部分自媒体所传播的信息可能缺乏专业素养与可信度，但其存在无疑打破了传统媒体对于信息发布的垄断权，使新闻得以真切、直观、多方位、全视角地呈现出来。

（二）消费者从被动接受者转向新闻传播者

在传统媒体时代，新闻传播的逻辑是：新闻生产者生产新闻，再由传播者将其传播至受众，受众再依其爱好展开阅读。在这一过程中，媒体独享传播大权，他们是传播议程的决定者；受众只能在接受或不接受媒体传递给其的信息中"二选一"，没有跨越传播者这条界限的可能。[4] 当算法植入新闻活动，为博取消费者的注意力，平台以"个性化"之名消解了新闻传播者这条鸿沟：①个性化新闻的生成需要对消费者的关注内容进行预判，进而安排新闻生产。②个性化新闻的呈现需要对消费者的阅读习惯等予以分析，通过千人千面地呈现引发消费者进行注意力消费的愿望。过去，"我编你读，我播你看"为传播主要模式，受众被动地接收媒体对其的新闻"投喂"。现在，消费者可以使用"超链接"功能，主动搜索所需信息，还可以借助云计算、排序算法对其所需信息进行呈现排序设计，以便其随时随地了解其感兴趣或急需的信息。由此，作为信息"接受"者

---

〔1〕 赵战花、来向武："微博客对新闻信息传播的影响探析——基于 Twitter.com"，载《理论导刊》2010 年第 4 期。

〔2〕 李良荣：《新闻学概论》，复旦大学出版社 2018 年版，第 131 页。

〔3〕 宋本金："UGC 时代 传统新闻媒体面临的挑战及应对策略"，载《新闻世界》2021 年第 2 期。

〔4〕 任莎莎、田娇："算法新闻的伦理困境及其解决思路——以'今日头条'为例"，载《传媒》2018 年第 6 期。

的消费者却拥有信息获取自由、牢牢地掌握着看、读、写的主动权，媒体不再具有灌输式甚至强迫消费者接受的能力。③个性化新闻的传播需要激励消费者表达自己的喜好并参与新闻的议程设置，从而刺激消费者转发、分享、弹幕、点赞、打赏的愿望，尽可能地扩大注意力消费总量。消费者参与新闻传播的积极性、主动性不断增强，消费者不再是媒体的"提线木偶"，而是"信息生产和传播过程中的积极参与者和建设者"。[1]

（三）消费者从被动接受者转向新闻议程设置者

议程设置是媒体的重要功能，长期以来，人们也认为媒体是设置议程的主体，而且"媒体在告诉人们要去想什么（what to think）方面可能并不成功，但它在告诉读者要去思考什么方面（what to think about）取得了惊人的成功""世界对不同的人来说会看起来不同，其差异取决于他们阅读的内容的作者、编辑和出版商为他们绘制的世界图景"。[2] 但是，这并非议程设置的全部。韩国学者Kim 和 Lee 结合 2000 年到 2005 年期间在韩国产生巨大连锁反应的 10 个案例，研究了互联网中介议程设置的模式，他们的研究表明：一个人的观点可以通过各种网络渠道传播，可以综合影响新闻报道的舆论。此即公共议程可以设定媒体议程，存在"反向议程效应"。[3]

消费者通过数字平台进行议程建设主要经过以下三个步骤：①数字中介的议程涟漪：匿名网民的意见通过社交媒体、博客、个人主页、互联网公告板等主要数字涟漪渠道传播到网络空间的重要议程；②网络空间的议程传播：在线新闻或网站报道互联网上的重要议程，进而将议程传播给更多的在线公众；③数字媒介的反向议程设置：传统媒体向公众报道在线议程，使议程同时传播至线下和在线公众。[4] 当然，以数字为媒介的议程设置或议程构建过程并不总是以连续的顺

---

〔1〕 白瑶："新媒体视域下把关困境的新思考"，载《传播力研究》2018 年第 17 期。

〔2〕 Bernard Cecil Cohen, *The Press and Foreign Policy*, Princeton University Press, 1963, pp. 19-32.

〔3〕 S. T. Kim and 이영환, "New Functions of Internet Mediated Agenda-Setting: Agenda-Rippling and Reversed Agenda-Setting", in *Korean Journal of Journalism & Communication Studies*, Vol. 50, No. 3, 2006, pp. 175-205.

〔4〕 S. T. Kim and 이영환, "New Functions of Internet Mediated Agenda-Setting: Agenda-Rippling and Reversed Agenda-Setting", in *Korean Journal of Journalism & Communication Studies*, Vol. 50, No. 3, 2006, pp. 175-205.

序发生。例如，有研究表明，网络社区尤其是自媒体，可以将他们的议程推向公共议程，再进入媒体议程，最终进入政策议程。[1]

（四）消费者从被动接受者转向新闻把关者

过去，媒体承担着新闻把关的功能，把关人帮助受众决定"那些超过他们有限感受的"哪些事件和问题是值得关注的和注意的。现在，虽然从本质上说，消费者依然需要媒体提供多样化的新闻来满足其个体成长、公共信息知情等需要，但在信息过载的世界里，消费者"关心的才是头条"，个性化的新闻获取才是"新闻传播活动得以展开的根本动因和动力"，[2] 因此，消费者的需要成为新的把关机制。

总之，"网络时代，上传正在成为合作中最具有革命性的形式之一。我们比以往更能成为生产者，而不仅仅是消费者"。[3] 新闻生产传播主体的多元化，既消解了传统媒体的传播垄断权，也日渐模糊了新闻生产者、消费者之别。新闻生产关系的变革，也深刻影响了整个社会关系的变革。更加"人性化"的新闻变革之路，究竟是消费者的盛宴还是注意力商人的狂欢，需要进一步明晰。

第三节　注意力市场形成与新闻商业模式创新

一、注意力市场形成

注意力是一种认知过程，它涉及将有限的资源选择性地集中在给定的信息项上并排除其他可感知的信息，因此可以根据有限资源的处理方法——市场，来考虑注意力分配问题。[4] 著名平台经济反垄断专家埃文斯教授将注意力市场定义

---

〔1〕 Kevin Wallsten, "Agenda Setting and The Blogosphere: An Analysis of The Relationship Between Mainstream Media and Political Blogs", in *Review of Policy Research*, Vol. 24, Issue 6, 2007, pp. 567-587.

〔2〕 杨保军："新闻内部系统运行的核心规律：根据、构成、关系"，载《社会科学战线》2019 年第 1 期。

〔3〕 ［美］托马斯·弗里德曼：《世界是平的》，何帆、肖莹莹、郝正非译，湖南科学技术出版社 2006 年版，第 73 页。

〔4〕 Pierre Barrouillet, Sophie Bernardin, Sophie Portrat, Evie Vergauwe and Valérie Camos, "Time and Cognitive Load in Working Memory", in *Journal of Experimental Psychology*: *Learning*, *Memory*, *and Cognition*, Vol. 33, No. 3, 2007, pp. 570-585.

为"一种竞争，在这种竞争中，平台从消费者那里获得时间并为其提供内容和捆绑广告服务，同时平台向市场参与者出售广告以传递相关信息"。[1]

（一）平台是注意力市场的搭建者

根据数字文化专家凯文·凯利的观点，现代注意力经济正日益成为一种消费产品而几乎不需要任何成本来复制的经济，但该经济形态也有着其自身难以克服的生存难题，毕竟，"注意力是一种稀缺资源，一个人只有这么多"。[2] 凯文·凯利将注意力"无形资产"的特征概述为：即时性（先访问，即时交付）、个性化（专为用户量身定制）、可解释性、真实性、可访问性、可外化性（书籍、现场音乐等）、可赞助性（仅仅因为感觉好就付钱）、可查找性。[3]

在商业实践中，广告犹如转换引擎，总能以令人难以置信的效率将注意力这种"经济作物"变成工业商品。在人类历史的不同阶段，广告都能够以其"大规模获取注意力并将其转换为商业价值"的优势，在社会发展的各个阶段以不同的载体在商战中游刃有余。

与高速增长的数字新闻结伴而来的是，无限的内容供应与有限的注意力资源之间不断尖锐的矛盾成为[4]新闻传播市场的主要矛盾。在这个内容丰裕而注意力稀缺的时代，赤裸裸地去吸引或攫取注意力会招人鄙视，[5] 广告技术穷其所有给消费者带来的也只会是恶劣的体验，且广告商未必能够从中获益，[6] 而平台通过成功搭建一个全新的注意力交易市场化解了上述难题。注意力市场是一个典型的多边市场，交易当事人至少包括四方（详见图2-4）：

---

〔1〕 David S. Evans, "The Economics of Attention Markets", https：//papers. ssrn. com/sol3/papers. cfm? abstract_ id＝3044858.

〔2〕 See Matthew B. Crawford, *The World Beyond Your Head*: *On Becoming an Individual in an Age of Distraction*, Farrar, Straus and Giroux, 2015, p.11.

〔3〕 Kevin Kelly, "Better Than Free", https：//www. edge. org/conversation/better-than-free.

〔4〕 刘燕南："数字时代的受众分析——《注意力市场》的解读与思考"，载《国际新闻界》2017年第3期。

〔5〕 ［美］吴修铭：《注意力经济：如何把大众的注意力变成生意》，李梁译，中信出版集团2018年版，第377页。

〔6〕 ［美］吴修铭：《注意力经济：如何把大众的注意力变成生意》，李梁译，中信出版集团2018年版，第382页。

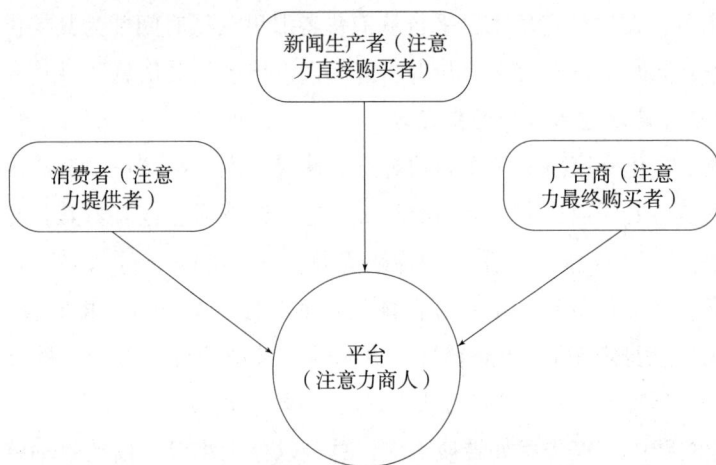

图2-4　注意力市场结构示意图

1. 平台：注意力商人、注意力市场的搭建者。注意力市场上贩售两种类型的注意力：①作为原材料的注意力。其来自于"注意力给予者"，用户用之换取平台提供的内容或新闻服务。"原材料"模式的注意力交换，类似于物物交换，此时，平台不是交易的媒介，而是交易主体。②作为产品的注意力。以注意力信息的形式（向广告受众）出售，是平台资源的一部分，平台以之吸引广告商。[1] 来自用户的注意力是注意力市场存在的根基。平台通过为用户提供足以补偿广告带来的任何滋扰的、有价值的内容，以低买高卖的方式贩卖用户的注意力，并获得收益。因此，服务质量只是其中间目标，通过贩卖注意力获得差价才是其终极目标。

2. 消费者：在个性化新闻推荐活动中，"用户"绝非仅是消费者，而是具有消费者与生产者双重身份的主体。其一，在信息的获取和接受过程中，用户扮演的是消费者的角色，从信息中介处获得有价值的内容。在新闻消费过程中，消费者并没有"吃霸王餐"。因为在注意力交易中，消费者作为"注意力给予者"主要是以支付注意力作为对价获得纯粹型新闻产品或混合型新闻产品；少数

---

〔1〕 Paweł Drobny, "The Attention Markets as a Challenge for Competition Policy", in *Prace Naukowe Uniwersytetu Ekonomicznego we Wrocławiu*, Vol. 63, Issue 5, 2019, pp. 29–42.

"VIP"会员会通过直接给付会费或订阅费的方式获得新闻产品。其二，作为消费者的用户将注意力卖给平台，而广告商基于用户的注意力进行付费，这使得用户又具有了生产者的身份。他们的注意力是平台向广告商收取费用的"产品"来源。消费者不仅是注意力的生产者，还是注意力的贩卖者。[1]但消费者意识不到交易内容是注意力，消费者无法对其进行价格或价值评估，无法感知交易的公平性。因此，"注意力给予者"不仅是消费者，同时也是生产要素的供应者，而生产要素是"注意力给予者"不可分割的一部分，因此"注意力给予者"本身就是产品。这引起了对如何对待这一因素及其对个人和社会所产生的影响的合理关注。[2]

3. 新闻生产者：注意力直接购买者，包括职业新闻生产者、自媒体生产者、用户生产者。前两者主要用自身生产的新闻产品换取注意力，进而转换为收益；用户生产者则主要是通过评论、点赞、关注、转发等新闻加工来获得精神满足感。

4. 广告商：注意力最终购买者，通过支付金钱等对价获得消费者注意力，进而引导消费者发生购买行为等获得收益。因此，广告商会通过广告转换率来判断和支付注意力价金。

（二）平台是注意力市场的中央计划者

当传播走向个性化的时候，人们对传统政治身份、阶层身份认同感自然变得淡漠，所谓的专家、权威人士对社会生活的极高话语权早已不复存在。[3]平台搭建新型注意力交易市场的成功关键在于：平台渴求注意力以及注意力背后的利益，它本质上还是注意力商人，但是它深知"赤裸裸地去吸引或攫取注意力会招人鄙视"，因此在这个新型市场中，平台不以"意见领袖"的身份出现，而是构建一个"观念市场"，通过"个性化"标签为注意力市场披上"公共领域"的外衣，让深受广告困扰的用户放松警惕，最终交出自己原本放置在广告市场之外的

---

〔1〕　[美]吴修铭：《注意力经济：如何把大众的注意力变成生意》，李梁译，中信出版集团2018年版，序言。

〔2〕　Paweł Drobny, "The Attention Markets as a Challenge for Competition Policy", in *Prace Naukowe Uniwersytetu Ekonomicznego we Wrocławiu*, Vol. 63, Issue 5, 2019, pp. 29-42.

〔3〕　李名亮：《网络新闻编辑实务》，学林出版社2015年版，第27页。

注意力。[1]

在商业战略王国之外，上述变化还从根本上改变了经济的运行方式。整体来说，它们用现实狠狠地敲打了哈耶克关于"中央计划者无法组织大规模经济行为"的主张。[2] 在计划与市场关系的讨论中，哈耶克的观点为，社会主义社会之下，人们想要实现自由理想需要依靠计划经济这一模式，计划经济是社会主义特有的经济模式，也是社会主义与资本主义不同的本质特征。计划经济代表着资源的集中配置，这种模式是人类理性无法完全控制的，若是强行推崇计划经济，将会导致社会资源配置效率的低下甚至消失，同时，计划经济会扼杀社会中单一主体的经济自由或思想自由。法治原则在这个背景下将不复存在，"民主"二字根本无法实现，专制和独裁会演变为常态。[3] 哈耶克的这种将社会主义简单理解为计划经济，从而对社会主义进行否定的理论，[4] 遭到了越来越多人的质疑。

1975 年，诺贝尔经济学奖获得者苏联教授列奥尼德·康托罗维奇的"资源最优利用"理论证明了完全市场和完全计划功能相似。康托罗维奇教授认为，对某经济体了如指掌的人，必定知道如何对资源进行有效分配，因此，在拥有完全信息的经济中，计划经济能和市场经济一样有效地分配资源。[5] 对计划与市场关系的误读将计划的功能妖魔化。事实上，计划是经济运行的手段，而非目的，与市场机制并行不悖。计划经济与社会主义经济没有必然的联系，计划经济也不等于完全集中化的资源配置和纯粹的指令性计划，哈耶克的上述思想是在偷换概念、颠倒黑白。

人们其实从原则上对于中央计划的形式没有任何意见，他们只是不喜欢糟糕的中央计划。平台企业以"去中心化""分布式"的新闻生产传播的方式，创造

---

〔1〕 ［美］詹姆斯·韦伯斯特：《注意力市场：如何吸引数字时代的受众》，郭石磊译，中国人民大学出版社 2017 年版，第 9、155~157 页。

〔2〕 ［美］亚历克斯·莫塞德、尼古拉斯 L. 约翰逊：《平台垄断：主导 21 世纪经济的力量》，杨菲译，机械工业出版社 2018 年版，第 66 页。

〔3〕 ［英］弗雷德里希·奥古斯特·冯·哈耶克：《通往奴役之路》，王明毅等译，中国社会科学出版社 1997 年版，第 49~56 页。

〔4〕 王生升："哈耶克经济自由主义理论与市场经济秩序"，中国人民大学 2002 年博士学位论文。

〔5〕 蔺建国、伍旭中、安海岗："经济计划与计划经济：哈耶克的批判与对哈耶克的批判"，载《生产力研究》2009 年第 7 期。

出全新的、高度集中的注意力交易市场，打造出更加大型的中央计划市场——注意力交换平台。随着这一趋势的延续，越来越多的经济活动是通过去中心化的集中创造和管理的网络进行协调的。[1] 无所不知的中央计划者——平台，只需要考虑现有的所有信息，并决定如何尽可能以最好方式分配资源，[2] 便可取得"自由市场"永远无法企及的市场效率。这也可以解释，为何随着网民数量爆炸式增加，新闻受众变革为新闻生产者、传播者，新闻的消费却越来越集中在以平台为核心的新媒体手中。[3]

（三）平台是注意力市场交易的组织者

传统的注意力市场交易主要由三方参与：①媒体用户，他们为注意力交易市场提供原材料；②所有想要通过行动占有公众注意力的内容提供者；③媒介测量工具，系前两者匹配程度的评估者。[4] 在此市场中，个体将自己的偏好带入媒体，偏好决定个体的选择，媒体处于被动的角色，"一个人的媒体菜单，不论好坏，都是由他/她自己决定的"（见图2-5）。[5] 当然，由于存在有限理性的问题，用户提供的原材料可能受到"偶然性"因素影响，包括意料之外的媒体接触。

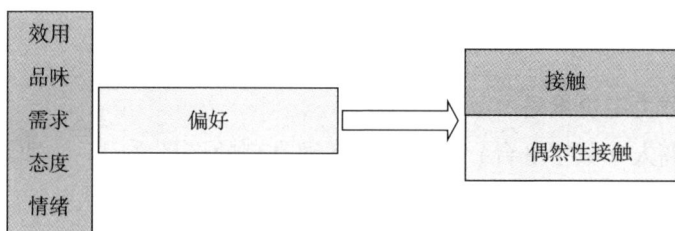

图2-5　传统注意力市场交易模型

〔1〕［美］亚历克斯·莫塞德、尼古拉斯 L. 约翰逊：《平台垄断：主导 21 世纪经济的力量》，杨菲译，机械工业出版社 2018 年版，第 67~68 页。

〔2〕［美］亚历克斯·莫塞德、尼古拉斯 L. 约翰逊：《平台垄断：主导 21 世纪经济的力量》，杨菲译，机械工业出版社 2018 年版，第 44 页。

〔3〕李良荣：《新闻学概论》，复旦大学出版社 2018 年版，第 220 页。

〔4〕［美］詹姆斯·韦伯斯特：《注意力市场：如何吸引数字时代的受众》，郭石磊译，中国人民大学出版社 2017 年版，第 11 页。

〔5〕［美］詹姆斯·韦伯斯特：《注意力市场：如何吸引数字时代的受众》，郭石磊译，中国人民大学出版社 2017 年版，第 138~139 页。

在数字经济时代，无论是生产端、受众端、测量机制，抑或是分发机制，已经与以往不复相同。接触与偏好的关系不再是平行关系，而是交互影响关系：①新闻的供应方式发生重大变革：开放性的市场结构、便捷的移动互联网工具，允许人们消费、创造、分享多样化的新闻内容；受众从刚性结构中解放出来，向协同式用户转型。[1] ②新闻的消费方式亦发生重大变革：测量机制（由平台主导，通过算法技术实现）将受众与媒体连接起来，进而推动注意力市场的交易结构演变进程（见图2-6）。

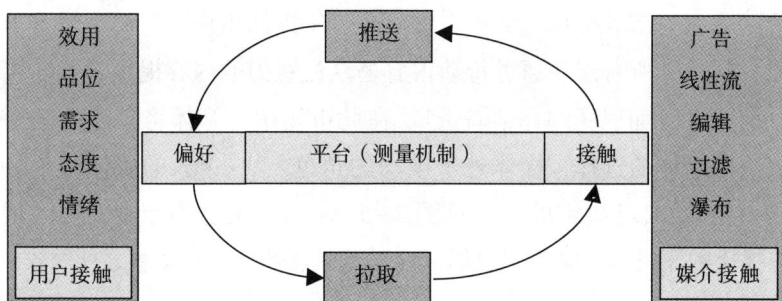

图2-6　算法参与注意力市场交易模型

二、注意力定价策略

注意力商人（数字平台）位于两种不同类型的市场之间：一边是货币市场，另一边是注意力市场。注意力商人（通常也是注意力经纪人）用"蜂蜜（好处）"作为诱饵来换取注意力，然后将其转售给广告商。在这种方式下，注意力商人与典型的中介（如购物中心或信用卡公司）有所不同，信用卡公司通过让消费者更便捷地购买商品和服务来获取中间费用，注意力商人则是通过吸引注意力并将其转售给广告商来获利。因此，注意力商人可以被描述为"一种位于货币市场和注意力市场之间的特殊中介"。[2] 虽然消费者通常不向注意力商人支付

---

〔1〕［美］詹姆斯·韦伯斯特：《注意力市场：如何吸引数字时代的受众》，郭石磊译，中国人民大学出版社2017年版，第133页。

〔2〕Tim Wu, "Blind Spot: The Attention Economy and the Law", in *Antitrust Law Journal*, Vol. 82, Issue 3, 2017, p. 18.

任何金钱，但消费者的注意力对于中介获得收入而言至关重要。大规模且日益增长的注意力驱动型经济隐含地建立在这样一个概念上，即人类的注意力表现出许多与财产相关的基本特征，越来越普遍的广告支持商业模式的核心是注意力的所有权、控制权以及交换。[1] 换言之，注意力商人提供的信息产品或服务被用来交换消费者的注意力并将其兜售给第三方从而实现盈利，注意力市场的交易主要通过出售广告来变现。[2]

在工业社会，企业可以利用定价战略达到盈利结果，几乎所有成功的定价战略都包含三个基本原则——基于价值、积极主动和利润驱动。一个优秀的定价战略由价格水平、定价政策、价格和价值的沟通、价值结构和价值创造这五个截然不同又层层递进的结构组成。一个成功的定价战略必须能够沟通和确定价格相对于提供的产品服务效益所体现的价值的合理性，[3] 在这一点上，注意力商人定价方法与传统定价策略并无二异（见图2-7）。定价者通过不断尝试将价格或对价提高到令消费者不能接受或者反感的临界点，因为过多的广告会导致用户流失，过少的广告则不利于盈利，最佳"价格"介于两者之间。[4] 注意力中介的定价策略有三：①"蜂蜜"定价。提供作为诱饵的服务或商品（如娱乐新闻、新闻提要或搜索引擎）是为了吸引人们的注意力，因而，厂商通常将其价格设为零，以吸引尽可能多的用户；②注意力商人根据其受众类型、受众的期望以及对他们注意力的质量来设定广告费率；③将内容和广告以一定比例混合。注意力商人知道吸引观众的是"蜂蜜"，广告则会导致内容的质量下滑，但是中介的利润取决于它能卖出的广告数量。在不过度降低产品质量和疏远消费者的情况下，适当地将广告嵌入内容以最大限度地增加收入，成为注意力商人的基本定价原则。当然，如果平台拥有优势地位，那么其降低质量的幅度将更少受到用户转移的

〔1〕　See Thomas H. Davenport & John C. Beck, *The Attention Economy: Understanding the New Currency of Business*, Harvard Business School Press Books, 2002, p. 1.

〔2〕　Peitz M, "Economic Policy for Digital Attention Intermediaries, ZEW-Centre for European Economic Research Discussion Paper", 2020, p. 10.

〔3〕　［美］汤姆·纳格、约瑟夫·查莱、陈兆丰：《定价战略与战术：通向利润增长之路》，龚强、陈兆丰译，华夏出版社2012年版，第6~13页。

〔4〕　Tim Wu, "Blind Spot: The Attention Economy and the Law", in *Antitrust Law Journal*, Vol. 82, Issue 3, 2017, p. 80.

限制。

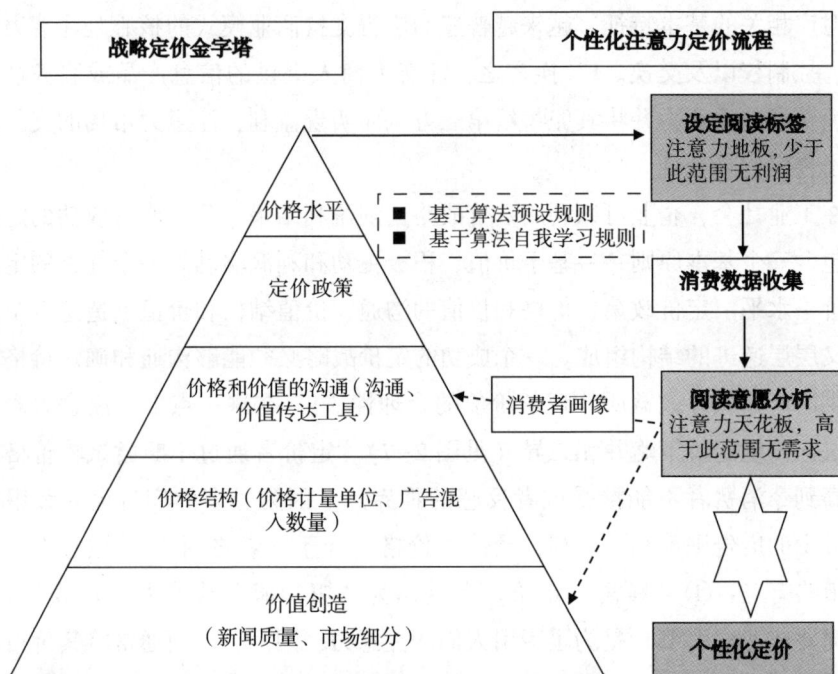

图 2-7　算法嵌入个性化新闻注意力定价活动示意图

三、数字新闻商业模式创新

商业模式（business model）是对一个组织如何在经济、社会、文化或其他环境中创造、传递和获取价值的描述。商业模式构建和修改的过程也称为商业模式创新，是商业战略的一部分。[1] 20 世纪初，诱饵和钩子商业模式（razor and blades business model，也称"剃须刀和刀片商业模式"或"捆绑产品商业模式"）开始形成。这种商业模式的基本逻辑在于，商家以非常低的利润甚至亏本的方法提供基本产品（诱饵），然后对配件产品或售后服务等收取补偿性金额（钩子）。例如，剃须刀（诱饵）和刀片（钩子），手机（诱饵）和移动通话套

---

〔1〕　Martin Geissdoerfer and Paulo Savaget and Steve Evans, "The Cambridge Business Model Innovation Process", in *Procedia Manufacturing*, Vol. 8, 2017, pp. 262-269.

餐（钩子），打印机（诱饵）和墨盒（钩子）。20世纪50年代，新的商业模式来自麦当劳餐厅和丰田。20世纪60年代，商业模式创新者是沃尔玛和大卖场。20世纪70年代，联邦快递和玩具反斗城主导了商业模式创新。20世纪80年代，家得宝（Home Depot）、英特尔（Intel）和戴尔（Dell）电脑成为主导者。20世纪90年代，佼佼者当属易趣（eBay）、亚马逊（Amazon. com）和星巴克。现在，商业模式的类型几乎取决于技术的使用方式。例如，数字新闻平台创造了完全依赖于现有或新兴技术的数字新闻模式。

（一）前数字新闻时期：直接广告收入补贴

"一个产业内部的竞争激烈，这既不是偶然的巧合，也不能是归咎于'坏运气'。相反，产业内部的竞争根植于其基础经济结构，并且远远超出了现有竞争者的行为范围。"[1] 决定一个产业内部的竞争状态的五种基本竞争作用力（competitive force）（见图2-8），即供应商的讨价还价能力、购买者的讨价还价能力、潜在竞争者进入的能力、替代品的替代能力、行业内竞争者现在的竞争能力。[2] 在与五种竞争作用力（波特五力）的抗争中，市场主体的基本竞争战略有三种：总成本领先战略、差异化战略、目标集聚战略。由于这三种战略在架构上差异很大，成功地实施其中任何一个均需要不同的基本技能和资源，夹在其间的市场主体注定是利润极低的。因此，市场主体必须从这三种战略中选择一种作为其主导战略。要么把成本控制到比竞争者更低的程度；要么使产品和服务具备与众不同的特色，让顾客感觉到你提供了比其他竞争者更多的价值；要么致力于服务于某一特定的市场细分、某一特定的产品种类或某一特定的地理范围（差异化战略）。

〔1〕 ［美］迈克尔·波特：《竞争战略》，陈小悦译，华夏出版社2003年版，第3页。

〔2〕 ［美］迈克尔·波特：《竞争战略》，陈小悦译，华夏出版社2003年版，第85页。

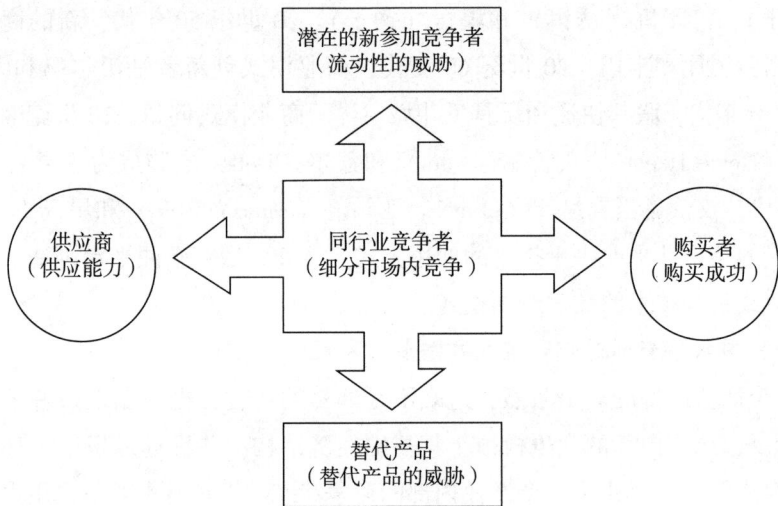

图 2-8　波特五力模型

　　广告收入是许多商业活动的主要方式，尤其是报纸和杂志。20 世纪初期到中期，收音机和电视飞入寻常百姓家，二者迅速成为广告宠儿，并开启了一个新的广告"黄金时代"，这个时代在 20 世纪 60 年代到 20 世纪 80 年代达到顶峰。

　　在前数字新闻时代，新闻业的竞争普遍采取的是内容差异化战略。所谓差异化战略，是指为使企业产品、服务、企业形象等与竞争对手有明显的区别，以获得竞争优势而采取的战略。这种战略的重点是创造被全行业和用户都视为是独特的产品和服务——内容独特。差异化战略的实施有利于媒体构建自己的核心竞争力、赢得客户对品牌的忠诚度，并直接从广告商处获得收入，进而对内容生产进行补贴。过去，以报纸为代表的传统新闻业长期以来备受广告商宠爱、利润丰厚。"报纸从来不是在卖新闻，而是在卖分类广告。"[1] 广告直接补贴新闻业的方式包括：①在收费报纸上刊登展示广告；②在免费报纸上刊登展示广告。即新闻机构通过生产免费纸质新闻并将其派发给公众（如公共交通工具上的通勤者），从而获得广告收入。但路透社调研结果显示，在新冠疫情之后，受各国疫

―――――――――――

〔1〕　Johanna Vehkoo, "What is Quality Journalism：And How Can It Be Saved", Reuters Institute of The Study of Journalism Fellowship Paper, University of Oxford, 2010, p. 70.

情管控措施影响，这种免费报纸模式几近毁灭。如在英国，免费报纸在地铁和标准列车派送同比下降约 40%；不少地方性和国家性出版物受到休假、裁员和关闭的影响，降低了其在公众最需要的时候通知公众的能力。[1]

（二）数字新闻时期：混合广告收入补贴

进入数字社会，大众传播方式发生颠覆性变革，广告商纷纷逃离传统媒体转向提供数字广告服务的厂商。传统新闻业习以为常的极高利润率不复存在、商业模式被时代裹挟着前行。

1. 数字广告为主要广告收入形式。数字广告相较于传统广告的特殊之处在于其传播形式的特殊性，数字广告主要是基于数字媒体进行传播的广告形式。OECD 的调查表明，"移动" 让消费者比以往任何时候都更加紧密联系在一起。在全球范围内，以 2020 年为例，人们平均每天花费在网上的时间将达到 3 个小时，其中绝大部分时间花费在移动设备上。在许多国家，这个数字已经远超人们在传统媒体渠道上花费的时间（见图 2-9）。[2]

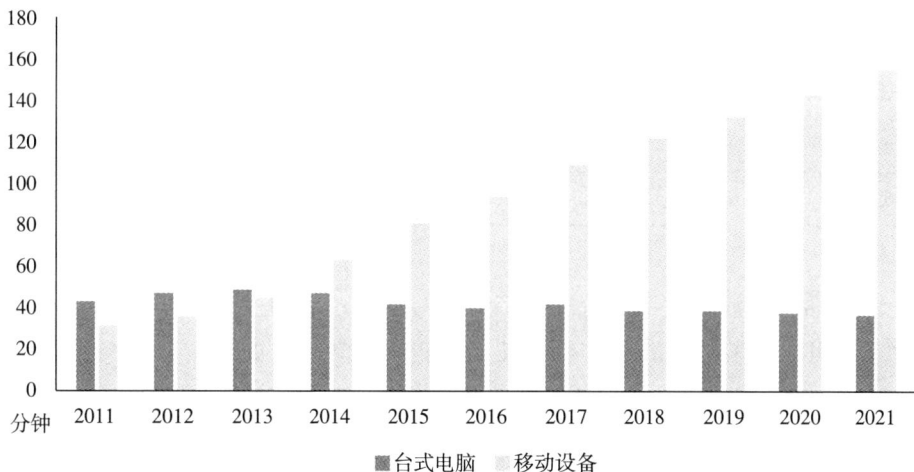

图 2-9　用户在线时间变化示意图

〔1〕　Reuters Institute，"The Reuters Institute Digital News Report 2021"，https：//reutersinstitute. politics. ox. ac. uk/sites/default/files/2021-06/Digital_News_Report_2021_FINAL. pdf，pp. 8-14.

〔2〕　OECD，*Competition in Digital Advertising Markets*，2020，p. 10.

从 20 世纪 90 年代中期开始,一波新的数字广告浪潮出现,在移动电话和智能手机出现后,这一趋势进一步加强。今天,数字广告已经成为大多数经合组织国家的主要广告形式,其收入在过去 5 年内已经超过了电视广告收入。[1]

从数字广告技术逻辑来看,数字广告技术堆栈的中间是"广告交易平台",数字平台成为注意力交易的新型媒介。广告交易平台是完全自动化的数字市场,在其中以程序化广告的形式买卖广告空间,[2] 社会广告支出也随之投向数字平台,尤其是最主要的数字展示广告形式——程序化广告(见表 2-2)。

表 2-2　2019 年各国程序化广告支出一览[3]

国家	数字展示广告支出 (美元,10 亿)	程序化数字展示广告 支出(美元,10 亿)	程序化数字展示广告 支出在数字展示广告 总支出中的占比	移动端数字 展示广告支出 (美元,10 亿)
加拿大	3.50	3.02	86.4%	2.01
中国	40.30	31.35	77.8%	27.36
法国	2.32	1.99	86.0%	1.18
德国	3.45	2.76	80.0%	1.95
英国	8.27	7.74	93.6%	6.24
美国	68.62	57.30	83.5%	46.86

2. 广告支出涌向数字平台。数字经济时代,产品的生命周期越来越短,市场主体不可能依靠单一的产品获得长久的竞争优势。诚如美国著名经济学家保罗·克鲁格曼所言:"高科技的竞争本来是也必然是一场接一场'胜者通吃'的游戏。'通吃'只是暂时的垄断,一旦别的好东西降临,它就会消失。"[4] "在

---

〔1〕　OECD, *Competition in Digital Advertising Markets*, 2020, p. 9.

〔2〕　D. Geradin and D. Katsifis, "An EU Competition Law Analysis of Online Display Advertising in The Programmatic Age", in *European Competition Journal*, Vol. 15, Issue 1, 2019, pp. 55-96.

〔3〕　OECD, Competition in Digital Advertising Markets, 2020, p. 21.

〔4〕　张静敏:《互联网络的经济学分析》,中国金融出版社 2010 年版,第 142 页。

互联网领域，如果公司能够先发制人，就能在市场上抢先占有一席之地。"为在市场上抢占先机，大多数互联网平台会采取同心多元化的商业模式，即企业充分利用自己在技术和平台上的优势，以某一主营产品为圆心，积极开拓产品邻近市场，从而不断丰富和完善企业的产品种类。[1] 如腾讯公司将为用户提供"一站式在线生活服务"作为战略目标，以即时通信 QQ 为圆心，研发了腾讯网、腾讯游戏、QQ 空间、腾讯微博、搜搜、拍拍、财付通以及腾讯新闻和天天快报等，满足了网用户沟通、娱乐、电子商务以及新闻获取等多元化的需求。尽管产品多元化往往未必能够带来巨大的技术进步，但是这不妨碍其为企业带来创新。因为"创新"从来不等同于技术革命，其本质在于为用户创造新的价值，且实践也证明，那些科技含量很低甚至"零科技"的社会创新，不但机会更多，而且效益更大。[2] 当然，数字平台实施同心多元化商业模式具有天然优势。究其原因在于，数字平台具有明显网络效应，即某产品对用户的价值会随着其他用户的使用而增加的现象。在具有网络效应的产业，"先下手为强"（first-mover advantage）和"赢家通吃"（winner-take-all）是市场竞争的重要特征。由于路径依赖以及转移成本等原因，会对消费者形成"锁定"（lock-in），导致新的厂商因为很难获得客户而难以进入既有市场，从而形成较高的市场进入壁垒，可能引发"劣币驱除良币"的后果。[3] 平台成为数字广告市场最大的受益者。澳大利亚竞争与消费者委员会（ACCC）的调查数据显示，2011 年至 2015 年间，澳大利亚报纸和杂志出版商的印刷广告收入分别损失了 15 亿美元和 3.49 亿美元，数字广告收入仅增加 5400 万美元和 4400 万美元。到 2016 年，澳大利亚数字广告总支出的3/4 流向了谷歌和脸书。[4]

3. 参与平台再分配为新闻业广告收入来源。广告收入越来越多地流向大型数字平台，这进一步扰乱了已经受到数字化挑战的新闻业务。尽管一些新闻机构

---

〔1〕　See David E. Hussey, Strategic Management: From Theory to Implementation, Butterworth-Heinemann, 1998, pp. 300-307.

〔2〕　[美] 彼得·德鲁克：《创新与企业家精神》，蔡文燕译，机械工业出版社 2009 年版，第 162 页。

〔3〕　See *United States v. Microsoft Corp.*, 253 F. 3d 34, D. C. Cir. (2001).

〔4〕　D. Wilding, P. Fray, S. Molitorisz & E. McKewon, "The Impact of Digital Platforms on News and Journalistic Content", University of Technology Sydney, Australian Competition and Consumer Commission Report, 2018, p. 12.

仍然生产大量线下和线上广告，但在线广告收入，即流向新闻媒体的广告份额正在显著下降。商业新闻媒体也在探索其他收入来源（如电子商务、活动、服务等），但对许多新闻机构来说，商业前景仍然充满挑战，甚至岌岌可危。[1] 路透社调研结果显示：①在线新闻付费的总体比例很低。实证研究表明：尽管新冠疫情之后，在少数较富裕的西方国家，在线新闻付费显著增加，部分用户愿意从一些渠道购买付费订阅，而且一些媒体在读者收入方面做得非常好，但大多数人不愿意付费，因为大量新闻仍然可以从其他媒体、公共服务或非营利提供商那里免费获得。[2] ②受各国疫情管控措施的影响，免费报纸模式几近毁灭。[3] 广告收入从新闻制作人向平台转移，基于内容质量竞争与政府补贴、直接型广告交叉补贴的前数字商业模式已经崩溃。对于身处数字社会、受众需求具有极大不确定性、平台掌握了主要连接入口时代的新闻媒体而言，选择恰当的商业模式与竞争战略，契合平台以流量换广告的分配规则需求，从平台广告收入处分得一杯羹，实行间接型广告交叉补贴（基于平台流量对平台广告收益的二次分配）与直接型广告交叉补贴共同构成的混合型补贴模式，成为新闻业生存法则。以谷歌新闻平台为例，美国国会在对谷歌滥用市场支配地位行为进行调查后发现：①谷歌在过去的 20 年里，与新闻业密切合作，并为其提供了数十亿美元来支持数字时代高质量新闻的创作，谷歌是世界上新闻业最大的资金支持者之一。②谷歌通过向新闻网站发送免费流量，为新闻业创造了巨大的货币价值。人们从谷歌搜索和谷歌新闻结果中点击进入新闻生产者网站或者应用程序超过 240 亿次/月，即每秒超过 9000 次点击。[4]

但注意力货币化的方式丰富，注意力竞争也异常激烈。流量是数字平台的生命，浏览量、点击量是互联网服务提供商内容展示排序、经营服务决策以及广告

〔1〕 Reuters Institute, "The Reuters Institute Digital News Report 2021", https://reutersinstitute. politics. ox. ac. uk/sites/default/files/2021-06/Digital_News_Report_2021_FINAL. pdf, p. 50.

〔2〕 Reuters Institute, "The Reuters Institute Digital News Report 2021", https://reutersinstitute. politics. ox. ac. uk/sites/default/files/2021-06/Digital_News_Report_2021_FINAL. pdf, p. 50.

〔3〕 Reuters Institute, "The Reuters Institute Digital News Report 2021", https://reutersinstitute. politics. ox. ac. uk/sites/default/files/2021-06/Digital_News_Report_2021_FINAL. pdf, pp. 8-14.

〔4〕 US House Judiciary Committee, Antitrust, Commercial and Administrative Law Subcommittee, "Reviving Competition, Part 2: Saving the Free and Diverse Press: How Google Supports Journalism and the News Industry", March 12, 2021, https://judiciary. house. gov/calendar/eventsingle. aspx? EventID=4440.

收益再分配的重要依据。[1] 在流量竞争中，新闻生产者为数不多的可行的商业战略就是，以尽可能低的成本生产尽可能多的内容，即实施总成本领先战略，哪怕以质量下降为代价。由于内容生产数量过多，有学者称之为"峰值内容"（peak content），新闻业的收入根本不足以支撑其正在"峰值化"的内容生产数量，[2] 新闻业只能进一步削减成本、降低质量、裁员、停业，[3] 新闻公共性危机也由此而生。

事实上，在线服务的竞争是"玩家以提供高质量的产出为代价追逐流量的游戏"。根据经济学的一般原理，可以预见"峰值化"生产所滋生的是一个供过于求的、内容充斥的市场，这只会导致通货紧缩的螺旋式上升，直到生产这种商品（新闻）变得完全不经济。[4] 千帆过尽，"峰值化"生产给新闻媒体预留的仍然是四伏的危机。

（三）商业模式创新与异质资本共生

仅仅依靠经济资本理论来解释社会的结构和功能是不可能的，除非人们重新引入其他形式的资本。在社会学家布尔迪厄看来，一个有序流动的社会必须努力把握各种形式的资本和利润，并建立不同类型的资本（或等同于同一事物的权力）相互转化的规律。资本可以以三种基本形式出现：①作为经济资本（economic capital），即货币和可以直接兑换成货币的资本，可以以产权的形式制度化；②作为文化资本（cultural capital），在一定条件下可以转化为经济资本，并可以以为社会所重视的知识、荣誉、学历等形式制度化；③作为社会资本（social capital），由社会义务（"联系"）组成，它是指为实现工具性或情感性的目的，通过社会网络来动员的资源或能力的总和，在某些条件下可以转化为经济资

〔1〕 深圳市腾讯计算机系统公司、腾讯科技（深圳）有限公司与数推（重庆）网络科技公司、谭旺不正当竞争纠纷案，重庆市第五中级人民法院（2019）渝05民初3618号民事判决书。

〔2〕 Martin Wright, "Peak content: The Collapse of The Attention Economy", https://www. midiaresearch. com/reports/peak-attention.

〔3〕 UK Department for Digital, Culture, Media & Sport, "Overview of recent dynamics in the UK press market", 2018, pp. 77-78.

〔4〕 UK Department for Digital, Culture, Media & Sport, "Overview of recent dynamics in the UK press market", 2018, pp. 77-78.

本，并可能以贵族头衔的形式制度化。[1]

新闻业是一个产生文化的机构，文化资本是这一领域的制度化资源。其最重要的文化产品是高质量的新闻报道，这是一种具有社会价值的公共信息，关乎社会政治与民主。[2] 对真相的追求将新闻业与其他信息产品区分开来，并提供了该领域的权威资源——惯习（doxa）、新闻观念或称"共享价值体系"的组织原则。[3] doxa 是"自然和社会世界似乎不言自明"的经验，[4] 它推动了新闻领域的职业认同，其核心是对公共服务、客观性、自主性、即时性和道德的承诺。[5]

现代工业社会的冲突主要为经济资本和文化资本之间的对立，经济资本和文化资本之间的对立构成横跨媒体领域和经济领域的商业新闻行业长期紧张的根源。因为后者是由市场力量和对经济资本的追求驱动的。[6] 这种冲突在数字社会，因数字平台日益巩固的主导地位而加剧。尽管数字平台不生产新闻或新闻内容，但如前所述，数字平台搭建了注意力市场，它们严重影响了新闻业的活动。首先，新闻行业的商业模式已经被打乱，直接型广告收入补贴模式难以维系。其次，随着"最受关注""趋势"和"头条新闻"等算法分析的引入，长期蛰伏在新闻业中的不同性质的资本冲突不断，导致文化资本和经济资本之间的冲突加剧。文化资本逻辑要求新闻业坚持公共属性；经济资本逻辑要求新闻业进行流量竞争，通过流量的货币化分得更多广告收入。数字平台日益增长的主导地位迫使新闻制作人向市场力量让步，而市场力量削弱了新闻领域的公共属性、文化属

---

〔1〕 Pierre Bourdieu, "The Forms of Capital", in J. Richardson (Ed.), *Handbook of Theory and Research for the Sociology of Education*, Greenwood, 1986, pp. 241-258.

〔2〕 Wilding, P. Fray, S. Molitorisz & E. McKewon, "The Impact of Digital Platforms on News and Journalistic Content", Australian Competition and Consumer Commission Report, 2018, p. 39.

〔3〕 Johanna Vehkoo, "What is Quality Journalism: And How Can It Be Saved", Reuters Institute of The Study of Journalism Fellowship Paper, University of Oxford, 2010.

〔4〕 Pierre Bourdieu, *Pierre Outline of a Theory of Practice*, Cambridge University Press, 1977, pp. 167-169.

〔5〕 M. Deuze, "What is Journalism? Professional Identity and Ideology of Journalists Reconsidered", in *Journalism*, Vol. 6, No. 4, 2005, pp. 442-464.

〔6〕 David Swartz, *Culture and Power: The Sociology of Pierre Bourdieu*, University of Chicago Press, 1997, p. 67.

性——正是这些属性赋予了记者独特的"作为时事的监督者、人民的声音和专家"的文化权威。许多记者认为，流量竞争是对他们职业自主权和身份的攻击，因为流量消费偏好的可见性增加之主要后果是，它加剧了职业逻辑和市场逻辑之间已经存在的紧张关系。如果市场逻辑战胜了职业逻辑，它可能会朝着让消费者满意、让组织更具竞争力的方向发展。然而，鉴于强有力的公共事务报道在政治、社会健康运行中发挥的重要作用，市场逻辑的胜利必将对社会产生不利影响。[1]

通过对新锐媒体 Vice 和 BuzzFeed 的实证研究，研究者发现，从完整的商业模式底层逻辑来看，数字新闻业往往采用"混合型资本积累方法"——雇佣能够体现新闻领域的教义、习惯、规范和实践且有经验的记者制作高质量内容的策略，以期这些内容能转化为同行的认可。这种策略使他们能够从两个逻辑相反的领域积累两种不同形式的机构资源：既基于用户数量、广告销售额和利润的经济资本持续积累，也可以基于由新闻领域的价值驱动的文化生产所培养的具有合法性、可信度和声望的文化资本。[2]

如今，我们也欣然看到这种异质资本共生模式在我国落地生根。如"今日头条"等本土数字新闻平台已经通过跟随受众的消费需求取得了巨大的市场成功，并寻求通过新闻领域积累文化资本、社会资本。2018年，"今日头条"将产品的宣传口号（slogan）从"你关心的，才是头条"变为"信息创造价值"。前者基于"算法"为中心的技术视角强调"今日头条"自身的模式优势，即通过算法进行千人千面的内容呈现；后者则是基于"用户"为中心的信息服务视角，强调自身的媒介属性与社会工具属性。[3] 宣传口号的变化不仅表明，作为信息分发平台，"今日头条"将一如既往地致力于传播有价值的信息，更表明"今日头条"将完成市场价值导向更高层次的"通过连接人与信息来创造新的价值"转向，侧重读懂用户的"个性化推荐"机制将逐步被兼顾文化资本、社会资本与

〔1〕 P. J. Boczkowski, *News at Work: Imitation in an Age of Information Abundance*, University of Chicago Press, 2010, pp. 147–148.

〔2〕 P. Stringer, "Finding a Place in the Journalistic Field: The Pursuit of Recognition and Legitimacy at BuzzFeed and Vice", in *Journalism Studies*, Vol. 19, No. 13, 2018, pp. 1991–2000.

〔3〕 王如晨："今日头条更换 slogan：从良、祛魅及再造"，载搜狐网，https://www.sohu.com/a/231875385_115806，最后访问日期：2022年2月25日。

经济资本的侧重运用信息"创造价值"取代。

本章小结

"都是技术垄断惹的祸"。当盈余被成功分享，新闻生产便开始了去中心化、分布式的旅程，社会内容信息生产总量呈"指数级"爆炸式增长。生产要素走向了数字化，算法、数据成为数字新闻业乃至整个新闻业的关键生产要素，全场最引人注目的莫过于注意力。以注意力获取、使用分配、收益分配为主线的注意力市场得以形成，作为市场的搭建者、中央计划者、交易组织者的数字平台在这个生态系统中大获成功，广告支出也向其汇集，以广告补贴为主要收入来源的传统媒体难以维系，数字新闻商业模式被时代或技术裹挟创新。

波兹曼将人类文化分成三种类型："工具使用文化""技术统治文化""技术垄断文化"。那种"不给道德领域里可以接受的信息提供指引"的文化叫作技术垄断文化，而这似乎为当下数字新闻市场阔步前进的方向。技术垄断兴起后，传统世界观消失，"看得越多，越愚昧""读得越多，越偏激"，根植于个性化新闻推荐技术的数字平台"很有可能成为人类刻板印象的最大集群"。[1]

---

〔1〕 ［美］尼尔·波斯曼：《技术垄断：文化向技术投降》，何道宽译，中信出版社 2019 年版，第 52~55 页。

第三章　个性化新闻推荐反垄断规制的正当性

> 它（垄断者）积极地将它所开放的每一个新机会都抓在手里，并且使得每一个新来者所面对的，都是一个已经整合进一个庞大组织的新产能，这个组织经验丰富，贸易联系广泛，人员优秀。
>
> ——勒恩德·汉德[1]

第一节　弥补数字新闻市场失灵

以问题为导向的市场规制法终究是以解决市场失灵问题为规制目标。"规制"作为一种例外，其正当性基础在于应对市场失灵。[2] 经济学中，将市场机制不能有效配置资源的情形称为市场失灵。[3] 在竞争法中，市场失灵是指市场不能以理想水平提供商品或服务的情况，它不仅包括基于效率视角的、狭义的市场失灵，而且还包括基于公平或社会视角的、广义的市场失灵。[4] 市场失灵可以被视为因为个人追求纯粹的自身利益而导致的效率低下情况，从社会治理的角

---

〔1〕　勒恩德·汉德（Learned Hand），美国著名法官，虽未曾担任最高法院大法官，但他被公认为是美国最高法院三位大法官（约翰·马歇尔、小奥利弗·温德尔·霍姆斯、本杰明·卡多佐）之外的最有影响力的法官。转引自〔美〕赫伯特·霍温坎普：《联邦反托拉斯政策：竞争法律及其实践》，许光耀、江山、王晨译，法律出版社2009年版，第25页。

〔2〕　宋亚辉："网络市场规制的三种模式及其适用原理"，载《法学》2018年第10期。

〔3〕　高鸿业主编：《西方经济学（微观部分）》，中国人民大学出版社2018年版，第323页。

〔4〕　See W. Sauter, *Public Services in EU Law*, Cambridge University Press, 2015, pp. 61, 221.

度来看，这种情况可以得到改善和纠正。[1] 但有形之手（政府）对经济生活的介入一般以市场失灵为前提条件并要遵循规制的一般规律。[2] "报纸陷入财务困境的事实本身并不足以成为政府干预的理由，毕竟他们不是唯一受到数字化技术挑战的领域；此外，干预是一件有风险的事情，可能伴随对创新的阻碍，对有益于市场竞争的变化效果而言也可能适得其反"。[3] 因此，干预的需要以证明市场正在以有害的方式扭曲或阻挠竞争，或损害公共利益为前提。梳理数字新闻市场失灵，厘清个性化新闻推荐规制的目标，科学评价规制现状，进而揭示规制的缺口，[4] 这是本研究的实践基石所在。

一、数字新闻市场公共性贬损

（一）新闻公共性的价值

"公共"指一个关心公共利益并有能力对其进行民主讨论的团体是公民社会思想的核心。共同利益的发展、将部分空间让与他人的意愿、在不同的人身上看到自己的影子并因此更有效地合作的能力等，是有效治理、实际解决问题以及和平解决社会分歧的关键属性。[5]

将公共性所具有的"无遮蔽"与"公众直接参与公共事务"这两个性质以工具化的方式在新闻领域铺展，新闻公共性工具价值除包含提供信息外，还应该包括新闻所具有的公共性使用价值——搭建公共领域，保障公众参与，进而实现社会监督、舆论引导、价值弘扬、传播思想与涵养文化等一系列社会功能。这种使用价值是新闻与所有其他信息相区别的重要标识。此外，新闻公共性所具有的另一重要工具价值就在于，它不仅构成了个性化推荐技术可以对新闻或新闻媒体进行商业化利用的现实基础，如通过假新闻传播真广告，通过提供娱乐赢得利

---

〔1〕 Joseph E. Stiglitz, "Markets, Market Failures and Development", in *American Economic Review*, Vol. 79, No. 2, 1989, pp. 197–203.

〔2〕 ［美］丹尼尔·F. 史普博：《管制与市场》，余晖等译，格致出版社、上海三联出版社、上海人民出版社2008年版，第4页。

〔3〕 因数字技术发展而生存受到影响的领域还包括百货商店、出租车司机、图书和音乐出版商等。See UK Department for Digital, "Culture, Media & Sport, The Cairncross Review: A Sustainable Future for Journalism", 2021, p. 76.

〔4〕 Joseph E. Stiglitz, "Markets, Market Failures, and Development", in *American Economic Review*, Vol. 79, No. 2, 1989, pp. 197–203.

〔5〕 Michael Edwards, *Civil Society*, Polity Press, 2004, p. 61.

润，而且是新闻得以俘获被认定为网络空间硬通货——注意力——的主要利器。[1] 当新闻媒体对娱乐和"生活忠告"乐此不疲，抑或新闻媒体被广告侵袭，甚至新闻本身就是一种超级广告，文化批判型公众也转变成文化消费型公众，转变成同质性、肯定性和顺从性的"单向度的人"，[2] 以往区分于公共权力领域、私人领域的公共领域便承担起广告的功能，也失去了其独特性。[3]

因此，在人们已经发现并可利用新闻这一"社会特殊信息身份证"来识别不同类型信息的数字科技时代，为维护国家对其特殊身份标识利用所享有的权力，法律上仍有必要通过公共性的保留机制的建构，来进一步发挥其身份标识所暗藏的多元社会价值。

（二）公共性贬损在数字新闻市场的投射

个性化新闻推荐通过"投其所好"以及"避其所不好"，将用户网络至自己麾下从而剥夺公众"成长"所必需的距离，即限制了新闻接受者的反应机会并剥夺了公众发表言论和反驳的机会。作为消费者的"公众"之批判，逐渐让位于"交换彼此品位与爱好"，甚至有关消费品的交谈，即"有关品位认识的测验"，也成了消费行为本身的一部分。[4] 公共领域退缩，社会间距被极大拉近，新闻成为消费者流量追随、注意力获取的利器；在算法时代，新闻业面临着全面工具化的危机，[5] 文化面临着被技术垄断的危机。新闻公共性的受损，具体表现为：

1. 新闻产品结构失衡。硬新闻数量的充足性是新闻业行使"第四权力"——公众看门人[6]的必然要求，数字新闻市场的产品结构失衡不但表现为内容空洞的公共新闻的比例下降而"软新闻"比例上升，还表现为原本严肃的

---

〔1〕　明海英："多学科视角推进注意力经济研究"，载《中国社会科学报》2016 年 5 月 23 日，第 1 版。

〔2〕　［美］赫伯特·马尔库塞：《单向度的人：发达工业社会意识形态研究》，刘继译，上海译文出版社 2008 年版，第 13~19 页。

〔3〕　［德］哈贝马斯：《公共领域的结构转型》，曹卫东等译，学林出版社 1999 年版，第 200~201 页。

〔4〕　［德］哈贝马斯：《公共领域的结构转型》，曹卫东等译，学林出版社 1999 年版，第 196~197 页。

〔5〕　任玥："新闻生产社交化与新闻理论的重建探讨"，载《新闻文化建设》2021 年第 6 期。

〔6〕　彭增军："算法与新闻公共性"，载《新闻记者》2020 年第 2 期。

政治新闻与司法新闻等"硬新闻"趋于"软化"。[1] 如政治新闻与司法新闻日渐娱乐化。在全国两会期间，每天都会产生大量关系到国计民生的政治新闻，其本意是让受众可以通过政治新闻得知各位代表委员的建议，了解会议的进展情况，提高建设国家和社会的参与感，培养主人翁意识。[2] 但一些媒体娱乐化倾向突出，对代表委员中的明星大肆报道，深挖其花边新闻、行为穿着等内容，而对于民情民意的议题避而不谈，甚至恶意曲解、制造爆点。还有一些媒体对司法新闻当事人进行八卦解读，为了吸引眼球，对犯罪情节进行夸张叙述，或是给新闻报道增添虚无缥缈的喜剧或悲剧色彩。[3] 在公共领域，文化和反文化唇齿相依，一个文化的毁灭必然导致另一个的毁灭。[4] 公共新闻是新闻社会功能的主要载体，公共新闻的缺失蕴藏着公共性文化乃至社会主流文化的消退风险。质言之，伴随数字新闻市场商业模式的变化，有助于将公众领向公共生活的公共新闻（硬新闻）[5] 可见度显著淡化，不良信息肆意流通，导致了新闻原本的内容权威性和严肃性丧失，亦削弱了新闻的公共性。

2. 新闻内容质量下滑。这主要表现为新闻多样性被破坏与新闻领域信息无序。

（1）新闻内容多样性是新闻质量的重要标准之一，它有助于确保公民消息灵通、能够科学行使公民权利。[6] 内容多样性既包括新闻内容本身的多样性，也包括新闻来源和视角的多样性。[7] "信息传播中，因公众自身的信息需求并非全方位的，公众只注意自己选择的东西和使自己愉悦的通讯领域，久而久之，会

---

〔1〕 如全国两会期间，一些媒体娱乐化倾向突出，对代表委员中的明星大肆报道，深挖其花边新闻、行为穿着等内容，而对于民情民意的议题避而不谈，甚至恶意曲解、制造爆点。

〔2〕 宋文倩："麻醉与反叛：新闻娱乐化倾向下媒体与社会的互动"，载《传播力研究》2019年第21期。

〔3〕 夏潇然："浅析网络新闻娱乐化倾向"，载《新闻研究导刊》2020年第16期。

〔4〕 ［德］哈贝马斯：《公共领域的结构转型》，曹卫东等译，学林出版社1999年版，第9页。

〔5〕 蔡雯："美国新闻界关于'公共新闻'的实践与争论"，载《新闻战线》2004年第4期。

〔6〕 J. Strömbäck, "In Search of a Standard: Four Models of Democracy and Their Normative Implications for Journalism", in *Journalism Studies*, Vol. 6, No. 3, 2005, pp. 331-345.

〔7〕 J. Strömbäck, "In Search of a Standard: Four Models of Democracy and Their Normative Implications for Journalism", in *Journalism Studies*, Vol. 6, No. 3, 2005, pp. 331-345.

将自身桎梏于像蚕茧一般的'茧房'中"。[1] 当算法被特定目标操控时，那么过滤异质信息的机制便可以引导人们完全避开重要的公共问题，或者可以分化公共讨论，从而抑制建设性的辩论。[2] 进一步而言，舆论本是社会公众感兴趣的内容所形成的信息，但从数字新闻产生过程来看，此舆论已非彼舆论。因为算法不完全中立，它偏袒"流量"，"热点"未必是多数用户的选择。不真实的"热点"容易误导公众，也切断了少数人参与讨论的机会，使需要发声的弱者流离在数字公共领域边缘。其重要证据就是，不同的边缘化群体或者出现在新闻报道中的人缺乏多样性。[3]

（2）信息无序是新闻质量下滑的主要表现之一。近年来，大部分关于新闻质量的下滑与信息无序相关。英国政府的调查显示，半数以上的成年人都担心新闻质量问题，1/4 的成年人不知道如何核实网上信息的真实性。[4] 路透社的研究结果也显示：①2021 年，全球对虚假和误导性信息的担忧仍在上升，但比例从 37%（德国）到 82%（巴西）不等；②使用社交媒体获取新闻的消费者比非使用社交媒体的消费者接收恶、错、假新闻的概率更高；③在大多数调查区域，脸书都被视为传播虚假信息的主要渠道，但在巴西和印尼等南半球区域，WhatsApp 则被视为更大的信息安全隐患。[5] 恶信息（malinformation，以造成伤害为目的散布的虚假信息）、错信息（misinformation，无恶意散布的虚假信息）、假信息（disinformation，因疏忽或过失散布的虚假信息）[6] 被统称为信息无序（information disorder）。当坏信息变得像好信息一样普遍、有说服力和持久时，就会

---

〔1〕　［美］凯斯·R. 桑斯坦：《信息乌托邦：众人如何生产知识》，毕竞悦译，法律出版社 2008 年版，第 7~9 页。

〔2〕　［美］伊莱·帕里泽：《过滤泡：互联网对我们的隐秘操纵》，方师师、杨媛译，中国人民大学出版社 2020 年版，前言。

〔3〕　路透社的研究表明，在德国"老白人"过度主导报道；传统地方和区域新闻媒体报道越来越局限于少数主题（如地方政治和犯罪）；互联网网站和搜索引擎最热门的主题是"本地信息"、天气、住房甚至"要做的事情"。See Reuters Institute, "The Reuters Institute Digital News Report 2021", https://reuters-institute.politics.ox.ac.uk/sites/default/files/2021-06/Digital_News_Report_2021_FINAL.pdf, pp. 10, 65-68.

〔4〕　See UK Department for Digital, "Culture, Media & Sport, The Cairncross Review: A Sustainable Future for Journalism", 2021, p. 7.

〔5〕　Reuters Institute, "The Reuters Institute Digital News Report 2021", https://reutersinstitute.politics.ox.ac.uk/sites/default/files/2021-06/Digital_News_Report_2021_FINAL.pdf, p. 9.

〔6〕　左亦鲁："假新闻：是什么？为什么？怎么办？"，载《中外法学》2021 年第 2 期。

产生连锁伤害反应，信息无序是社会危机的放大器。[1] 披着"满足消费者喜好、个性化新闻推荐"外衣的推送中不乏"伪个性化新闻"的欺骗注意力的行为。处于信息劣势一方的用户，可能对欺骗注意力本身并无感知，可能仅凭一己之力无法与掌握技术及信息流的平台抗衡，而只能任由平台摆布。他们只能在接受或离开（删除 App）中间"二选一"，"真相成为稀缺品"。[2]

公众阅读新闻的修养本身不足（男性对体育和政治等主题更感兴趣，女性则更关注健康和环境等话题）（见图 3-1）[3]，在社交媒体成为主要新闻阅读来源的时代，受众更易被缺乏公共属性的软新闻崇尚"娱乐至死"精神的舆论所引导，即对更倾向于使用社交媒体获取新闻的人群而言，他们更喜欢软新闻（见图 3-2）。[4] 忽略新闻内容的客观性与真实性而只追求噱头，为新闻生产创造了畸形的市场。将新闻通过"算法个性化技术"处理转变为"过滤后""讨好式"的信息，成为符合媒体机构当前利益的现实选择。但是，用户的浏览不完全等同于偏好，浏览本身也具有不确定性。平台虽然能够获取不同新闻的点击率，但其呈现的只是用户的浏览行为。点击率只能片面地表现出用户的偏好，而且偏好来源难以确定，无法展示背后用户生活的结构以及政治经济维度对其产生的影响。[5] 基于这样一种存在偏见的测量机制，自以为投用户所好的平台对新闻产品的生产结构产生了错误的认识，大量充满噱头、欺骗点击率、"标题党"类型的新闻产品出现，导致新闻产品出现结构性失衡。

---

〔1〕 有些研究称之为不当内容（inappropriate content）、假新闻（fake news），较之于这二者，信息障碍是更中性、所含信息量更大的术语，因此，日益为更多的研究人员使用。See The Aspen Institute, "Commission on Information Disorder Final Report", 2021, pp. 1-3.

〔2〕 吴静静："真相成为稀缺品——浅谈新媒体时代的信息真实"，载《视听》2019 年第 2 期。

〔3〕 路透社问卷调查中的问题是："您对以下类型的新闻有多感兴趣?"调查基数：所有国家/地区的男性 26 098 人；女性 27 232 人。参见 Reuters Institute, "The Reuters Institute Digital News Report 2016", https://s3-eu-west-1.amazonaws.com/media.digitalnewsreport.org/wp-content/uploads/2018/11/Digital-News-Report-2016.pdf, p. 96.

〔4〕 路透社问卷调查中的问题是："您在上周是否使用了社交软件作为新闻来源? 您对以下类型的新闻有多感兴趣?"调查基数：所有上周使用过社交软件作为新闻来源的人：西班牙 = 1572/243，德国 = 1442/229，美国 = 1480/270，英国 = 1388/311，意大利 = 1337/435，日本 = 929/625。See Reuters Institute, "The Reuters Institute Digital News Report 2016", https://s3-eu-west-1.amazonaws.com/media.digitalnewsreport.org/wp-content/uploads/2018/11/Digital-News-Report-2016.pdf, p. 98.

〔5〕 侯林林、刘威、张宏邦："注意力市场中短视频用户的困境"，载《新闻知识》2019 年第 5 期。

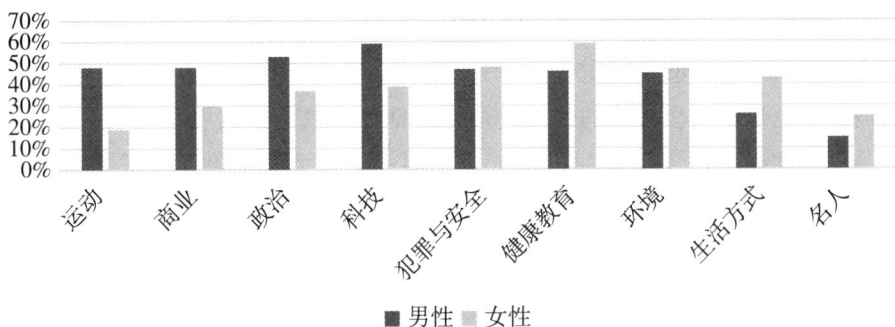

图 3-1　不同性别感兴趣新闻主题清单

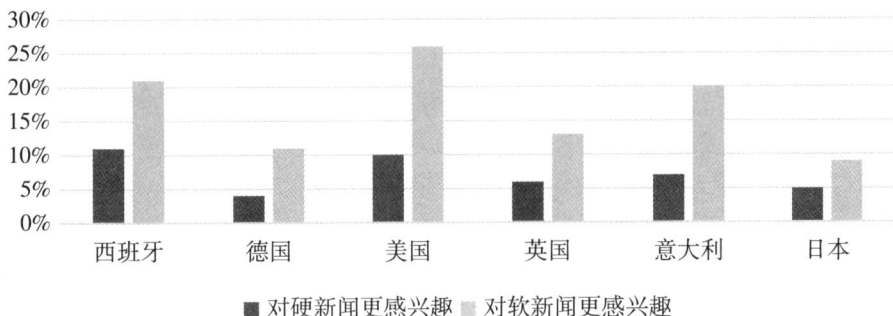

图 3-2　各国使用社交媒体阅读新闻偏好差异

（三）新闻的公共性贬损之害

读者与新闻之间保持一定的距离是营造"公共领域"、便利公众对所阅读信息的批判交流的必要条件。[1] 个性化新闻的出现将读者转变为用户，甚至转变为上传者、生产者，读者与新闻交往形式发生本质改变。这种变化的影响极具渗透力，它超过了任何传统媒体所能达到的程度。与纸质等新闻载体相比，个性化新闻推荐通过"投其所好"以及"避其所不好"，将用户网络至自己麾下从而剥夺公众"成熟"所必需的距离，即限制了接受者的反应、剥夺了公众言论和反驳的机会。作为消费者的"公众"之批判，逐渐让位于"交换彼此品位与爱好"，甚至有关消费品的交谈，即"有关品位认识的测验"，也成了消费行为本身的一部分。数字新闻与其他新媒体共同塑造出来的新世界，仅仅具有公共领域

---

〔1〕　〔德〕哈贝马斯：《公共领域的结构转型》，曹卫东等译，学林出版社 1999 年版，第 196 页。

的假象。即便它为消费者保障了完整的私人领域，这一领域也同样是幻象。公共领域本身在消费公众的意识中私人化了。[1] 公共领域变成了发布私人生活故事的领域，不论是所谓小人物的偶然的命运，抑或是被塑造的明星赢得了公共性，抑或是与公共相关的决策被加以拟人化、披上了私人的外衣，直至无法辨认出来。公共领域和私人领域严格分离的基础逐步褪去。伴随公共领域的退缩，社会间距被极大拉近，媒体成为用户流量追随、注意力获取的利器，新闻业在社交媒体时代面临着全面工具化的危机，这一危机导致新闻业逐渐沦为算法工具。[2]

二、数字新闻市场信息不对称

信息不对称（information asymmetry）通常指参与交易各方所拥有、可影响交易的信息不同，一方比另一方拥有更多信息。在传统单边市场中，通常卖家是拥有更多关于交易物品信息的一方，当然也存在少数买家拥有更多关于交易物品信息的情况，如二手车交易。在合同理论和经济学中，信息不对称涉及对交易决策的研究表明，交易中一方比另一方拥有更多或更好的信息即信息不对称，会造成交易中的权力不平衡，有时会导致交易效率低下，甚至会导致逆向选择（adverse selection）、道德风险和知识垄断等市场失灵。

（一）最佳信息无法获知

通常情况下，在消费者打算交易时，搜寻信息是必要的。一个理性的消费者总是会比较信息的效益和成本，当边际效益等于边际成本时，他们会停止对信息的需求。当消费者收集的信息越来越多时，信息边际效益就很有可能会减少。当消费者需要完全信息时，信息的边际成本就会增加。因此，对于消费者来说，第一条信息会比一个确定的商品服务的完整信息更重要，同时，由于完全信息的成本更高，理性的消费者更愿意获得最佳信息而不是完全信息。[3]

经济学基于消费者评估或获取信息的难易程度，将商品分为三类：①搜索品（search goods）：消费者可以在购买或消费前评估的商品。即消费者可以依靠先

---

〔1〕［德］哈贝马斯：《公共领域的结构转型》，曹卫东等译，学林出版社 1999 年版，第 196～197 页。

〔2〕任玥："新闻生产社交化与新闻理论的重建探讨"，载《新闻文化建设》2021 年第 6 期。

〔3〕Katalin Judit Cseres, "Competition law and consumer protection", in *Kluwer Law International*, 2005, p. 185.

前的经验、直接的产品检查和其他信息搜索活动来查找有助于评估过程的信息。大多数产品都属此列，如服装、办公文具、家居用品。②体验品（experience goods）：只有在购买和体验商品后才能准确评估的商品。大多个人服务属此列，如餐厅、美发师、美容院、主题公园、旅游、度假。③信用商品（credence goods）：即使在消费发生后也难以或不可能评估的商品。评估困难可能是因为消费者缺乏进行实际评估的知识或技术专长，或者是因为获取信息的成本可能超过可用信息的价值。许多专业服务都属于这一类，如维生素、教育培训、法律服务、医疗诊断/治疗、整容手术。[1]

新闻产品不是搜索品，其质量难以依靠先前的经验进行判断，也无法在其他网点验证产品和替代品的价格。有学者认为，新闻产品是典型的体验品，消费者只有经过使用才能得知其真正的品质，以及是否满足自身需求。[2] 还有学者认为，与体验品相比，信用品的效用收益或损失在消费后也难以衡量，商品的卖方知道商品的效用影响，造成信息不对称的情况。新闻产品更像"信用品"，因为消费者难以或不可能确定其效用影响。通常而言，消费者只能选择相信这类服务是可以通过不断重复购买来评估出它的服务质量的。[3]

当数字新闻生产周期变革为24/7，新闻产量实现了指数级增长，数字新闻在新闻分发、聚合渠道方面的增长也如井喷一般。例如，2013年头条号诞生。截止到2019年12月，头条号用户总量已经超过180万，共有1825万人在平台发布信息，具有百万规模粉丝以上的"号主"的数量增加111%，头条号每日新发布的信息数量超过60万条。[4] 但海量内容与有限注意力之间的矛盾随之而来。

---

〔1〕　Johannes Hörner, "Reputation and Competition", in *American Economic Review*, Vol. 92, No. 3, 2002, pp. 644-663.

〔2〕　P. Nelson, "Information and Consumer Behavior", in *Journal of Political Economy*, Vol. 78, Issue 2, 1970, pp. 311-329.

〔3〕　Katalin Judit Cseres, "Competition law and consumer protection", in *Kluwer Law International*, 2005, p. 186.

〔4〕　东兴证券："字节跳动：赢在今日头条与抖音的爆款产品力与差异化运营"，载 http://pdf.dfcfw.com/pdf/H3_ AP202008061396741407_1.pdf，最后访问日期：2022年3月28日。

对于新闻消费者来说，这容易滋生一种新的信息不对称。[1] 在注意力市场，消费者对稀缺的注意力消费信息缺少感知与认知，既对注意力消费交易结构缺少认知，也对注意力定价与变现规则无相应认知，更缺乏对所购买新闻质量的判断能力。在流量就是生命的数字平台，浏览量、点击量，不仅对新闻生产者具有极大的商业价值，是平台为其提供内容展示、排序的基础，也是二者确定合作策略的前提，更是平台用户包括消费者选择产品的重要判断因素。但对于浏览量、点击量、粉丝量的真实性，消费者难以判断；对于"流量"与质量之间的关系，消费者也难以判断。在用户时间和精力有限的情况下，消费者难以最大程度地实现自身消费目的，只能退而求其次以避免再次进行注意力支付。因此，消费者信息的缺失，既与消费者不能准确判断商品质量有关，也与消费者无力再支付信息搜寻成本相关。

（二）滋生逆向选择

逆向选择是信息不对称导致市场失灵的结果。信息具有不对称的特征，因为不知情的消费者通常面对的是知情的商家。当消费者无法全面了解体验品和信用品的质量时，他们就无法区分商品的质量是好还是差。消费者无法比较商品的质量，他们只能去比较商品的价格。在平均质量的商品中，消费者最终会选择价格低的产品。阿克洛夫的"柠檬市场理论"揭示了价格如何决定市场上交易商品的质量，低价如何赶走优质商品的卖家，只留下柠檬。该理论也可以用来解释为何在信息不对称的数字新闻市场中，不知情的消费者支付价格（金钱意义上的"免费"，对价意义上的"注意力"）会产生逆向选择问题，因为市场中的价格过低，价格机制将驱使拥有好新闻的卖方（桃子）离开市场，形成"柠檬市场"。

消费者无法区分主题相同（外观同质）的新闻报道 A（桃子，优质新闻）和 B（柠檬，在购买后才被发现品质有问题的产品）的质量差异，在此情况下，消费者愿意支付的价格，是优质新闻 A 与柠檬新闻 B 价格的平均值（P_{avg}）。但

---

〔1〕 D. Wilding, P. Fray, S. Molitorisz & E. McKewon, "The Impact of Digital Platforms on News and Journalistic Content, University of Technology Sydney, Australian Competition and Consumer Commission Report", 2018, p. 73.

是，作为平台的卖家知道二者的区别，在消费者愿意付出的对价（金钱或者注意力）是固定的前提下，只有在平台手上的新闻是 B 时，才会达成交易（因为 $P_{lemon}<P_{avg}$）；若平台手上的新闻是 A，平台将会选择放弃该交易，交易无法达成（因为 $P_{peach}>P_{avg}$），索价较高的优质新闻 A 的生产者将离开该市场。随着足够多的优质卖家（桃子）离开市场，买家的平均支付意愿会下降（因为市场上新闻的平均质量下降），接着更多的优质新闻卖家（桃子）离开市场，最终造成市场中充满劣质品（柠檬），最终使市场崩溃。[1] 概言之，逆向选择是一种可能导致数字新闻市场崩溃的市场机制。

（三）滋生道德风险

道德风险（moral hazard）是指参与合约的一方所面临的对方可能改变行为而损害到己方利益的风险。其典型就是委托代理问题。在委托代理中，代理人代表被代理人行事，代理人不承担其行动的全部后果。在满足下列两个条件之时，代理人可能会采取过度冒险的策略，损害被代理人的利益：①代理人比被代理人掌握更多关于被代理人行为或意图的信息；②代理人和被代理人利益不一致。[2]

在注意力交易框架之下，平台是消费者选择注意力交易对象的代理人（控制分发机制），当平台将流量交付给非质量优良的内容提供者，而不是去满足消费者高质量的需求时，道德风险就会发生。

在注意力交易市场，内容受欢迎的因素具有极大不确定性，[3] 不同主体对新闻质量判断的标准不一，对同一商品的估值更加不一。消费者无法确定质量，新闻供应者的销售额就会随着预期价格的变化而变化。作为内容供应商，数字新闻平台在合同（"用户协议"）里不会明确约定质量责任，他们往往通过繁冗的"用户协议"、晦涩的文字、技术性默认勾选等投机取巧的方式履行其义务。追求利益最大化的数字新闻平台只将流量提供给与他们的算法技术相容的广告商与

---

〔1〕 George A. Akerlof, "The Market for 'Lemons': Quality Uncertainty and the Market Mechanism", in *The Quarterly Journal of Economics*, Vol. 84, No. 3, 1970, pp. 488–500.

〔2〕 David L. Weimer and Aidan R. Vining, *Policy Analysis: Concepts and Practice*, Prentice Hall, 2005, p. 121.

〔3〕 D. Wilding, P. Fray, S. Molitorisz & E. McKewon, "The Impact of Digital Platforms on News and Journalistic Content", University of Technology Sydney, Australian Competition and Consumer Commission Report, 2018, p. 73.

内容提供者：①支付价格最高的广告商；②索价最低的内容生产者（常常是最劣质的产品）或者能够吸引最大流量的内容生产者。这将导致道德风险的发生。

（四）滋生社会歧视

公共新闻缺失容易导致消费者信息失明（information blindness）。失去主体性的算法把关缺乏导向管理意识，以个性化推荐为特征的算法过滤方法存在显著的限制多样性的风险，这可能会导致消费者的信息失明，足以改变新闻受众本应该获得内容的多样性。[1] 其一，从内容结构的角度上看，当公众越发喜爱浏览专业属性较低的新闻时，又反过来会导致平台将资源更多地投入到"软新闻"的生产中去。新闻生产呈现同质化严重、公共属性匮乏、内容结构显著失衡的特点。其二，从公共新闻呈现的可见度来看，其比例权重也太低。[2] 对流量的追逐与对经济效益的偏重，使得可见度高的新闻多为群众"喜闻乐见"的软新闻。

歧视是人类认知世界的副产品，其产生和发展遵循独特的社会逻辑。个体将认知偏见在社会生活场景中表达，就可能触发法律禁止的歧视。[3] 偏见表达的渠道有二：一是显性偏见，经由个体认知系统分析后表达；二是内隐偏见，它往往不需要经过认知分析，借助认知图示的激活即可引发反应，因此，在表达上它具有优先性。社会心态，包括社会歧视，一段时间内弥散在整个社会或社会群体、社会类别中的社会共识、社会情绪和感受以及社会价值取向。从作用机制上看，社会心态借助社会影响源（如时尚、情绪等）对社会中的个体产生正向或逆向影响，在长期的影响中，个体进行不断的自我调整进而形成个体价值观。具有个性化特点的个体心态、心理在卷入社会并被去个性化后，生成社会价值观（详见图 3-3）。因此，代表个体心理的内隐偏见既是社会化的目的，又是社会化的结果。研究表明，隐性偏见对法律制度有重大影响，如黑人被告在法庭上比白人被告更可能受到严厉的对待。[4] 因此，没有偏见的个体认知的表达、积极健

---

〔1〕 罗昕、肖恬："范式转型：算法时代把关理论的结构性考察"，载《新闻界》2019 年第 3 期。

〔2〕 王璐璐、曾元祥、许洁："论文化产品的公共产品属性——兼谈文化产品生产中的政府职能"，载《出版科学》2014 年第 5 期。

〔3〕 李成："人工智能歧视的法律治理"，载《中国法学》2021 年第 2 期。

〔4〕 Chloë Fitz Gerald, Angela Martin, Delphine Berner and Samia Hurst, "Interventions Designed to Reduce Implicit Prejudices and Implicit Stereotypes in Real World Contexts: A Systematic Review", in *BMC Psychology*, Vol. 7, No. 29, 2019, pp. 7–29.

康的社会心态是社会稳定的前提，是社会治理及其创新得以有效开展的社会心理基础。

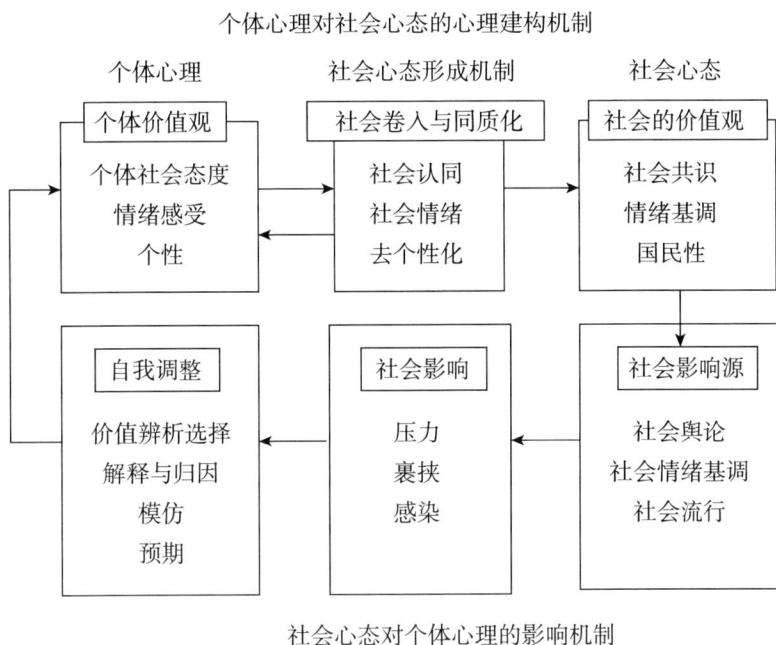

个体心理对社会心态的心理建构机制

个体心理　　　　　社会心态形成机制　　　　社会心态

个体价值观	社会卷入与同质化	社会的价值观
个体社会态度 情绪感受 个性	社会认同 社会情绪 去个性化	社会共识 情绪基调 国民性

自我调整	社会影响	社会影响源
价值辨析选择 解释与归因 模仿 预期	压力 裹挟 感染	社会舆论 社会情绪基调 社会流行

社会心态对个体心理的影响机制

图 3-3　"群体与个体"视角下的社会心态模型[1]

个性化推荐算法主导下的新闻市场，遵循的是一种以强化偏见为代价的需求满足机制。任何伦理背光面（包括人类固有的偏见与歧视）都会被机器习得，偏见的强化会异化社会价值观，进而导致人们深陷狭隘化的认知之中。个性化推荐算法偏见的类来源有两种：①算法设计者的偏见。算法设计师处于算法设计的核心，人为的介入必然导致算法不可能比其设计者还不偏不倚，于是算法继承了其设计者有意的或无意的偏见。②数据的误导。数据本身可能是残破的、局部的、片面的，有限的，数据的缺憾将毫无保留地被算法吸收，甚至在技术加持下

---

〔1〕　杨宜音："个体与宏观社会的心理关系：社会心态概念的界定"，载《社会学研究》2006 年第 4 期。

被放大数倍，最终通过算法结果展现出来。从狭义的角度来看，算法歧视的主要内容分为两类：①基于生理特征的偏见，主要指的是算法明显表现出对个人生理特征存在不公正对待，比如性别歧视和种族歧视。②基于社会属性的偏见。

偏见与歧视是个性化推荐技术应用不可避免的一大弊端，原因在于：个性化技术若企图发挥其最大功效，算法开发者就不得不在运用算法之时，根据算法的运行方式对目标对象进行"标签化""区别化"，这是个性化推荐算法运行的根本基础。但"标签化"意味着"去个性化"，这种做法犹如社会卷入，往往伴随社会认知的同质化，即对某些群体产生刻板印象和固有偏见，进而导致社会歧视（特定价值观）的形成。系统性歧视会制造"自我实现预言"规训受歧视群体，将处于支配地位群体的偏见植入受歧视群体的自我认知，在认知层面完成对受歧视群体的思想驯化。[1] 其证据为网络群体极化效应。[2]

参与网络讨论的大多是尚未形成稳定价值观的人，缺乏自己的独特见解和思考，导致盲目跟风，尤其是在社交化运营模式的新闻平台中，用户更容易对经过网络意见领袖过滤的意见信息全盘吸收，加速某种认知信息的扩散。[3] 在这一背景下，不仅容易发生语言暴力、人肉搜索等问题造成网络秩序的动荡，还可能影响到现实社会的舆论环境，引发民粹主义、种族矛盾、性别对立等严重后果。网络群体极化的结果是，不同的新闻社交平台被拥有不同价值观的用户群体占据，原本自由交流的新闻平台再也无法出现意见相左的观点。新闻的服务对象为社会公众，但算法主导下的新闻媒体正在逐渐由大众媒体转化为个性媒体，个体应对风险的能力未必会强于一个专业团体，在此情况下，社会共识的形成途径为何？新闻的真实性、公共性还能否保持？[4] 另外，算法歧视导致不同地区、不同人种、不同收入水平的人群间资源的不平等，继而逐渐扩大了差异，进一步扩

---

〔1〕 李成："人工智能歧视的法律治理"，载《中国法学》2021 年第 2 期。

〔2〕 研究表明，网民"群体极化"倾向突出，网民在网上因趣味相投而组成虚拟团体，并形成较强的群体认同感，这种情况容易使某些观点产生极化。参见周卫忠、简梦芝："浅析'后真相'时代下网络群体极化现象——以'榆林产妇坠楼'事件为例"，载《今传媒》2018 年第 5 期。

〔3〕 刘丹："关于我国'网络群体极化'的研究述评"，载《视听》2020 年第 10 期。

〔4〕 彭增军："老谋何以深算？计算新闻的是与非"，载《新闻记者》2019 年第 11 期。

大了数字鸿沟。[1]

三、数字新闻市场外部性显著

外部性（externality）是指个体经济单位的行为对社会或者其他个人部门造成了影响，却没有承担相应的义务或获得回报，亦称外部成本或溢出效应。作为市场失灵的一种形态，外部性通常发生在产品消费或服务生产的均衡价格不能反映该产品或服务对整个社会的真实成本或收益之时。由于资源还可以得到更好的分配，这种导致外部性的竞争均衡往往不符合帕累托最优条件，是市场失灵的一种情形。[2] 按照外部效应产生的影响不同，可将其分为正外部性和负外部性。正外部性是任何经济主体的行动或决定的私人利益与社会利益之间的差异。质言之，正外部性是个人在市场上的消费增加了他人的福祉，但没有向第三方收取收益。如在私人花园种花不仅可以增加私家花园颜值，而且可以美化周围区域。负外部性则是任何经济主体的行动或决策的私人成本与社会成本之间的差异。简单来说，负外部性是个人在市场上的活动使他人或社会受损，但个人没有为此承担代价。如工厂生产引发的环境污染对周边居民造成伤害，周边居民必须支付成本（间接成本）才能消除这种伤害。数字新闻市场的外部性存在于两个环节，有以下两种逻辑表现。

（一）生产外部性

新闻生产本质上是一种社会化的建构过程，是不同信息流动、交汇、冲击乃至妥协共生的过程。新闻生产外部性是指数字新闻的生产对他人福利的影响。一则，鉴于公共新闻提供具有公共属性，各国政府对新闻生产往往给予补贴或直接投资。一般而言，政府的补贴或直接投资对新闻生产具有正外部性，但在政府补贴或直接投资分配不均的情况下，如补贴只针对特定所有制的新闻媒体，那么政府的投资也会对新闻市场的健康发展产生负外部性。二则，新闻产生的本质在于传播信息，其与"秘密"有着天然的相对性。这种公开性不但便利了数字平台普遍采用信息挪用的方法直接使用平台内新闻内容经营者的信息数据，也便利了

---

[1] 匡文波："智能算法推荐技术的逻辑理路、伦理问题及规制方略"，载《深圳大学学报（人文社会科学版）》2021年第1期。

[2] Jonathan Gruber, *Public Finance & Public Policy*, Worth Publishers, 2019, p.334.

不同内容生产者之间的信息复制，也减少了新闻媒体进行调查性新闻和"点击率"较低的公共新闻报道。[1] 在"多样化的外观下"，同质信息泛在，最终导致公共新闻显著不足、新闻内容结构失衡的恶果。三则，从理论上讲，用户参与生产、机器人写作，社会协同生产带来了新闻业生产效率和产品容量的提升，[2] 对新闻业而言具有正外部性，但是与海量生产、峰值生产结伴而来的还有信息无序问题，其后果是，在选择过多的环境下大多数内容的价格降至零，从而剥夺了真正新闻生产者的收入，也降低了消费者对任何一个单一媒体品牌的忠诚度。[3]

（二）分发外部性

在信息爆炸时代，内容共享的重要性与日俱增。只有设计好用户和信息相连接的渠道，促使用户和信息实现完美匹配，信息才具有意义，否则信息只是无用的数据。传统的新闻发行方式无法解决海量数据与用户个性化需求之间的尖锐矛盾，专业从事个性化新闻推送的平台于此时诞生，智能引擎在内容和用户之间建立了新的强大连接。目前，新闻与其他信息的分发早已成为各大互联网公司鏖战的新领域，各大互联网公司都建立了自己的信息分发平台，新闻的生产和分发分为两个不同的环节，这使得各环节更为专业。在个性化新闻推荐模式下，数字平台基于移动设备，将社交网络、检索、情境分析、个性化推送和个性化聚合融为一体，它克服了传统媒体分发存在的效率低下、信息匹配率低等问题，极大地促进了新闻分发效率，并使信息匹配程度得到了提高。在海量信息"车轮战"的背后，新闻平台剥削新闻生产者注意力与消费者注意力收益、导致消费者产生慢性化的注意力分散等问题也不容忽视。[4]

---

〔1〕 阿斯彭研究所报告表明，调查性新闻和民主报道是最有价值但最受威胁的两种新闻形式。See The Aspen Institute，"Commission on Information Disorder Final Report"，2021，p. 14.

〔2〕 黄文森、廖圣清："同质的连接、异质的流动：社交网络新闻生产与扩散机制"，载《新闻与传播研究》2021 年第 2 期。

〔3〕 J. Watkins，S. Park，R. W. Blood，M. Deas，M. D. Breen，C. Fisher，G. Fuller，J. Y. Lee，F. Papandrea & M. Ricketson，"Digital News Report：Australia 2016"，News and Media Research Centre，University of Canberra，2016，p. 36.

〔4〕 ［澳］罗伯特·哈桑：《注意力分散时代：高速网络经济中的阅读、书写与政治》，张宁译，复旦大学出版社 2020 年版，封底。

数字新闻的分发结果取决于个性化推荐算法的运行结果，分发结构则取决于平台的测量机制。表面上看：①算法只是计算多数用户的偏好信息，然后按顺序将更多人愿意知情和参与讨论的新闻话题优先加以推送传播；②平台利用算法为用户有限的注意力完成尽可能多的信息交易，充分榨取用户的时间剩余。但实际上，平台掌控的注意力测量机制并非中立，而是具有偏见的，包括对用户浏览行为的偏见、用户个性化特征的偏见以及信息在用户中流行程度的偏见。[1]　算法也并不完全具备中立性，它由资本假借技术之手、为达成一定目的（流量）而创造。经过不透明的计算过程得出的虚假结果不仅不是多数用户的选择，反而误导了公民对真相的认知，也切断了少数人参与讨论的机会，使需要发声的弱者流离在数字公共领域边缘。由于各种原因，每个公民参与公共活动的能力存在差异，具体到数字公共领域则表现为对互联网媒体的使用程度差异，在某个风向一边倒的话题之下，可能正隐藏着沉默的大多数。对于在有限的注意力下，希望接收到高质量新闻、满足公共信息需求的受众而言，新闻分发具有负外部性；对于接收到基于算法相关性而非真实相关性新闻的受众而言，新闻分发具有负外部性。

第二节　矫正数字新闻平台权力异化

个性化推荐算法是新闻平台商业模式的核心，也是数字秩序的决定性因素，经由算法产生的权力及其权力异化是个性化新闻乱象问题的根源之一。作为算法技术的执掌者，平台除了通过掌握算法技术资源获得权力之外，还通过位置中心性、数据操控、契约、公权力赋予等途径获取强大的"私权力"。

一、个性化推荐算法生产差异

算法正在以一种悄然又迅猛的方式渗透到我们的日常生活和社会运转之中，[2]　算法的广泛运用改变了新闻生产、传播和利益相关者互相联系的方式，

---

〔1〕　[美]詹姆斯·韦伯斯特：《注意力市场：如何吸引数字时代的受众》，郭石磊译，中国人民大学出版社 2017 年版，第 133 页。

〔2〕　郭哲："反思算法权力"，载《法学评论》2020 年第 6 期。

也使得市场向着数字化的方向演化。[1] 如今，算法技术不只是中介（mediate），更组成或构成了我们的生活；社会互动与连接（associations）不只被软件与计算机语言/编码（code）中介，更是由它们构成。[2] 算法成为企业尤其是科技企业竞争的命脉，抢先一步对算法技术进行研发设计的企业控制了算法的设计标准，进而执掌算法权力，即支配着通过利用算法技术输入数据、输出决策的权力。[3]

（一）算法产生秩序

马克思在《资本论》中指出，秩序是一定的物质的、精神的生产方式和生活方式的社会固定形式，而技术正是实现社会秩序建构或改造的一种有效的武器。[4] 人工智能时代，算法正在以一种悄然又迅猛的方式渗透人类生产和生活空间，[5] 算法技术不只是中介（mediate），更组成或构成我们的生活；社会互动与连接（associations）不只被软件与计算机语言/编码（code）中介，更是由它们构成。[6] 时至今日，以算法为代表的人工智能技术已然成为当今社会秩序的重塑者。

马克思·韦伯认为："权力意味着在一种社会关系里哪怕是遇到反对也能贯彻自己意志的任何机会，不管这种机会是建立在什么基础之上。"[7] 从"遇到反对也能贯彻自己意志的"机会层面理解，算法即权力。技术本身具有政治属性，如果我们研究构成技术系统环境的社会模式，我们会发现某些设备和系统几乎总是与组织权力和权威的特定方式联系在一起。[8] 正如福柯在《规训与惩

---

〔1〕 Thomas H. Cormen, Charles E. Leiserson, Ronald L. Rivest & Clifford Stein, *Introduction to Algorithms*, MIT Press, 2009, p. 5.

〔2〕 See R. Burrows, "Afterword: Urban Informatics and Social Ontology", in Marcus Foth (ed.), *Handbook of Research on Urban Informatics: The Practice and Promise of the Real-Time City*, Information Science Reference, 2008, pp. 450-454.

〔3〕 ［美］迈克尔·米勒：《云计算》，姜进磊等译，机械工业出版社 2009 年版，第 5 页。

〔4〕《马克思恩格斯全集》（第 25 卷），人民出版社 1974 年版，第 894 页。

〔5〕 郭哲："反思算法权力"，载《法学评论》2020 年第 6 期。

〔6〕 R. Burrows, "Afterword: Urban Informatics and Social Ontology", in Marcus Foth (ed.), *Handbook of Research on Urban Informatics: The Practice and Promise of the Real-Time City*, Information Science Reference, 2008, pp. 450-454.

〔7〕 ［德］马克斯·韦伯：《经济与社会》（上卷），林荣远译，商务印书馆 2006 年版，第 81 页。

〔8〕 Langdon Winner, "Do Artifacts Have Politics?", in *Daedalus*, Vol. 109, No. 1, 1980, pp. 121-122.

罚》一书中所指出的,"权力"其背后的支撑物即技术。[1] 新闻平台通过提供技术手段实现多边互动,如信息传递或网络交易等,而用户在平台上的互动必须按照平台提供者设定的规则完成。[2] 控制了算法等技术资源也就决定了整个网络应用背后架构的模式,对相关的网络应用行为也就构成了约束。算法本质上具有内在的规范性和背景性,[3] 他们被设计、部署和期望去实现他们的设计者、部署者和用户的设计和目标。平台试图通过服务条款、社区标准、算法排名的改变和内容的适度——通常是不情愿的——定义和强加他们自己的真理制度。算法系统是充满理性的权力技术的要素,构成了治理的组成部分,Rouvroy 甚至为此提出了"算法政府"的概念。[4] 美国学者尼古拉斯·迪亚科普洛斯提出,算法通过其"自主决策"能力,具有调节社会生活的内在力量,他把算法权力的来源归结于算法的机制,算法的分类、关联、过滤以及优先级是构成其权力的主要方式。[5]

在新闻平台中,算法权力直接地体现为对新闻交易活动的控制,即平台主体设计的各种应用场景、嵌入程序、通信协议、分发结构决定了信息的生产、交易、流通,塑造了平台中的信息流;[6] 其设定的各项规则、条款可以直接作用于新闻消费者和生产者,从而构建以算法为中心的网络秩序。在算法权力主导的世界,人不再是拥有复杂内涵的丰富个体,而是异化为由数字碎片堆集而成的"微粒人",以个人效用最大化为目标,成了被定义、被分类、被评级、被使用

〔1〕 [法] 米歇尔·福柯:《规训与惩罚》,刘北成、杨远婴译,生活·读书·新知三联书店 2020 年版,第 219~258 页。

〔2〕 方兴东、严峰:"网络平台'超级权力'的形成与治理",载《人民论坛·学术前沿》2019 年第 14 期。

〔3〕 D. Beer, "The Social Power of Algorithms. Information", in *Communication & Society*, Vol. 20, No. 1, 2017, pp. 1-13.

〔4〕 Antoinette Rouvroy, "Algorithmic Governmentality: A Passion for The Real and The Exhaustion of The Virtual. Transmediale-All Watched Over by Algorithms", 2015.

〔5〕 Diakopoulos N., "Algorithmic Accountability: Journalistic Investigation of Computational Power Structures", in *Digital Journalism*, Vol. 3, Issue 3, 2015, pp. 398-415.

〔6〕 孙逸啸:"网络平台自我规制的规制:从权力生成到权力调适——以算法媒体平台为视角",载《电子政务》2021 年第 12 期。

的客体。[1]"算法水平越高，决定越符合人的内心倾向，人对算法决定的依赖越'成瘾'，进而越来越适应和接受算法决定，成为算法权力温顺的'服从者'。"[2]

（二）算法产生差异

算法权力是一种知识权力，由于知识的信息不对称造就了权力的不平衡。[3]在此差异产生过程中，缺乏人类辨别（human discretion），赢家或输家都不一定能清楚地意识到他们是被运作的对象。在"软件的雾霾"（haze of software）下，曾是媒介的东西已经变成了一种物、一种产品、一种决定力。算法，这个自动化过程正在朝着"实现性架构"（performative infrastructures）转向，成为我们决定如何生活、如何行事的一部分，我们不只靠算法运行的结果理解世界，算法更在其中扮演积极的建构角色。[4]算法，通过自动化运行，已然将其自身价值转换为一种"准公权力"。[5]而这种权力在资本操作者的掌控下，具有天然进攻性与逐利性，这给算法权力带来了诸多异化风险。

1. 算法权力产生歧视与落差。工业经济时代，新闻业严格奉行新闻与广告的"政教分离"，行业习惯甚至严苛到广告人员和新闻编辑不乘同一部电梯。现在，横亘在新闻与广告之间的界线被模糊，算法以吸引足够注意力的标准实现"内容—广告"的完美配对，算法逻辑取代新闻逻辑，算法权力支配新闻内容。[6]与此同时，算法通过分类与过滤为消费者提供差异化的注意力定价，由此在不同的内容获得或注意力支付的消费者之间就产生了一种新的数字落差（digital divides）。这种数字落差不只是网络近用性而已，更重要的是算法软件与程序代码在消费者看不见的优先化（prioritization）与边缘化（marginalization）

---

〔1〕 陈千凌："人类如何跟'算法'抢夺注意力?"，载腾讯网，https://new.qq.com/omn/20210613/20210613A06NBT00.html，最后访问日期：2022年3月11日。

〔2〕 周辉："算法权力及其规制"，载《法制与社会发展》2019年第6期。

〔3〕 David Beer, "Power Through the Algorithm? Participatory Web Cultures and The Technological Unconscious", in *New Media & Society*, Vol. 11, No. 6, 2009, pp. 985-1002.

〔4〕 Scott Lash, "Power After Hegemony: Cultural Studies in Mutation?", in *Theory Culture and Society*, Vol. 24, No. 3, 2007, pp. 55-78.

〔5〕 张凌寒："算法权力的兴起、异化及法律规制"，载《法商研究》2019年第4期。

〔6〕 彭增军："算法与新闻公共性"，载《新闻记者》2020年第2期。

过程中，完全决定了缔结交易过程中的重要条款，[1] 造成所谓的"算法内容歧视"（algorithmic content bias）或"注意力价格歧视"。"算法内容歧视"是指当内容平台使用算法技术去产生更详细定义的消费者类型时，也自然将消费者标识为"是/不是某个特定内容服务的对象"。[2] 通过算法内容歧视，企业划定出所谓的利基（niches）市场，借助注意力价格歧视，平台可以准确地向消费者索价，从而将效能、利润与目标最大化。而消费者在这个过程中，总是自觉或不自觉地受到算法的歧视和不公平对待。越来越多的学者发现，使用范围不断拓展的算法技术放大了现有的歧视和不平等，因为它们"无意中产生了基于编码的性别、种族和文化偏见"。[3]

2. 算法扭曲新闻消费自主权。个性化推荐算法在新闻推荐活动中的嵌入极大增强了数字平台控制注意力交易条件及交易结果的能力。消费者的自主决策权持续让渡给了算法，用户沉浸在以算法意志为核心构筑的"拟态环境"中难以自拔。[4] 算法还会干预用户的兴趣偏好，并借机有意或无意地改变用户的态度和行为。用户在算法技术中被监视和驯化，算法自始至终将权力持有者与用户、用户与用户置于单向透明的状态，用户只能被监视，他们既看不见其他用户，更看不见算法权力的拥有者，导致该群体逐渐丧失了逃离监视的"越轨"念头，最终成为习惯于平台信息推送、投喂的奴役者。[5] "算法通过让'不可见性'成为一种时刻存在的威胁，规训网络环境中的行动者"。[6] 其结果是，掌握个性化推荐算法的数字平台可以利用技术优势，通过分析其把控的消费者数据资源，引导和操纵其注意力消费决策，这已经成为对消费者自主性的严重威胁。尽管平

---

〔1〕　See Steve Graham, "The Software-sorted City: Rethinking the 'Digital Divide'", in Steve Graham (ed.), *The Cybercities Reader*, Routledge, 2003, pp. 324-332.

〔2〕　Joseph Turow, Niche Envy, *Marketing Discrimination in the Digital Age*, MIT Press, 2006, p. 1.

〔3〕　Trittin-Ulbrich H, Scherer A G, Munro I, et al. "Exploring the dark and unexpected sides of digitalization: Toward a critical agenda", in *Organization*, 2021, Vol. 28, Issue 1, pp. 8-25.

〔4〕　周乐帆："'被算计'的人：算法权力的技术逻辑与伦理博弈"，载《东南传播》2021年第12期。

〔5〕　周乐帆："'被算计'的人：算法权力的技术逻辑与伦理博弈"，载《东南传播》2021年第12期。

〔6〕　Bucher T, "Want to Be on the top? Algorithmic Power and the Threat of Invisibility on Facebook", in *New Media and Society*, Vol. 14, No. 7, 2012, pp. 1164-1180.

台有通过自主经营获取更多注意力的自由，但平台对注意力获取的自由不能以用户彻底放弃自由为代价，否则追寻自由的初衷反而会导致绝对的奴役。

3. 算法导致新闻市场封锁。算法在新闻市场的广泛使用提高了进入壁垒。一方面，数字市场竞争的正向网络效应和特殊的用户归属策略会进一步提高消费者的转换成本，产生对最终消费者的锁定效果。[1] 另一方面，基于算法的学习效应（learning effects）或规模经济，数据规模的扩大将进一步改善平台的定价规则和价格体系，从而吸引更多用户，产生更多数据，获得更优算法，这将进一步巩固优势经营者的市场支配地位。如果市场上不存在有效的替代数据集或只有少数数据替代品可用，那么平台更有可能通过阻止对数据的访问或者限制数据使用封锁其他竞争对手，提高其市场进入数据壁垒。此外，算法权力还有可能成为排斥竞争者和巩固新闻平台市场势力的工具。斯蒂格勒（Stigler）报告指出，平台可能会利用消费者的"行为偏见"来保持消费者对平台的依赖并使转向替代品更加困难，使得消费者不太容易接受竞争性的替代品，这可能降低可竞争性，提高进入壁垒。[2] 通过算法扭曲竞争机制这一问题已经引起了国内外执法机构的重视，从欧盟委员会对谷歌搜索引擎利用其算法优先排序自营比价购物网站进行处罚开始，越来越的国家开始重视算法对交易和竞争机制的扭曲，法国[3]、韩国[4]均已对算法扭曲竞争行为进行处罚，其他国家也在陆续开展调查。算法在新闻平台内对交易的决定权更为明显，新闻商品能否被用户看到和接收，皆是基于算法的筛选、推送。我国新闻平台偏袒自身新闻产品的情形并不少见，如百度就被指控优先显示自家"百家号"文章，尽管这些文章质量一般。[5] 算法支配

〔1〕 周围："人工智能时代个性化定价算法的反垄断法规制"，载《武汉大学学报（哲学社会科学版）》2021年第1期。

〔2〕 Fiona Scott Morton et. al, "Stigler Committee on Digital Platforms, Subcommittee on Market Structure and Antitrust, Final Report", July 2019, p. 176.

〔3〕 Autorité de la concurrence, "Decision 21-D-11 of June 07, 2021 regarding Practices Implemented in the Online Advertising Sector".

〔4〕 "Naver 因滥用市场支配地位和不公平的贸易行为而被制裁"，载韩国公平竞争委员会官网，https://www.ftc.go.kr/www/selectReportUserView.do? key=10&rpttype=1&report_ data_ no=8759，最后访问日期：2022年3月26日。

〔5〕 方可成："搜索引擎百度已死"，载虎嗅网，https://www.huxiu.com/article/282406.html，最后访问日期：2022年3月21日。

交易规则的现实，使其可能成为封锁市场的工具，反垄断执法机构应该对此保持警惕。

二、平台权力异化

除了算法之外，平台还拥有其他权力来源。本节仅探讨平台除算法之外的其他权力来源，并主要关注通过个性化新闻推荐的反垄断规制如何解决数字平台的权力约束问题。平台权力是近年来被注意到的一种新型权力，学术界将其归纳为一种介于公权力和私权利之间的"私权力"。由于网络空间国家与社会、公法与私法的界限日益模糊，公私领域交错，一些私主体能够在事实上剥夺其他私主体的自主权和选择权，浮现出一种区别于公权力与私权利的'私权力'。[1] 同带有政治性的公权力相对，私权力是"来源于市场或技术的经济性权力"。[2] 这种权力对数字经济的支配日益强化，成为主导注意力经济、支配传播秩序的"霸权"，对竞争秩序、经济安全、政治民主产生了严重威胁，也助长了平台资本主义，使平台越来越成为难以撼动的垄断者。公众呼唤反垄断规制的介入，以修复市场失灵，将平台权力关入制度之笼。

（一）平台权力的来源

"权力可以被定义为一个人或一群人按照他所愿意的方式去改变其他人或群体的行为，以及防止他自己的行为按照一种他所不愿意的方式被改变的能力。"[3] 史蒂文·卢克斯的权力"三维"理论则关注"影响他人行为的能力"：A 对 B 有权力即意味着 A 让 B 做了 B 本来不会做的事。[4] 福柯关注一种微观的权力，"权力不应被看作是一种所有权，而应被称为一种战略；它的支配效应不应被归因于'占有'，而应归因于调度、计谋、策略、技术、动作。"[5] 他眼中的权力是流动的、去中心化的，"权力从未确定位置，它从不在某些人手中，从

---

〔1〕　许可："网络平台规制的双重逻辑及其反思"，载《网络信息法学研究》2018 年第 1 期。

〔2〕　许多奇："Libra：超级平台私权力的本质与监管"，载《探索与争鸣》2019 年第 11 期。

〔3〕　［美］彼得·M. 布劳：《社会生活中的交换与权力》，李国武译，商务印书馆 2008 年版，第 176 页。

〔4〕　S. Lukes, *Power: A Radical View*, Palgrave Macmillan, 2005, p. 37.

〔5〕　［法］米歇尔·福柯：《规训与惩罚》，刘北成、杨远婴译，生活·读书·新知三联书店 1999 年版，第 28 页。

不像财产或财富那样被据为己有。权力运转着"[1]。

可见，权力的特点是支配性、强制性，任何主体只要能够不顾他人反对而强行贯彻其意志、改变法律关系，就拥有权力。平台无疑拥有强大的权力，其不仅能够决定平台市场交易规则、交易行为、空间架构，还能够对用户实施内容删除、警告、屏蔽、封号、查验等管制措施，其权力几乎超越了"传统政府和国家组织的边界"。[2] 相对于政府的公权力而言，平台的权力常被称为"私权力"（private power），即对平台内的企业、消费者、经营者进行私治理（private governance）的权力。[3] 平台权力的崛起除了经济或资本的因素之外，更多在于不同主体之间技术、平台、信息资源的失衡，是优势方之于弱势方影响、干预、支配关系的体现。[4]

1. 控制交互界面。在人机交互系统（human-computer interaction system）中，交互界面（user interface）是人机之间传递与交换信息的载体和媒介。交互界面的建构包含设计学、语言学和心理学等多重学科知识，在经历从命令行界面（command line interface）、图形用户界面（graphical user interface）到自然交互界面（natural user interaction）的发展历程后，界面交互向更符合用户使用习惯，更注重用户体验的方向发展。交互界面可以在不同的客体和系统的边界之间游走，促成信息游动的同时，也对自身的位置进行了隐蔽。由此，交互界面具有持续变动的、隐藏的权力，数字新闻平台获得控制交互界面的能力，即获得了控制用户感知文化的权力：①界面影响了用户如何感知计算机以及呈现在计算机上的媒体对象；②所有的媒体对象都需要以数字化的逻辑进行呈现，从而消除了媒介之间、对象之间的边界；③交互界面以数字化的形式重塑了用户对于文化、世界的感知。[5]

2. 位置权力（positional power）。平台的权力不在于单个企业，而在于整个

---

〔1〕 ［法］米歇尔·福柯：《必须保卫社会》，钱翰译，上海人民出版社 1999 年版，第 27~28 页。

〔2〕 樊鹏、李妍："驯服技术巨头：反垄断行动的国家逻辑"，载《文化纵横》2021 年第 1 期。

〔3〕 周辉："技术、平台与信息：网络空间中私权力的崛起"，载《网络信息法学研究》2017 年第 2 期。

〔4〕 周辉："技术、平台与信息：网络空间中私权力的崛起"，载《网络信息法学研究》2017 年第 2 期。

〔5〕 ［俄］列夫·马诺维奇：《新媒体的语言》，车琳译，贵州人民出版社 2020 年版，第 12~13 页。

连接生态系统的协调、控制、整合的能力。[1] 有学者将其归纳为"位置权力",即权力差异产生于社会结构,特别是特定主体在其嵌入的社会网络中的位置。[2] 平台是连接产品和服务供需端口的重要节点,由于处于中心地位,控制着通向市场的重要通道,因而能够对多边用户进行匹配、连接、管理和资源分配,这也被称为"中介权力"(intermediation power)[3] 或"瓶颈力量"(bottleneck power)。[4] 通过获取这种地位,平台能够对平台生态系统进行治理,决定交易规则、交易秩序、控制进入、分配资源。"平台一旦形成,就活跃起来,具有自觉与自主发展的自组织特性。"[5] "平台方是平台组织的内部管制者,属于内部软约束;政府是平台组织的外部管制者,属于外部硬约束。"[6] 平台的这种自治能力还通过生态系统的打造、集成进一步扩张。通过错综复杂的关系平台服务,科技公司管理着一个不透明且复杂的生态系统,因此在很大程度上超出了社会控制。集成平台生态系统使得平台权力从在特定市场运行的单一企业扩展到跨市场和社会部门运行的集成环境。一旦我们将平台生态系统视为一个集成的环境,它的组织就显得非常有层次,处于中心的系统控制者对成员行为的管理权力就变得清晰可见。

3. 数据权力。"数据权力"被概括为企业基于对所持有数据的控制而产生的权力。[7] 这种对数据的控制以及将它们用作算法分析和广告定位的能力使平台

---

〔1〕 Van Dijck J. , "Seeing the Forest for The Trees: Visualizing Platformization and Its Governance", in *New Media & Society*, 2021, Vol. 23, No. 9, pp. 2801-2819.

〔2〕 Ioannis Lianos and Bruno Carballa, "Economic Power and New Business Models in Competition Law and Economics: Ontology and New Metrics", Centre for Law, Economics and Society Research Paper Series: 3/2021, p. 23.

〔3〕 Crémer, J. , De Montjoye, Y. -A. & Schweitzer, H. , "Competition policy for the digital era", 2019, p. 49.

〔4〕 Scott Morton F. , Bouvier P. , Ezrachi A. , Jullien B. , Katz R. , Kimmelman G. , Melamed A. D. & Morgenstern, J. , "Committee for the Study of Digital Platforms: Market Structure and Antitrust Subcommittee Report", Stigler Center for the Study of the Economy and the State, University of Chicago Booth School of Business, 2019, p. 105.

〔5〕 徐晋:《大数据平台:组织架构与商业模式》,上海交通大学出版社 2014 年版,第 9 页。

〔6〕 徐晋:《大数据平台:组织架构与商业模式》,上海交通大学出版社 2014 年版,第 13 页。

〔7〕 Lynskey O. , "Grappling with 'data power': normative nudges from data protection and privacy", in *Theoretical Inquiries in Law*, Vol. 20, Issue 1, 2019, pp. 189-220.

日益强大。[1] 平台积累的数据使其成为比世界上许多政府更了解公民的个人偏好、政治偏好和心理的私人组织,[2] 这些数据不仅可以用于开发强力的算法和销售定向广告,还可作为"操纵工具"从战略上影响用户行为。[3] 例如,平台可以通过个性化控制将消费者诱导至与其真实利益不一致的选项,从而攫取更多利益。肖莎娜·祖博夫将这种情形称为监视资本主义,她认为平台经济的特点是可以从用户在平台上的操作中提取、积累、处理个人数据并将其货币化,这使得平台能够出于逐利目的对个人行为进行修正。[4] 基于监视的权力经常被描述为制造福柯所提出的"全景监狱",即通过"在被囚禁者身上造成一种有意识的和持续的可见状态,从而确保权力自动地发挥作用"。[5] 也就是说,在任何给定的时间点,个人是否被监视的不确定性在理论上应该会促使他们规范自己的行为。基于这种理论,监视资本主义建立了一种新的权力形式,在这种形式中,契约和法治被一种新的"看不见的手"的奖惩取代。祖博夫认为监视资本主义具有更强的控制力:全景监狱是基于物理场所的设计,只要一个人离开那个物理场所,该权力就难以运行;但在监视资本主义的世界中,人的栖息地被数据充斥,并被观察、解释、交流、影响、预测,最终完成对整个行动的修正,这种控制是无处不在、难以逃脱的。[6]

4. 契约赋权。法律往往是被忽视的平台权力来源,但平台通过利用法律获得了强大的权力,尤其是以合同的形式。法律是一种可以用来影响结果的技术,而平台实体已经能够运用法律技术,就像他们已经能够操纵自己的技术一样,法

〔1〕 Van Dijck J, Nieborg D, Poell T., "Reframing Platform Power", in *Internet Policy Review*, Vol. 8, Issue 2, 2019, pp. 1–18.

〔2〕 Helberger, N., "The Political Power of Platforms: How Current Attempts to Regulate Misinformation Amplify Opinion Power", in *Digital Journalism*, 2020, Vol. 8, Issue 6, pp. 842–854.

〔3〕 Van Dijck J, Nieborg D, Poell T., "Reframing platform power", in *Internet Policy Review*, Vol. 8, Issue 2, 2019, pp. 1–18.

〔4〕 Zuboff, S., *The Age of Surveillance Capitalism: The Fight for a Human Future at the New Frontier of Power*, Profile Books, 2019, pp. 10–11, 17–18.

〔5〕 [法]米歇尔·福柯:《规训与惩罚》,刘北成、杨远婴译,生活·读书·新知三联书店1999年版,第226页。

〔6〕 Zuboff, Shoshana, "Big other: surveillance capitalism and the prospects of an information civilization", in *Journal of Information Technology*, 2015, Vol. 30, Issue 1, pp. 75–89.

律成为平台达到目的另一种手段。正如 Deakin 等所指出的，"法律不仅仅是权力关系的表达，也是制度化权力结构的组成部分，是行使权力的主要手段"。[1]

平台像主权国家或者政府一样控制用户群体，但是他们的权力不是通过民主投票或者真正地创造一个国家来构建，而是通过契约实现的。成千上万的平台用户通过"同意"赋予了平台强大的治理权。这不仅是因为平台拥有世界上最好的律师，使其协议在现有法律框架下无懈可击，而且还因为平台与用户权力之间的失衡，用户没有对赋予平台权力的一份份协议进行讨价还价的能力。面对长达数百页且难以理解的协议，用户除了点击"同意"之外别无他法，但这份用技术语言对行为参数进行定义的协议蕴含着巨大的规范力量。[2]

契约自由的原则要求交易双方在某种程度上处于平等的谈判地位。而消费者被假定为理性人，[3] 能够自由选择什么时候进入市场，什么时候离开市场。法律还假定签订合同的双方拥有关于对方产品或服务的同等信息，这是数百年来作为合同自由基础的假设。然而，行为经济学的研究打破了消费者是理性决策者的观点。相反，消费者往往并不是"理性人"，而是仅具有"有限理性"的生物，必须以有限的能力对环境变化作出反应，并依靠习惯和可能错误的方法来快速决策。以隐私协议为例，法律赋予个人以知情同意为基础的个人信息权利束，要求信息收集者必须取得用户的明示同意（以及查询、更正、复制、删除等权利）。[4] 然而，这种权利往往是失效的。因为很少有消费者阅读隐私政策，而在阅读隐私政策的消费者中，也很少有人能真正理解这些协议的后果。对于具有强大权力的平台而言，更常见的情况是，它们根本没有给予用户拒绝的权利。用户要么选择接受条款，从而给予平台管理其行为的权力，要么只能选择退出。后者往往不是有效的选项，因为平台"赢家通吃"的特性经常导致市场上缺乏可行的替代品。

---

〔1〕　Simon Deakin et al，"Legal Institutionalism：Capitalism and the Constitutive Role of Law"，in *Journal of Comparative Economics*，2017，Vol. 45，Issue 1，pp. 188-200.

〔2〕　Blomley N.，"Disentangling law，The practice of bracketing"，in *Annual Review of Law and Social Science*，2014，Vol. 10，pp. 133-148.

〔3〕　Nadler A.，McGuigan L.，"An impulse to exploit：the behavioral turn in data-driven marketing"，in *Critical Studies in Media Communication*，2018，Vol. 35，Issue 2，pp. 151-165.

〔4〕　王锡锌："国家保护视野中的个人信息权利束"，载《中国社会科学》2021 年第 11 期。

5. 政府赋权。政府赋权是指公权力将某些公共事项赋予平台而导致其具有的权力，这种权力集中体现了平台自治的重要性，也被称为"行政外包"。[1] 就平台空间的治理而言，由于政府缺乏技术和信息优势，传统的政府直接规制在网络空间存在失灵现象，政府难以独立有效地承担网络空间的安全管理责任，而平台作为网络交易服务的提供者与管理者，其与管理对象接触最为密切，能够更好地掌握违法者的相关信息；在控制违法行为方面，平台具备代码规制技术，能确保其低成本、高效率地阻断违法行为。因此，由平台承担安全注意义务远比由行政机关承担此义务更具经济合理性。考虑到这种情况，公权力不得不在某些事项的管理上让位于平台，并通过默许或者委托、授权赋予平台更多权力。例如，《全国人民代表大会常务委员会关于加强网络信息保护的决定》[2] 将网络敏感词、侵权内容的初步审查权赋予了平台；《互联网用户账号名称管理规定》则赋予了平台对用户提交的账号名称、头像和简介等注册信息进行审核的权力。在疫情暴发期间，平台在更多领域深入参与社会治理中，不少大型平台被赋予了包括健康码制发、消费券发放在内的多种本应由政府行使的权力。更激进的例子是，德国为了减少信息无序，制定了《改进社交网络中法律执行的法案》。[3] 该法案强制网络平台立即删除非法内容，否则平台将面临巨额罚款。该法案实际上赋予作为私营企业的平台对网络违法内容的执法权，这也引发了就民主方面的广泛担忧。这些事例展示了平台如何凭借政府对其治理能力的依赖而获得权力。设定责任本身是为了限制权力，但也在一定程度上承认了平台的治理权。

（二）平台市场力量积聚与权力异化

日益消费者中心化的新闻生产、传播看似民主，实则是变相的"极权主义化"。由于科技日益发达，掌握科技的平台以绝对理性的面貌渗透到公众生活的各个层面，并具有绝对主导力量，甚至可以说是一种霸权。现代工业社会的霸权并非以虚假意识的形态出现，而是逐渐成为现实，社会控制的现行形式在新的意

---

〔1〕 郭渐强、陈荣昌："网络平台权力治理：法治困境与现实出路"，载《理论探索》2019 年第 4 期。

〔2〕《全国人民代表大会常务委员会关于加强网络信息保护的决定》第 5 条规定："网络服务提供者应当加强对其用户发布的信息的管理，发现法律、法规禁止发布或者传输的信息的，应当立即停止传输该信息，采取消除等处置措施，保存有关记录，并向有关主管部门报告。"

〔3〕 指 *The German Act to Improve the Enforcement of the Law in Social Networks*，即 NetzDG。

义上是技术的形式。[1]

1. 平台权力主导注意力经济。在注意力交易市场，一方面，每种类型的平台都为新闻传播提供了无与伦比的机会；但另一方面，平台控制注意力交易场所、交易结构、交易规则，也威胁着新闻制作人与受众的关系和影响力。随着这些平台成为供应商和消费者之间的关键看门人，其议价能力和扭曲竞争能力不断提升。[2]

平台具有注意力及收益分配决定权。作为注意力分配的主体，平台倚重新闻呈现、分发的"权力"，牢牢把握着注意力交易的过程及收益的分配。政治经济学基本理论认为，人们在生产过程中的地位决定其在分配过程中的地位，以什么样的方式参加生产，也就以什么样的方式参加分配。[3] 如以出资人的身份参与生产，那就当以投资分红的方式参与分配；以劳动者的形式参加生产，那就当以工资的形式参与分配。在数字新闻的生产中，平台是注意力贩售商人，贩售注意力的其他收益（如广告）几近全部落入平台囊中。除去平台建设的成本，平台凭借"赢家通吃"的优势以低价或者免费的方式获取注意力资源，并以"流量就是王道"的价格将其贩卖给广告商。广告犹如转换引擎，以令人难以置信的效率将注意力这种"经济作物"变成了工业商品。[4] 随着盈利愿望越来越强烈，注意力商人也越来越不择手段，泛滥新闻、暗藏广告植入的新闻正在以"个性化新闻"之名大肆攫取消费者注意力，平台正在使用各种行为设计学技术争夺更多注意力，甚至不惜让用户上瘾或进行病毒式传播。[5] 如发端于研究网络热门话题实验室的新闻平台 BuzzFeed，其迅速成功的关键就在于赤裸裸地刺激消费者用

---

〔1〕 〔美〕赫伯特·马尔库塞：《单向度的人：发达工业社会意识形态研究》，刘继译，上海译文出版社 2008 年版，第 13~19 页。

〔2〕 Ioannis Lianos and Evgenia Motchenkova, "Market Dominance and Search Quality in the Search Engine Market", in *Journal of Competition Law & Economics*, Vol. 9, Issue 2, 2013, pp. 419-455. 讨论搜索引擎如何充当"信息守门人"：它们不仅提供可以在网络上找到的信息，而且它们也是"任何人必不可少的第一个互联网连接点"。

〔3〕 逄锦聚等：《政治经济学》，高等教育出版社 2018 年版，第 19 页。

〔4〕 〔美〕吴修铭：《注意力经济：如何把大众的注意力变成生意》，李梁译，中信出版集团 2018 年版，第 3 页。

〔5〕 〔美〕吴修铭：《注意力经济：如何把大众的注意力变成生意》，李梁译，中信出版集团 2018 年版，第 IV 页。

手机来平台分享各种事物（获取注意力），为此，BuzzFeed 甚至没有披上公共使命的外衣，其坚定的、唯一的目标就是娱乐观看者并触发他们进行分享。[1] 据安德森·何罗维兹估计，BuzzFeed 的公司价值在 2015 年已经高达 8.5 亿美元，它压倒性地战胜了福克斯新闻，"成为有史以来对新闻业最大的威胁"。[2]

新闻分发的重要地位逐渐凸显，掌握了新闻分发，就掌握了新闻产品和用户之间的连接，就掌控了注意力变现的收益，对平台来说，这才能使新闻本身真正产生意义。天下熙熙皆为利来，作为信息分发的主体，品尝到丰厚的新闻分发带来的注意力收益红利之后，多数数字新闻平台毅然从"自产自销"向"只传不产"转变。这也可以解释，缘何腾讯、阿里、百度等巨头都先后闯入数字新闻分发的"红海"，数字新闻分发市场已然成为各大平台厮杀的主战场。当然，赤裸裸地去吸引注意力，往往会招致鄙视，所以平台多以隐性方式传播捆绑新闻与广告。如 BuzzFeed 的主要广告营收来自与报导内容配合的原生广告，而非横幅广告。[3] 在作为注意力商人的平台所组织的注意力交易中，哪怕消费者参与了新闻生产，消费者也很难获得注意力收益的金钱回报，更难有机会参与注意力收益的分配。作为注意力消费的对价，消费者通常获得"阅读新闻"的收益，而"新闻"尤其是公共新闻本质上属于公共产品，理应由作为"社会瞭望者"的媒体主动提供。但公共媒体在注意力商人构建的注意力经济中无法获得应有的收益，陷入了难以维持新闻生产的危机，新闻公共性也因此在平台权力支配的注意力经济中日渐消弭。

2. 平台权力支配传播秩序。新闻平台既打造了一个交互式的全新传播模式，也组建了一个全新的注意力交易市场。在这个市场中，平台既是市场组织者，又是注意力资源的收割者；既是注意力价格的确定者，又是注意力资源交换的"中

---

〔1〕 ［美］吴修铭：《注意力经济：如何把大众的注意力变成生意》，李梁译，中信出版集团 2018 年版，第 376 页。

〔2〕 Brian Stelter, "BuzzFeed raises another ＄50 million to fund expansion", https：//money. cnn. com/2014/08/10/media/buzzfeed-funding/.

〔3〕 Alyson Shontell, "Inside BuzzFeed：The Story of How Jonah Peretti Built the Web's Most Beloved New Media Brand", https：//www. businessinsider. com/buzzfeed-jonah-peretti-interview-2012-12？page＝2.

间商";既是信息资源的生产者,又是注意力变现利益的分配者、裁判者。平台借助资本之手,以广告为转换引擎,以个性化为诱饵,走上了全新的平台"资本主义"之路。对平台的暴力收割行为,如果不加以干预、控制、引导,在今天技术变革的超高速度助力下,平台垄断者的主导地位将长期延续。[1]

平台对接触用户渠道的垄断、对信息商品分发交易的支配以及对注意力分发的掌控,导致了平台对传播秩序的实质性掌控,即平台能够决定哪些内容能够被传播。用户已经接受了新闻平台的内容和信息分发方式,受众潜移默化间会按照平台的规则去思考。平台型媒体垄断传播渠道,极易消解主流价值观的传播,甚至让传统媒体按照平台的规则去制作内容。[2]平台支配的传播秩序甚至可以决定、影响消费者的价值观念。平台通过各种各样的技术来影响消费者的行为,这些技术决定了显示什么信息以及如何和何时显示信息,消费者自主决策能力的下降不仅是因为在线环境带来的信息过载和认知压力,也是因为在线企业有意操纵这种能力。[3]其中最著名的案例是剑桥分析(cambridge analytica)丑闻,多达8700万脸书用户的数据遭到泄露,被用于投放个性化广告以操纵政治运动。[4]赫尔伯格还将这种行为描述为"市场失败的一个全新根源",并认为以这种方式利用消费者的弱点会导致消费者所有剩余自由被夺取。[5]这种影响不仅关乎经济和市场,也关乎社会民主进程。科恩将平台描述为"历史上最伟大的宣传机器",指出"这些平台依赖的算法故意放大让用户保持参与的内容类型——通过引发愤怒和恐惧的故事吸引我们的低级本能""我们似乎失去了对民主所依赖的

―――――――――――

〔1〕 [美]亚历克斯·莫塞德、尼古拉斯 L. 约翰逊:《平台垄断:主导 21 世纪经济的力量》,杨菲译,机械工业出版社 2018 年版,第 108 页。

〔2〕 马立德、程怡、李韬:"平台型媒体对传播权力的重构与治理之道",载《青年记者》2021 年第 3 期。

〔3〕 Eliza Mik, "The Erosion of Autonomy in Online Consumer Transactions", in *Law*, *Innovation and Technology*, Vol. 8, Issue 1, 2016, pp. 1-14.

〔4〕 Cadwalladr, Carole, "Fresh Cambridge Analytica Leak 'Shows Global Manipulation Is out of Control'", The Guardian, January 5, 2020. https://amp. theguardian. com/uk-news/2020/jan/04/cambridge-analytica-dataleak- global-election-manipulation.

〔5〕 Natali Helberger, "Profiling and Targeting Consumers in the Internet of Things-A New Challenge for Consumer Law", in Reiner Schulze and Dirk Staudenmayer (eds), *Digital Revolution: Challenges for Contract Law in Practice*, Bloomsbury Publishing, 2015, pp. 135-142.

基本事实的共同认识"。[1] 正是基于这种担忧，"民粹主义反垄断"兴起，其最大的关切就在于数字集中会带来巨大的社会和政治风险，并最终有可能削弱和破坏自由市场经济的所有原则。[2] 平台政治力量的来源是他们运用舆论力量的能力，无论是他们的用户还是政治家，或者他们为自己的目的影响公共话语的能力。没有足够的保障措施，所有中立、公平和不操纵的承诺都毫无意义。滥用这一巨大权力为自己的政治目标服务的可能性本身就是对任何正常运转的民主的威胁。[3] 正如 Helberger 所说，"平台正在重新定义本应让我们的世界变得更美好的战略和价值观，赋予它们自己独特的'硅谷特色'""从确定什么是优质新闻到'维护和平、应对气候变化……推进科学、治愈疾病和消除贫困'"，目前没有任何法律可以限制平台"通过滥用人工智能、算法和数据赋予的权力来实现其政治目的"。[4]

3. 平台权力巩固和强化垄断地位。缺乏监督的平台权力已经成为平台肆意扩张的工具。作为私营企业，平台具有很强的自利性，其本质上难以克制滥用权力的冲动。事实上，平台滥用私权力进行扩张、排挤竞争对手、剥削消费者的例子并不鲜见，这种行为对市场竞争秩序和其他主体的利益造成了严重的损害，已经成为平台巩固和强化垄断地位的强力武器。

平台权力和市场力量不可等同，但平台权力可以转化为市场力量，强化平台垄断地位。平台权力与市场力量存在明显的区别，平台权力是一种纵向的权力，是平台相对于依赖平台系统的消费者、经营者所拥有的一种管理、控制、分配的权力，可以横跨多个市场发挥作用。市场力量则包括横向（对竞争者）和纵向（对交易相对人）的控制力，一般认为其源于企业在市场中的地位，或者对市场

---

〔1〕 Becker A. B., Sacha Baron Cohen, "anti-Semitism, and Borat: Using advocacy and irony to speak out against hate", in *Society*, Vol. 58, Issue 2, 2021, pp. 112-119.

〔2〕 Schrepel, "Antitrust Without Romance", in *NYU Journal of Law & Liberty*, Vol. 13, Issue 2, 2020, pp. 326-431.

〔3〕 Jordana George, Natalie Gerhart, Russell Torres, "Uncovering the Truth about Fake News: A Research Model Grounded in Multi-Disciplinary Literature", in *Journal of Management Information Systems 2021*, Vol. 38, Issue 4, pp. 1067-1094.

〔4〕 Natali Helberger, "The Political Power of Platforms: How Current Attempts to Regulate Misinformation Amplify Opinion Power", in *Digital Journalism*, Vol. 8, Issue 6, 2020, pp. 842-854.

生产、销售资源的掌控。二者存在关联和交叉，因为它们有着类似的来源——资源集中和经济依赖关系。平台权力也是市场力量的来源，平台权力的滥用可以巩固和强化平台的垄断地位。市场力量本身是一种权力，就像韦伯将权力定义为"哪怕遇到反对也能贯彻自己意志的任何机会"，作为权力的市场力量能够"迫使买方做他在竞争市场中不会做的事情""越是有证据表明企业强迫买方做他们在竞争市场中不会做的事情，就越有可能拥有市场力量，即使其市场份额相对较低"。[1] 经济学虽然将市场力量定义为持续提高价格或降低产出而不会大幅度损失销售额的能力，[2] 但其真正内涵更加宽泛，它指的其实是企业的经济权力，这种权力使其能够"控制价格或排除竞争"[3]，或者"独立于竞争对手和客户行事"[4]。尽管现行反垄断法主要通过市场份额衡量市场力量，但市场力量实际上有多种来源，包括信息不对称、进入壁垒、资源依赖，甚至可能源于政府公权力的授予。事实上，只要企业能够通过某种手段控制市场、超越竞争约束，进而对消费者、企业产生影响，就表明其具有反垄断法所警惕的市场力量。从这个角度上说，平台权力也可以作为一种市场力量的来源。平台权力与市场力量具有类似的作用，通过行使平台权力，平台能够通过操控以代码为代表的技术资源对用户进行支配，并以单方面制定的协议、规则等形式强迫商户、消费者按照平台的意志行动。平台权力掌控者对市场的控制能力有时甚至超过传统的垄断者，它们不仅能够影响价格，而且能够决定竞争规则、竞争行为，甚至直接决定竞争结果（如强制用户使用平台的服务）。其结果是，平台权力能够使平台经营者无视竞争约束，对其他市场主体进行强制和胁迫。当平台权力被用于排斥竞争者、提高进入壁垒而不是纠正负外部性时，平台权力就转换为了市场力量。这值得反垄断法关注，因为平台权力的这种行使方式将会严重扭曲市场机制，并不断自我强化，最终对社会公共利益造成威胁。

---

〔1〕 *Jefferson Parish Hospital District No 2 v. Hyde*, 466 US 2, 14 (1984).

〔2〕 Landes, W. M., & Posner, R. A., "Market Power in Antitrust Cases", in *Harvard Law Review*, Vol. 94, Issue 5, 1981, pp. 937-996.

〔3〕 *United States v. Grinnell Corp.*, 384 U. S. 563, 571 (1966).

〔4〕 Case 322/81, *Michelin v. Comm'n*, 1983 E. C. R. 3461 § 30.

第三节　修正规制体系与目标错配

一、受损法益公私兼具

法益是利益的一种表现形式，通常是指以法定形式存在的权益抑或合法利益。[1] 法益也是受法律保护的公民个人和社会生活中的核心利益。被当作法益的事实，其实是立法者根据一定的评价标准，从社会经验事实中所作的选择和建构。[2] 作为一种"泛在权力"，算法充斥在社会生活的各个层面，对人们实施无形的引导和操控，[3] "人们的眼睛在看哪里，哪里就会商业繁盛"，[4] 因注意力资源的稀缺，平台往往通过推送和限制这两个关键机制对消费者行为进行引导。算法推送不是用明确的指令来要求消费者按照某种程序来行动，而是通过"按需定制"呈现出让消费者满意的阅读方案，让他们自主选择是否采用该方案（支付注意力）以及是否给予注意力之外的对价（如"一键三连"[5]）。限制不是直接控制约束消费者的行为，而是使用"变现能力淘汰法则"赋予不同的内容以不同的可见度，进而变相控制消费者的阅读内容。在推送和限制的双重机制之下，法益损害可以分为两个层次：①公共利益层面的损害。前文已经详述。②个体消费者权益层面的损害，至少包括四点：一是作为内容消费者的隐私权、个人信息保护不足。个性化推荐的本质是以消费者个人数据、消费数据、阅读数据等大数据为"原料"，通过对消费者进行精准的用户画像为其推荐"感兴趣""喜欢"的商品和服务。在数据收集阶段，收集不当、收集过度甚至违法收集的问题，时有发生；基于"知情同意"规则的数据使用也饱受诟病。新"石油"——数据——争夺战的背后，是作为内容消费者的用户隐私、个人信息的利

---

〔1〕　周旺生："论法律利益"，载《法律科学》2004 年第 2 期。

〔2〕　田宏杰："刑法法益：现代刑法的正当根基和规制边界"，载《法商研究》2020 年第 6 期。

〔3〕　肖冬梅："'后真相'背后的算法权力及其公法规制路径"，载《行政法学研究》2020 年第 4 期。

〔4〕　［美］吴修铭：《注意力经济：如何把大众的注意力变成生意》，李梁译，中信出版集团 2018 年版，第 398 页。

〔5〕　"一键三连"是哔哩哔哩弹幕网推出的支持 up 主的一种方式，指长按点赞键同时对娱乐作品进行点赞、投币、收藏。

益贬损。二是作为内容消费者的公平交易权受损。[1] 稀缺的"注意力"之争成为数字平台之间、新闻生产者与加工者之间的现代战场。掌握分配大权的平台在分配"注意力"之时，紧握"注意力"交易的决定权、话语权，消费者往往无偿或以极低的报酬被卷入"注意力"交易中，公平交易权无从谈起。三是作为公民的公共信息知情权、参政议政权、媒介接近权[2] 等基本权利受损。互联网给新闻披上了"公共性（公民赋权）"的七彩华服，短暂的欣喜与满足过后，公众发现这件华服金玉其外，它——属于互联网巨头。用户什么时候在什么地方看什么新闻，貌似自由，却无往不在技术枷锁之中。公民赋权并没有实现，平台、资本和权力才是庄家，[3] 本应该具有多样性的新闻信息接收变成一种"相关性"的灾难，注意力商人的竞争导致消费者将越来越多的注意力耗尽在无用之事上，对消费者而言这就是一场注意力"抢劫"。[4] 四是作为内容消费者的求偿权受损。由于算法的不透明，经营者往往通过否认不公平或者以算法自动配置为由拒绝承担责任，而消费者面对复杂的算法系统，既缺乏理解能力，也缺乏获取证据的手段，面临举证困难、维权成本过高、激励不足的困境，即使利益受损也无法向经营者求偿。

二、反垄断规制尚未发力

如前文所述，实践中个性化推荐导致的竞争纠纷，诉由多为不正当竞争，尚未见反垄断案件。反不正当竞争法与反垄断法旨趣相异，前者旨在维护正当竞争，后者旨在保护自由竞争。我国市场竞争中涉及公共利益的保护条款也主要体现在反垄断法中。反不正当竞争法旨在通过禁止不正当竞争行为维护正当竞争，鲜有关于公共利益直接保护的规定；在具体案件的裁量中，反不正当竞争法透过

---

〔1〕 Matthew B. Crawford, *The World Beyond Your Head*: *On Becoming an Individual in an Age of Distraction*, Farrar, Straus and Giroux, 2016, pp. 23-26.

〔2〕 媒介接近权（access to the press），也被称为"接近使用媒体权"。1967 年，由美国法学学者巴隆（Jerome A. Barron）首次提出，其核心是"使大众即社会的每一个成员皆应有接近、利用媒介发表意见的自由"。参见罗丹："媒介接近权的历史演化与当代发展——以《迈阿密先驱报》诉托罗尼案为例"，载《东南传播》2017 年第 11 期。

〔3〕 彭增军："算法与新闻公共性"，载《新闻记者》2020 年第 2 期。

〔4〕 ［美］吴修铭：《注意力经济：如何把大众的注意力变成生意》，李梁译，中信出版集团 2018 年版，第 398 页。

对商业道德的判断处理在法律规定中未被明确禁止的行为。尽管不正当性可能是公共利益的判断标准之一，但正当性不能等同于公共利益本身。对于市场竞争参与机会的保留、市场可竞争性的保护，显然非反不正当竞争法之力所逮。加之，现行反不正当竞争法律制度总体侧重私益保护，对公共利益保护较弱。因此，在保护公共利益的工具箱中，反不正当竞争法难以独担大任。数字新闻市场反垄断工作亟待启动。

（一）私法对消费者权益与公共利益保护乏力

私法指的是平等主体之间的法律部门或者法律典则，即"规范横的法律关系，即水平线上私人间之生活关系的法律体系"。[1] 私法的调整对象是确定的，即平等主体之间的关系形式，所规制的内容也是平等主体之间的权利和义务，[2] 私法更为强调对个体利益的保护。在私法保护框架下，公共利益与私法"格格不入"，其因缺乏天然的维权主体、难以启动维权程序、利益实现机制软弱耗时，在私法框架下无法得到妥善维护。[3] 算法技术介入新闻生产与分发，看似是一种纯粹的机器生产行为，实际上算法的数据计算和程序运行中隐藏着技术开发人员的偏见和利益相关者的经济目标。在"流量为王"的时代，算法设计者很难被隔绝在流量竞争的影响之外，加大激发人类猎奇本能的信息推荐权重，将点击量高的新闻推荐给更多的用户，这些行为的存在使算法难以保持人们对其"中立性"的期待，在技术表象之下，社会整体的公共利益浪潮仍然汹涌，这也导致更为关注个体利益的私法难以应对算法的公共利益损害。

另一方面，著作权法仅保护具有独创性且构成作品的智力成果，但在数字新闻分布式生产、人机协同式生产的模式之下，著作权法对该领域劳动成果的保护显然力不从心：一则，在"大数据"时代的背景下，信息所具有的价值超越以往任何时期，愈来愈多的市场主体投入巨资收集、整理和挖掘信息，参与新闻生产与传播活动。其劳动成果中不乏满足著作权法的规定、可以享受著作权法保护者，但其中更多的信息则由于难以满足"独创性"要求，而身处著作权法保护

---

〔1〕 谢瑞智：《法律百科全书》，台湾三民书局出版社 2008 年版，第 19 页。

〔2〕 张淑芳："私法渗入公法的必然与边界"，载《中国法学》2019 年第 4 期。

〔3〕 张钦昱："《民法典》中的公共利益——兼论与公序良俗的界分"，载《暨南学报（哲学社会科学版）》2021 年第 7 期。

之外。当前，我国著作权法律体系的建设远远滞后于技术和媒体的发展，尤其在认定新闻平台之行为是否构成侵权方面存在模糊性。海量信息的分散流动，使得新闻的传播呈现网状化的趋势，技术的进步使得社会中的每一个单一个体都是新闻的受众，同时又都可以成为新闻的发布者，对接收到的新闻进行编辑重整和发布，在此乱象中，哪些是合法新闻，哪些是违法新闻是难以确定的。[1] 二则，由于人工智能创作的新闻开始出现，且在未来有占据较大市场份额的可能性，也应当考虑这种非人工新闻生产下的版权争议。没有自然人作者创作的新闻即便构成作品，也当然不受著作权法保护，但当这种创作模式成为行业主流并产生竞争关系，缺乏有效的版权监管势必会导致数字新闻市场秩序难以保持健康有序。三则，对于信息，只要生产者或发布者投入了时间、金钱等成本，经其运作变成了商品，那么对他人提出禁止窃取或替代性使用的要求是天经地义之事，但其禁止的方式必须要与法律规定的自由相符，不能背离社会基本原则和公序良俗。[2] 如果不加节制地允许或者是坐视市场主体任意地使用或利用他人通过巨大投入所获取的信息，将不利于鼓励商业投入、产业创新和诚实经营，最终损害健康的竞争机制。[3]

（二）刑法对消费者权益与公共利益保护乏力

刑法是规定犯罪、刑事责任和刑罚的法律，具体而言，也就是掌握政权的阶级即统治阶级，为了维护本阶级政治上的统治和经济上的利益，根据自己的意志，规定哪些行为是犯罪和应负刑事责任，并给犯罪人以何种刑罚处罚的法律。[4] 从刑法的法律性质来看，刑法所保护的社会关系为所有受到犯罪侵害的社会关系，[5] 即刑法仅对犯罪行为侵害的法益与社会关系予以保护，而非法律意义上的所有法益或社会关系。与此同时，在不同社会形态、不同历史时期、不同国度的刑法法益的内涵与外延不尽相同，对法益内容的判断应结合时代特征。[6] 但是，任何时期和社会形态的刑法所保护的对象皆为犯罪行为损害的法

---

〔1〕 高倩、管雪："媒介融合下的新闻著作权问题与保护"，载《九江学院学报（社会科学版）》2019 年第 3 期。

〔2〕 [日] 中山信弘：《多媒体与著作权》，张玉瑞译，专利文献出版社 1997 年版，第 110 页。

〔3〕 上海知识产权法院（2016）沪 73 民终 242 号《民事判决书》。

〔4〕 高铭暄、马克昌主编：《刑法学》，北京大学出版社、高等教育出版社 2019 年版，第 7 页。

〔5〕 高铭暄、马克昌主编：《刑法学》，北京大学出版社、高等教育出版社 2019 年版，第 8 页。

〔6〕 田宏杰："刑法法益：现代刑法的正当根基和规制边界"，载《法商研究》2020 年第 6 期。

益，而未对一般违法行为予以惩治、对一般违法行为所损害的法益予以保护。简言之，刑法保护法益外延具有局限性，这也决定了刑法对个性化新闻推荐规制的面向狭窄。具体而言，《中华人民共和国刑法》（以下简称《刑法》）对个性化新闻推荐存在两种启动法益保护的可能性，从法律可适用的角度看，这也是两种法律适用的障碍。其一，《刑法》253条之一关于侵犯个人信息犯罪的条款适用障碍。[1]刑法所保护的利益集中表现为数据利益。《刑法》中对公民个人数据的收集行为是否违法的判断标准为"常态化标准"。对数据收集行为入罪与否是根据收集者是否履行告知义务、是否在利用或向第三方提供时采取了可不为人所知的匿名化处理等进行判断。若行为符合常态化标准，则排除违法的可能性，《刑法》253条之一无法适用。其二，《刑法》第286条禁止非法破坏计算机信息系统存在适用障碍。[2]算法偏见就是算法程序在设计之初，就被开发者灌入了主观理念和价值引领，由于初始数据、计算思维等方面形成的刻板思维，最后会导致算法程序在得出结果之时出现极大的偏差，导致公众感知到结果的"不公"。《刑法》对于此罪中的"计算机信息系统"的具体概念缺乏明确的释明，它是否能够涵盖各类数据目前仍不确定。同时，在平台普遍采用学习算法的背景下，要从主观上证明平台具有故意，亦是困难重重。

（三）行政法对竞争秩序保护乏力

当前我国对算法和算法权力主体的规制也主要是倚重于行政法规，近年来，我国关于数字经济管理的立法供给显著增加（见表3-1）。行政法以促进社会最大化公益为目标，行政机关作为公共利益的维护者和个人利益的平衡者，需要不断调整其在经济、社会事务中的作用边界和方式。[3]近年来，由于算法的研发与使用具有极高的技术、资金、人力门槛，因此更容易被大型技术企业掌握，非

---

〔1〕《刑法》第253条之一规定，违反国家有关规定，向他人出售或者提供公民个人信息，情节严重的，处3年以下有期徒刑或者拘役，并处或者单处罚金；情节特别严重的，处3年以上7年以下有期徒刑，并处罚金。违反国家有关规定，将在履行职责或者提供服务过程中获得的公民个人信息，出售或者提供给他人的，依照第253条之一第1款的规定从重处罚。窃取或者以其他方法非法获取公民个人信息的，依照第253条之一第1款的规定处罚。

〔2〕《刑法》第286条第2款规定，违反国家规定，对计算机信息系统中存储、处理或者传输的数据和应用程序进行删除、修改、增加的操作，后果严重的，依照第286条第1款的规定处罚。

〔3〕沈岿："行政法变迁与政府重塑、治理转型——以四十年改革开放为背景"，载《中国法律评论》2018年第5期。

制度性权力正在兴起，国家与社会的二元结构被打破，形成了"公权力——私权力——私权利"的新权力格局，权力与权利之间也出现了失衡。公众源源不断地输出海量数据，却面对隐私泄露、信息茧房、大数据杀熟等种种不公。同时，个人无时无刻不被算法定义、评级、处置，却因算法的不公开、不透明，其知情权等一系列合法权利被摒弃。当算法对公民造成实质性侵害之后，在"谁主张、谁举证"的规则之下，公民显然很难以一己之力与权威或资本相抗衡。

表 3-1　规制个性化新闻推荐相关法规

序号	法规名称	发布日期	制定主体	法规内容
1	《中华人民共和国网络安全法》	2016.11.7	全国人大常委会	第 64 条：责令改正，单处或并处警告、没收违法所得，处违法所得 1 倍以上 10 倍以下罚款，没有违法所得的，处 100 万元以下罚款，对直接负责……人员处 1 万元以上 10 万元以下罚款；情节严重的……责令暂停相关业务、停业整顿、关闭网站、吊销相关业务许可证或营业执照。
2	《互联网信息服务管理办法》	2011.1.8	国务院	第 14 条：记录备份应当保存 60 日……依法查询时，予以提供。第 21 条：违反……义务的，……责令改正；……严重的，责令停业整顿或暂时关闭网站。
3	《信息网络传播权保护条例》	2013.1.30	国务院	第 23 条：明知或应知的，应当承担共同侵权责任。
4	《规范互联网信息服务市场秩序若干规定》	2011.12.29	工业和信息化部	第 14 条：……应当以显著的方式公布有效联系方式，接受投诉……15 日内作出答复。

续表

序号	法规名称	发布日期	制定主体	法规内容
5	《互联网广告管理暂行办法》	2016.7.4	国家工商行政管理总局（现已撤销）	第 11 条：……推送或者展示……是该互联网广告的发布者。
6	《信息安全技术个人信息安全规范》	2020.3.6	国家市场监管总局、国家标准化委员会	收集个人信息时的授权同意、个人信息的展示限制、用户画像的使用限制、个性化展示的使用、信息系统自动决策的使用。
7	《数据安全管理办法（征求意见稿）》	/	国家互联网信息办公室	第 23 条：网络运营者……定向推送，应当以明显方式标明"定推"字样，提供停止……的功能；用户选择……，应当停止推送，并删除……用户数据和个人信息。
8	《中央网信办、工业和信息化部、公安部、市场监管总局关于开展 App 违法违规收集使用个人信息专项治理的公告》	2019.1.23	中央网信办、工信部、公安部、市场监管总局	倡导 App 运营者在定向推送新闻、时政、广告时，为用户提供拒绝接受定向推送的选项。
9	《网络信息内容生态治理规定》	2019.12.15	国家互联网信息办公室	第 11 条：鼓励……坚持主流价值导向，优化信息推荐机制…… 第 12 条：网络信息内容服务平台采用个性化算法推荐技术推荐信息的，应当设置符合……要求的推荐模型，建立健全人工干预和用户自主选择机制。

序号	法规名称	发布日期	制定主体	法规内容
10	《网络交易监督管理办法》	2021. 3. 15	国家市场监管总局	第 13 条：不得……强迫或者变相强迫消费者同意收集、使用……无直接关系的信息。 第 16 条：未经同意或请求，不得发送商业性消息……提供显著、简便、免费的拒绝继续接受的方式。……拒绝的，应当立即停止发送，不得更换名义后再次发送。
11	《互联网信息服务算法推荐管理规定》	2021. 12. 31	国家互联网信息办公室、工业和信息化部、公安部、国家市场监督管理总局	第 2 条：算法推荐技术是指利用生成合成类、个性化推送类、排序精选类、检索过滤类、调度决策类等算法技术向用户提供信息。 第 2 章，列举了强制性的信息服务义务。 第 3 章，明确了用户权益保护规则。 第 4 章，监督管理。 第 5 章，法律责任。
12	《中华人民共和国行政处罚法》	2021. 1. 22	全国人大常委会	第 33 条：……当事人有证据足以证明没有主观过错的，不予行政处罚。法律、行政法规另有规定的，从其规定。

第四节　填补个性化新闻推荐的规制缺口

一、市场竞争机制扭曲

竞争机制最传统的表达为，经济中的所有代理人都是价格接受者，竞争机制则犹如"拍卖人",其功能是确定竞争性价格,[1] 竞争机制是市场机制中优胜劣汰的手段和方法。市场机制是竞争秩序的底层架构,对市场机制运行的实际妨碍是研究竞争秩序破坏的起点。在聚焦于注意力交易的数字新闻市场,消费者不会直接为他们获得的服务付费,竞争的主要参数是质量、选择和创新。[2] 质量是一个多维概念,过去多指产品的耐用性、可靠性、位置、设计和美感、性能和安全性等。[3] 在信息消费中"注意力"是一个具有"稀缺性"的资源。[4] 因为稀缺,"注意力"之争成为数字平台之间、新闻生产者与加工者之间的现代战场,注意力是该市场动态竞争的核心。个性化新闻推荐模式下,算法扰乱了市场资源配置,作为注意力价格评估者的竞争机制被数字新闻平台权力扭曲,给数字新闻业乃至整个新闻业的健康发展带来了严重威胁。

(一) 构建评估困境,导致消费者交易决策失灵

消费者可以准确评估任何质量差异,任何市场参与者均可以迅速向公众告知质量变化,是市场竞争有效的前提条件。[5] 在数字平台主导的新闻市场,这两个条件都难以成立。①新闻产品是一种体验商品。除非完成了阅读,否则人们很难从外观上评价数字新闻的质量;加之,数字新闻产品质量评价受到偏好、阅历、学识、理解能力的影响,具有很强的主观性,因而消费者难以准确、客观地对质量作出评价。这种属性导致消费者不能轻易识别质量的下降,也加剧了买卖双方的信息不对称。②其他卖方很难或没有动力向公众传达质量退化。[6] 当消费者缺乏准确评估产品质量的知识和专业知识时,企业会意识到他们可能不会因提高质量而获得回报。众所周知,在一些情况下,提高质量的成本可能超过收益,如企业难以向消费者解释质量改善、竞争对手可能向消费者提出类似的主

〔1〕 Jean-Pascal Benassy, "On Competitive Market Mechanisms", in *The Econometric Society*, Vol. 54, No. 1, 1986, pp. 95-108.

〔2〕 OECD, *The Role and Measurement of Quality in Competition Analysis*, 2013, p. 3.

〔3〕 OECD, *The Role and Measurement of Quality in Competition Analysis*, 2013, p. 6.

〔4〕 Matthew B. Crawford, *The World Beyond Your Head: On Becoming an Individual in an Age of Distraction*, Farrar, Straus and Giroux, 2016, pp. 23-26.

〔5〕 Maurice E. Stucke & Ariel Ezrachi, *Competition Overdose: How Free Market Mythology Transformed us from Citizen Kings to Market Servants*, Harper Collins Publishers, 2020, p. 20.

〔6〕 George A. Akerlof, "The Market for 'Lemons': Quality Uncertainty and the Market Mechanism", in *Quarterly Journal of Economics*, Vol. 84, Issue 3, 1970, pp. 488-500.

张、消费者无法轻易识别质量更好的产品、诚实卖方的销售额不会增加。[1] 这种信息不平衡现象可以创造一个乔治·阿克洛夫所描述的"柠檬市场",[2] 即在消费者无法判断产品质量的情况下,为消费者提供好的产品就意味着要提高成本,提供差的产品就会节约成本、扩大收益,于是产生劣币驱逐良币现象。这解释了为什么信息流通不完善的市场竞争实际上会抑制卖方投资质量。

另外,信息不对称在注意力寻求者和注意力提供者之间可能更加严重,从而导致激励错位。在理想的情况下:假设存在提供可靠信息和不可靠信息的新闻提供者,在消费者希望了解真相的情况下,有可靠信息来源的提供者会被青睐。如果消费者得知注意力中介过滤了可靠消息的来源,那么接触了大量不可靠消息来源的消费者可能会停止使用中介服务。虽然消费者不为服务付费,但注意力中介在广告方面会有收入损失。在这种情况下,消费者和中介的激励是一致的。消费者不喜欢来源不可靠的新闻,如果这些新闻变得更加突出,他们对注意力中介服务的需求就会减少。由于这种情形损害了媒体的利润,媒体本身就有动力让来自可靠来源的新闻更加突出,这是正向激励。然而,在这个例子中,如果耸人听闻的新闻从消费者那里得到更多的关注,那么激励就是错位的。假设耸人听闻的新闻对注意力中介更有价值(因为它更容易吸引消费者的注意力),或者中介过滤掉不可靠的新闻成本更高,同时消费者事后不能区分高质量和低质量的服务时,中介就不能提高其服务的质量。这可能是消费者自控失灵的结果。例如,他们想获得广泛的新闻报道,但是当在"性与犯罪"和其他新闻之间进行选择时,他们总是点击"性与犯罪"条目。在这种情况下,让"性与犯罪"在其平台上变得更加突出,就是实现利润最大化的必然选择。面对这种情形,监管者可能希望从消费者保护的角度来解决这个问题。然而,消费者的私人利益和社会利益之间往往存在差异,即使符合消费者利益的情形也有可能会导致社会危害。[3]

〔1〕 Maurice E. Stucke & Ariel Ezrachi, *Competition Overdose: How Free Market Mythology Transformed us from Citizen Kings to Market Servants*, Harper Collins Publishers, 2020, p. 62.

〔2〕 George A. Akerlof, "The Market for 'Lemons': Quality Uncertainty and the Market Mechanism", in *Quarterly Journal of Economics*, Vol. 84, Issue 3, 1970, pp. 488-500.

〔3〕 Martin Peitz, "Economic Policy for Digital Attention Intermediaries, ZEW-Centre for European Economic Research Discussion Paper", 2020, p. 48.

（二）推行成瘾机制，导致消费者消费理性失灵

个性化新闻推荐能够迅速打败传统新闻模式，很大程度上归功于成瘾机制，这催生了对社会整体的隐藏危机。特里斯坦·哈里斯于 2016 年决定从谷歌离职，此前他一直在谷歌内部担任伦理设计工程师。他逐渐意识到，类似谷歌、推特这样的互联网超级平台利用算法来吸引公众的注意力，使公众陷于其中的做法是不道德的，这成了"对人类生存的一大威胁"[1] 数字新闻平台的一个重要战略就是不断改进技术以开发能够吸引更多读者、获得更多阅读量和停留时间的算法推荐系统。如果能够让消费者上瘾，那么该产品无疑是成功的。关于注意力市场产品成瘾性是否存在和流行的争论还在继续，但是已经有大量的实证文献表明，上瘾，尤其是社交媒体上瘾，是一种真实的现象。[2] 临床研究报告指出，社交媒体的过度使用会导致典型的成瘾症状，包括难以戒断和人际冲突的增加。[3]尼尔·埃亚尔在其名著《上瘾》中开发了一套致瘾模型，他认为擅长培养消费者习惯的公司往往不会将成本投入广告营销方面，而是将产品的设计理念与消费者个人情感等方面紧密连接在一起。[4] 这种模型广受科技公司高管们的学习和追捧。脸书、推特、抖音等公司采用了一套不断发展的推荐模型，旨在通过"斯金纳"式的操作条件来塑造消费者行为。[5] 初创企业常雇佣受过高等教育的神经科学家为数字应用设计提供建议，其目标是明确而直接的——设计"能让任何人上瘾的工具"。[6] 正如一位神经信息学的创始人和医生所说，"人们不仅仅喜欢从推送中得到多巴胺的爆发，它彻底改变了大脑的线路"。越来越多的时间被

---

〔1〕 新金融洛书："对抗硅谷，为了'楚门的世界'里的 27 亿人"，载百度网，https：//baijiahao. baidu. com/s？id=1679132305989847789&wfr=spider&for=pc，最后访问日期：2023 年 3 月 25 日。

〔2〕 Mark D. Griffiths，Daria J. Kuss and Zsolt Demetrovics，"Social Networking Addiction：An Overview of Preliminary Findings"，In K. P. Rosenberg & L. Curtiss Feder（Eds. ），*Behavioral Addictions：Criteria*，*Evidence*，*And Treatment*，Elsevier Academic Press，2014，pp. 119-141.

〔3〕 Julia Brailovskaia，"Facebook Use and Narcissism in an Inpatient Sample"，in *Psychiatry Research*，2019，Vol. 273 pp. 52-57.

〔4〕 ［美］尼尔·埃亚尔、瑞安·胡佛：《上瘾：让用户养成使用习惯的四大产品逻辑》，钟莉婷、杨晓红译，中信出版社 2017 年版，第 11~20 页。

〔5〕 Gregory Day & Abbey Stemler，"Are Dark Patterns Anticompetitive？"，in *Alabama Law Review*，Vol. 72，2020，pp. 1-45.

〔6〕 Jonathan Shieber，"Dopamine Labs Slings Tools to Boost and Reduce App Addiction"，https：//techcrunch. com/2017/02/13/dopamine-labs-slings-tools-to-boost-and-reduce-app-addiction/.

花费在注意力应用上，现实生活的时间被不断压榨，甚至影响到生活、工作效率，而消费者对此却浑然不知。

如罗杰·麦克纳姆所言：公司的商业模式"取决于广告，而广告又取决于操纵消费者的注意力，以便他们看到更多广告。操纵注意力的最好方法之一是吸引愤怒和恐惧，这些情感会增加参与度"。[1] 引起愤怒和恐惧只是策略的一部分。在 2012 年末至 2017 年期间，Facebook 不断地对算法、新数据类型和设计上的细微变化进行实验，以强化推荐能力，找出更好的方法来利用人们的心理弱点的方法。互联网时代以前，人们致力于研发的工具，都是为了便利生产和生活而创造出来的；而互联网时代兴起后，技术逐渐演变为人类攫取利益的工具，技术环境早已从以人为主动型转变成为被动接受型，人们在这一过程中被技术操纵而上瘾。[2] 麦克纳姆还指出，技术已不再是为人类服务的工具，而是人类在为技术服务。[3] 这种上瘾性系统的设计，造成了消费者自我控制的失灵，使得注意力被不断剥削，消费者成本不断提升，获得的价值却日益下降，甚至还产生负面影响。例如，有研究表明，这种成瘾机制带来了抑郁、自杀和其他有害影响的显著提升。[4]

（三）异化评分机制，导致市场反馈机制失灵

内容推荐机制（targeted content）是无形之手。"这种力量如若巧妙运用，会在潜移默化中给新闻媒体接触消费者施加一套行为约束规则。消费者不是完全理性的，但内容推荐机制确为理性之物。它们为消费者提供固定的数字新闻菜单，如果这些菜单确实可以塑造消费者偏好，消费者可能会不知不觉地变成算法所设

---

〔1〕　罗杰·麦克纳姆是《扎克德：醒来的 Facebook 灾难》一书的作者，是 Facebook 的早期投资者，也是马克·扎克伯格的长期导师，但此后成为 Facebook 最激烈的批评家之一。See Roger McNamee, "I Mentored Mark Zuckerberg. I Loved Facebook. But I Can't Stay Silent about What's Happening", https：//time.com/5505441.

〔2〕　雷慢："算法是怎样一步步毁掉年轻人的世界的"，载财新网，https：//xuyuan.blog.caixin.com/archives/235668，最后访问日期：2022 年 3 月 18 日。

〔3〕　Roger McNamee, *Zucked*：*Waking Up to the Facebook Catastrophe*, Penguin Press 2019, pp. 9, 62-63, 98-101.

〔4〕　Seymour, R., *The Twittering Machine*, London：Indigo Press, 2019, p. 51.

计的漫画形象，更容易被分类和操控。"[1]

评分机制实质为以"信息公示"方式实现消费者对经营者的自主制衡，有助于保障潜在消费者的利益，因为评分的结果能够在很大程度上影响潜在的消费行为与消费意愿。[2] 理论上说，评分机制内含消费者的态度表达、价值判断，它拥有破除内容推荐无形之手的力量，可以帮助消费者挣脱平台的操纵与束缚，给消费者带来消费理性的回归。当然，这显然不符合平台追逐利润最大化的目标。

"评分的前提是精确识别行为的特征，并通过某种规范标准加以评价和引导。"[3] 但在新闻平台的评分系统中，购买虚假好评、降低优质评价权重甚至隐藏真实评论的行为层出不穷。新闻评分机制的失灵加大了消费者对新闻质量评价的难度，给消费者通过其自身行为补足和矫正市场信息不足人为增添了负担，为市场反馈机制功能的发挥设置了障碍。①新闻评价机制的异化破坏评论的真实性，消费者由于知识和技术水平有限而无法分辨平台购买的虚假好评与其他消费者发表的真实评论；②新闻评价机制的异化破坏评论的公开性，平台降低真实评论的权重甚至隐藏真实评论的行为，使得消费者真正需要的评论被淹没或根本不可为公众所见；③新闻评价机制的异化破坏评论的科学性。提供虚假好评服务的商家通常没有阅读过该条新闻，甚至好评是直接由机器自动完成的，因此，好评的内容通常也与新闻本身内容缺乏关联性，多为"太棒了""为你鼓掌""支持一下"等缺乏参考价值和实际意义的简单词汇堆积。在平台的包装以及潜意识信号的影响之下，消费者丧失消费理性，在算法强加或诱导之下完成消费行为，但消费者却以为是自发的，这无疑对市场运行机制造成了破坏。

二、公共利益保护不足

尽管学界对公共利益的概念意见不一，但在其内涵上，学界存在相通之处。从主体上看，"公共利益"（public interest）由"公共"和"利益"两部分组成；"公共"是利益的"指向目标"，它是无法明确化的多数人，包括公众与社会。

---

〔1〕 ［美］詹姆斯·韦伯斯特：《注意力市场：如何吸引数字时代的受众》，郭石磊译，中国人民大学出版社 2017 年版，第 236 页。
〔2〕 许恋天："消费者网络评价权的配置法理与立法表达"，载《法制与社会发展》2021 年第 3 期。
〔3〕 胡凌："数字社会权力的来源：评分、算法与规范的再生产"，载《交大法学》2019 年第 1 期。

从内涵上看，"利益"是公共利益的中心，公共利益不同于私人利益，它是公众追求的"公共善"的物化形式。[1] 从社会价值上看，英国学者哈耶克认为公共利益是"一种抽象的秩序"、[2] 美国学者博登海默认为公共利益"意味着在分配和行使个人权利时绝不可以超越的外部界限"。[3] 从认定程序上看，公共利益旨在满足社会中绝大多数人的需要，需要经公共程序筛选后，由政府控制并推动实现。[4]

（一）公共利益内涵的厘清

人们习惯于把相关公众的需求（P_w）[5] 视为公共利益（P_i）进行个案处理。实际上，作为公众或社会的福利（welfare）或福祉（well-being）的 P_i 与 P_w 之间存在明显差异。究其原因在于，一般商品和服务以及其他外部因素（如质量）对个人与社会整体的边际成本效益相去甚远，P_w 可能侧重短期影响、过度低估未来影响；P_i 则要超越价值观、要引导社会认知。[6] 与个性化新闻推荐活动相关的公共利益，亦不等同于市场参与者利益之和，其构成至少应该符合以下要件：

1. 直接相关性，与推荐活动具有直接相关性，并非间接的损害。即特定的利益关系只有直接涉及公共利益，方有公共利益的判断问题，对消费者个体或特定合法经营者利益的损害不能计入此列。[7]

2. 可还原性，能够还原为特定类型、特定群体的私人利益。"公共利益"由"公共"和"利益"两部分组成。"公共"是利益的"指向目标"，一般而言，它是无法明确化的多数人。"利益"是公共利益的中心，公共利益不同于私人利益。公共利益系旨在满足社会中绝大多数人的需要，经公共程序筛选后，由政府

〔1〕 倪斐："公共利益的法律类型化研究——规范目的标准的提出与展开"，载《法商研究》2010年第3期。

〔2〕 [英] 费里德里希·冯·哈耶克：《经济、科学与政治：哈耶克思想精粹》，冯克利译，江苏人民出版社2000年版，第393页。

〔3〕 [美] E. 博登海默：《法理学：法律哲学与法律方法》，邓正来译，中国政法大学出版社2017年版，第193页。

〔4〕 蒋悟真："反垄断法中的公共利益及其实现"，载《中外法学》2010年第4期。

〔5〕 P_w 指 the relevant public's wants。

〔6〕 ICAEW, *Acting in the Public Interest: A Framework for Analysis*, 2012, p. 58.

〔7〕 王轶、关淑芳："认真对待民法总则中的公共利益"，载《中国高校社会科学》2017年第4期。

控制并推动实现的价值。[1] 在个性化新闻推荐活动中，主体涉及平台、消费者、平台内经营者、广告商，公共利益并非四者各自的利益，而是消费者整体的利益以及市场内经营者合法利益的合集，而后者往往通过竞争秩序来进行再评价。

3. 内容可变性，公共利益的内容因商业模式而异。随着数字技术的广泛使用，尤其是在零价格成为数字经济领域厂商与消费者互动的定价策略之下，特定商业模式所具有的价值以及社会影响力超越以往任何时期。当某种利益不能指明特定的受益主体时，或者不能具化为特定的法定权利时，掌握市场的平台尽收其益。就个性化新闻推荐而言，在对哪些利益属于公共利益进行判断时，一方面，需要考虑数字产业发展、文化产业发展和互联网环境所具有的信息共享、互联互通的特点；另一方面，要兼顾注意力获取者、注意力使用者和注意力宿主三方的利益，既要考虑注意力获取者的财产与智慧投入，也要考虑注意力使用者自由竞争的权利，以及注意力宿主获取公共信息的权利与阅读软新闻的收益；在利益平衡的基础上划定公共利益的边界。[2]

4. 概念难定性、类型不可穷尽性。[3] "我们并不寻求建立一个公众利益的详细定义，公共利益涉及无限广泛的个体情况，详细的定义不太可能能够处理立法者意想不到的后果"[4] 目前，没有一个国家的立法明确规定了公共利益的利益概念，而是将其交给执法机构与司法机构，让其在个案中裁量究竟哪些利益属于公共利益。[5] 在技术更迭、商业模式日新的今天，即便立法机关、执法机构穷尽立法手段、执法手段，公共利益的类型仍然无法穷尽。[6] 就个性化新闻推荐而言，公共利益既包括消费者的整体福利，也包括数字新闻市场的竞争秩序，更因新闻的特殊性而涵盖了新闻的公共职能以及文化的多样性保护等。当然，这亦不是对该领域公共利益的完整描述，随着技术的更新，新的商业形态还将浮现，新的公共利益有待进一步圈定。

---

〔1〕 蒋悟真："反垄断法中的公共利益及其实现"，载《中外法学》2010 年第 4 期。
〔2〕 上海知识产权法院（2016）沪 73 民终 242 号《民事判决书》。
〔3〕 王轶、关淑芳："认真对待民法总则中的公共利益"，载《中国高校社会科学》2017 年第 4 期。
〔4〕 ICAEW, *Acting in the Public Interest: A Framework for Analysis*, 2012, p.12.
〔5〕 蒋悟真："反垄断法中的公共利益及其实现"，载《中外法学》2010 年第 4 期。
〔6〕 王轶、关淑芳："认真对待民法总则中的公共利益"，载《中国高校社会科学》2017 年第 4 期。

（二）公共利益保护的缺口

有研究表明，各国对公共利益的保护都不够充分。如英国仅在媒体合并监管时对公共利益进行直接保护。[1] 根据英国《2002 年企业法》的规定，新闻准确呈现、自由表达意见和观点多元化等事项在"合理和可行的范围内"会被考量。在其他情况下，公共利益标准（public interest test）大体上被一种纯粹基于竞争的标准（competition-based test）取代，但国务大臣（代表联合王国政府）保留了在符合公共利益的情况下进行干预的权力。[2] 在我国数字新闻市场，除了竞争秩序的破坏，公共利益的保护不足还可以具化为以下两点：

1. 不当新闻内容增多。从平台算法的主导逻辑出发，平台算法所追求的个性化被效率的提升、交易的促成、"快钱"的获得驱使，而忽视服务质量的提高。[3] 个性化算法下的推荐新闻，比起追求内容上的专业化、规范化，更加在意如何高效地获取流量，这就可能使得整个行业的道德失范，即道德规范的约束力消失或弱化。新闻内容的品质可以鲜明地体现出新闻生产者乃至整个新闻媒体行业的道德环境。新闻内容的道德失范主要体现在新闻真实性的缺位，真实性是一切新闻必须追求的首要目标，也是一切新闻媒体和新闻从业者必须遵守的准则，真实性的缺失往往会造成信息无序的产生。由于数字新闻行业不断追求"第一时间"传播信息，以防落后于竞争对手进而失去第一波巨额流量，因此对于足够吸引眼球，可能拥有巨大影响力的新闻内容，经营者可能会来不及详加审查甚至故意为之，而将其传播出去。新闻报道要推动社会的积极发展，真实客观是必然要求，这要依托于公众与新闻工作人员，社会与新闻业的互相作用和监督。[4] 在传统媒体时代，新闻道德作为专业化要求是新闻产品与新闻从业者的基本行为规范，但随着新闻业的算法转向，新闻的专业化地位被降低，这样的道德框架无法规制新的新闻生产力要素——算法与算法工作者。有学者指出，算法之所以在

---

〔1〕　ICAEW, *Acting in the Public Interest: A Framework for Analysis*, 2012, p. 64.

〔2〕　Department for Business Innovation and Skills, *Enterprise Act* 2002: *Public Interest Intervention in Media Mergers*.

〔3〕　吴靖："'算法'具有自由意志吗——算法主导社会行为背后的几个悖论"，载《中国出版》2019 年第 2 期。

〔4〕　[美] 比尔·科瓦齐、汤姆·罗森斯蒂尔：《新闻的十大基本原则：新闻从业者须知和公众的期待》，刘海龙、连晓东译，北京大学出版社 2011 年版，第 36 页。

新闻业引发道德失范，是由于算法与新闻业之间的有机结合尚未完成。[1] 同时，算法技术所具有的门槛导致其效果不透明、责任不明确也是现阶段数字新闻被诟病缺乏道德属性的要素之一。[2]

2. 新闻事业社会功能被削弱。各国宪法普遍赋予了公民对公共信息享有知情权，即公民对于国家的重要决策、政府的重要事务以及社会上当前发生的与普遍公民权利和利益密切相关的重大事件，有了解和知悉的权利。公民的知情权主要以必要公共信息由新闻来传播的方式实现。因此，新闻业对社会的功能包括沟通情况，提供信息；进行宣传、整合社会；实施舆论监督；传播知识，提供娱乐；作为企业，赢得利润等五大功能，[3] 新闻业也因此被誉为"社会瞭望者"。无论在哪个国家，无论实行何种新闻体制，无论是哪种性质、哪种类型的媒体，新闻媒体都具有与生俱来的公共性。当已然成为新闻消费主要渠道的平台手执注意力消费变现的通道，[4] 媒体市场也展开了以效益为导向的市场化改革，传统媒体与自媒体为求得生存均沦为新闻平台生产工厂的"打工人"。这种生产、分配关系的变革，消解了新闻事业理应承担的多元功能，尤其是公共职能。例如，为迎合平台算法目标和取悦读者，软新闻在媒体平台中逐渐泛滥。哈佛大学约翰·肯尼迪政府学院的托马斯·E.帕特森指出，软新闻"通过减少公众对公共事务相关信息的兴趣，在政治上削弱了民主的基础"。他认为软新闻扭曲了公众对政治和公共事务的看法。这实际上不利于新闻事业的发展，因为随着公众对公共事务的兴趣下降，他们对新闻的兴趣也会下降，最终损害新闻业的长远发展和新闻从业者整体的利益。[5]

3. 文化多样性被破坏。文化是共有的，它是一系列共有的概念、价值观和行为准则，是使个人行为能力为集体所接受的共同标准。文化不是出自个性而是出自群性，不是天才个人所能独创，而是大多数人不断努力的结果。[6] 人类通

---

〔1〕 袁帆、严三九："新闻传播领域算法伦理建构"，载《湖北社会科学》2018年第12期。

〔2〕 董天策、何旭："算法新闻的伦理审视"，载《新闻界》2019年第1期。

〔3〕 李良荣：《新闻学概论》，复旦大学出版社2018年版，第175~179页。

〔4〕 黄淼、黄佩："算法驯化：个性化推荐平台的自媒体内容生产网络及其运作"，载《新闻大学》2020年第1期。

〔5〕 Lisa Mills-Brown, "Soft news", https：//www.britannica.com/topic/soft-news.

〔6〕 陈顾远：《中国文化与中国法系》，三民书局1969年版，序1。

过文化适应和社会化的学习过程获得文化，文化的多样性决定人类的学习效果，而人类的学习效果又将反作用于文化多样性的进一步发展。因此，文化不是一种"存在"，其本身乃是一种"演变"；倘若不能演变而衰微、静止，便成死的文化，也就失去文化对人生之价值。[1]

"技术一旦具有自身内在的时间逻辑，它就不可避免地具有建构和组织社会的能力。"[2] 媒介的历史变化体现为内在运行逻辑不断迭代更新，媒介技术内在速度的加快导致了社会产生巨大变革。如书写文化固化了思想，因而加快了思想传播的速度；随着印刷术的发明和钟表时间的出现，则再次加剧了思想传播的速度。个性化技术作为先进生产力的新成果，在为社会提供绝佳历史机遇的同时，也给社会的价值理念和价值引领带来了巨大挑战。算法赋予了平台支配注意力的力量，也赋予或阻碍了注意力施加者（受众）文化表达和知识获取的变革力量或破坏力量。①不断加速的信息生产时间让文化、社会和经济因素都不断加速，这让人类出现了慢性注意力分散的症状。[3] 在这样的背景下，尽管个性化新闻推荐一定程度上缓解了信息爆炸所导致的焦虑，但个性化新闻推荐机制本身的逻辑——过滤无关信息，仅推荐它认为具有价值收益的东西——必然会导致人们接受信息范围的缩小，进而陷入从"信息过载"到"信息过窄"的陷阱之中。消费者在这种"信息过窄"的环境下，会逐步丧失对过去不曾感兴趣的文化领域的探索可能性。这不利于多样性的文化交流，随之而来的便是思想的萎缩、文化的退让与退步，尼尔·波兹曼称之为"娱乐至死"的文化。②个性化推荐会进一步破坏新闻产品的供给结构，导致平台将更多的资源（如版面、推送顺位、公众号宣传等）投入到既有的新闻内容上，那些从未进入大众视野或平台认为不具有热度的新闻话题，极有可能因为不经济性而被消灭在襁褓中；如此循环，进入到数字新闻市场的新闻信息的主题数量将不断萎缩，消费者能够选择的信息商品种类将不断减少。话语生产知识，而知识始终是权力的武器，权力与知识在话语

---

〔1〕　陈顾远：《中国文化与中国法系》，三民书局 1969 年版，序 2。

〔2〕　［澳］罗伯特·哈桑：《注意力分散时代：高速网络经济中的阅读、书写与政治》，张宁译，复旦大学出版社 2020 年版，第 5 页。

〔3〕　［澳］罗伯特·哈桑：《注意力分散时代：高速网络经济中的阅读、书写与政治》，张宁译，复旦大学出版社 2020 年版，第 7 页。

之中结为一体,[1] 对社会整体而言,它不仅冲击着新闻伦理的底线,淡化了新闻应有的社会功能,破坏了新闻媒体对公众的旗帜作用,破坏了多样文化的形成与传播,而且还威胁着数字文化产业的发展与创新,更威胁了国家文化安全,影响国家文化强国的战略实施。

文化多样性很难被量化,但公共信息的窄化、社会成员共有知识的窄化、社会成员认同感的降低一定不是文化多样性追寻的指标。新闻是公共信息,其受众是全体社会公民,同时新闻还是国家文化建设的标签之一,当新闻在算法的主导下转向娱乐化、快餐化的软新闻时,新闻事业的社会价值发挥更将陷入与社会主义文化事业建设理念相违背的尴尬境地。

三、反垄断规制激励不相容显著

当刺激个体参与者行为的激励与遵循群体规则的激励一致时,博弈论和经济学的理论称之为"激励相容"(incentive-compatible, IC);反之则为"激励不相容"。在激励相容状态下,个体参与者可以根据自己的真实偏好采取行动,因为个体利益偏好行动与参与群体约束行动一致;激励相容性约束确保个体参与者有动机为群体利益行事。[2] 在目前的数字新闻市场中,反垄断规制激励显然不处于激励相容的状态。

(一) 反垄断执法机构能动性不足

现状偏差理论认为,决策者对现状具有很大的偏见,除非改变现状能够显著改善人们的处境,否则人们通常是不想改变现状的。对执法者而言,在现状偏差效应的作用下,如果作为和不作为所引起的被追责的风险相同,那么,执法者在行为表现上会更倾向于安于现状,即不作为。[3] 原因在于:

1. 执法能力有限,执法面临显著错误风险。由于执法认知水平限制、经验不足,导致执法人员执法愿望不强烈。在平台经济中,数据和算法是实现垄断地

---

〔1〕 [英] 约翰·斯道雷:《文化理论与大众文化导论》,常江译,北京大学出版社 2010 年版,第158 页。

〔2〕 Noam Nisan, Tim Roughgarden, Eva Tardos and Vijay V. Vazirani, *Algorithmic Game Theory*, Cambridge University Press, 2007, p.225.

〔3〕 白云锋:"如何激励执法者——一个认知行为主义的分析进路",载《法制与社会发展》2020 年第 6 期。

位和实施垄断行为的核心要素。但平台数据权属和权益尚不清晰，执法机构对平台收集和利用数据行为的合法边界难以判断。执法机构对传统领域，如医药行业、制造业、服务业、金融业等执法经验丰富。但在高度集中的数字市场，企业可能拥有市场力量，使其能够单方面提高价格或降低质量，使其获益超出竞争中的正常水平，但各国执法机构在数字市场中发动滥用支配地位案件时面临许多挑战：①数字市场中的垄断行为具有易变性，传统垄断行为的分类被不断突破，如何在不确定性中寻找法律适用的确定性，实属不易。②在不能适用 SSNIP 测试（假定垄断者测试）[1] 情况下，如何科学界定相关市场？如何确定一家企业是否具有支配地位？③在自我偏好、捆绑或拒绝交易等案件中是否以及如何使用新的损害理论而不是现有的理论？如何在零价格的市场中，科学判断"质量"的内涵？如何规范适用反竞争效果裁量因素？数字违法行为的合法取证、行政处罚宽严相济原则在创新效果难以全面判断的情况下如何适用？等等。这些挑战对反垄断执法机构的执法能力提出了更高的要求，反垄断执法机构经验不充分，对于专业挑战的应对乏力。

2. 处理数字市场滥用支配地位的案件需要耗费巨大的人财物资源。数字平台各种技术的运用使得滥用行为更加隐蔽，加之企业不配合执法的事件时有发生，[2] "缺少证据"这一问题在数字平台领域被无限放大，执法机构与数字平台之间的信息不对称使得案件处理时间大大增加，处理成功的概率也随之下降，数字市场滥用市场支配地位的案件调查异常困难，耗时费力水平远超一般案件执法难度。如欧盟委员会花了近 7 年时间才就谷歌购物中自我优待行为作出处罚决定，[3] 德国竞争主管机构调查 Facebook 滥用市场支配地位的行为（在不同平台 WhatsApp 和 Instagram、外部网站和第三方应用程序收集的消费者数据结合起来使用），也是耗时数年才完成。[4] 欧洲审计法院针就欧盟这 10 年遏制

---

[1] SSNIP（small but significant non-transitory increase in price），检验内容是"小而显著的非暂时性价格上涨"是否能使假定的垄断者有利可图。

[2] 例如，在山东注射用葡萄糖酸钙原料药垄断案中，出现拒不配合、销毁证据的情形，阻碍了执法的进行。参见行政处罚决定书（国市监处〔2019〕20 号）。

[3] Case AT. 39740 *Google Search*（*Shopping*），2017.

[4] Adam Satariano, "Facebook Loses Antitrust Decision in Germany Over Data Collection", https://www.nytimes.com/2020/06/23/technology/facebook-antitrust-germany.html.

大型科技的努力形成了一份深度报告，报告指出，反垄断调查往往耗时太久，并且等结果出来时，这些大型科技公司早已将市场上的竞争消灭。[1] 在微软案中，有评议成员指出，"反垄断执法通常涉及漫长、复杂的调查，在数字市场制定一种公平的补救措施被比作'试图给飞奔的马穿鞋'"，[2] "从速度、成本和补救措施的有效性来看，反垄断系统似乎已经崩溃"。霍温坎普教授也指出："法律车轮转得太慢了。当每一轮诉讼都产生'治愈'效果时，受害者已经死了。"[3]

3. 执法激励不足，问责机制不畅通。尽管新兴领域的科学执法有利于提高反垄断执法机构的公信力，但也对执法工作提出了科学高效的要求。相较于可能存在的执法错误的风险，反垄断执法显然缺少足够的保障与制度激励。一则，执法带来的正向激励十分有限，且缺少制度保障。二则，执法不作为被追责概率较低。[4] 近年来受执法责任制落实缺乏有效抓手影响，行政不作为现象普遍，"运动式""一刀切"执法，执法人员不作为、乱作为等问题还时有发生。[5] 2018 年 4 月，国家市场监督管理总局正式成立，反垄断执法机构"三合一"。近 5 年来，反垄断执法机构查处的垄断协议、滥用市场支配地位和行政垄断行为案件数量有限（见图 3-4），而且有些案件久未决断。这种状况既有执法机构组织机制上的保障不足、人手不够的原因，更因执法机构明显缺乏动能和激励所致。

---

〔1〕 Ron Korver & Gabriella Zana & Alessia Puccioni, "Special Reports of the European Court of Auditors: A Rolling Check - list of Recent Findings", available at European Parliament Think Tank, https://www. europarl. europa. eu/thinktank/en/document. html? reference=EPRS_ STU (2019) 631735.

〔2〕 *Massachusetts v. Microsoft Corp.*, 373 F. 3d 1199 (D. C. Cir. 2004).

〔3〕 Herbert Hovenkamp, *The Antitrust Enterprise: Principle and Execution*, Harvard University Press, 2008, pp. 299-300.

〔4〕 王敬波："地方法治政府评估的中国实践"，载《中国法律评论》2017 年第 4 期。

〔5〕 国务院新闻办公室："严格规范公正文明执法 解决执法人员不作为、乱作为等问题"，载中华人民共和国国务院新闻办公室网，http://www.scio.gov.cn/xwfbh/xwbfbh/wqfbh/44687/45127/zy45131/Document/1700990/1700990.htm，最后访问日期：2022 年 2 月 22 日。

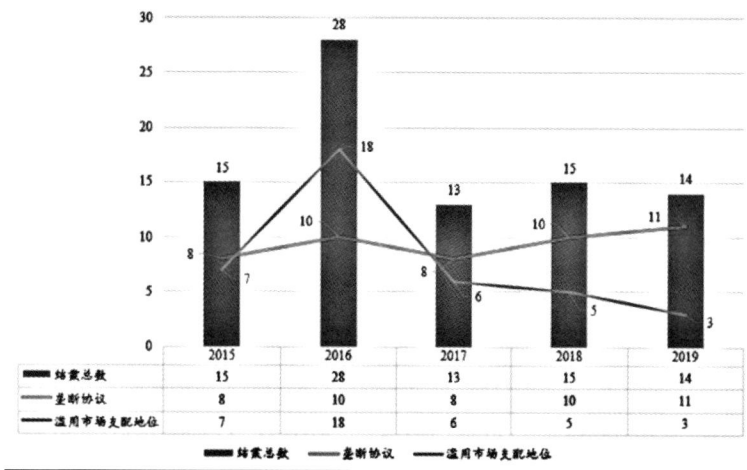

图 3-4 近五年反垄断执法案件结案情况[1]

（二）反垄断司法机构能动性不足

伴随数字平台的无序扩张，数字新闻市场竞争进入白热化阶段。在具有网络效应、市场与收益赢家通吃的生态环境中，数字新闻经营者在新闻市场中取胜的关键不再是信息品质，而是"海量信息+吸引眼球"。逐底竞争、无序竞争并非冰山一角。分别以"个性化推荐""精准画像"为关键词，在中国裁判文书网进行检索。基于个性化推荐行为后果产生的纠纷仅有 1 起（北京百度网讯科技公司与朱某隐私权纠纷案），其他多为开发合同纠纷与著作权权属、侵权纠纷。基于精准画像产生的纠纷仅有 1 起（胡某与上海携程商务有限公司侵权责任纠纷）。前者主要是隐私纠纷，[2] 后者主要是侵权纠纷，[3] 这两种纠纷解决的目标都是对权益遭到损害的个人予以救济，并未关注市场秩序的破坏与公共利益的损害。原本与自由竞争有关的案件在著作权纠纷、不正当纠纷领域频发。甲之所长，乙

---

〔1〕 薛熠等："反垄断执法机构近五年执法情况浅析"，载中伦网，http：//www.zhonglun.com/Content/2020/03-10/1721341809.html，最后访问日期：2022 年 3 月 28 日。

〔2〕 北京百度网讯科技公司与朱某隐私权纠纷二审民事判决书，江苏省南京市中级人民法院（2014）宁民终字第 5028 号判决书。

〔3〕 胡某、上海携程商务有限公司侵权责任纠纷二审民事判决书，浙江省绍兴市中级人民法院（2021）浙 06 民终 3129 号。

来为之，法律的司法机构反垄断司法机构的能动性显著不足，其效果难免不尽如人意。

1. 著作权滥用纠纷频发。被称为"内容最杂最乱的手机 App""今日头条"陷入了版权纠纷的漩涡难以自拔。其技术逻辑为通过爬虫技术，从其他信息分发平台抓取信息，筛选出消费者感兴趣的内容，直接转化为自我平台内的信息，进而实现信息的精准分发。[1] 在裁判文书网以"今日头条""著作权"为关键词进行检索，共检索到案件 815 起，其中，最高人民法院审理案件 1 起，[2] 高级人民法院审理案件 5 起，中级人民法院 153 起，基层人民法院 656 起；从地域上看，广东法院审理 375 起、北京法院审理 223 起；从时间分布上看，2021 年（截至 5 月 30 日），共 24 起；2020 年 421 起；2019 年 233 起；2018 年 50 起；2017年 85 起；2016 年 1 起；2015 年 1 起。"受害人"遍布全国各地，包括国内知名媒体，如新京报网、凤凰网、搜狐网、腾讯网、《广州日报》《楚天都市报》《南京日报》等都有涉及。新兴媒体背后的版权之争、不正当竞争亦值得监管部门关注。

2. 注意力不正当竞争纠纷频发。①欺骗性交易骗取注意力。欺骗性交易是指经营者实施的足以使人误认为是他人商品或者与他人存在特定联系的混淆行为。[3] 欺骗性交易争夺注意力则是指平台或新闻发布者擅自使用与他人有一定影响的商业标识、企业名称、社会组织名称、姓名、域名主体部分等，或者采取其他手段，给消费者推荐新闻，使得消费者误认为是具有较高信誉的新闻生产者生产的新闻或与具有较高信誉的新闻生产者存在特定联系的新闻。例如，新华网曾在 2018 年称有消费者假冒其网站名义，发布了一篇名为《新华网评："扶贫英雄"史润龙扶贫金句引发的社会思考》的文章，后经过调查发现，是某男子为满足个人虚荣心而编造各种头衔，并且伪造新闻来源，来引起社会关注，此种行

---

〔1〕 羽生："人民网三评算法推荐：警惕算法走向创新的反面"，载人民网，http：//opinion. peo-ple. com. cn/n1/2017/0920/c1003-29545718. html，最后访问日期：2022 年 3 月 28 日。

〔2〕 北京字节跳动科技有限公司、深圳市腾讯计算机系统有限公司著作权权属、侵权纠纷、商业贿赂不正当竞争纠纷，参见中华人民共和国最高人民法院（2019）最高法知民辖终 318 号《民事裁定书》。

〔3〕《反不正当竞争法》第 6 条。

为便是新闻领域内欺骗性交易的典型表现。[1] ②虚假宣传骗取注意力。虚假宣传是指经营者对其商品的性能、功能、质量、销售状况、消费者评价、曾获荣誉等作虚假或者引人误解的商业宣传，欺骗、误导消费者。[2] 在数字新闻领域中，虚假宣传通常指为了争夺消费者的注意力，采取虚构事实、过分夸大事实、断章取义、以偏概全等方式来制造文章，误导消费者。[3] 数字新闻平台为了尽可能地获取消费者的注意力，在新闻推送的算法设计上，多以满足消费者的需求作为新闻导向，这种趋势逐渐演变为文本真实性的衰弱以及恶、错、假新闻的泛滥。[4] 如2021年5月22日上午，中国国际电视台（CGTN）在推特发布消息，称中国"杂交水稻之父袁隆平院士已去世"，这则新闻在20分钟内，被各大媒体以快讯的方式传遍全网，而后被证实是不真实的新闻。[5] 再如，百度百家号等新闻聚合平台凭借自身的算法程序在起初获取了大量受众，随着资本的不断扩张和工具理性的过度恶化，大量的新闻分发主体逐渐演变为"水军帖""流量号"，这成了新闻平台虚假信息最为膨胀的领域，雇佣水军制造话题、修改新闻点击量等操作早已司空见惯，公众从何处获知准确无误的新闻早已成为一大焦点问题。③诋毁商誉骗取注意力。诋毁商誉是指经营者编造、传播虚假信息或者误导性信息，损害竞争对手的商业信誉、商品声誉。[6] 新闻本应客观公正，以真实性、准确性为核心要义，而不应将"诋毁他人"作为目的。[7] 如《人民日报》在2015年2月3日发表的一篇《农村题材电视剧需升级换代》的报道，被网易新闻恶意修改为《党报评农村题材剧只字未提赵本山"乡村爱情"》，这篇报道引起了网民的恶意评论，导致网民对赵本山本人大肆辱骂，诋毁了赵本山的名誉，

---

〔1〕孔令晗、王婧："17岁少年虚构'传奇身份'冒用新华网名义发'假新闻'"，载中华网，https://news.china.com/socialgd/10000169/20180911/33859634.html，最后访问日期：2023年3月5日。

〔2〕《反不正当竞争法》第8条。

〔3〕陈龙："超越工具理性：舆论'善治'路径反思"，载《学术界》2021年第1期。

〔4〕唐时顺、谭江月："智媒时代新闻算法推送的发展困境及突破"，载《青年记者》2020年第35期。

〔5〕王智畅："谁有权宣布一个人的离世？——袁隆平院士去世报道的信息来源分析"，载华中师范大学新闻传播学院媒介伦理案例库网，http://media-ethic.ccnu.edu.cn/info/1001/2630.htm，最后访问日期：2022年3月28日。

〔6〕《反不正当竞争法》第11条。

〔7〕朱继东："怎样看待和应对'标题党'问题"，载《青年记者》2012年第19期。

也诋毁了《人民日报》的声誉。[1]

3. 恶意规避广告监管骗取注意力的纠纷频发。广告的可识别性是对消费者在广告活动中的权益进行保护的第一步，也是极其重要的一步。[2] 近年来，数字广告发展迅猛，数字广告亦延续了传统广告的百年传统——资助新闻。[3] 数字广告业的创新之处在于，将广告与新闻完美融合，让消费者在以为要阅读新闻时实则打开广告，或者将广告植入新闻外衣，假冒新闻来吸引受众阅读。具体表现包括：在文章的前半部分撰写新闻，在后半部分引入软文广告，看似是对事实的描述类新闻，实则是对商品或服务的宣传广告。上述行为，一是违反了广告应当具有可识别性的要求，二是违反了大众传播媒介不得以新闻报道形式变相发布广告的规定，当为《中华人民共和国广告法》（以下简称《广告法》）第 14 条所禁止。但事实上，为规避平台以及市场监管部门对广告的监管，这一类的隐晦"软文"操作较为普遍。平台往往为追逐利润最大化的目标，而默许"软文"操作，甚至由平台亲自操控。打开今日头条 App，首页推荐的大量新闻里就有不少内容是以推送广告为目的，仔细审查全文的结构，会发现传播者起初一般会对事实进行正常描述，而用隐晦的方式在文章末尾或字里行间来推销产品或服务，以此来规避平台的监管或保障平台不被监管机构处罚，同时达到广告宣传的目的。因此，新闻制造者规避平台监管或平台故意规避对广告的管制是利益所致。平台往往会恶意规避对广告植入的管制，但新闻的报道应以让受众获知真相为首要目的，植入广告虽然会为平台带来利益，但这会造成新闻的核心偏离，导致平台应尽的价值判断和思想引领责任的缺位。[4]

（三）平台自我规制能动性不足

自我规制（self-regulation）是指国家以外主体为履行任务给自己设定的行为标准。[5] 在市场经济中，市场主体通过自我规制，实现商业利益与公共利益的统一。置身于注意力交易市场的激烈竞争中，注意力的有限性导致注意力争夺注

---

〔1〕 黄楚新、任芳言："网络'标题党'：成因与对策"，载《新闻与写作》2015 年第 12 期。

〔2〕 李剑："植入式广告的法律规制研究"，载《法学家》2011 年第 3 期。

〔3〕 ACCC，*Digital Platforms Inquiry-Final Report*，2019，p. 1.

〔4〕 何勇海："新闻标题要通俗不要低俗"，载《青年记者》2014 年第 4 期。

〔5〕 高秦伟："社会自我规制与行政法的任务"，载《中国法学》2015 年第 5 期。

定是一个零和游戏，多数媒介产品注定无人问津。对平台而言，构建注意力交易市场不但要积累注意力，而且还要塑造注意力，刺激人类行为和人类选择，进而不断扩大自己可以控制的注意力总量。媒介斩获注意力的功能将通过刺激其主体注意力的功能来实现，注意力市场常常被高度垄断，单个平台往往可以获得数量可观的注意力资源。例如，研究表明，2019 年消费者最感兴趣的社交平台是：Facebook（22.71 亿活跃账户）、YouTube（19.00 亿活跃账户）、WhatsApp（15.00 亿活跃账户）和 FB Messenger（13.00 亿活跃账户）；访问量最大的网站是：Google. Com（每天平均花费时间为 9 分 12 秒）、Youtube. Com（每天平均花费时间为 21 分 36 秒）、Facebook. Com（每天平均花费时间为 11 分 44 秒）。[1]

平台自我规制的实质在于，约束自我注意力攫取、剥削、滥用行为，这是一种典型的负外部性的行为。尽管低质量且有流量的内容供给会给消费者、正当经营者、公共利益造成利益减损，但低质量且有流量的内容也给平台带来了流量与广告收益。因此，在实践中，数字新闻平台对于社区管理多以"法律禁止不为之，价值养成不问之，形式监管可用之"来制定管理规范。以《今日头条社区规范》为例，其内容生产规范为以"图文低质"与"音画低质"两个标准以及七个子标准所形成的禁止性规范合集（见表 3-2）。[2] 此规范采用底线标准，对于新闻生产应当具备的公共性要求仅置于"平台不鼓励"之下，如引人不适或反感、宣扬不良价值观、诱导低俗等；对于新闻应当具备多样性的质量要求则未有提及。

表 3-2 "今日头条"内容低质评价标准

图文低质	排版混乱：文章乱码、无段落或无标点
	语意不明：病句或错别字较多、乱码符号，有碍于读者理解内容
	逻辑混乱：内容拼凑或重复，前后内容没有衔接，无关内容占比较大

---

〔1〕 Simon Kemp, "Digital in 2019: Global Internet Use Accelerates", https://wearesocial. com/uk/blog/2019/01/digital-in-2019-global-internet-use-accelerates/.

〔2〕 字节跳动："今日头条社区规范"，载百度百科，https://baike. toutiao. com/detail/236/238/0? enter_from=left_navigation，最后访问日期：2023 年 3 月 5 日。

音画低质	视频缩放画面：视频中角标/logo/字幕被剪切，导致显示不全，或画面中人物面部被部分剪切
	视频添加边框：视频添加边框且占比较大，或水印遮挡画面严重，无法识别视频主体
	视频添加滤镜：画面带有严重滤镜致色彩失真，或人物明显发白、发红，呈现不正常色调
	视频画面倾斜：画面整体被侧置或倒置，字幕、logo、左右等特征为镜像翻转，或画面被非正常拉长或挤压变形

偏离市场重心、效率中心、流量核心去进行自我约束犹如处心积虑"革自己的命"。如果没有足够的威慑或足够的正向激励，平台岂会为之？作为一个以市场为重心的经营者，平台的较优战略选择为：①如果没有因此受到法律惩处，那么它将不会停止此类危害行为；②如果平台受到足够的惩戒，违法收益小于违法成本，那么平台才会选择停止此类危害行为。因此，构建一个传播"低质量且有流量"的违法成本足够高的监管体系，增强法律实施效果，就成为监管政策设计的不二之选。

本章小结

综观现行法律规制体系：①法律规则的设定未兼及对新闻多样性、公共性的关涉，更未能对平台在重点环节呈现公共信息、优质信息、少数群体相关信息的义务予以明确。站在经济人的立场，平台会对履行法律义务的成本与遭受法律制裁可能需要支付的违法成本进行衡量，如果违反法律义务的成本低于履行法律义务的成本，便选择不遵从法律。在既有法律规定对公共利益保护乏力的情况下，平台选择损害公共利益、损害新闻公共性不足为奇。②法律规则大多建立在未深入商业模式或技术运用场景的前提下，缺少对个性化新闻推荐领域违法行为类型化的讨论，立法中尚未形成特别条款，执法、私法实践中的裁判仍需借助立法中的基本原则（如诚实信用原则）或一般条款［如《中华人民共和国反不正当竞争法》（以下简称《反不正当竞争法》）第2条］来实现，容易出现因理念、价值、原则等抽象问题理解的差异而同案异判的结果。③法律规则多为"一刀切"式的规范，未为不同规模的平台预留相应的自由行为空间。平台有效进入数字新闻服务市场，不仅需要满足提供相应服务所需的大量资金、基础设施、技术支撑等方面的要求，还需达到平台经济所必需的临界规模，[1]结合具体的市场影响能力，区分不同规模或者不同市场优势的平台分而治之，确有必要。欧盟在制定数字市场规则之时，既制定了在数字市场竞争的一般规则，也对符合特定条件的数字守门人制定了更加严苛的监管规则。[2]但我国既有法律规定中未见类似的处理规则。④法律规则以禁为主，未能构建维护与激励新闻公共性的相关制度。平台公共性保留义务、质量义务模糊不清，政府对个性化技术治理粗放，执法机构遁于幕后、选择性执法、运动式执法的情况普遍。另一方面，多以增加行政强制或行政法律责任为威慑，要求数字平台对其技术行为进行改进、约束，甚至将部分原本属于行政机关的义务转移给平台而未给予其相应的补偿或激励，如要求数字平台对消费者信息及平台内容承担事前审查及事后留存义务，以响应执法需求，但相应的激励制度阙如。

---

〔1〕 国家市场监督管理总局《行政处罚决定书》，国市监处罚〔2021〕74号。

〔2〕 如《欧盟数字市场法》对"守门人"公司作出了以下规定：不得利用数据投放定向广告、限制"猎杀式并购"（killer acquisitions）、为侧载应用（sideloading）打开了大门、实现互操作性。

第四章　个性化新闻推荐反垄断规制
理念修正与目标设定

现在，媒体格局、舆论生态、受众对象、传播技术都在发生深刻变化，特别是互联网正在媒体领域催发一场前所未有的变革……要顺应互联网发展大势，勇于创新、勇于变革，利用互联网特点和优势，推进理念、内容、手段、体制机制等全方位创新……[1]

——习近平

"新闻舆论是思想文化传播的重要渠道，巩固壮大积极健康向上的主流舆论是社会主义文化建设的重要任务。"[2] 数字技术正在新闻领域催发一场前所未有的变革，[3] 这种深度变革现状要求我们反思个性化新闻推荐的运行机制、运行绩效，变革规制理念，创新数字新闻市场的规制体制机制、丰富规制手段、细化规制内容，立足国内、放眼世界，建构一个科学有效、兼顾文化多样化保护与传承的规制体系，铸就起中华民族文化自信的"钢铁长城"。因此，如何通过"更好的规制"（better regulation），激发数字文化产业创新创造活力，推动文化产业迈向高质量发展，从而更好地满足人民群众日益增长的精神文化需求，实现文化

---

〔1〕 刘晓朋："习近平视察解放军报社"，载 http：//www.xinhuanet.com/politics/2015-12/26/c_1117588434.htm，最后访问日期：2022年3月6日。

〔2〕 "《习近平总书记系列重要讲话读本》全文"，载新华网，http：//www.xinhuanet.com/politics/2014-10/13/c_127090941_8.htm，最后访问日期：2023年3月5日。

〔3〕 刘晓朋："习近平视察解放军报社"，载 http：//www.xinhuanet.com/politics/2015-12/26/c_1117588434.htm，最后访问日期：2022年3月27日。

善治，理应成为当下中国重要的理论与实践课题。

第一节　个性化新闻推荐反垄断的理念修正

一、回应性规制理念内涵及其优势

一直以来，商业违法行为，包括垄断行为的发现率及案件成功实施率极低，这使得人们对反垄断威慑的感知不明显。学术证据与规制的最佳实践表明，规制者通常应该"混合"运用规制的不同模式和策略来改进合规，而不是仅仅依靠威慑自身。[1]　这种"混合"的主导理论就是"回应性规制"。[2]　回应性规制（responsive regulation）是"在传统的干预方式无法有效达成预期的政策目标时，规制者为响应受规制团体的需求，以提升规制效果而采取其他规制工具"。[3]　回应性规制是关注规制者与被规制者如何互动，以促进被规制者行为合规（超越严格守法）的理论，[4]　这是规制活动中的经典模型之一，是政府规制理论的重要组成部分。

回应性监管的基本理念有二：一是在决定是否需要或多或少的干预主义回应时，政府应该对其他被规制者的行为作出回应，在增加干预力度之前需要对被规制者的自我规制行为绩效作出回应。[5]　二是在具体规制工具的选择上，应当严格遵循渐次性原则，使用规制金字塔（enforcement pyramid）决策。政府在使用此金字塔决策时：①优先考虑干预度低的工具，让政府以外的市场与社会团体能

---

〔1〕　See Neil Gunningham and Peter Grabosky, *Smart Regulation*：*Designing Environmental Policy*, Clarendon Press, 1998, p. 105.

〔2〕　See Lan Ayres and John Braithwaite, *Responsive Regulation*：*Transcending the Deregulation Debate*, Oxford University Press, 1992, p. 35. And see John Braithwaite, *Restorative justice and Responsive Regulation*, Oxford University Press, 2002, p. 168.

〔3〕　Lan Ayres and John Braithwaite, *Responsive Regulation*：*Transcending the Deregulation Debate*, Oxford University Press, 1992, p. 35.

〔4〕　Vibeke Lehmann Nielsen and Christine Parker, "Testing Responsive Regulation in Regulatory Enforcement", *Regulation & Governance*, Vol. 3, No. 4, 2009, pp. 376-399.

〔5〕　See Lan Ayres and John Braithwaite, *Responsive Regulation*：*Transcending the Deregulation Debate*, Oxford University Press, 1992, p. 35.

够产生自我约束与管理的效果，成为可以进行自我规制的准规制机关（Quasi-regulator）；②在使用低度干预工具无法产生预期的效果时，才能逐步往金字塔顶端，选择干预度较高的工具。[1]（见图4-1）[2] 回应性规制金字塔以构建政府与非政府合作规制模式为宗旨，侧重政府之外其他主体的规制作用，以及政府与其他非政府规制之间的关系，这使得执法工具呈现金字塔的形式。不同的规制工具对应着不同的规制主体，这就需要不同规制资源的配合。

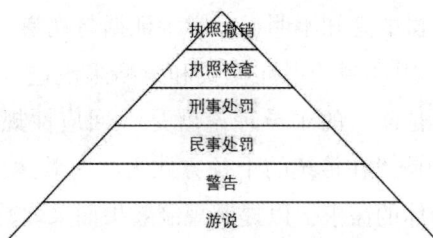

图4-1　回应性规制金字塔

　　较之于其他的规制模型，回应性规制的基本理念是：政府应该对那些他们正在考虑是否应该增加或是减少强制干预的事务作出回应，[3] 其目标在于促进合规内在化、体制化，即在不动用执法工具之时，市场主体也会作出合规承诺。在决定是否加大强制干预幅度之前，规制者应该对公民或者其他市场主体规制自己的行为具体效率作出回应。真正的回应性规制总是通过强调规制者不仅要对规制对象的态度作出反应而且要对其经营和认知框架作出反应，来寻求对当前规制理论的补充；与此同时，研究也表明，未能真正迅速地进行回应性规制，可能会构成一个代价高昂的替代过程。[4] 回应性规制的挑战是"在考虑新问题、新环境

〔1〕　See Lan Ayres and John Braithwaite, *Responsive Regulation*: *Transcending the Deregulation Debate*, Oxford University Press, 1992, p. 35.

〔2〕　每一层的空间比例代表该级别的执法活动的数量比例。

〔3〕　See Lan Ayres and John Braithwaite, *Responsive Regulation*: *Transcending the Deregulation Debate*, Oxford University Press, 1992, p. 35.

〔4〕　Robert Baldwin and Julia Black, "Really Responsive Regulation", *The Modern Law Review*, Vol. 71, No. 1, 2008, pp. 59-94.

中的新力量、新需求和新期望之时，要保持制度的完整性"。[1] 这意味着，"回应"是一种民主理想（democratic ideal）——回应人们的问题、环境和需求，"回应始于规制权力的外展和广泛赋权……社会秩序的活力来自底层，即来自日常生活中合作的必要性"。[2] 具体来说，回应性规制的两大优势为：

1. 更彰显适度性原则。从对象上来说，回应性规制以"政府正在考虑是否应该增加或是减少强制干预的事务"[3] 为对象，这也是回应性规制的一个基本理念。具体来说，真正的回应性规制是在规制实践中，通过强调现有实施理论在个案中的运用，使得规制者不仅仅对被规制企业的态度和对被规制企业的认知框架（cognitive frameworks）作出回应，而且对规制体制的制度环境与绩效、不同规制工具与规制战略的逻辑，以及这些因素的相互融合作出回应。[4] 从具体任务的角度来说，回应性规制贯穿在规制活动的整个过程：发现非法行为与不合规行为，为回应这些行为选择工具与制定战略，评估工具使用或者战略实施的风险并据此进行修订。[5] 由于规制目标清晰、规制方案具有针对性，回应性规制在许多新型风险领域被广为采用。例如，该方法的价值极大地体现在英国对环境的控制及渔业的规制中。[6]

2. 更契合效率原则。回应性规制的威慑效果更加显著。威慑旨在通过害怕惩罚来阻止社会不良行为。传统规制模式往往依赖简单威慑、事后的法律救济体系来换取被规制者的合规承诺（compliance commitment）。简单威慑（simple deterrence）是指，事先在违规行为之上贴上一个价格标签，当违规行为产生时，

〔1〕 Philip Selznick, *The Moral Commonwealth*: *Social Theory and the Promise of Community*, University of California Press, 1992, p. 336.

〔2〕 Philip Selznick, *The Moral Commonwealth*: *Social Theory and the Promise of Community*, University of California Press, 1992, p. 465.

〔3〕 See Lan Ayres and John Braithwaite, *Responsive Regulation*: *Transcending the Deregulation Debate*, Oxford University Press 1992, p. 35.

〔4〕 See R. Baldwin and J. Black, "Really Responsive Regulation", *Modern Law Review* 71（1）（2008）, pp. 59-94.

〔5〕 See R. Baldwin and J. Black, "Really Responsive Regulation", *Modern Law Review* 71（1）（2008）, pp. 59-94.

〔6〕 See R. Baldwin and J. Black, "Really Responsive Regulation", *Modern Law Review* 71（1）（2008）, pp. 59-94.

规制者将按照事先设定的"价格",让违规者买单,而不管该"价格"与实际情况是否匹配。[1] 研究表明,仅仅倚重简单威慑、事后的法律救济体系根本不可能换取足够的合规承诺,也根本不可能建立一个自由、公平的竞争环境,即规制者易陷入"威慑陷阱"(deterrence trap)。[2] 回应性规制的逻辑在于,以克服威慑陷阱(deterrence trap)为初衷,通过与传统的规制方法混合使用,以获取"平衡威慑"(leveraged deterrence)的效果。其发动条件是,在传统的干预方式无法有效达成预期的政策目标,规制者需要响应受规制对象的需求以实现合规承诺的效果时,在功能定位上,回应性规制显著的查漏补缺的特点可以避免大规模的制度重建带来的政策制定成本与机会成本。因此,回应性规制是"比国家命令和直接控制更便宜的社会控制形式"。[3]

二、回应性规制在中国适用的障碍及其克服

(一)回应性规制在中国适用的障碍

将规制理论付诸实践十分具有挑战性,因为不同的规制理论之间存在着明显的冲突。基于规制透明性要求而建立的规制形式主义要求与回应性规制之间存在着显著的差异。形式主义意味着在作出回应性规制前要作出关于"什么回应是被允许的?""应该以什么形式作出关于规制的哪些回应"等具体问题的界定。站在形式主义者的逻辑之上,武装抢劫是非常严重的罪恶,因此该行为应该被起诉;如果被证明有罪,犯罪人必须被监禁。而回应性规制要求人们挑战上述假定,进一步贴近规制方案的场景,解决更加深入的问题。例如,假设犯罪人愿意以洗心革面、放弃恶习、帮助受害人并且自愿为社会工作,以弥补他对这个社会造成的损害,那么该武装抢劫的回应性规制者将放弃监禁。[4]

回应性规制理论付诸实践的主要障碍包括:①回应性规制不易诉诸那些法律实施需要有持续性的领域,如反垄断合规。实际上,回应性规制的思路来自于人

---

〔1〕 See Christine Parker, "The 'Compliance' Trap: The Moral Message in Responsive Regulatory Enforcement", *Law & Society Review*, Vol. 40, No. 3, 2006, pp. 591-622.

〔2〕 喻玲:"从威慑到合规指引 反垄断法实施的新趋势",载《中外法学》2013年第6期。

〔3〕 See Lan Ayres and John Braithwaite, *Responsive Regulation: Transcending the Deregulation Debate*, Oxford University Press, 1992, p. 35.

〔4〕 See John H. Shenefield and Irwin M. Stelzer, *The Antitrust Laws: A Primer*, American Enterprise Institute Press, 2004, p. 137.

们对商业规制争论的不满。有些人认为，商业人士是理性的演员，他们只知道逐利，因此，必须给予违反者实质一致性的惩罚；另外一些人认为，商业人士是有责任的公民，他们可以被说服参与合规。在不同的情境中，上述两种情况都有其合理性。换言之，惩罚的一致性与持续的游说都是愚蠢的策略，因为实践中很难决定在什么时候惩罚和在什么时候游说。②规制的复杂性，即规制目标从来不会轻易实现或者轻易失败。正如我们所见，鼓励合规有时候也容易后院起火，把问题搞得更糟。因此，对某一类违法者惩罚的一致性的问题在于：在未来，我们所追求的一致性（合规）将给未来的违规行为的受害人带来更大的灾难。因此，在今天的商业规制领域，人们不再质疑"对商业非合规行为惩罚的一致性可能是一个糟糕的政策"，而当人们有理由怀疑"与坚定的合规者"的合作即将出现之时，游说可能是一种更好的方式。[1]但是，由于个人刑事违法的存在，还有人为一致性的政策辩护，尽管对惩罚行为后果的元分析[2]（meta-analyses）表明：对与日俱增的刑事惩罚投入的增加，在一定程度上会促使那些受过惩罚的人再犯。[3]

回应性规制在中国的可适用性挑战还来自于：人们多认为，回应性规制是来自发达经济体的规制设计，它未必适合转型经济国家。理由在于：①与那些负担不起高昂规制成本的发展中国家相比，发达国家拥有大量资金充足的规制机构；②大多数发展中国家受到非政府组织和社会运动的监督较少，在多数商业部门，国家规制能力较弱、商业惯例较少。[4]有学者对回应性规制方法在发展中国家的可适用性进行了专门研究，研究表明：与发达国家相比，发展中国家确实更缺乏良好运行回应性监管所需的能力。但发展中国家进行回应性规制确有必要——毕竟这是一种"比国家命令和直接控制更便宜的社会控制形式"，亦有其独特优势——具备后发优势的发展中国家可能会跳过国家监管时代，直接进入网络化治

---

〔1〕　See Lan Ayres and John Braithwaite, *Responsive Regulation: Transcending the Deregulation Debate*, Oxford University Press, 1992, p. 35.

〔2〕　Meta-analyses 国内译为元分析或荟萃分析，指对以往的研究结果进行系统的定量分析。

〔3〕　John Braithwaite, *Restorative Justice and Responsive Regulation*, Oxford University Press, 2001, pp. 30~32.

〔4〕　See Lan Ayres and John Braithwaite, *Responsive Regulation: Transcending the Deregulation Debate*, Oxford University Press, 1992, p. 35.

理的监管社会时代。[1] 因此，发展中国家可以通过减少国家干预而更多地加强非国家监管机构的规制网络建设来发挥回应性规制的作用。正是因为回应性规制处理的是政府没有能力处理的事务，所以它可能为规制能力较弱的发展中国家的规制活动切实推进提供一种全新的思路。

（二）克服回应性规制障碍的策略

1. 制度供给模式综合匹配。个性化新闻推荐活动滋生了数字新闻市场不同形态的市场失灵，也对文化规制活动提出了不同的制度需求，由此形成了风格迥异的三种制度设计。[2]

表4-1　回应数字新闻市场失灵的三种制度供给模式

回应模式	法律规定名称	具体内容
准用模式	互联网信息服务算法推荐管理规定	算法推荐服务提供者提供互联网新闻信息服务的，应当依法取得互联网新闻信息服务许可，规范开展互联网新闻信息采编发布服务、转载服务和传播平台服务，不得生成或合成恶、错、假新闻信息，不得传播非国家规定范围内的单位发布的新闻信息。
改良模式	互联网信息服务算法推荐管理规定	算法推荐服务提供者不得利用算法对其他互联网信息服务提供者进行不合理限制，或者妨碍、破坏其合法提供的互联网信息服务正常运行，实施垄断和不正当竞争行为。
重建模式	关于加强科技伦理治理的意见	明确增进人类福祉、尊重生命权利、坚持公平公正、保持公开透明等五项科技伦理原则，健全科技伦理治理体制。

---

〔1〕　John Braithwaite, "Responsive Regulation and Developing Economies", *World Development*, Vol. 34, Issue 5, 2006, pp. 884-898.

〔2〕　宋亚辉："网络市场规制的三种模式及其适用原理"，载《法学》2018年第10期。

（1）准用模式是指将传统新闻市场的规制制度直接照搬适用于数字新闻市场。制度可以节约社会交易成本，但每一项能预期带来收益的制度安排都需耗费成本，[1] 因此，推崇照搬照抄的准用模式是新兴领域市场规制最常见的做法。例如，2021 年的《互联网信息服务算法推荐管理规定》（以下简称《算法推荐规定》）[2] 中关于新闻采编人员从业规范管理的内容，基本与传统媒体采编人员从业规范无异。当然，准用模式有其明显对的适用边界，一是对于数字新闻领域的新型法益侵害方式、新型弱化竞争的行为（如零价格市场的掠夺性定价、信息挪用）和系统性致害缺少规定，"抄无可抄"；二是既有规则难以应对数字新闻市场的剧烈变革。因此，应对数字新闻市场的此类失灵，反垄断规制模式只能从改良模式与重建模式中做排他性选择或将二者进行排列组合。

（2）改良模式是指以传统新闻市场的规制制度为模板，在不改变其核心制度架构的前提下，对其进行"微调"。例如，《算法推荐规定》中对利用推荐算法进行不正当竞争行为的约束规范基本与《反不正当竞争法》第 12 条无异。改良模式有助于"缓解机械照搬的教条主义之弊"。[3] 例如，在奇虎 360 诉腾讯滥用市场支配地位的案件（3Q 反垄断之争）中，最高人民法院创造性地将建立在价格上涨测试基础上的 SSNIP 操作方法（有意义且并非短暂的价格上涨）改造为 SSNDQ 方法，[4] 解决了 SSNIP 方法无法在零价格市场适用带来的替代性分析不能的问题。但在数字新闻生产方式的颠覆性变革之下，如果坚持适用传统的、适用于价格市场的、基于效率因素的反竞争效果的分析框架，或者坚持适用以传统的反垄断规则为核心的改良版规则，那么许多事实上具有排除、限制竞争效果的行为将被"漏杀"。例如，3Q 反垄断之争中，法院没有提出损害理论并根据损害理论界定相关市场，导致案件裁判中界定了一个与竞争者"不相关的相关市

---

〔1〕 杨瑞龙："论制度供给"，载《经济研究》1993 年第 8 期。

〔2〕 指国家互联网信息办公室、工业和信息化部、公安部、国家市场监督管理总局联合发布的《互联网信息服务算法推荐管理规定》。

〔3〕 宋亚辉："网络市场规制的三种模式及其适用原理"，载《法学》2018 年第 10 期。

〔4〕 最高人民法院认为：基于相对价格上涨的假定垄断者测试难以在本案中完全适用，但仍可以采取该方法的变通形式，如基于质量下降的假定垄断者测试。参见中华人民共和国最高人民法院民事判决书（2013）民三终字第 4 号。

场", 这种做法难逃被诟病的命运。[1]

(3) 重建模式, 顾名思义, 就是抛开传统新闻市场的规制束缚, 针对数字新闻市场的特殊性建立全新的规制制度。中共中央办公厅、国务院办公厅于 2022 年印发的《关于加强科技伦理治理的意见》就属于此列。对重建模式的批判源于美国联邦第七巡回上诉法院伊斯特布鲁克法官在 1996 年的网络法会议上提出的"马法"(law of the horse) 一说。伊斯特布鲁克反对将网络法 (cyber law) 视为法学研究与诉讼实践中的一个独立部分, 并指出: 学习适用于专门领域的法律最好的方法是学习一般规则。有些规则涉及马的销售, 有些规则处理马踢人产生的侵权问题, 更多的规则处理养马许可以及赛马, 或者兽医对马匹的照顾是否恰当, 或者马术表演上奖品的归属。把这些规则集合为一部"马法"的努力注定是肤浅的, 并且这种努力必将误导学习者错过一般规则。[2]

随着互联网技术、数字技术的发展, 马和网络的差别日益彰显, 智能科技所催生的"数字化""网络化""智能化"革命, 对现行秩序带来了严重冲击和挑战。[3] 正如哈佛大学莱斯格教授所言, "网络"是一个特殊的法律调整对象, 它蕴含着许多其他事物 (thing) 所没有的法律规制问题。新的问题既超越了传统法律的调整范畴, 也彰显出一般性、经常性特点, 因此, 哪怕是历经了漫长演进的物权归属、债权纠纷和人身伤害等规则, 都难以顺畅对接"网络""智能"的挑战, 将一切"网络""智能"化于法律的无形。[4]

过去, 受制于制度转换成本, 数字经济领域市场规制模式的选择应当优先适用准用或改良模式。[5] 事实上, 反垄断监管机构也越来越意识到数字经济市场存在着诸多不公平的交易行为, 为了打破少数平台巨头对数字市场的长期垄断, 许多国家 (地区) 纷纷出台了数字经济规制专门的法律规定。其中, 最具代表性的就是欧盟, 其先后出台了《数字服务法》《数字市场法》, 明确了数字服务

---

〔1〕 兰磊:"反《反垄断法》上的'不相关'市场界定", 载《中外法学》2017 年第 6 期。

〔2〕 Frank H. Easterbrook, "Cyberspace and the Law of the Horse", *University of Chicago Legal Forum*, Vol. 1996, Issue 1, 1996, pp. 207-216.

〔3〕 张文显:"构建智能社会的法律秩序", 载《东方法学》2020 年第 5 期。

〔4〕 Lawrence Lessig, "The Law of the Horse: What Cyberlaw Might Teach", *Harv. L. Rev.*, Vol. 113, No. 2, 1999, pp. 501-549.

〔5〕 宋亚辉:"网络市场规制的三种模式及其适用原理", 载《法学》2018 年第 10 期。

提供者的特殊责任，为遏制大型互联网企业的反竞争行为以及确保网络消费者能够获得广泛的、多样化的产品和服务选择提供了全新的路径。因此，超越现行规制格局，合理构建中国数字新闻市场竞争秩序重构的规制外部条件，需要在效率与公平兼顾的理念下，以重建模式为核心并综合匹配三种规制模式。

2. 规制权力的外展（outreach）与广泛赋权（empowerment）。回应性意味着规制活动要尊重实践的完整性和群体的自主性，是对"社会生活的复杂结构"的反应。[1]

（1）"对民主而言，授权至少与宪法制衡一样重要。"[2] 现行主要依赖政府之手的新闻活动规制具有"两多两少"的特点，即管理限制多、处罚多，引导扶持少、促进少；强调官方主导多，激励民间力量少。这无法从根本上克服部门之间在规制权限等方面的利益纷争和体制缺陷。同时，主要依赖市场之手的平台经营活动的监管则呈现自我规制的特征。资本是驱使数字平台变化的重要力量，平台在数据资源和先进技术的作用下，获得了控制、影响个体选择的力量。[3]一种独立于公权力的"私权力"得以产生，同时，这项权力又是区别于传统意义上的私权利的。此种权力具有极强的规制属性，对个体具有极强的控制力，相较于公权力，"私权力"是在数据资源与算法技术的高度匹配下产生的。[4] 平台行使的即是这样的"私权力"，以追求私利作为首要目标，同时承担着维持平台内交易秩序的社会责任，这种"私权力"起源于平台与消费者之间的平等商业契约关系，但基于双方的地位和差距的不平等性发展成管理与被管理的关系。

在数字经济时代，大型平台内可能有数以亿计的经营者。受制于技术、信息、人力、物力等外部条件，政府直接实施规制不具有技术可行性与经济合理性。另外，现行的规制体系呈现显著的负外部性、激励不相容性，是数字新闻平台进行经济活动时的制约因素。从现实的角度来看，与政府直接规制相比，平台

---

〔1〕　Philip Selznick, *The Moral Commonwealth：Social Theory and the Promise of Community*, University of California Press, 1992, p. 470.

〔2〕　Philip Selznick, *The Moral Commonwealth：Social Theory and the Promise of Community*, University of California Press, 1992, p. 535.

〔3〕　许多奇："Libra：超级平台私权力的本质与监管"，载《探索与争鸣》2019 年第 11 期。

〔4〕　马长山："智慧社会建设中的'众创'式制度变革——基于'网约车'合法化进程的法理学分析"，载《中国社会科学》2019 年第 4 期。

发现交易过程中的问题并解决问题的成本更低，平台在信息、技术、效率方式更有优势，秩序管理职能的实施更加有效。质言之，平台对其"私权力"的运用能够有效改善数字新闻市场失灵的局面，例如，数字新闻平台对恶、错、假新闻和不实信息的审查有利于行业经营秩序的确立，并能够弥补数字经济时代政府规制能力的不足；倘若能够改变平台自我规制的激励不足问题，将平台转变成准规制机关，平台以及其几近于异化的"私权力"就能成长为呵护数字经济健康发展的不竭动力。

（2）回应性规制意味着权力需要制衡。"权力应该制衡权力，不仅在政府中，而且在整个社会中。"[1] 一项关于美国商业活动中的权力制衡研究表明：美国商业实践中存在着许多商业自律安排（非正式制度以及正式制度），这些自律安排中不乏权力滥用的情形，关涉权力滥用的自律安排不断出现、也不断消失；刺激这些权力滥用制度退出的主要因素是来自非政府组织（NGO）和社会运动的监督检查；这些广泛分布的治理节点（nodes of governance）弥补了政府规制的显著不足，商业习惯塑造了回应性的商业规制法。[2] 通过使用商业中自然产生的系统进行规制是必不可少的。正是通过自反相关系统（网络治理节点）的"结构耦合"，才能摆脱规制三难困境。权力的滥用最好通过复杂的、多个分离的权力——网络化治理的许多半自治节点来检查。[3] 私有、公共或混合治理的所有节点都需要足够的自治权，以使它们不能被其他治理节点所支配。同样，每个节点都需要足够的能力来检查其他节点滥用权力的情况，以便多个分离的权力可以联网，以防止任何权力节点支配所有其他节点。丰富的多个分离权力之间所需的结构耦合不仅可以检查权力滥用，而且可以增强治理节点的半自治权力，以响应人类的需求。[4]

3. 增加规制节点。通过对 500 位参与全球经营活动人士的访谈，Braithwaite

〔1〕 Philip Selznick, *The Moral Commonwealth*: *Social Theory and the Promise of Community*, University of California Press, 1992, p. 535.

〔2〕 John Braithwaite, "Responsive Regulation and Developing Economies", *World Development*, Vol. 34, Issue 5, 2006, pp. 884-898.

〔3〕 J. Braithwaite, *Markets in Vice*, *Markets in Virtue*, Oxford University Press and Federation Press, 2005, pp. 177-193.

〔4〕 Gunther Teubner, *Dilemmas of Law in the Welfare State*, Walter de Gruyter, 1986, pp. 316-318.

和 Drahos（2000）得出结论：在发达国家，对公司欺诈和会计标准最重要的监管者是全球主要的会计师事务所。专业人士和其他非政府"看门人"在发达国家对商业进行了更多的监管。相比之下，发展中国家的类似机构的标准制定能力则非常有限，执行能力则更差。[1] 在西方工业革命开始后的几十年里，在商业发达的大都市，人们看到了非常不同的规制方式，即规制者是由多个私人、专业机构和国家及其代表人组成的规制网络，并进而形成了一种社会秩序——"从邪恶的市场到美德的市场"的规制多元化的社会秩序（from vice to virtue）。[2] 在这种升级版的规制金字塔底部是商业主体自我规制，规制依赖于商业自律；当自我规制失败时，它会与另外两个非国家规制机构建立联系；如果再失败，它会再连接两个网络，依此类推。（见图 4-2）[3]

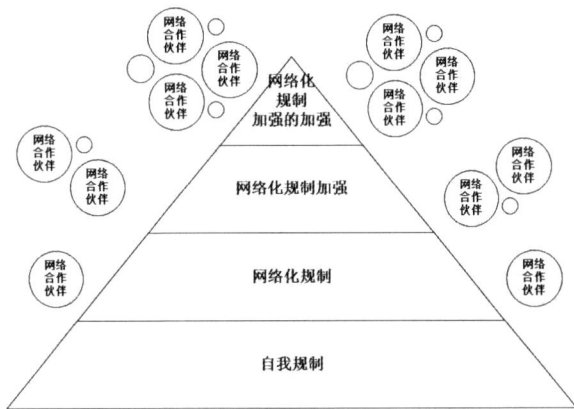

图 4-2　回应性规制金字塔网络升级示意图

当下中国确实处在一个网络化治理的时代，增加规制结点，升级网络化规

---

〔1〕　J. Braithwaite and P. Drahos，*Global business regulation*，Cambridge University Press，2000，pp. 11-30.

〔2〕　J. Braithwaite，*Markets in vice*，*markets in virtue*，Oxford University Press and Federation Press，2005，p. 12.

〔3〕　John Braithwaite，"Responsive Regulation and Developing Economies"，*World Development*，Vol. 34，Issue 5，2006，pp. 884-898.

制，提升规制能力存在两种基本策略：①基于网络分支的规制金字塔升级。回应性规制金字塔的升级不仅可以通过升级国家干预来实现，还可以通过升级非政府性的规制新触角的网络来实现。②通过进行鼓励举报（qui tam 行动）等立法加大问责力度。动员公共美德来规范私人恶习并不是解决能力不足的唯一途径。实际上，将罪恶的市场转变为美德的市场，可以通过调用规制美德的私人市场规则来实现。[1] 一个例子就是反垄断法宽大制度（leniency program）的实施。在宽大制度出现之前，受制于证据无法获取，各国垄断协议案件数量都不多。宽大制度提供了一个鼓励行为人告密的制度环境，通过告密，行为人获得法律责任的减免，执法机构获得证据。从规制网络的建设角度来看，宽大制度在自我规制不能的情形下，升级了规制网络，将违法者纳入规制网络，通过举报奖励的方法破解了长久以来桎梏垄断协议执法的难题。宽大制度也因此被誉为"迄今为止对付国际卡特尔的最有效的工具"。[2]

（三）回应性规制的制度转向

1. 从规制行为到规制平台权力。如前文所述，数字新闻市场的竞争失序问题，主要聚焦在平台对注意力市场拥有的独立定价、制定规则、控制准入、分配资源等权力所构成的平台生态对传统经济形态的颠覆。加之缺乏有效监管，平台的公共性异化造成了竞争扭曲，进而导致垄断。[3] 平台权力的出现，为反垄断法实施带来了极大的阻碍。数字平台借助这种权力从单一竞争者的角色转变为规则制定者、管理者、裁判者等多重角色，颠覆了传统的反垄断规制理论。在平台权力的加持下，看似没有足够市场份额的平台可能实际上有很强的市场控制力，看似无害的竞争行为可能暗藏着难以预测的反竞争风险。平台权力已经成为平台反垄断绕不开的一道"槛"，这一特殊权力为平台无序扩张提供动力、扫清阻力，但又在现行反垄断框架下"隐形"，这无疑大大削弱了反垄断法在平台经济领域的规制效果。

---

〔1〕 J. Braithwaite, *Markets in Vice*, *Markets in Virtue*, Oxford University Press and Federation Press, 2005, p. 12.

〔2〕 Scott D. Hammond, Cornerstones of An Effective Leniency Program, 载 http：//www. usdoj. gov/atr/public/soeecges/ 206611. htm.

〔3〕 张晨颖："公共性视角下的互联网平台反垄断规制"，载《法学研究》2021 年第 4 期。

目前，虽然也有部分研究注意到了平台权力问题，但只将其作为一种垄断行为风险，未深入考察其对反垄断规制架构的影响。[1] 而这一问题在平台反垄断进程中尤为重要，关系到平台是否满足市场力量的前提条件、行为是否会产生实际反竞争效果等关键问题。平台权力对平台行为模式和行为后果的改变使我们不能继续适用传统理论、传统方法看待平台垄断行为，而是要深入思考平台权力对反垄断实施的影响。具体来说，平台权力在反垄断法中应如何定位？反垄断法能否充分约束这种权力，这种权力对垄断行为规制究竟有何影响？其他法律是否能够限制这种权力？对这种权力的干预是否会对平台本身产生负面效果，如何平衡平台与消费者之间的关系？这些问题不仅关乎平台内经营者、消费者权益的保护，更关乎反垄断法在数字经济领域的准确适用和创新升级。在推进反垄断法修订、强化平台反垄断和防止资本无序扩张的大背景下，对上述问题进行深入思考无疑极具现实意义和学理价值。

2. 从规范数字新闻到规训算法。"技术垄断的过程从来不以道德为发展中心，而是追求效率、利益，以经济的进步掩盖对传统秩序与稳定的破坏，从而保证技术的垄断永远存活。"[2] 对于个性化推荐技术而言，其兴起也不以道德为中心，其发展也必然遵循市场流量制胜法则。在个性化打造的相关性的信息汪洋中，受成瘾机制的刺激，算法既视消费者为操练对象又视消费者为操练工具的特殊技术，借助算法推荐系统运行注意力交易或者说平台以自己创设的方式进行的人体矫正导致了消费者"道德"的矫正，注意力有限的消费者甘心或被迫沦为一条水草。此即福柯所称的"规训"。[3] 享有特殊规训权力的算法，是异化市场的力量。为应对算法兴起的挑战，应以"规训"还之彼身。其一，规训具有侵蚀算法权力的强大力量。"规训是一种谦恭而多疑的权力，是一种精心计算的、持久的运作机制。与威严的君权或国家重大机构比，它的模式、程序都微不足道。然而，它却实实在在地正在侵蚀那些重要形式，改变后者的机制，实施自己

---

〔1〕　参见孙晋："数字平台的反垄断监管"，载《中国社会科学》2021年第5期；叶明、黎业明："互联网平台滥用杠杆优势行为的反垄断规制研究"，载《管理学刊》2021年第2期。

〔2〕　[美]尼尔·波斯曼：《技术垄断：文化向技术投降》，何道宽等译，中信出版社2019年版，第167~168页。

〔3〕　[法]米歇尔·福柯：《规训与惩罚：监狱的诞生》，刘北成、杨远婴译，生活·读书·新知三联书店2019年版，第184页。

的程序。法律机构也不能避免这种几乎毫不掩饰的侵蚀。"[1] 其二，算法规训消费者潜在风险巨大。规训权力的价值之一在于，避免因为人体矫正（成瘾）受到"道德"矫正的消费者持续参与注意力争夺过程，并最终沦为平台价值的审查员。[2] 人类反之会被算法控制，不再作为社会的主体而存在。[3] 其三，规训"造就"个人，通过反向规训，搭建平台"全景监狱"，将消费者转化成平台的监督员，是解决个性化推荐规制问题的长效机制。[4] 其四，算法规训手段并不复杂，具有可行性："通过强大的社会网络，以监狱为中心，被孤立的不再是君主，而是个人"。规训的成功在于建立简单的工具——层级监视、规范化裁决以及它们在该权力特有的程序（检查）中的组合。[5] 在数字社会个性化新闻推荐治理的实践中，上述工具一一对应：平台各边主体参与，搭建算法监狱，赋予各层级主体相应的"监视权"、纠纷规范化裁决以及外在的检查与威慑机制。

3. 从简单威慑到合规指引。从世界范围来看，各国执法机构越来越认识到简单威慑作用的局限性，并且易坠入"威慑陷阱"，而由企业与内部约束与外部监管相结合的合规指引更能促进企业自发合规，在事前、事中、事后最大限度地降低垄断行为发生的可能性并降低其危害，因而成为反垄断监管发展的普遍方向。

（1）威慑陷阱不能换取足够的合规承诺。从各国反垄断执法的趋势来看，对于罚金的数额往往秉持一个理念：没有最高，只有更高。[6] 例如，2017 年至 2019 年底，欧盟委员会分别以谷歌不公平广告竞争、滥用安卓系统的市场地位捆绑销售"Chrome"浏览器、自我优待排序行为为由，对其处以 14.9 亿欧元（约合 113 亿元人民币）、43.4 亿欧元（约合 339 亿元人民币）、24 亿欧元（约

〔1〕 ［法］米歇尔·福柯：《规训与惩罚：监狱的诞生》，刘北成、杨远婴译，生活·读书·新知三联书店 2020 年版，第 184 页。

〔2〕 ［法］米歇尔·福柯：《规训与惩罚：监狱的诞生》，刘北成、杨远婴译，生活·读书·新知三联书店 2020 年版，第 143~184 页。

〔3〕 ［以］尤瓦尔·赫拉利：《未来简史》，林俊宏译，中信出版社 2017 年版，第 296 页。

〔4〕 ［法］米歇尔·福柯：《规训与惩罚：监狱的诞生》，刘北成、杨远婴译，生活·读书·新知三联书店 2020 年版，第 184 页。

〔5〕 ［法］米歇尔·福柯：《规训与惩罚：监狱的诞生》，刘北成、杨远婴译，生活·读书·新知三联书店 2020 年版，第 184~185 页。

〔6〕 喻玲："从威慑到合规指引反垄断法实施的新趋势"，载《中外法学》2013 年第 6 期。

合 183 亿元人民币）罚款。在反垄断法实施之初，各国（地区）大多通过事后救济（主要是罚金）来实现制裁与威慑的目的,[1] 但是缺少道德的感化、制度的激励，反垄断法实施的绩效不尽如人意。"威慑是由可合理预见（也让人不舒服）的惩罚及参与违法活动的高发现率共同组成。"依赖简单的威慑，企业很难直接感受规制行为的道德力量，对企业过度的惩罚会损害无辜的雇员和债权人的利益,[2] 因此，企业往往不会作出合规承诺。总之，以罚金为主的简单威慑很难产生最优威慑效果，刑罚的增加也根本不是解决垄断犯罪问题之道,[3] 依靠简单威慑让企业及其员工主动地遵守反垄断法律规定无异于痴人说梦。[4]

（2）反垄断合规能够有效弥补反垄断执法的不足。为克服威慑陷阱，反垄断法实施的实践出现了一种新的趋势——合规指引（compliance guidance）。反垄断合规指引是指执法机构多利用自己对竞争法规范的深刻理解及执法经验的积累，制定企业合规的一般制度框架（示范程序）,[5] 供企业选择，以引导企业建立自己的反垄断合规制度。反垄断合规指引旨在通过提供示范制度来换取足够的合规承诺，该制度契合了"耗费一定的公共及私人资源来预防和威慑违法行为，探寻一个通过企业主动的合作来促进公平和有效竞争的全新的规制方法实有必要"[6] 的道理，因此，许多反垄断执法机构将引导企业建立反垄断合规制度视为对执法资源的有效节约而大力推崇。

4. 从政府规制到合作规制。公法介入私法自治是现代国家不可避免的制度安排。这种介入体现在以下方面：①公法助力私法自治。私法自治具有社会属性，而公法形成的社会秩序便是私法自治的制度性基础。②公法矫正私法自治不

---

〔1〕 See Donald I. Baker, "The Use of Criminal Law Remedies to Deter and Punish Cartels and Bid-Rigging", *George Washington Law Review*, Vol. 69, 2001, pp. 693-694.

〔2〕 See John C. Coffee, Jr., "No Soul to Damn: No Body to Kick: An Unscandalized Inquiry into the Problem of Corporate Punishment", *Michigan Law Review*, Vol. 79, No. 3, 1981, pp. 386-459.

〔3〕 See Milton Handler, "Inevitability of Risk Taking", *Antitrust L. J.*, Vol. 44, Issue 2, 1975, pp. 377-385.

〔4〕 See Christine Parker, "The 'Compliance' Trap: The Moral Message in Responsive Regulatory Enforcement", *Law & Society Review*, Vol. 40, No. 3, 2006, pp. 591-612.

〔5〕 参见张占江："竞争倡导研究", 载《法学研究》2010 年第 5 期。

〔6〕 See Gary S. Becker, "Crime and Punishment: An Economic Approach", *The Journal of Political Economy*, Vol. 76, No. 2, 1968, pp. 169-217.

足。公法介入的正当性在于私法自治的天然缺陷"市场失灵",这也正是公法介入私法自治的边界。[1] ③公法辅助私法实施。合同自由是市场应当遵循的基本原则,而法律、法规则是对合同自由的补充。[2] 私法的公法化使得私法具有了部分公法功能,进而具有公法功能的私法履行公法任务。在现代行政中,一些私法方式被引入行政领域,取代政府"命令——服从"的单方行为模式,[3] 单方行为的实效性减弱时,寻求合作规制的双方行为模式便成为可能。公私合作作为政府利用私法完成公法任务的一种行政模式,旨在通过竞争方式让市场机制在公共资源配置中发挥行政所不具有的作用。[4]

个体活动未必会局限于个体之内,其必然会对他人产生效应,而有时这种效应是负面的,此为个体行为的负外部性。负外部性的消除可以采用预防性规制或者惩罚性规制。前者是指通过预设个人可以从事活动的法定条件来消除可能产生的危害性,后者是指事后对个体活动作出法律上的制裁。行政许可可以发挥预防性的作用,即行政机关在对主体开放活动资格之前,对主体申请进行审查,酌情允许。[5] 平等主体之间的民事活动,也要遵循国家依法设定的行为边界。今天,国家和社会的互嵌程度更是日益明显。一方面,监管国家崛起,另一方面,社会不断分担国家的公共职能。[6]

尽管法律法规是平台经济治理的重要制度资源,但在平台治理过程中,平台制定的管理规则对平台经济健康发展的规范引领功能也不容忽视。平台规则构成消费者、第三方商品或服务提供者以及平台企业之间具有约束力的规范,其发挥规范效力的技术支撑主要有商户积分机制、服务评价机制、声誉机制等相关算法技术。通过借助相关算法技术配合平台规则的实施,最大程度发挥平台规则的规范作用,维护了平台经济交往的正常秩序。因此,平台规则构成平台经济发展的

〔1〕 [美]罗纳德·德沃金:《至上的美德:平等的理论与实践》,冯克利译,江苏人民出版社 2008年版,第150页。

〔2〕 万江:"政府管制的私法效应:强制性规定和司法认定的实证研究",载《当代法学》2020年第2期。

〔3〕 苏永钦:《民事立法与公私法的接轨》,北京大学出版社2005年版,第9页。

〔4〕 章剑生:"作为介入和扩展私法自治领域的行政法",载《当代法学》2021年第3期。

〔5〕 《行政许可法》第2条。

〔6〕 谢鸿飞:"《民法典》中的'国家'",载《法学评论》2020年第5期。

重要制度约束。如果按照法律多元主义理论的主张，平台规则也是一种"法"，它规范和调整着平台经济秩序。[1] 平台借助"准立法权""准执法权"塑造了交易的规则和"执法"规则，借以提高经营效率。资本的逐利性和双边市场的网络效应的高压之下，平台规则"自力化""奴役化"趋势显著，因此，平台自身畸形的规则需要掺入行政力量来矫正，合作规制愈显重要。[2] 即在平台经济合作规制的模式之下，行政力量与平台规则需要进行资源整合和优化配置。就个性化新闻推荐的规制而言，数字新闻活动涉及四方主体（见图4-3），规制方式的优化，既应当贯彻于平台治理全过程中，建立对个性化新闻推荐的事前、事中、事后规制机制，也应当对各主体之间的行动进行协调，并适度平衡各方主体间的持续博弈。

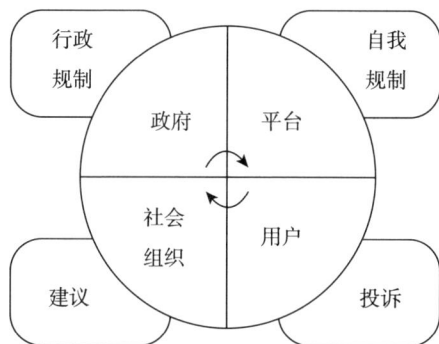

图4-3 多元主体规制体系示意图

（1）在事前：①政府应减少公共规制中的行政审批，更多地让平台企业把握准入门槛，通过连带责任制度监督平台的审查义务的履行。②政府应当为平台提供价值引领，如可信赖的算法，并明晰事后补救规则。[3] 这反映在"规制策略金字塔"和"执法金字塔"中。政府首先鼓励自我规制，如果不能达到目的，

---

〔1〕 王裕根："迈向合作治理：通过法律规制平台经济的制度边界及优化"，载《河北法学》2021年第1期。

〔2〕 黄娟："平台经济视角下网约车市场规制的重构"，江西财经大学2020年博士学位论文。

〔3〕 Philip J. Weiser, "The Future of Internet Regulation", *U. C. Davis Law Review*, Vol. 509, 2009, p. 529.

则采用强化型自我规制。[1] 也就是政府对平台自律进行监督，如果还不能奏效则采用更为严厉的命令控制性规制。③平台要进行数据搜集和利用的自律。数字新闻的运作基础便是数据，只有足够的数据作为基础，算法才能够基于此发挥作用。平台在运用算法进行个性化推送前，通常会采取和消费者签订"授权协议"的方式来确保自己行为的合法性。这种协议往往是格式条款，消费者在不同意协议的情况下，是没办法使用软件的，这也就意味着平台基于自身的特殊地位，可以对消费者信息进行大肆搜集。同时，平台在搜集到消费者信息后，并非只会依其所称的"完善消费者体验"，平台往往会将消费者信息运用到其他方面，借此来扩大自己的经济利益，攫取更多利润。这往往就造成了消费者信息泄露。[2]

（2）在事中：①政府要充分尊重平台自治权利。必须认识到，面向现代行政的私法自治领域具有其他社会力量不可替换的功能。[3] 政府规制应该为平台的自治成长保留应有空间，在条件成熟时将部分行政管理事务分离到平台组织体系内，发挥其补充行政不足的功能。平台自我规制可以部分替代政府规制，基于明显的信息优势、技术优势和资源优势赋能，平台可以有效达成监管的目的。②平台要保证算法个性化技术运行的客观性，执法机构要监督平台对于数据的运用和处理，保证算法技术不被滥用。声誉机制是平台自治的有效手段，可以极大地限制交易双方的机会主义行为，提高平台的运行秩序。另外，平台可以利用大数据技术实施智能监管，规制成本低且效率高。

（3）在事后：①政府应当尽量采取位于金字塔底部的教育和说服等执法措施，只有起始手段无效时再逐步提高到最为严厉的强制手段。若想要促使公众主动承担社会责任，则应该把软法治理提到较高位阶之上。软法最主要的作用便是促使公众的社会精神迸发。但软法作用的发挥必须以硬约束（惩罚）为后盾，一旦使用严厉的惩罚就必须保证能够达到威慑的效果。违法行为不能得到应有的惩罚，那么积极守法的个体将丧失自我规制的动力。②政府可以通过对违法行为

---

〔1〕 杨炳霖："监管治理体系建设理论范式与实施路径研究——回应性监管理论的启示"，载《中国行政管理》2014 年第 6 期。

〔2〕 周围："人工智能时代个性化定价算法的反垄断法规制"，载《武汉大学学报（哲学社会科学版）》2021 年第 1 期。

〔3〕 章剑生："作为介入和扩展私法自治领域的行政法"，载《当代法学》2021 年第 3 期。

执法措施和法律责任的设置，通过国家强制力介入异化的市场活动，发挥教育和威慑功能。③要发挥消费者广大群体的重要作用，融入社会力量参与监督。减少行政干预，加大司法控制，通过制度安排实现多元主体共同参与下的规制治理，对"参赛者和裁判者"的权力和约束进行合理分配。通过合作规制，善用规制技术，将政府的角色从规制者、控制者转变为促进者，让法律成为一种共享的解决问题的过程而非命令性的活动。

第二节　个性化新闻推荐反垄断的目标设定：融入文化善治

文化产业既有意识形态属性，又有市场属性，但意识形态属性是本质属性。[1] 新闻作为文化产业的组成部分也不容置疑地承担着弘扬社会主义核心价值观、坚定文化自信的使命与职责。因此，数字新闻市场的反垄断规制也不可避免地具有双重性质与目标。在科技高速发展和社会巨大变革的背景下，文化规制改革急需新的哲学理论来指导，新的目标来引领，此即文化善治，以"自治、法治、德治"三治融合获取文化善治，应对科技对人类社会发展带来的挑战。

一、新闻市场规制的特殊难题：文化悖反效应的克服

规制（regulation）指的是由公共机构制定出用于管理市场机制且影响企业和消费者的一般化规范。[2] Regulation 在某些时候会被译为规制。[3] 但是在中文词典中，规制并非是一个柔性词语，而让人不由得想到命令或强制要求，容易使人对此产生误解。所以，本研究中，采用"规制"一说。"从法学的角度来看，

---

〔1〕 张晓松、朱基钗："习近平谈文创产业：守正创新，坚持正确导向"，载光明网，https://m.gmw.cn/baijia/2020-09/18/34199116.html，最后访问日期：2023年3月6日。

〔2〕 ［美］丹尼尔·F. 史普博：《管制与市场》，余晖等译，格致出版社、上海三联书店、上海人民出版社2008年版，第45页。

〔3〕 如美国著名学者丹尼尔·F. 史普博的著作就被翻译为《管制与市场》，还有许多著作被翻译成"管制经济学"。参见［美］丹尼尔·F. 史普博：《管制与市场》，余晖等译，格致出版社、上海三联书店、上海人民出版社2008年版，第20页。［美］ W. 基普·维斯库斯等：《反垄断与管制经济学》，陈甬军等译，中国人民大学出版社2010年版。

对'规制'一词，也应在广义上理解，即应包括积极的诱导和消极的压抑两个方面。"[1] 国内外的学者尚未在"规制"一词的含义上形成统一认识。例如，经济学家会倾向于将"规制"解释为限制；而法学家可能会将"规制"解释为包括鼓励的含义。[2] 从法学角度来看，市场规制指的是对于垄断行为的规制，以及对不正当竞争行为的规制。[3] 作为一种法规（rule），规制是产业所需要的，并为其利益所设计和操作的。[4]

从功能角度来分，规制可以分为经济性规制（对特定行业的规制）与社会性规制（指以确保消费者和劳动者的安全、健康、保护环境以及防灾等为目的而设定的资金、服务质量以及这些服务所伴随的各种活动的标准或特定行为的限制），二者在规制目标与手段上差别明显。[5] 过去，学界倾向于将文化规制视为社会性规制的组成部分。伴随文化产业的发展、文化产业规制的特殊性凸显，文化规制日益发展为独立于社会规制的第三种规制。[6] 三者差异详见下表。

表 4-2　三类规制差异一览[7]

主要项目	经济性规制	社会性规制	文化规制
规制目标	主要强调效率目标	包括效率、公平和正义等多种目标	包括意识形态等多种目标
规制原因	自然垄断、信息不对称等	外部性、内部性等	文化原因、政治原因等
规制主体	规制者、被规制者	规制者、被规制者、规制的利害关系人	规制者、被规制者、规制的利害关系人

---

〔1〕 于雷：《市场规制法律问题研究》，北京大学出版社 2003 年版，第 4 页。

〔2〕 于雷：《市场规制法律问题研究》，北京大学出版社 2003 年版，第 4 页。

〔3〕 于雷：《市场规制法律问题研究》，北京大学出版社 2003 年版，第 6 页。

〔4〕 ［美］G.J. 施蒂格勒：《产业组织和政府管制》，潘振民译，上海人民出版社、上海三联书店 1996 年版，第 210 页。

〔5〕 ［日］丹宗昭信、伊从宽：《经济法总论》，［日］吉田庆子译，中国法制出版社 2010 年版，第 265 页。

〔6〕 马健："论文化规制：基于中外文化管理经验的研究"，上海交通大学 2013 年博士学位论文。

〔7〕 马健："论文化规制：基于中外文化管理经验的研究"，上海交通大学 2013 年博士学位论文。

主要项目	经济性规制	社会性规制	文化规制
规制相对方	往往针对特定产业和组织	主要针对不特定产业和组织，很少针对个人	既针对特定产业和组织，也针对不特定个人
规制工具	价格规制、进入规制、投资规制等	明令禁止、审查许可和资格认证等	进入规制、明令禁止和审查许可等
规制领域	自然垄断领域、金融领域、建筑领域、交通领域	健康领域、安全领域、环境领域	文化艺术领域、新闻出版领域、广播影视领域、互联网领域
规制机制	纵向制约机制	横向制约机制	双向制约机制
规制趋势	放松规制	强化规制	放松规制

　　无论基于何种规制工具行规制之事，法律秩序的形成皆为重要规制目标之一。秩序的生成存在两种模式：其一，被动化模式。法律法规会强制公民进行"为或不为"的活动。政府配置资源是与被动化模式相适应的规制方式之一。政府规制是一种命令控制性规制，通过控制准入、惩罚违规行为使被规制者遵从。在规制事项简单、目标有限的情况下，政府规制成本小、收益大，是规制工具的良选。被动化模式下，规制产生的"看得见的"效果，极易把文化规制者遮蔽和迷惑，使其产生高估文化规制实际效果的错觉和幻象。比如，数字新闻的监管者容易把恶、错、假新闻的减少误认作数字新闻规制绩效提升的关键指标，而忽略了新闻本身所具有的公共属性以及文化对个体、民族与国家的塑造功能。其二，主动化模式。法律通过对人们的价值引领和思想指导，激励公民对法律秩序产生迎合性心理，从深层次的内心认同法律秩序。[1]

　　值得注意的是，文化规制中存在明显的文化规制悖反效应——文化规制悖反效应指文化规制未得到被规制者内心认同的情况。[2] 文化规制活动不能实现预

---

〔1〕　袁达松、赵雨生："论经济法的激励机制"，载《财经法学》2019 年第 5 期。

〔2〕　参见马健："论文化规制：基于中外文化管理经验的研究"，上海交通大学 2013 年博士学位论文。

期规制目标的情况左右因素很多，文化规制的悖反效应的排除，既需要排除短期效应影响，也需要各规制主体对文化规制的目标与裁判因素进行共同凝练，产生规制认同。文化受到不同社会、不同技术之间的接触影响，可能会造成社会及文化的演变，也可能反而会阻止这种演变，其分水岭在于，规制目标与规制工具之间协调匹配。在个性化新闻反垄断规制中，市场配置资源是与规制秩序生成的主动化模式相适应的规制方式之一，市场发挥资源配置决定性作用并不意味着排除政府介入；当市场失灵时，政府规制仍应回应需要，维护市场竞争秩序，恢复竞争功能。"两手并用模式"在个性化新闻治理中的制度化应用无疑是一把双刃剑，如何科学架构三种功能的规制工具、如何兴利除弊，则是一个重要的时代考验。

二、反垄断规制任务的二元面向

数字新闻革命使众多新行动者得以参与新闻生产和传播的过程，公众获得了越来越多的参与机会，非专业人员在新闻生产领域深层渗透。但在公众广泛参与度提升的背后次第铺陈的却是公众辩论减少、信息搜索干预、新闻流动被引导等恶化公共领域环境的现象。在市场与资本的夹击下，公共领域式微，并被"重新封建化"，自由、平等、理性的交流空间逐渐让位于各种市场流量、资本力量搭建的舞台。公共领域的参与者沦为台下看客，但超级平台的政治主张、经济诉求却通过"伪公共领域"被合法化。

数字平台搭建了一个特殊的注意力交易市场，打造了一种全新的新闻传播模式。作为这个市场的中央计划者，平台在数字新闻市场的主导地位日益增长，数字新闻市场异质资本间的矛盾也越发显著。目前，新闻市场逻辑对职业逻辑取得暂时性的胜利，如果不能有效扭转这种局面，加大公共新闻的供给，提升新闻质量，那么经济资本的胜利必将对社会产生严重不利影响。[1] "反垄断的目标是完善竞争市场的运作绩效。"[2] 垄断的实质是控制供给，[3] 数字新闻市场的反垄断任务也应该从改变新闻产品的供给格局入手。

---

〔1〕 P. J. Boczkowski, *News at Work: Imitation in an Age of Information Abundance*, University of Chicago Press, 2010, pp. 147-148.

〔2〕 Frank H. Easterbrook, "The Limits of Antitrust", *Tex. L. Rev.*, Vol. 63, No. 1, 1984, pp. 1-41.

〔3〕 ［美］爱德华·张伯仑：《垄断竞争理论》，周文译，华夏出版社 2013 年版，第 62 页。

"政治公共领域要确保形成多种经过深思熟虑的公众意见"[1]，公共领域萎缩、理性的公众意见难以形成导致新闻"公共性"贬损成为数字新闻市场失灵的集大成者，金声玉振莫出其中。新闻公共性价值的商业化利用是数字新闻市场快速发展的支柱，它可以被反向利用——无限制地掠夺消费者的注意力，也可以被正向利用——增加公共新闻、提升新闻质量进而发挥新闻所应具有的全部社会功能。因此，新闻公共性修复要实现两种平衡，一是公共性新闻与非公共性新闻之间的供给平衡，二是不同质量之间的新闻供给与收益的平衡。

三、反垄断规制工具的二元面向

依据传统的经济理论，铺展于市场失灵、自由竞争之上的反垄断法与基于公共物品提供、政府干预之上的管制理应属于两种不同性质的规制手段。二者不仅泾渭分明，原则上应受不同性质的政策（竞争政策或产业政策）调整；二者势如冰炭，难以在同一规制关系中并存。这种理论上的分野虽然在现实中多有贯彻和体现，但与之相反的冰炭同炉的情况在现实中却从未少见。在传统新闻市场，由于新闻产品兼具意识形态属性与市场属性，新闻的提供素来为各国所重点监管，在新闻演进的历史过程中，管制从未缺席。在数字新闻市场，新闻公共性贬损由垄断催化而生。该市场的反垄断不仅仅是要解决效率问题，还包含新闻公共性贬损以及新闻信息无序在内的更广泛的问题集，这并非反垄断法独当一面之事。因此，数字新闻市场反垄断不应局限于适用反垄断法，作为一种反垄断方法和理念上的转变，可以同时将大型数字企业作为一种"新公用事业"进行管制。[2]

着力形式平等与实质公平的二元规制模式虽然可以为数字新闻市场的反垄断问题提供一种逻辑上的可能性和价值上的必要性支撑，但仅有这种理论性支撑尚不足以将这对矛盾的组合驯化成一种法律上的现实，二元规制模式的生成还需要有一种能够统筹协调不同法益关系、妥善处理管制与反垄断法内在矛盾的规范手段上的支持。质言之，通过反垄断来提升新闻公共性既要受到管制这一兼采积极

---

[1] Jürgen Habermas, "Political Communication in Media Society: Does Democracy Still Enjoy an Epistemic Dimension? The Impact of Normative Theory on Empirical Research", *Communication Theory*, Vol. 16, Issue 4, pp. 411-426.

[2] 高薇："平台监管的新公用事业理论"，载《法学研究》2021年第3期。

的义务性规范与授权性规范组合的调整，又要接受反垄断法这种消极的义务性规范的调整，而构成二者相互衔接界面的是管制与反垄断规制的权力配置。诚然，我们无法清晰地将平台的行为分为"受管制的"和"不受管制的"两类，也无法在"有益的"或"有害的"反垄断制度规范间画出一条分界线，这不仅在技术上很困难，而且意识形态的负担也很重。从技术困难的角度看，管制手段的动用关涉一系列复杂问题，如数字新闻市场是不是具有自然垄断属性、是不是存在其他形态的市场失灵从而标杆管制具有合理性、二元规制工具的组合对所要解决的新闻公共性问题来说是不是适当、管制的成本是不是小于直接干预所带来的收益，等等。从意识形态负担的角度看，数字新闻市场的反垄断触及一些根本政治问题的核心，如管制是否应该促进公民基本权利的保护、平台是否有义务提供普遍服务（universal service）、对新闻媒体多元化的考虑、文化多样性的发展以及其他价值。[1]

这种二元规制模式之所以能够为数字新闻市场反垄断提供规范手段上的支持，很大程度上得益于管制与反垄断法之间的相互补充与协作。这种相互补充与协作的可能性在于：①从来没有绝对不受管制的市场，所有的市场在某种程度上都受到管制。所谓的自由放任主义（laissez faire），从来都不是一个真正意义上的选项。一个国家总是必须对私人确定价格、产出和质量的机制进行选择，从本质上讲，这种对竞争进行的调整也是一种管制，与价格管制并无二异。[2] ②反垄断法不是管制竞争的完美工具。"这种不完美性即源自于人们很少知道市场上应该有多少竞争、实际有多少竞争，也因为法官、执法者都不擅长处理复杂的经济争论，还因为许多案件所涉当事人仅对限制而不是促进竞争感兴趣。"[3] 在实际执法活动中，反垄断执法普遍存在两种典型的错误：假阴性错误与假阳性错误。假阳性错误（false positive）是指将合理的商业行为误读为违法行为，假阴

---

〔1〕 "普遍服务"是指对任何人都要提供无地域、质量、资费歧视且能够负担得起的数字平台进入服务。参见［美］赫伯特·霍温坎普：《联邦反托拉斯政策：竞争法律及其实践》，许光耀等译，法律出版社 2009 年版，第 759~763 页。

〔2〕 ［美］赫伯特·霍温坎普：《联邦反托拉斯政策：竞争法律及其实践》，许光耀等译，法律出版社 2009 年版，第 782~789 页。

〔3〕 Frank H. Easterbrook, "The Limits of Antitrust", *Tex. L. Rev.*, Vol. 63, No. 1, 1984, pp. 1-41.

性（false negative）错误则是描述有害的商业行为逃脱了反垄断制裁。[1] 一国的反垄断工具箱从来都是一个多元综合的规制体系，反垄断法只是反垄断众多工具中的一个。哪怕是在反垄断法发端的美国，为促进市场开放和公平竞争，美国除了制定了反垄断法，还颁布了很多竞争政策。除了司法部和联邦贸易委员会负责反垄断执法，美联储、农业部、国防部、证券交易委员会等管制部门也都在各自领域具有反垄断的权力和义务，各部门之间既独立执法，又相互配合。[2] ③反垄断法不是数字平台市场反垄断的完美工具。伴随着双边市场经济的发展，在观察到平台企业具有显著的跨市场经营、网络外部性与截然不同的价格结构后，Evans 等经济学家指出，适用于单边市场中的反垄断规则应用于双边市场时可能完全失效，如不考虑市场的多边性，执法者可能会错误地将低于成本价格销售认定为掠夺性定价。[3] 美国联邦贸易委员会主席莉娜·汗通过对亚马逊的长期观察发现，在具有双边市场特征的平台市场，传统反垄断规则面临严峻的挑战。如果说网络外部性、数据控制、倾斜定价是传统反垄断规制适用于数字平台市场的内生困境，那么投资者愿意牺牲短期利润、接受延时补偿，支持平台在"赢家通吃"市场中的掠夺性增长则是反垄断法在平台反垄断中功能发挥的外在障碍。两个变量交互作用显著，使得在数字平台领域适用传统反垄断规则滋生了许多典型的假阴性错误（false negative），即本应被禁止的垄断行为逃脱了法律制裁。[4] ④单一反垄断法规制模式不是数字新闻平台市场反垄断的完美工具。置身于数字新闻市场，该市场的竞争失序问题主要聚焦在平台对注意力市场拥有的独立定价、制定规则、控制准入、分配资源等权力所构成的平台生态对传统经济形态的颠覆，加之基于价格变量、产出效果、效率考量而生成的反垄断法律规则难以对其反竞争行为进行有效监管，更难以填补数字新闻市场公共信息的缺口，也无法阻止平台竞争扭曲，进而导致垄断。[5]

〔1〕 See Frank H. Easterbrook, "The Limits of Antitrust", *Tex. L. Rev.*, Vol. 63, No. 1, 1984, pp. 1-41.

〔2〕 孙晋："数字平台的反垄断监管"，载《中国社会科学》2021 年第 5 期。

〔3〕 See David S. Evans, "The Antitrust Economics of Multi-Sided Platform Markets", *Yale Journal on Regulation*, Vol. 20, 2003, pp. 325-381.

〔4〕 Lina Khan, "Amazon's Antitrust Paradox", *Yale Law Journal*, Vol. 126, No. 3, 2017, pp. 564-907.

〔5〕 张晨颖："公共性视角下的互联网平台反垄断规制"，载《法学研究》2021 年第 4 期。

上述既分又统的结构关系与二者在规范功能上的互补之间存在着一种近乎必然关系的恒常连结（constant conjunction）。[1] 这种恒常连结从新闻公共性修复的角度上看，既表现为法律可根据不同规制关系的特点、技术变化、经济发展、社会变化来动态地厘清管制和反垄断权力的边界，也可以表现为数字新闻平台的管制偏离政治游说、俘获，走上法治化轨道。若无此合法性证明，因为管制进行利益再分配而导致的不公平和市场控制力量难免会给数字新闻市场的反垄断带来"政府失灵、一种成本高昂的替代"的批判与"政治过程的结果、满足产业压力集团的自我利益"[2] 的正当性质疑。"面对复杂多变的平台经济，试图单靠某一次执法来规范和维护平台经济的竞争格局和竞争性市场结构并非易事"，[3] 管制对反垄断法的补充作用在于，管制可以为数字新闻市场反垄断拟追求目标的实现提供两种支持：其一，反垄断法是救济性和随机性的，通过法律规制来救济行为的结果，侧重校正事后的市场秩序，但管制是控制性和政策性的，通过法律规范来控制行为的过程，侧重维护事前和事中的市场秩序。[4] 二者交互作用所形成的秩序和对数字平台构建的严密规范体系，体现了微观秩序支持宏观秩序，合乎法律性对更为宽泛的合法性的支持。其二，管制对反垄断法的支持还表现为，若无管制这一深入社会各种价值平衡的权力触手的媒介，单纯依赖反垄断法本身无法弘扬反垄断作为宏大价值目标和强大经济调整功能的"超级法"之应有功能。[5] 而一旦有了管制义务和赋权的功能加持，反垄断法不但能够以更高的效率实现对垄断行为的禁止与对竞争秩序的维护，而且可以通过将其自生的威慑力渗入到管制之中，并借助管制规范的再规范来实现数字新闻市场反垄断的多元化目标。

正是通过管制与反垄断这种既重形式公平又重实质正义、既控制竞争结果又

---

〔1〕 See A. Stroll & R H Popkin, *Philosophy*, Oxford University Press, 1993, p. 268.

〔2〕 ［美］丹尼尔·F. 史普博：《管制与市场》，余晖等译，格致出版社、上海三联书店、上海人民出版社 2008 年版，第 26 页。

〔3〕 金善明："中国平台经济反垄断监管的挑战及其应对"，载《国际经济评论》2022 年第 3 期。

〔4〕 参见张占江："自然垄断行业的反垄断法适用——以电力行业为例"，载《法学研究》2006 年第 6 期。

〔5〕 孔祥俊："论互联网平台反垄断的宏观定位——基于政治、政策和法律的分析"，载《比较法研究》2021 年第 2 期。

控制竞争过程的规范组合，公平与效率、自由与秩序这些相互悖反的价值于此形成一种合而两利、分则两伤的辩证关系，并为我们所处的这样一个既谋技术发展、商业创新，又求文化长青、有效治理的数字社会奠定了重要基础。

四、融入文化善治的反垄断规制框架

党的十九大报告中明确提出，"推进科学立法、民主立法、依法立法，以良法促进发展、保障善治"。善治是政府、社会团体、企事业单位、公民依法对公共事务共商共治，使公共利益最大化的一种社会治理模式。[1] 文化善治（good cultural regulation）则是指将公共利益置于最高点并将其最大化发展的规制方式。文化善治是规制者和被规制者共同发力的表现，是文化意图进步的最完美状态。从规制的绩效分析反观，文化规制在当下的数字新闻领域尚未达到"最完美状态"。诚然，文化规制不是万能的，在很多时候作用甚微，[2] 这与其他形态的市场失灵并无二异；但仔细审查文化规制失灵的特征与成因，文化规制又因文化的特殊性而有其独特的失灵路径与修复路径。比如，从规制主体来看，被规制者既有自觉能动性又不具有可自控性，未得到被规制者内心认同的文化规制存在显著的规制悖反效应；从规制效果的生成来看，短期很难奏效。

当前，数字技术正在快速地改变着社会，使人类生活条件取得前所未有的进步，也带来了严峻的新挑战，但相应的治理办法未能与时俱进。[3] 数字新闻领域的规制变革要面向技术不断加速变革的步伐，选择使新闻公共性彰显、公共性工具价值最大化发挥的文化规制模式。文化善治体系的制度框架由"一个基础、两种价值、三重效用、四种机制、五项原则"五个板块构成（详见图4-4）。[4]

---

〔1〕　俞可平主编：《治理与善治》，社会科学文献出版社 2000 年版，第 8 页。

〔2〕　马健："文化规制为何会失灵？"，载《商业研究》2015 年第 3 期。

〔3〕　联合国数字合作高级别小组：《相互依存的数字时代》，2019 年 6 月 10 日。

〔4〕　马健："论文化规制——基于中外文化管理经验的研究"，上海交通大学 2013 年博士学位论文。

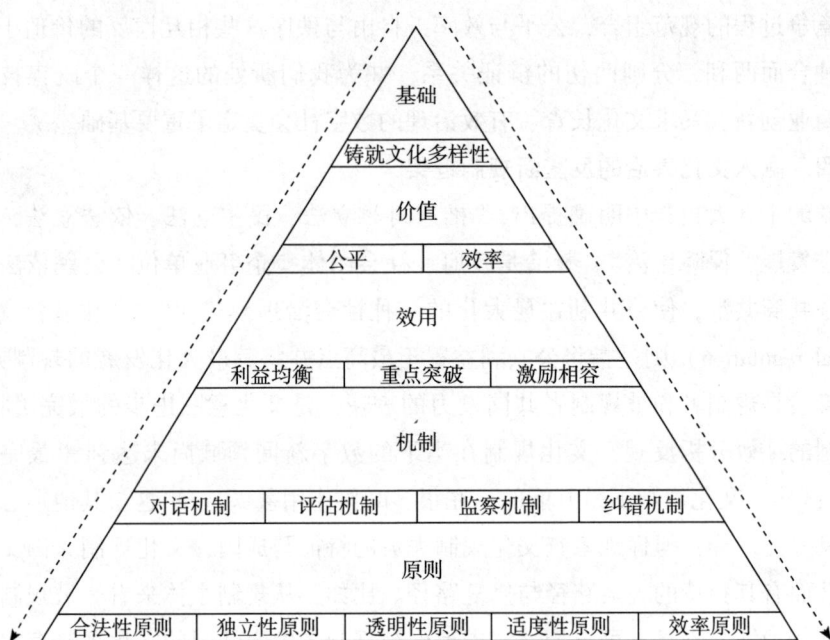

图 4-4　融入文化善治的反垄断规制框架

（一）一个基础：夯实新闻公共性、铸就文化多样性

文化产品兼具商品属性及意识形态属性，新闻市场的反垄断规制的特殊性就在于它必须妥善处理文化商品属性与意识形态属性的冲突，也需要平衡一国文化多样性的保护。文化产品承载一定的价值观，能左右一国公共道德乃至公共观点的形成。[1] 这是文化产品的天然特征。作为意识形态的文化，肩负传承和发扬本国、本民族或是统治阶级所认可的文化价值观的职责。各国对文化产品给予高度重视的根本原因也在于此。

不同时代、不同地域的文化各不相同。人类通过文化适应和社会化的学习过程获得文化，这体现在不同社会文化的多样性上。[2] 文化多样性（cultural diversity）是一定区域内多元文化共存的状态，指各群体和社会借以表现其文化的

---

〔1〕　吕娜："文化产品审查制度研究——以道德审查为视角"，中国政法大学 2011 年博士学位论文。
〔2〕　Edward Burnett Tylor, *Primitive Culture*, Cambridge University Press, 2012, p. 1.

多种不同形式。2001 年，联合国教科文组织《世界文化多样性宣言》指出，文化多样性是交流、革新和创作的源泉；文化多样性增加了每个人的选择机会；不仅是促进经济增长的因素，而且是享有令人满意的智力、情感、道德精神生活的手段。[1] 2005 年，联合国教科文组织通过《保护和促进文化表现形式多样性公约》，强调文化发展与经济发展同样重要；保护、促进和维护文化多样性是当代和后代的可持续发展的一项基本要求。[2]

　　文化所呈现的多样性源于跨时代、跨地域人群间的交流、革新和创作，人类文化的多样性是人类的共同遗产，[3] 维护文化多样性则惠及子孙后代，且为维护人类自身的生存所必需，"文化多样性对人类的必要性，正如生物多样性对自然的必要性一样"。[4] 具体表现在：其一，多样性是人类文化得以延续和保存的重要前提，如果没有多样性，单一文化的缺陷将有可能放大为整个人类共同的文化缺陷，从而危及文化的持续性。其二，多样性的存在是人类文化保持自身活力的重要条件[5]。文化多样性创造新的可能性，对新文化的尝试和探索是文化创造性与活力的重要表现。[6] 其三，媒体多样性可以为消费者创造机会，让他们接触不同的意见，对自己的观点进行自我反思[7]，增强社会和文化的包容性[8]、宽容性[9]，引导人们更准确地感知公众意见。[10] 因此，数字新闻不应

〔1〕　参见《世界文化多样性宣言》第 1 条和第 3 条。
〔2〕　参见《保护和促进文化表现形式多样性公约》第 2 条。
〔3〕　参见《世界文化多样性宣言》第 1 条。
〔4〕　参见《关于在数字时代保护及促进文化多样性的宣言》。
〔5〕　李剑："出版物多样性保护与反垄断法的转售价格维持规制"，载《中外法学》2013 年第 2 期。
〔6〕　于瑾："文化多样性研究述评"，载《广西民族研究》2007 年第 1 期。
〔7〕　K. Hazel Kwon, Shin‐Il Moon & Michael A. Stefanon, "Unspeaking on Facebook？ Testing Network Effects on Self‐Censorship of Political Expressions in Social Network Sites", *Quality and Quantity*：*International Journal of Methodology*, Vol. 49, No. 4, 2015, pp. 1417‐1435.
〔8〕　Robert Huckfeldt, "Paul E. Johnson and John Sprague, Political Environments, Political Dynamics, and the Survival of Disagreement", *The Journal of Politics*, Vol. 64, No. 1, 2002, pp. 1‐21.
〔9〕　Diana C. Mutz, "Cross‐Cutting Social Networks：Testing Democratic Theory in Practice", *The American Political Science Review*, Vol. 96, No. 1, 2002, pp. 111‐126.
〔10〕　Wojcieszak, Magdalena, and Hernando Rojas, "Hostile Public Effect：Communication Diversity and The Projection of Personal Opinions onto Others", *Journal of Broadcasting and Electronic Media*, Vol. 55, No. 4, 2011, pp. 543‐562.

该任由市场的一时兴起，文化多样性保护的论点就说明了这一点。[1] 尽管保护文化多样性不是反垄断法传统的规制目标，但却是文化领域保护消费者利益、行业健康发展的必然选择，是反垄断法规制文化产业必要的价值追求。

文化多样性本身不应该被解读为一个孤立的目标，而是一个对他人、对与自身不同的一切的尊重与认可的原则。作为文化商品，信息被认为不同于其他商品，因为它们具有很高的文化价值。个性化新闻推荐的客体是数字新闻，数字新闻属于信息的表现形式，其多样性影响到文化多样性。保护文化多样性的价值追求应当融入数字新闻市场反垄断规则中，反垄断规则应以最为文化友好的方式来实现其经济效率目标。[2] "文化多样性是交流、革新和创作的源泉，对人类来讲就像生物多样性对维持生物平衡那样必不可少，从这个意义上讲，文化多样性是人类的共同遗产，应当从当代人和子孙后代的利益考虑予以承认和肯定"。[3] 当然，文化多样性本身不应该被解读为一个孤立的目标，而是一个对他人、对与自身不同的一切的尊重与认可的原则。

概言之，在数字社会，个人及社会群体拥有的渠道和他们的参与是保证文化多样性的必要条件，这也应当成为指导当代文化政策的基本原则。[4] 对个性化新闻推荐而言，实现文化善治的基础在于填补公共信息供给缺口，革除信息无序、提升新闻质量，筑牢文化多样性的根基。

（二）两种价值：公平与效率

1. 单一效率论的矫正。反垄断法的法益选择和价值目标一直是反垄断法研究的焦点问题。20 世纪 70 年代，受芝加哥学派的观点影响，单一效率追逐一度成为许多学者认同的反垄断法价值目标。[5] 波斯纳曾明确地指出："在经济分析中我们之所以珍视竞争是因为它促进效率——作为手段而非目的——这似乎表

---

〔1〕 Françoise Benhamou, "Fair Use And Fair Competition For Digitized Cultural Goods: The Case of Ebooks", *Journal of Cultural Economics*, Vol. 39, Issue 2, 2015, pp. 123-131.

〔2〕 焦海涛："社会政策目标的反垄断法豁免标准"，载《法学评论》2017 年第 4 期。

〔3〕《世界文化多样性宣言》第 1 条。

〔4〕 参见《关于在数字时代保护及促进文化多样性的宣言》。

〔5〕 徐士英等："经济法的价值问题"，载漆多俊主编：《经济法论丛》（第 1 卷），中国方正出版社 1999 年版，第 38 页。陈莉、胡晓爽："效率：反垄断法的价值目标"，载《唯实》2008 年第 1 期。

示，只要垄断有助于提升效率，就应该得到容忍甚至鼓励。"[1]"反垄断法的唯一目标就是经济效率"[2]。然而，法益是前实证法的、先于法律规范而独立存在的经验事实。这些经验事实源于个体需求和社会生活，为社会大众普遍信赖，从而上升为居于主导地位的社会核心文化价值和公众的普遍经验认知。[3] 事实上，效率并非反垄断法追求的唯一目标。[4] 反垄断法必然存在其他价值追求，唯效率论导致现代反垄断法产生悖论，偏离了立法的本质。

（1）唯效率论是建立在价格理论上的，难以适用于零价格市场。它在评估竞争时着眼于消费者的短期利益，而不是生产者的利益或整个市场的健康，仅将低廉的消费者价格视为健全竞争的证据，[5] 这导致许多损害注意力和隐私的行为逃避了反垄断审查，更容易衡量的因素（例如，对狭义的市场价格、产出或生产效率的影响）变得"过分重要"。[6] 在数字市场，总是必须证明价格效应是这些科技公司频繁越过法律底线而不受到反垄断法处罚的重要原因，因为消费者至少可以从这些公司"免费"获得服务。但这些产品并不是真正的免费，消费者正在用他们的数据或他们的注意力付费。而量化这些因素更加困难，所以这些公司在很大程度上逃避了任何有意义的反垄断执法。[7] 事实上，这种方法忽略了对消费者的非价格损害，包括隐私、注意力、新闻质量、创新方面的损害。唯效率论还忽略了反垄断法"限制权力"的这一政治功能，而这是反垄断法与生俱来的政治使命。[8] 这一点在新闻市场尤为重要，因为信息传播技术本身就可能成为一种社会控制手段，[9] 它对文化和政治能够产生重要影响。

---

〔1〕　Richards A. Posner, *Antitrust Law*（2nd ed.）, University of Chicago Press, 2001, p. 28.

〔2〕　Richard Schmalensee, "Bill Baxter in the Antitrust Arena: An Economist's Appreciation", *Stanford Law Review*, Vol. 51, No. 5, 1999, pp. 1317-1332.

〔3〕　田宏杰："刑法法益：现代刑法的正当根基和规制边界"，载《法商研究》2020 年第 6 期。

〔4〕　兰磊："反垄断法唯效率论质疑"，载《华东政法大学学报》2014 年第 4 期。

〔5〕　Lina M. Khan, "Amazon's Antitrust Paradox", *Yale Law Journal*, Vol. 126, 2016, pp. 710-805.

〔6〕　Stucke M E, Grunes A P., *Big Data and Competition Policy*, Oxford University Press, 2016, p. 109.

〔7〕　Sally Hubbard, *Testimony of Sally Hubbard*, *Online Platforms and Market Power*, Part 1: The Free and Diverse Press, June 11, 2019.

〔8〕　孔祥俊："论互联网平台反垄断的宏观定位——基于政治、政策和法律的分析"，载《比较法研究》2021 年第 2 期。

〔9〕　张咏华："媒介分析领域的重要理论成果——贝尼格的'控制革命'论评析（上）"，载《新闻大学》2000 第 3 期。

（2）唯效率论忽略了多样性的价值，无法满足一国文化建设与新闻市场长效发展的要求。在数字新闻市场，只注重效率的结果是数量提升，但数量上的增加并不意味着文化市场的繁荣，也不意味着消费者的需求得到满足。更多的产品数量可能来源于恶、错、假新闻和侵权作品的泛滥，也可能是新闻工厂、算法文章等现象的恶果。新闻具有经济利益和社会效益的双重价值，不仅是物质财富，更是精神财富，因此，它的竞争效果判断不能依赖效率维度，或者说不应该依赖传统的效率维度。[1] 自由竞争市场之所以能够产生效率，就是通过消费者选择挑选更有效率的企业和更高质量的产品，但消费者对文化产品的选择不具有指导意义，经常产生负面影响。例如，在阅读市场，经典名著被人遗忘，包装精美却粗制滥造的快餐文化却受到人们追捧；有些消费者更加偏爱暴力、色情等感官刺激性文化产品；企业为了获得高额利润而生产垃圾文化产品，满足低级趣味，从而形成文化产品生产、消费的不良互动和恶性循环。算法个性化新闻推送加剧了这一问题，成为低俗文化、信息无序的温床。[2] 因此，对文化市场的规制不能被效率至上和"自由选择"所桎梏，要清楚地认识到消费者的非理性和文化产品的逆向选择问题，不能将效率凌驾于其他公共价值之上，更不能将其视为新闻市场反垄断规制的唯一追求。

总之，要保护文化多样性和公民权利，并促进思想市场的自由、开放，就必须改变单一效率目标，开创比当前更完整的"消费者福利"概念。[3]

2. 公平何以实现？每个人都拥有一种基于正义的不可侵犯性，这种不可侵犯性即使以社会整体利益之名也不能逾越。因此，正义否认为了一些人分享更大利益而剥夺另一些人的自由是正当的，不承认许多人享受的较大利益能绰绰有余地补偿强加于少数人的牺牲。[4]

（1）科学处理注意力收益分配问题的关系。反垄断规制个性化新闻推荐的起因在于，平台通过该技术为主的交易规则设计捕获了海量注意力、吸收了主要的广告收益，破坏了新闻业的商业模式，极度恶化了新闻生产者的生存环境，造

---

〔1〕 效率标准中是否包含创新与文化多样性保护尚无定论。

〔2〕 吴雨霏："文化产业发展的政府规制研究"，载《科学社会主义》2014年第1期。

〔3〕 Lina M. Khan, "Amazon's Antitrust Paradox", *Yale Law Journal*, Vol. 126, 2016, pp. 710-805.

〔4〕 ［美］约翰·罗尔斯：《正义论》，何怀宏等译，中国社会科学出版社1988年版，第1~2页。

成了分配不公平。"正义是社会制度的首要价值",[1] 社会的基本结构终究须由可预期、受控制的正义来主导,但"正义有着一张普罗透斯似的脸,变幻无常、随时可呈不同形状并具有极不相同的面貌"。[2] "保证每个社会成员都能公平地获得生存与发展的能力",[3] 是一国社会治理的基本底线与法治建设的初始条件。"人民对美好生活的向往,就是我们的奋斗目标",[4] 这是社会治理的终极目标,是数字新闻市场治理的根本目标。因此,平衡消费者个体成长、新闻市场健康发展、国家文化战略实现等多重因素,分配注意力资源,是数字新闻市场应当践行的中国之道。

(2) 科学处理免费交易不受反垄断法调整与注意力对价的关系。在 *Kinderstart. com v. Google Inc.* 案中,美国地方法院认为,注意力交换不属于反垄断法调整的范围。原告 Kinderstart 经营一家专注儿童保育的网站。在其诉状中,Kinderstart 指控谷歌滥用其在"搜索市场"的优势操纵搜索结果。但地方法院驳回了原告的索赔请求。法院强调,原告未能引用任何权威证据"表明反垄断法也关注提供免费服务方面的竞争"。[5] 此案引发了反垄断法理论与实务界的大讨论。拥趸者(如博克教授)认为,对搜索引擎的反垄断投诉是"不可支持的",因为"像谷歌这样的搜索引擎对消费者是免费的"。[6] 美国前联邦贸易委员会委员赖特主张:"在线市场的垄断者在获取利润方面真的很可悲,因为他们大多数人免费赠送他们的产品。"[7] 而大多数学者不认同上述观点,他们认为,谷歌绝对不是在"没有从消费者那里获得任何有价值的东西的情况下提供对其核心搜索产品的访

---

〔1〕　[美] 约翰·罗尔斯:《正义论》,何怀宏等译,中国社会科学出版社 2001 年版,第 1 页。

〔2〕　[美] E. 博登海默:《法理学:法律哲学与法律方法》,邓正来译,中国政法大学出版社 2017 年版,第 265 页。

〔3〕　参见胡玉鸿:"依靠法治满足人民对美好生活的要求研究",载《法律科学(西北政法大学学报)》2021 年第 2 期。

〔4〕　习近平:"人民对美好生活的向往,就是我们的奋斗目标",载《习近平谈治国理政》第一卷,外文出版社 2018 年版,第 4 页。

〔5〕　See Kinderstart. com, LLC v. Google Inc., "Case Number C 06-2057 JF (RS)." Kinderstart. com, LLC v. Google Inc., C 06-2057 JF (RS), (N. D. Cal. Jan. 22, 2007).

〔6〕　Robert H. Bork, Antitrust and Google, https://www. hudson. org/research/8861 - antitrust - and - google.

〔7〕　Geoffrey Manne & Joshua Wright, What's an Internet Monopolist? A Reply to Professor Wu, https://truthonthemarket. com/2010/11/22/whats-an-internet-monopolist-a-reply-to-professor-wu/.

问"——它收集注意力（和个人信息），它的服务根本不是"免费"的。[1] 认可谷歌（或谷歌拥有的子公司，如 YouTube）消费者协议有效的法院也都承认这一点：如果谷歌真的"免费"，由于缺乏对价，其消费者协议无法执行；然而，谷歌极力主张强制执行这些合同，而且多数法院都认可它们具有可执行性。由此倒推，谷歌提供的服务不是免费的，只是对价支付方式不同于传统市场中的交易而已。

当然，我们必须承认，基于注意力运行的数字新闻交易通常缺乏明显的价格，这种特性并没有巧妙地映射到作为正统反垄断法和经济学基础的价格理论框架中。反垄断政策的基本要素仍然是大量使用价格作为焦点来解释或定义。例如，"市场力量"通常被称为"控制价格的力量"或更具体地说"将价格提高到高于竞争水平的力量"。[2] 这种以价格为中心的定义非常常用，在事实上，一位评论员认为这种定义是"规范"（canonical）的。[3] 价格仍然是正式执法指南、司法意见和该领域大量学术工作的焦点。基于注意力的交流通常没有明显的价格，可能会被忽视。不幸的是，这种疏忽——尽管可能是无意的——已经导致对竞争和福利的损害。十多年来，谷歌和脸书在这种"疏忽"中各自主导了各自搭建的注意力交易市场。[4] 可以预计，随着吸引注意力的公司的规模和实力不断增长，这种错误的成本必定会增加。反垄断法以前授予"免费"产品市场通行证是不正确的。[5]

（3）科学处理消费者利益保护与消费者选择最大化的关系。从理论上讲，反垄断法通过保护竞争机制不受扭曲来发挥市场机制优化资源配置的作用，从而

〔1〕 消费者用其对广告的关注，换取他们能够看到自己想要的内容（如电视节目、互联网网站）。See Brad J. Sagarin, "Bartering Our Attention: The Distraction and Persuasion Effects of On-Line Advertisements", *Cognitive Tech.*, Vol. 8, No. 2, 2003, p. 4.

〔2〕 Lina Khan, "Amazon's Antitrust Paradox", *Yale Law Journal*, Vol. 126, No. 3, 2017, p. 710.

〔3〕 John B. Kirkwood, "Market Power and Antitrust Enforcement", *B. U. L. REV.*, Vol. 98, 2018, p. 1170.

〔4〕 John M. Newman, "Antitrust in Digital Markets", *Vanderbilt Law Review*, Vol. 72, Issue 5, 2019, p. 1497.

〔5〕 John M. Newman, Antitrust in Attention Markets: Objections and Responses, Santa Clara L. Rev. Vol. 59, 2020, p. 743.

使经济效率提高并惠及全体消费者。[1] 关于如何具体实现保护"消费者利益"[2] 目标,学界观点不一。但多数学者都支持这样的观点:消费者选择最大化是一种可以接受的——甚至是最佳的——促进消费者利益的手段。在这种观点下,选择和利益是正相关关系,前者增加后者也增加,这两个概念可以互换。"消费者利益"在反垄断法律和经济学的背景下意味着比外行人想象的要少得多的东西——事实上,一个更好(更少误导)的表示是"消费者剩余"。消费者剩余是指买家对一给定产品支付意愿的假设和实际支付价格之间的差异。[3] 该术语源自新古典经济学,它依赖于部分均衡分析:定义一个分散的"市场",就该市场如何运作得出一些假设的均衡"解决方案",并评估其对市场参与者消费者剩余的影响。

将社会或某些子群体的剩余最大化是很多反垄断政策的实施目标。在此观点支撑下,"消费者选择"的概念被假定为与最大化消费者剩余的规范目标直接相关。只有完全理性的消费者在获得完美信息的前提下有能力从诸多竞争产品中作出最利己的决策。易言之,随着更多的选择变得可用,消费者能够更好地最大化他们自己的剩余。消费者的选择能力越弱,他们将剩余最大化的能力就越弱。基于这些假设,现代反垄断强调并高度重视"消费者的选择"。例如"联邦反托拉斯法寻求最大限度地增加消费者在市场上的选择",[4] 减少的消费者的选择足以建立起诉资格、表现出明显的损害,并使被告的行为违反反垄断法。因此,消费者选择可以成为衡量消费者福利效果的重要指标,"消费者选择"可以作为反垄断消费者利益最大化的最佳手段。

---

〔1〕 时建中主编:《反垄断法——法典释评与学理探源》,中国人民大学出版社 2008 年版,第 3 页。

〔2〕 Reiter v. Sonotone Corp., 442 U. S. 330, 343 (1979).

〔3〕 Hebert Hovenkamp, *Federal Antitrust Policy: The Law of Competition and its Practice*, West Academic Publishing, 2016, pp. 891-895.

〔4〕 Hebert Hovenkamp, *Federal Antitrust Policy: The Law of Competition and its Practice*, West Academic Publishing, 2016, pp. 891-895.

表4-3　全球50个发展中国家反垄断法立法目标统计[1]

立法目标	国家数量（单位：个）
竞争	43
消费者福利	22
经济效率	19
公共利益	11
消费者选择	2

但在个性化新闻推荐市场，消费者选择与消费者利益之间是否存在直接的正相关关系还远未明确。毕竟不容忽视的事实是：选择的数量越多，消费者进行选择的注意力成本就越大；过多的选择可用性会导致"选择瘫痪"，即面对在太多竞争选项中作出的决定，许多人只会选择根本不作决定。例如，谷歌长期以来一直试图围绕其核心产品——"通用搜索"创建一个生态系统，以鼓励消费者在谷歌的各种产品（搜索、地图、Gmail 等）之间导航，而无需切换到竞争对手的产品。因此，像谷歌收购 YouTube 这样的兼并可以被视为"利益"的福音——理论上它可以让谷歌降低使用一套所需产品所需的认知负荷。但它的确又减少了消费者能够"选择"的非谷歌拥有的视频服务。这并不是说谷歌的收购行为是反竞争或促进竞争，只是像"选择"和"福利"这样的概念比正统的反垄断通常假设得更紧张。简言之，消费者利益和消费者选择之间的关系是混乱、复杂的，而且往往难以预测。在注意力市场，消费者利益和消费者选择之间并不具有直接的、正相关的关系；在特定情况下，最大化消费者选择可能会也可能不会促进消费者利益。

（三）三处重点：利益均衡、重点突破与激励相容

1. 利益均衡。在数字新闻市场，极度不公平的注意力收益分配的规则改变了数字新闻市场的群体行为，改变了市场绩效，也阻碍了数字新闻市场的健康发

---

　　[1]　See Dina L. Waked, "Antitrust Goals in Developing Countries: Policy Alternatives and Normative Choices", *Seattle University Law Review*, Vol. 38, No. 3, 2015, pp. 945-1006.

展。利益的重新分配可以帮助缓解紧张局势，让社会更加稳定。当然，重新分配总是会有输家，重新分配往往会引发新的冲突。[1] 根据社会效用或符合整个社会最大利益的方式分配注意力收益，确保更科学、公正的分配是解决数字新闻市场问题的主要目标之一。

2. 重点突破。在管制层面，主要面向公共性新闻与非公共性新闻、软新闻与硬新闻之间的供给平衡，以缓解数字新闻平台开放性、公平性不足导致的公共性贬损问题。在反垄断法层面，主要面向公共新闻不同内容之间的平衡，通过修复市场失灵、纠正逆向选择发挥质量引导的作用，促使新闻市场朝着产出更高质量、更多元化的新闻内容的方向发展。

3. 激励相容，即要改变激励外部性状况。人人皆为外部世界刺激之产物，只要能够充分详尽地对外部世界环境予以说明，即可准确预测个体行为。[2] 执法机构能动性不足、平台自我规制能动性不足、消费者参与规制活动能动性不足共同促成了数字新闻市场规制激励外部性的问题。在这种外部条件下，可以合理预计：规制活动参与者没有改进规制绩效的动力。因此，改变规制外部条件，强化有利于公共利益保护增强的行为，通过负强化、负激励移除或带走扭曲数字新闻市场竞争的行为，是提升数字新闻市场规制绩效的不二之举。

行为心理学奠基人斯金纳教授的实验研究结果表明：行为是由结果决定的，但行为也需要前因。强化行为的外界刺激有四种（见图4-5）：①正强化：当行为结果发生后，呈现理想的事件或刺激并且这种行为在类似环境中表现出来的机会增加时，就会发生积极的强化。例如，每当老鼠按下按钮，它都会得到奖励。如果老鼠开始更频繁地按下按钮，这种奖励会积极强化这种行为。[3] ②负强化：厌恶事件（刺激）被消除或阻止发生而导致行为速率增加时，就会出现负强化。例如，孩子打扫房间后，父母停止"唠叨"。唠叨起到消极强化孩子进行清洁行为的作用，因为孩子想要消除唠叨的厌恶刺激。[4] ③自然消退（灭绝，Extinc-

〔1〕　Michelle Maiese, Distributive Justice, https：//www. beyondintractability. org/essay/distributive _ justice.

〔2〕　B. F. Skinner, *About behaviorism*, Alfred A. Knopf. Inc. , 1974, pp. 10–12.

〔3〕　Stephen Ray Flora, *The Power of Reinforcement*, State University of New York Press, 2004, p. 253.

〔4〕　Stephen Ray Flora, *The Power of Reinforcement*, State University of New York Press, 2004, p. 253.

tion）：可以是有意的或无意的，会在忽略不受欢迎的行为时发生。例如，工人没有因为辛勤工作而获得任何认可，然后他们会停止努力工作。④惩罚：对不受欢迎的行为直接施加厌恶的后果，旨在通过追究违规责任，呈现厌恶刺激，以改变行为人达致目标。

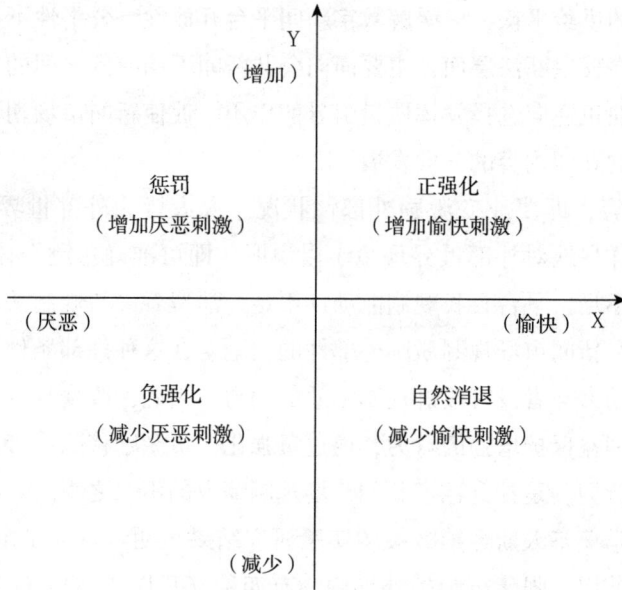

图 4-5　外界刺激效果示意图

　　有限的资源会导致一个人无法提供持续的强化，这是我们讨论科学化解激励外部性的前提。要实现文化善治，就需要在激励资源有限的理念指导下，遵循对外界刺激方式与效果差异的科学理论，同时还要从以下几个方面入手：

　　（1）科学使用负强化。作为强化措施的一种类型，负强化物是行为人将努力摆脱或结束的刺激，负强化会增加行为。①在负强化中，响应后消除的刺激是厌恶刺激，从这一点上看，负强化在短期内对规制目标能够产生正面影响。例如，在个性化新闻推荐之初，消费者可能会惊喜地发现算法总能恰到好处地给自己信息，哪怕是广告都是自己需要的信息，"算法比自己还懂自己"。此时，广告作为负强化也能刺激注意力交易的总量——刺激数字新闻市场的繁荣。②负强化的手段往往基于纠偏考量，因此，负强化对于如何积极促进规制目标实现并无效果。[1] 长期以来，在许多新的规制领域，政府监管的目标多限于"纠偏"，负强化的使用非常普遍。与此同时，在平台的自我规制中，负强化也被普遍使用。例如，在数字新闻市场中，如果消费者长期付出注意力而得不到正强化刺激，或者不断得到负强化刺激（越来越长的广告），那么消费者付出注意力的行为将自然消退，甚至将选择放弃该行为。③尽管负强化在短期内对规制目标能够产生积极影响，但过度依赖负强化会阻碍市场主体以创造性、参与的方式行事的能力，从而阻碍创造的长期增长。在个性化推荐短暂繁荣之后，消费者会进入厌恶期，一是因为有效信息不足；二是看山不是山，看广告不再是信息，而是令人厌恶的时间杀手。如果此时，平台仍不进行正强化——提供足够的有价值信息以弥补注意力的损失，那么，消费者将主动选择惩罚措施——退出平台或者减少平台使用频率，数字新闻市场的繁荣乃至数字经济的繁荣都将衰退。

（2）综合运用其他激励措施。将强化者用于增加行为，惩罚与自然消退（忽视）用于减少行为。①正强化物是行为人努力获得的刺激。正强化在实践中的应用逻辑为，通过物质奖励或精神奖励等方式，呈现愉快刺激以激励行为人。对于反垄断执法的不足、公共信息的不足、文化多样性展现的不足，应当建立相应的物质与精神激励制度。②惩罚在实践中的应用逻辑为，通过呈现厌恶（不愉快）的刺激来促使行为人放弃相应行为。对于滥用公共信息资源、骗取消费者注意力等行为应当予以直接惩罚。其与负强化的差异在于，在未来响应概率的增加（负强化）或减少（惩罚）方面有所不同（见表4-4）。③忽视在实践中的应用逻辑为，不给予任何强化物减少行为的发生，其优势在于没有规制成本。在规制成本过高而收益较低之时，规制者可以忽视刺激。

表4-4　外界刺激强化效果一览

	奖励（愉快）刺激	厌恶（不愉快）的刺激
添加/呈现	正强化	正面惩罚

---

[1] 尧丽等："正强化和负强化：概念、争议与神经机制"，载《心理科学》2017年第5期。

	奖励（愉快）刺激	厌恶（不愉快）的刺激
移除/带走	负惩罚	负强化

（四）四种机制

个性化新闻推荐规制的是构建数字新闻公共性保障平台，通过对算法平台、信息的管理以及对算法的规制来引导和纠偏流量去向的推荐行为，以更好地满足社会文化发展需要。"天下大事，必作于细"，个性化新闻推荐规制是一项"眼高手低"的工作，既要立足于民族与国家的长远发展，又要克服文化规制短期效果不明显的问题，构建对话机制、评估机制、监察机制、纠错机制，为数字新闻平台的公共性保障夯实基础。

1. 对话机制。对话机制是指规制者、被规制者和利害关系人三方的对话。文化善治就是要坚持在合利益性的基础上，实现合法律性和合道德性；"三性合一"的实现，绝非规制者单一之事，而是要在各方主体之间建立起对话机制，重建个人、社会、他人之间的联系，保障被规制者的思想得以表达。规制者应当主动与被规制者建立常态化的对话机制，既保持联系，解答问题，又动态调整自我规制的效率。[1] 从形式上看，对话可以通过投诉、举报、协商、诉讼以及正式的对话机制来完成。从内容上看，对话机制建立的核心是了解相关公众和社会对新闻的现实需求。根据美国哈钦斯新闻委员会的报告，社会对新闻有"五个要求"：①就当日事件在赋予其意义的情境中进行真实、全面和智慧的报道；②一个交流评论和批评的论坛；③一种供社会各群体互相传递意见与态度的工具；④一种呈现与阐明社会目标与价值观的方法；⑤一个将新闻界提供的信息流、思想流和感情流送达每一个社会成员的途径。[2] 2017 年，国务院印发《新一代人工智能发展规划》（以下简称《规划》）[3]，要求企业应当遵守"明示同意"义

---

〔1〕［美］新闻自由委员会：《一个自由而负责的新闻界》，展江、王征、王涛译，中国人民大学出版社 2004 年版，第 50~55 页。

〔2〕［美］新闻自由委员会：《一个自由而负责的新闻界》，展江、王征、王涛译，中国人民大学出版社 2004 年版，第 11~12 页。

〔3〕《国务院关于印发新一代人工智能发展规划的通知》（国发〔2017〕35 号）。

务，严格按消费者意愿来分析利用数据，保证最小化收集。算法的个性化推送场景涉及第三方数据合作与分享，应遵守数据收集的三重授权"消费者授权+平台授权+消费者授权"原则。政府网监部门承担算法监督职能，对算法个性化推荐领域出现的问题，我国监管部门现行干预方式多为"约谈"和事后惩罚。上述同意机制、"约谈"制度即为规制活动中的对话机制。

2. 评估机制。评估机制是指由独立评估机构在规制实施前后调查和评估规制效果的机制。在实践中，公众主要通过压力集团来使新闻界感觉到他们的存在，文化规制的效果通常是基于表面效果来判断，只关注于看得见的效果。在此种情况下，规制者很容易被表面结果蒙蔽，从而产生不正确的错觉。因此，美国哈钦斯新闻委员会建议，建立一个新的独立机构，每年评估和报告新闻界的表现。[1] 这个组织应独立于政府和新闻界之外，更多关注内部（实际）效果，将外部效果和内部效果进行有机结合。评估机构的主要职责包括：①深入行业实践，帮助新闻界制定可操作的自我规范标准；②监测新闻内容覆盖主题的范围，对内容覆盖显著不足的领域强制提供公共化的新闻生产与传播服务，对占据过度新闻资源的内容领域提供替代服务；③监测少数族裔群体无法合理地接触公共信息的情况；④调查国外媒体与本国媒体呈现的本国生活图景差异，与别国机构以及从事跨国传播分析的国际机构进行合作；⑤调查恶、错、假新闻情况，尤其是对公共议题所需数据的持续歪曲情况；⑥定期评估新闻传播的趋势和特点、影响传播的行为（包括政府行为）。[2]

3. 监察机制。监察机制是指由独立监察机构监督规制者的廉政和效能等情况的机制。作为平台内纠纷解决的重要机制——平台规则，其制定过程没有切实有效的沟通、协商机制，内容也未必体现"公共意志"，如果不建构恰当的监察机制，那么这些规则的公允性和其对第三方的约束效力将令人怀疑。个性化新闻推荐规制改革中的基本问题就是对"传播公权力"进行限制，防止权力滥用、异化发生，因此，必须对该权力建立有效的监察机制，防止传播权力演化为传播

---

〔1〕［美］新闻自由委员会：《一个自由而负责的新闻界》，展江、王征、王涛译，中国人民大学出版社2004年版，第60页。

〔2〕［美］新闻自由委员会：《一个自由而负责的新闻界》，展江、王征、王涛译，中国人民大学出版社2004年版，第60~62页。

霸权，同时，还必须建立一个行之有效的纠错机制，破解该领域规制失灵——规制不当、规制不足的问题。从目前来看，数字新闻平台的约束主要集中在数据采集、使用以及国家安全领域，对于新闻质量尤其是新闻多样性的规范付之阙如，对于数字守门人的公共性义务也未有规定。因此，补充相应内容，提升规制绩效并预防系统性风险迫在眉睫。

4. 纠错机制。纠错机制是指针对个性化新闻推荐规制中存在的问题实施补救和改正等措施的机制。受规制者主观认识的影响，例如，新闻的多样性是不是新闻质量的考量因素、新闻质量是不是反市场竞争的评价因素等，文化领域的规制措施、规制活动容易出现规制不当的情况或者规制不足的情况。因此，纠错机制是一种对其他主体提出的建议和要求予以有效回应的机制。《规划》提出，要建立健全公开透明的人工智能监管体系，实行设计问责和应用监督并举的双侧监管结构，实行对人工智能算法设计、产品开发和成果应用等的全流程监管。纠错与问责往往结伴而行，纠错机制以问责为必要条件。一个好的纠错机制是规制者必须尽最大努力对利益相关者负责的制度，没有问责制（accountability），就有可能造成纠错目的的落空甚至规制体系长期不稳定。[1]

（五）五个原则

一个"好的规制"（good regulation），至少须满足以下五种标准，即立法授权（legislative mandate）、独立（independence）、问责与控制（accountability/control）、正当程序（due process）与效率（efficiency）等。[2] 这就意味着，规制框架的架构要遵循合法性原则、独立性原则、透明性原则、适度性原则、效率性原则。

1. 合法性原则。"如果说愿望的道德是以人类所能达致的最高境界作为出发点的话，那么，义务的道德则是从最低点出发。它确立了使有序社会成为可能或者使有序社会得以达致其特定目标的那些基本规则。"[3] 与狭义的"合法律性"相比，"合法性"是判断事实控制力有无时的观察工具，它更加具体，指明判断

---

〔1〕 Richard Mulgan,"'Accountability': An Ever-Expanding Concept?", *Public Administration*, Vol. 78, No. 3, 2000, pp. 555-573.

〔2〕 R. Baldwin and M. Cave, *Understanding Regulation*, Oxford University Press, 1999, p. 113.

〔3〕 ［美］富勒:《法律的道德性》，郑戈译，商务印书馆 2005 年版，第 8 页。

行为的标准既要符合法律、道德或社会习俗，也要符合社会一般观念。[1]

文化善治视野下，合法性内涵有三：其一，合法律性。这是指不能突破"合法性"底线。规制行为发出之前，必须将权力来源、行为有效两方面进行仔细核查，以此来确保权力来源正当、行为具有法律效力。[2] 这在法律适用层面更多地表现为形式理性，即"只要权力的取得和实施与已制定的法律相一致，就是合法的"。[3] 有批评者认为，这种凯尔森式的处理方式，实质上是"正当性萎缩成合法性"，但法律本身就是要坚持规范性，没有合法律做基础，正当性很可能就会变成一纸空谈，[4] 寻求正义将筚路蓝缕。其二，合道德性。在其描述性意义上，"道德"是指一个社会的个人或文化价值观、行为守则或社会习俗；这些行为守则一经适用就会被社会中的个人接受。它不意味着对或错的客观主张，而仅指被认为是对或错的事物。[5] 在其规范意义上，"道德"指的是客观意义上的对错，它独立于任何特定民族或文化所持有的价值观或习俗。[6] "道德受制于文化，某个行为守则只有在其被整个文化都接受后，它才能在道德上被接受。实际理性和相关的情感考虑都是行为守则融入道德规范所必需的考量。"[7] 其三，合利益性。文化领域的规制并非是规制者的单方行为，而是要兼及各主体利益之事。"利益"不是简单地将相关公众的需求（P_w）加总，而是比 P_w 外延更大、因素更加多元的公共利益。[8] 合利益性意味着，规制制度要主动避免与公共利益的冲突。

---

〔1〕 车浩："占有概念的二重性：事实与规范"，载《中外法学》2014 年第 5 期。

〔2〕 ［英］弗里德利希·冯·哈耶克：《自由秩序原理》（上），邓正来译，生活·读书·新知三联书店 1997 年版，第 191 页。

〔3〕 参见［英］大卫·边沁："通过社会科学的合法性概念"，载高鸿钧主编：《清华法治论衡》（第二辑），清华大学出版社 2002 年版，第 95 页。

〔4〕 ［加］大卫·戴岑豪斯：《合法性与正当性：魏玛时代的施米特、凯尔森与海勒》，刘毅译，商务印书馆 2013 年版，第 256~290 页。

〔5〕 The Stanford Encyclopedia of Philosophy, The Definition of Morality, 载 https：//plato. stanford. edu/entries/morality-definition.

〔6〕 Georges Chapouthier, "To What Extent Is Moral Judgment Natural?", *European Review（GB）*, Vol. 12, No. 2, 2004, pp. 179-183.

〔7〕 Edward Uzoma Ezedike, "Morality within the limits of practical reason：a critique of Kant's concept of moral virtue", *International Journal of Ethics and Systems*, Vol. 36, No. 2, 2020, pp. 205-216.

〔8〕 马健："论文化规制——基于中外文化管理经验的研究"，上海交通大学 2013 年博士学位论文。

2. 独立性原则。规制机构的职责在于监督市场的运作，以确保公共服务的品质提升。规制机构在经济和社会中发挥着至关重要的作用，"他们确保我们的水龙头里有干净的水、路灯一直亮、金融市场健康"，但是当规制机构的活动受到被规制者、政府、政治家或外部利益集团的不当影响时，他们可能无法提供这些公共服务。例如，电信运营商会以电费上涨、成本增加为由，游说政府同意其涨价，而不是以消费者利益为先。①确保独立性的重要性。独立性本身并不是目的，独立性的要求是确保市场参与者有效和高效地提供公共服务的一种手段。为了更好地履行其公共服务职能，规制者需要作出并执行客观、公正、科学、一致的决策，没有利益冲突、偏见或不当影响，以激发公众对公共机构的信任，并鼓励投资。不适当的影响会削弱规制者遵循上述标准行事的能力，损害其独立性，并最终影响其绩效。因此，一个好的规制体系应该以有利于规制者排除不当影响为基本标准。②独立性考量因素。法律对规制机构进行授权；规制机构在设置上独立于行政部门，实行自治管理；规制者由多方任命；规制者实行固定任期；建立职业标准和有吸引力的薪酬标准；设立稳定的经费来源。[1] ③独立的对象。独立性的要求不仅仅在于制度设计上的独立，还在于规制者应当在与其他规制机关、被规制者和消费者的日常互动中找到复杂因素影响之间的适当平衡。[2] 所谓"独立"不仅仅是指规制机构独立于被规制者、消费者等利益相关者，还包括规制机构与政府行政部门保持一定距离。④独立的内容。独立性不是一成不变的，而是一个积极的目标。规制者需要通过正式和非正式、法律和事实上的要素相结合，不断接近规制目标。传统上，政策制定者在效率和公平之间达成的平衡很大程度上取决于成本考虑，当一项服务的提供成本很高时，公平性就会被忽视；在数字经济领域，如果网络中立占主导地位，注意力将不可避免地转向其他可能被视为经济活动瓶颈的经济领域，如搜索引擎。历史先例表明，如果只有制度设计的独立，没有规制活动相关主体的独立，那么关于市场效率和公平之间的

---

〔1〕 OECD, The Governance of Regulators Creating a Culture of Independence Practical Guidance against Undue Influence, 2017.

〔2〕 OECD, Being an Independent Regulator, 2016.

平衡，将永远不会得到解决。[1] ⑤独立的限度。独立不能以问责或参与为代价。规制者理应是运作良好且透明的治理生态系统的一个重要组成部分，通过与被规制者和消费者的互动、与政府机构的有效互动，确保公共服务的品质提升，并推动文化产业的健康发展。

3. 透明性原则。文化规制过程的透明度有助于提高规制者在公众眼中追求其使命的合法性，增强公众对其工作的信心，并确保规制者在预设的制度体系内运行。透明性本身并不是目的，作为一种手段，透明性有助于增强公众对规制机构决策和决策程序的可信度，其中，包括对规制机构制定的政策和与利益相关者接触方式的可信度。透明性是制衡规制者行为的重要方法，有利于提升规制者的责任心。

（1）透明性要求的内涵。规制者需要积极主动地确定将采取哪些实际步骤来满足公众获知的权利，包括以清晰易懂的方式详细说明与其存在合作关系的主体情况；公布与规制活动、规制政策相关的信息；公布参与制定规制政策过程的专家名单，说明专家是否对所监管行业具有深入的技术知识；公布规制者对政策制定过程的贡献度；说明规制过程中政府和规制者各自的角色；当存在灰色区域时，规制政策要关注如何澄清这些灰色区域；说明协调机构、临时会议和定期共享信息的工具等。[2]

（2）加强透明性的支撑制度。透明性可以被描述为问责制的子集。问责制包括规制者向立法机构报告规制者权力行使情况、相关责任、规制活动的开展及其结果。问责制可以通过规制者制定恰当的申诉机制得到加强。[3] 根据经合组织的研究，规制的透明性可以通过以下激励方式增强：一是道德塑造。即规制者使用行为守则或道德守则等组织政策来"澄清期望，并作为纪律、行政和/或刑事调查以及制裁的基础"。规制者应制定明确的、与相关利益集团互动的行为守则，并建立适当的机制来执行、监督这些守则。行为守则应明确公共和私人利益相关者之间的非正式和正式接触方式，以及任何可能施加不当影响的不当互动。

----

〔1〕　Andrew Odlyzko, "Network Neutrality, Search Neutrality, and the Never-Ending Conflict between Efficiency and Fairness in Markets", *Review of Network Economics*, Vol. 8, No. 1, 2009, pp. 40-60.

〔2〕　OECD, Governance of Regulators' Practices: Accountability, Transparency and Co-ordination, 2016.

〔3〕　OECD, The Governance of Regulators, OECD Best Practice Principles for Regulatory Policy, 2014.

这些行为守则既可以依托既有的规则来实现，也可以在必要时根据规制者的规制意图、职能进行调整，其典型的做法是"合规指引"。[1] 二是游说限制。规制者应该具备相应的反游说能力，防止利益集团通过行政或立法部门"走后门"，对规制决策产生不当影响。为此，经合组织专门制定了《透明与诚信游说原则》，要求规制政策中明确说明：规制领域何种活动构成游说；利益集团相关游说活动及其与行政、立法机构、监管机构互动的信息披露。需要披露的关键信息包括：对游说者进行登记，并及时披露不当行为或影响规制者的企图；游说目标、受益者、资金来源和指标；避免规制机构滥用机密信息、利益冲突和防止"旋转门"的做法。[2] 三是确保外部监督。规制机构应制定和实施有效的外部监督政策，确保媒体与公众具有监督的权力与事实可能性。外部监督政策是文化善治监察机制的重要组成，外部对规制机构的错误观点或决策的批评及意见应及时公开，以便控制不恰当的外部监督可能带来的不当影响。[3]

4. 适度性原则。文化规制中的适度性原则是指文化规制者在采取规制措施时，要衡量规制方法与其所达到的目的之间是否具有合理性，并将规制风险与成本降到最低。适度性实则是对文化规制领域容易同时出现规制过度与规制不足问题的回应。规制过度不利于文化生产，"百花齐放、百家争鸣"则有碍国家软实力的形成；[4] 规制不足，可能导致文化污染严重和文化暴力盛行，也可能导致文化的凋敝与萎缩。①规制者只应在必要时干预文化活动。②规制方案必须与感知的问题或风险相称，并且与增加的合规成本相称，切忌用大炮打苍蝇。③规制方案的确定必须考量实现规制目标的所有备选方案，而不仅仅是法律救济方案，替代性的解决方案如道德倡导可能效果更佳、适用成本更低。④"小企业优先"。证据显示，政府规制措施会对小企业负面影响更大，而小企业是市场主体的主要组成部分。[5] 数字经济领域的"赢家通吃"严重恶化了小企业的生存空间。市场主体的数量稀少或市场力量过于渺小，难以保障新闻或文化能够多元化

---

〔1〕 OECD, OECD Recommendation of the Council on Public Integrity, 2017.

〔2〕 OECD, OECD Principles on Transparency and Integrity in Lobbying, 2013.

〔3〕 OECD, OECD Recommendation of the Council on Public Integrity, 2017.

〔4〕 《中共中央关于党的百年奋斗重大成就和历史经验的决议》。

〔5〕 Business Adovocay Neatwork, Principles of Good Regulation, http://www.businessadvocacy.net/dloads/fsPrinciplesGoodRegulation.pdf.

呈现。⑤法律实施制度应与其风险相称，要注意规制工具选择遵循渐次性原则。⑥适度性需要正当程序加以保障。例如，对于规制机构的决定，应该有一个简单、公平、及时的投诉和上诉程序，该程序也应该具有独立性，尤其是要独立于政府之外。

5. 效率性原则。即使市场是不完全的，有可能产生反竞争的结果，政府干预也只有在其能够改善市场状况时才是正当的，而且必须将政府干预的成本考虑在内。[1]"经济理论的中心问题是分析制度、激励系统对资源使用效率的作用。无论经济学家研究的是资本主义还是社会主义经济制度，这应当是他们最关注的问题。"[2]①在经济学中，效率是在不增加另一方成本的情况下改善一方的状况。关于经济效率有两个主要的思想标准，分别强调政府造成的扭曲和市场造成的扭曲。它们时而相互竞争，时而相辅相成。政府造成的扭曲应该通过减少政府干预来减少，市场造成的扭曲则需要通过增加政府干预来减少。②法学家也关注效率，他们更倾向于把效率作为一个公共问题，即便在极其微观的层面也是将效率当作公共问题来关注，例如，探究宽大制度的程序、个案中的"文化多样性"是什么。③法律规制中对效率的关注是以制度为依托，物质资源仅仅是效率实现的载体而不是效率实现的目标，同时，效率本身并不是规制目标，"它不是我们想要的东西，但它可以帮助我们获得更多我们重视的东西"。[3]④法律规制中对效率的关注内容集中于法律规制运行的成本与其所要实现的目标之间的成本与效率问题，如立法、执法与司法的成本与效率问题。根据社会契约理论，政府和其他主体为公众利益实施的费用过高（有些国际组织就面临这种情况）、收益小于成本是不值得的。[4]法律规制的效率实质在于如何以最小的社会公共资源（立法资源、行政资源、司法资源）投入换取最大社会治理绩效的实现。

---

〔1〕 参见［美］赫伯特·霍温坎普：《联邦反托拉斯政策：竞争法律及其实践》，许光耀等译，法律出版社 2009 年版，第 69 页。

〔2〕 ［美］乔治·J. 施蒂格勒：《产业组织和政府管制》，潘振民译，上海三联书店 1989 年版，中文版前言。

〔3〕 Deborah Stone, *Policy paradox*: *The Art of Political Decision Making*, W. W. Norton & Company Inc., 2012, p. 36.

〔4〕 ICAEW, *Acting in the Public Interest*: *A Framework for Analysis*, 2012, p. 73.

本章小结

诚然，公共性或公共利益保护不足的问题也存在于其他内容提供市场。但在这些市场上，注意力的交易与收益分配通常与公共利益，尤其是作为民族发展之基的文化多样性相去甚远。与此同时，这些市场的份额通常分散在更多企业，竞争压力可能会抑制这些企业降低文化多样性保护的水平。相比之下，在数字新闻市场，由于注意力高度集中在少数几家企业，网络效应、锁定效应使得消费者获取更好的数字新闻服务的外部选择有限。既有的规制体系未能对包含文化多样性在内的公共利益予以充分的保护，政府的直接规制介入无法直接命令企业采取比现在更好的公共利益保护，政府也没有能力预见到更好的公共利益保护水平。既有法律规制体系对个性化新闻推荐的规制遵循的是一种事后救济的逻辑，面临着规制不足、规制不当与保护不足的三重问题。

规制政策不可避免地受到一国经济发展水平、政治体制、法律传统等影响，个性化新闻推荐的反垄断规制要满足一国新闻业的社会功能需求，更要融入一国文化规制的特殊目标。"文化善制的本质特征在于，它是文化自律与文化他律的有机结合，是规制者与被规制者的合作共制，是文化自由与文化规制之间张力的最佳状态"。[1] "网络空间同现实社会一样，既要提倡自由，也要保持秩序。自由是秩序的目的，秩序是自由的保障。网络空间已经成为人们生产生活的新空间，那就也应该成为我们党凝聚共识的新空间"。[2]

但"法律一般具有保守性格，表现出落后于事实的特点。让法律领先于事实，特别是技术……往往产生朝错误方向引导的危险，或者与当初的目的相左，作出不必要的规定，最后成为阻碍发展的元凶"。[3] 当然，这绝对不意味着，法律无需作为，不能作为，而是要"努力在最低限度上，不使法律成为媒体发展的

---

〔1〕 马健："论文化规制——基于中外文化管理经验的研究"，上海交通大学 2013 年博士学位论文。

〔2〕 习近平："如何理解'过不了互联网这一关，就过不了长期执政这一关'？"，载中共中央宣传部编：《习近平新时代中国特色社会主义思想学习问答》，学习出版社、人民出版社 2021 年版，第 327 页。

〔3〕 〔日〕中山信弘：《多媒体与著作权》，张玉瑞译，专利文献出版社 1997 年版，第 115~117 页。

阻碍"。[1]

　　就中国当下的数字新闻市场而言，数字新闻领域的公共利益受损、市场失灵等情况折射出：在这一领域，既有法律已不敷使用，自由与规制之间的张力或松或弛，在二者博弈之间，竞争并未更加有序，社会并未更加和谐，个体并未更有尊严，规制缺口亟待填补。文化善治的实现依靠的是各法合力、不能越俎代庖。激活尚未觉醒的反垄断工具，建构一种基于市场竞争、兼顾数字新闻市场公共性提升、面向新闻多样性养成的更灵活、更有效的保护体系已成为时代的迫切需求。

---

〔1〕　〔日〕中山信弘：《多媒体与著作权》，张玉瑞译，专利文献出版社 1997 年版，第 115~117 页。

第五章　反垄断规制制度构造之一：
以管制保障公共新闻供给

　　"技术巨头真正形成垄断的原因并非源自它的规模和结构，而是深深植根于技术巨头的技术特征以及权力行使的过程特征——权力深度嵌入社会经济政治体系的微观运行。"[1]

　　管制是由行政机构制定并执行的直接干预市场配置机制或间接改变企业和消费者的供需选择决策的一般规则或特殊行为。[2] 将数字新闻平台作为新公用事业管制需要解决三个关键问题：管制目标为何？管制对象是谁？如何管制？

第一节　管制回归的坐标设定

一、弥补单一反垄断法规制的不足

　　除经营者集中制度外，反垄断法主要采取事后救济的方式，尤其是罚款。这种规制模式无法适应平台经济规制实践中所面临的规制手段单一化和灵活性不足的问题。平台经济的特点是动态竞争、变化极快、发展迅速，事后干预可能为时过晚。快速革新的互联网信息技术不断催生出新的商业模式和产业样态，形成了

---

[1]　樊鹏、李妍："驯服技术巨头：反垄断行动的国家逻辑"，载《文化纵横》2021年第1期。

[2]　[美] 丹尼尔·F. 史普博：《管制与市场》，余晖等译，上海人民出版社1999年版，第29页。

动态性、跨界性和演化性的互联网竞争特性。[1] 数字市场是一个不断创新的动态市场，数字市场的竞争是创新驱动的，因而数字市场的垄断行为也不断"创新"，呈现出易变性的特征。相比之下，反垄断执法显得漫长而滞后，这使得反垄断法的有效性和及时性备受质疑。数字经济领域变化快、发展迅猛的特征使得相关行为的危害极易迅速扩散，造成难以弥补的整体性损害。然而，互联网平台相关案件的复杂性、证据获取的难度导致调查时间大大延长，特别是对于一些疑难案件，如果都等到执法机构完成调查、正式作出处罚决定时再予以干预，可能无法达到维护竞争的效果，垄断行为对市场的损害也难以修复。"面对复杂多变的平台经济，试图单靠某一次执法来规范和维护平台经济的竞争格局和竞争性市场结构并非易事。这从客观上要求，反垄断监管并不能通过行政处罚了事。"[2]

反垄断执法方式单一的事后规制制约了其效果的发挥，尤其是在平台经济领域，因此，需要建立多元化的执法机制，强化对平台权力滥用行为的规制。除了事后的处罚之外，需要更多地采取事前介入、预防垄断风险的执法方式，这正是适用"新公用事业"监管制度的必要性所在。平台经济相较于传统经济具有显著的动态创新特点，其行为具有显著的不确定性和难以预测性，如果恪守事后执法的模式，不仅会增加反垄断法的实施成本与错误成本，也很可能无法及时有效地回应激励科技创新和维护自由公平竞争的时代要求。[3]

相对而言，垄断行为发生之后，针对垄断行为的规制也因反垄断法的政策性、不确定性以及垄断行为取证的艰难而变得结果难测。并且，反垄断规制背后经济学理论的变迁也在某种程度上减损了反垄断法的权威性，社会舆论对反垄断法的声讨从未停歇。由此，在反垄断事中与事后规制饱受争议时，"维护市场竞争"的事前介入比"打破市场垄断"的事中、事后介入显得更具理论与现实依据。[4] 事实上，在事后规制模式效果不佳时，各国纷纷加强了事前监管。虽然域外新监管制度不宜照搬，但其强化监管、规制前移的预防理念值得我国借鉴。

〔1〕　陈兵："互联网新型不正当竞争行为审裁理路实证研究"，载《学术论坛》2019 年第 5 期。

〔2〕　金善明："中国平台经济反垄断监管的挑战及其应对"，载《国际经济评论》2022 年第 3 期。

〔3〕　陈兵："因应超级平台对反垄断法规制的挑战"，载《法学》2020 年第 2 期。

〔4〕　刘乃梁："'预防垄断行为'的理论逻辑及其制度展开"，载《社会科学》2020 年第 12 期。

毕竟，"预防和制止垄断行为"是我国《反垄断法》语序逻辑下的首要立法目的,[1] 在对平台既有规制陷入威慑困境、垄断损害呈现全局化、社会化的当下，我国平台反垄断应当回归宗旨，并适当借鉴国外经验，以强化预防型规制的理念进行规制补强，纾解现行反垄断法规制滞后、难以塑造公平竞争环境等问题。

总之，考虑到新闻平台的公共属性以及新闻平台产品的准公共用品属性，适用新公用事业制度，对新闻平台进行事前监管，与事后的反垄断规制形成配合，构建起覆盖全过程、体系化的规制体系，才能够达到新闻平台法律规制的最佳效果。

二、保障新闻公共性

传统新闻媒体对新闻公共性的理解包括报道社会公共事务，提供信息服务，满足公众知情权；为公众提供自由平等的交流平台，促进所有人的学习；反映、代表与服务多样化的社区，间接进行舆论监督等。站在今天的时点上，媒体的公共性可以简单概括为：产品多元化、意见多元化和近用多元化。[2] 个性化算法技术在精确性、客观性与多样化等方面有助于公共性的建构，但也因其技术的特性对公共性造成伤害。[3] 算法技术释放了信息传播的潜能，但也深刻影响着传播内容的分类、优先、推荐、判定。[4] 算法对信息传播格局的影响在于：其一，把权力转移到算法或平台媒体手中，传统媒体沦为内容打工者；其二，传播渠道与社交平台整合，通过"社交+传播"的沉浸式和精准传播，消费者的数据和注意力资源被更多地消耗；其三，缺乏传统媒体的信息核查机制，算法的高效分发和内容审查的缺位严重制约了新闻的客观性、全面性、真实性；其四，消费者画像的标签化固化了消费者信息渠道，消费者被裹挟在技术拟制的"过滤泡"中，

---

〔1〕 刘乃梁："'预防垄断行为'的理论逻辑及其制度展开"，载《社会科学》2020 年第 12 期。

〔2〕 Robert M. Entman and Steven S. Wildman, "Reconciling Economic and Non-Economic Perspectives on Media Policy: Transcending the Marketplace of Ideas", *Journal of Communication*, Vol. 42, No. 1, 2010, pp. 5-19.

〔3〕 刘斌："算法新闻的公共性建构研究——基于行动者网络理论的视角"，载《人民论坛·学术前沿》2020 年第 1 期。

〔4〕 David Beer, "Power through the Algorithm? Participatory Web Cultures and the Technological Unconscious", *New Media & Society*, Vol. 11, Issue 6, 2009, pp. 985-1002.

信息茧房化和观念极化弱化了人类知识和思想的创新。[1]

公共性贬损是数字新闻市场失灵的集大成者。新闻媒体在新闻活动中具备令相对人服从的权力特质。由于新闻媒体行使舆论批评权能，新闻活动关系中的主体间存在不完全平等的法律关系，即与公共利益或公共权力发生关系的相关主体等更多的成熟媒体机构出于正当目的需履行合理义务——提供优质公共信息与接受批评监督。[2] 无论是传统的新闻媒体还是互联网媒体平台，从事新闻业务必须取得相应的行政许可，这说明媒体权利的公法背景，具有义务本位的属性。数字新闻不仅是传播信息的媒介，也是传达社会目标与价值观的方法。[3] 因此，管制个性化新闻推荐的目标应当包括构建新闻公共性保障机制，通过对算法平台、信息的管理以及对算法的规制来引导和纠正算法传播行为，以更好地满足社会需要。

1. 主体多元化。信息结构决定了公众能够接触的信息的多样性和多元化程度。如果意见市场的竞争足够活跃、算法足够多，则市场能够维持大致的平衡。现实情况是，在主流新闻聚合平台和客户端激烈的竞争之下，头部效应凸显。在大量的兼并与并购之下，Facebook、今日头条、腾讯等大企业形成了垄断，市场利益与技术逻辑交织角力，数字新闻的真实性、多样性难以得到保障。因此，数字新闻市场的竞争和数字新闻个性化推荐的竞争法规制是公共性保障机制建构之必需。

2. 治理精细化。数字新闻个性化推荐应建立分级信息管理机制，保障公共性信息供给，帮助公民更好地参与公共事务。数字新闻传播中，传播主体根据受众需求进行新闻生产，受众主体通过浏览个性化推荐的新闻产品而生出消费者黏性，这种偏好和黏性正是传播主体新一轮新闻生产的依据。久而久之，算法进一步放大选择性信息接触机制，信息多样性得不到保障，增加了"单向度的人"的风险。另外，算法技术的应用使得新闻传播价值活动客体，即新闻事实和文本

---

〔1〕　方师师："算法如何重塑新闻业：现状、问题与规制"，载《新闻与写作》2018 年第 9 期。

〔2〕　陈堂发："论私法范畴的媒体权力——基于《民法典人格权编》相关条款"，载《新闻与传播研究》2020 年第 8 期。

〔3〕　张军辉、沈宇："理想的彼岸抑或意义的迷失：算法驱动新闻社会责任反思"，载《中国出版》2019 年第 4 期。

转向"机器化",机器写作通过将网络数据与预设的新闻稿件模版进行匹配形成新闻产品,引发人们对"机器时代新闻生产中人的价值迷失"的担忧。[1] 数字新闻存在的最大问题在于信息结构:新闻价值活动介体转向平台,平台利用算法技术成为新闻主体和客体之间联系的桥梁,决定着价值主体如何接触价值客体;[2] 传统价值主体对客体的同向性、对抗性或妥协性多元解码过程逐渐趋同,在注意力和流量的铁律之下,经济利益和公共利益的平衡失衡。因此,应当建立"智能+人工"双把关机制,审视数字新闻的真实性、公益性,动员消费者对新闻源进行核查与评价。

3. 监督社会化。数字新闻个性化推荐应当重建个人、社会、他人之间的联系。个性化推荐应当提供算法伦理依据,增强算法可解释性,强化透明度要求,适用交叉信源,追求平衡报道等;在推荐机制的设计中抑制流行和流量的动机,搭建个人兴趣与公共事务的桥梁,综合个人、社会群体和公众评价,通过推荐的排序、标签、链接将公共性话题以个性化推荐的方式提供给受众,调动多元主体的关注和兴趣,形成公共性的对话与交流;尽可能消除偏见或歧视,保障社会公众获取信息的机会均等,提供接受消费者主动修改的渠道;需要更多的机构合作,建立起客观、权威与专业的事实核查机构来检视数字新闻可能出现的问题;培养消费者的数字素养,提升消费者对数字新闻接触、评价、批判和反思的能力,以达至个性化和公共性的平衡,抵抗"数字鸿沟"的扩大。

4. 公共新闻供给的强制化。个性化新闻推荐中,新闻作为"社会公共事务聚合器"的角色的功能正在弱化,[3] 而偏重于满足消费者的个人兴趣,如好奇趣味等心理。这导致个人兴趣层面的新闻多于集体层面的新闻,公共性资讯供给不足。新闻传播判断的重心从"公众应注意什么"转向"这个人想要什么",个性化需求取代了新闻公共化特征。[4] 此外,消费者使用某一数字新闻平台时间越长,新闻推荐的同质化程度越高,观点多样性越低,因此,完全依赖消费者数

---

〔1〕 彭兰:"机器与算法的流行时代,人该怎么办",载《新闻与写作》2016 年第 12 期。

〔2〕 Eli Pariser, The Filter Bubble: What the Internet Is Hiding from You, Penguin Books Limited, 2011, p. 45.

〔3〕 M. Schudson, *The Power of News*, Harvard University Press, 1995, p. 89.

〔4〕 杨洸、佘佳玲:"新闻算法推荐的信息可见性、用户主动性与信息茧房效应:算法与用户互动的视角",载《新闻大学》2020 年第 2 期。

字素养，以抵抗新闻推荐的"回音室"或"过滤气泡"效应效果有限。社会需要人们了解多样化的新闻资讯，以保证公众对社会事务的参与和监督的行使。从本质属性上看，公共新闻的供给有强制性要求。

第二节　构成"新公用事业"的数字新闻平台

一、"新公用事业"内涵

"公用事业是指经营一系列对社会而言非常重要以至于不能完全放任市场力量管理的关键网络设施的企业"。[1] 新公用事业则是指一种部分借鉴传统公用事业管制理念、方法，但不主张展开全面管制的折中方案。[2] 数字新闻平台规模经济、范围效应、网络效应带来的"赢家通吃"属性符合传统上适用公用事业监管的理由，因为新闻平台垄断下的新闻行业与许多"自然垄断"行业一样，存在很大的进入壁垒和竞争障碍，并且缺乏重建的经济合理性。新闻生产者、消费者对数字新闻平台的高度依赖使其愈发成为数字生活的必需品，这种不平衡的关系也引发了限制自由参与、公平竞争的担忧，"将其法律关系的调整完全交给平等协商和意思自治，则被消灭的将不再是权威和规训本身，而是其赖以产生的社会关系"。[3] 因此，不论基于对数字新闻平台基础设施属性的考量，还是基于促进公共领域构建、新闻公共性价值的考虑，将特定数字新闻平台视为新公用事业并施加一定的公共义务都是必要的。

二、数字新闻平台作为"新公用事业"的理据

公用企业的特殊政策处理来自经济学角度的考量。起初，公用企业的特殊政策适用限于自然垄断行业，其目的在于提升效率、防止资源浪费、激励公共资源投资。此后，不少学者认为，不能仅仅从自然垄断的角度考虑，而要加入社会和

---

[1] William Boyd, "Public Utility and the Low-Carbon Future", *UCLA L. REV.*, Vol. 61, 2014, p. 1635.

[2] K. Sabeel Rahman, "The New Utilities: Private Power", *Social Infrastructure, and the Revival of the Public Utility Concept*, Vol. 39, Issue 5, 2018, pp. 1621–1689.

[3] 汪志刚："论民事规训关系——基于福柯权力理论的一种阐释"，载《法学研究》2019年第4期。

道德的视角，只要一种商品或服务因具有社会价值而成为必需品，就应该适用公用企业规制模式，否则任由私人或市场力量支配，就会有腐败或者"颠覆"的风险。[1] 但并非所有行业都有可能转变为公用企业，只有具有公共产品属性、涉及公共利益的关键商品或服务才需要进行这种普遍的监管。

1. 新闻平台提供的大部分新闻产品是一种准公共物品。公众对新闻有着很大的需求，但我们很难将这种"物品"货币化，因此，它在传统上需要通过广告进行交叉补贴，或者在某些情况下需要政府支持。[2] 与这种"公益"地位密切相关的是，新闻服务于超出广告商和消费者直接利益的某种公共目的。正如Doyle 解释的那样，这种商品或服务可能是政府以补贴或其他监管方式干预的对象，因为它具有更大的社会价值，如果任由市场决定，它很可能供应不足。[3]

2. 新闻平台具有公共性。"涉及公共利益"是衡量是否适用公用企业规制模式的另一重要理由。Charles Burdick 认为，认定公用企业的标准并不取决于是否表现出垄断力量，而更取决于某项事业是否具有公共性。[4] 这种公共性来源于设施的基础性地位，如水、电、通信等基础设施。在互联网环境下，重要平台的拥有者通常在控制消费者数据、排除竞争对手、传导优势地位等各方面均具有强烈的控制地位，该控制地位因为平台的长期维护而不断叠加、强化，俨然成为进入互联网的"基础设施"。[5] 这也导致互联网平台与其他企业存在不同，它们代表了一种对"基础设施"的控制，这些商品（购物服务）是许多社区和选民赖以生存的现代社会和经济活动的支柱。[6] 对于掌握信息来源和言论表达控制

---

〔1〕 K. Sabeel Rahman, "The New Utilities: Private Power, Social Infrastructure, and the Revival of the Public Utility Concept", *Cardozo Law Review*, Vol. 39, No. 5, 2018, pp. 1621–1689.

〔2〕 D. Wilding, P. Fray, S. Molitorisz & E. McKewon, The Impact of Digital Platforms on News and Journalistic Content, University of Technology Sydney, Australian Competition and Consumer Commission Report, 2018.

〔3〕 Gillian Doyle, Understanding Media Economics (Second Edition), SAGE Publications Ltd, 2013, p. 10.

〔4〕 See Charles K. Burdick, "The Origin of the Peculiar Duties of Public Service Companies", *Colum. L. Re*, Vol. 11, 1911, pp. 514, 616, 743.

〔5〕 段宏磊、沈斌："互联网经济领域反垄断中的'必要设施理论'研究"，载《中国应用法学》2020 年第 4 期。

〔6〕 K. Sabeel Rahman, "The New Utilities: Private Power, Social Infrastructure, and the Revival of the Public Utility Concept", *Cardozo Law Review*, Vol. 39, No. 5, 2018, pp. 1621–1689.

权的新闻平台和社交媒体平台来说，这种公共性尤为明显，并显现出对政治的严重威胁。当科技公司开始封杀特朗普和疫苗反对者，甚至封杀一国政府时，[1]越来越多的人开始认识到新闻和社交媒体平台所掌握的言论以及思想的控制权，意识到它们已经不仅仅是一个企业，而是不可或缺的公共设施。正是因为平台的公共属性，一些学者担忧存在"企业化社会公用品"（corporatization of social commons）或"私有化公共设施"（privatization of our publics）的危险。[2]因此，对大型新闻平台适用公用企业规制模式具有合理性和必要性。

三、"新公用事业"的认定标准

为解决广泛存在的不当内容的困扰，各主要司法辖区正在逐步建立对具有数字基础设施属性的平台的特殊监管规则。该领域的先行者为欧盟。欧盟于2021年公布《数字服务法案》，对"在促进公共辩论和经济交易方面发挥了核心和系统性作用"的超大型在线平台课以实质性义务，以约束其市场力量的滥用。欧盟认为，超大型在线平台可能会造成的社会风险会远超小型平台所带来的风险，一旦某个平台服务对象数量达到欧盟人口的很大份额，平台带来的系统性风险就会对欧盟产生很大的负面影响。因此，对超大型在线平台（数字守门人）设定了特殊信息披露、强制性"通知和行动"、服务条款尊重基本权利、制定全面的风险管理和审计框架等实质性义务，并将其认定标准确定为：所经营的核心业务对市场有重大的影响，以及为其他商业主体提供必要渠道的平台，该平台近三年营业额达到65亿欧元以上、市值在650亿欧元以上、月活消费者达到4500万（相当于欧盟人口的10%），或年活跃的商业消费者达到1万以上。[3]

到目前为止，各国相关立法框架以欧盟为模板，明确规定了特殊义务适用对象的认定门槛，以避免增加中小型平台的负担。①美国《终止平台垄断法案（草案）》"法案涵盖平台"（covered platform）的认定标准是：作为其业务消费者的"关键贸易伙伴"，月活跃消费者5000万以上，或者月活跃企业消费者10

---

〔1〕　谷歌、脸书"封杀澳大利亚政府"事件见第六章。

〔2〕　Zeynep Tufekei, Facebook: The Priwvatization of Our Privates and Life in the Company Town, http://technosociology. org/? p=131.

〔3〕　See European Parliament and Of the Council, Proposal for a Regulation of The European Parliament and Of the Council on a Single Market for Digital Services（Digital Services Act）and Amending Directive 2000/31/EC, COM/2020/825 final.

万以上且年销售净额或市值超过 6000 亿美元的线上平台。[1] ②日本《提高特定数字平台交易的透明度和公平性法案》适用的对象为"特定数字平台"（specified digital platforms），其认定标准较为弹性，主要考虑保护的必要性、对经济的影响程度、平台的规模等进行综合认定。[2] ③英国正在拟定的监管政策中，明确数字市场部门（DMU）要对具有"战略市场地位"（strategic market status）的大型科技公司课以特殊行为准则。对"战略市场地位"的评估遵循两个步骤：评估是否具有与特定活动相关的实质性和根深蒂固的市场力量；评估是否取得了非常显著的规模，以及是否取得了作为其他业务的重要接入点，企业可以利用该活动扩展市场力量，并且可以为其生态系统制定规则。[3]

需要注意的是，上述规则针对经营各种业务的数字平台，对中国而言，是否需要对所有业务平台普遍采取这种管制尚需进一步讨论。但对于具有公共性的数字新闻平台来说，由于其具有新闻发布、阅读渠道和公众进行辩论、表达门户的重要性，有必要采取新公用事业管制，使其承担起公共领域的责任。在作为新公用事业的数字新闻平台的认定标准方面，考虑到数字经济发展迅速、变化过快，规定一个过于具体的标准可能会导致易于过时或者漏掉某些重要的平台，因此，我国可以借鉴日本和英国的做法，将此项认定的权力交给监管机构，由监管机构参照市场支配地位的认定标准，考虑平台规模、对公众的影响、基础设施属性、自治权力等因素进行认定。一旦新闻平台被认定为"新公用事业"，就需要承担公共义务，由行业监管部门对其行为进行持续的监督。作为"新公用事业"的数字新闻平台还需要定期向监管部门进行合规报告，以便监管部门及时掌控其行为动态。

---

〔1〕 US House Of Representatives, Ending Platform Monopolies Act, H. R. 3825, 2021.

〔2〕 JFTC, The Act on Improving Transparency and Fairness of Digital Platforms (TFDPA), 2021.

〔3〕 CMA, CMA Response to The Government's Consultation "A New Pro-Competition Regime for Digital Markets", 2021.

第三节　保障公共新闻供给的义务设定

从反垄断的价值目标上看，限制权力本就是反垄断与生俱来的政治使命，其诞生之初不仅有对商品定价的关切，更旨在解决权力集中的问题。[1] 因此，在主体力量显著失衡的平台经济领域，反垄断更应发挥其限制平台权力的作用。如果说平台自治、行使私权力是一种面向经济发展的现实需要，那么对平台私权力的限制和问责就更应该成为平台反垄断的变革方向：通过增加非歧视性义务、保障公众参与的机会，打造"无遮蔽"的公共领域。最常见的公用事业管制政策包括：价格和服务无歧视义务、设置费率限制、课以资本化和投资要求。在这三项传统政策中，费率设定和投资要求难以实施且很难对症解决数字新闻市场显著的公共新闻供给不足的矛盾，非歧视最有现实意义。[2] 因此，数字新闻平台管制可以从设置非歧视义务展开。

一、非歧视开放义务

（一）公平接入义务

数字新闻平台已经成为重要的信息基础设施，是新闻媒体接触公众的门户，也是公众阅读新闻内容的关键渠道，其开放性和可参与性对新闻公共性价值的实现具有重要影响。我国目前已经采取措施着力促进平台开放。例如，2021 年 9 月，工业和信息化部召开"屏蔽网址链接问题行政指导会"，要求阿里、腾讯、字节跳动、百度、华为等企业按照整改要求，分步骤、分阶段推动即时通信屏蔽网址链接等不同类型的问题。[3] 但"互联互通"的依据大多是"强化反垄断和防止资本无序扩张"的紧急应对措施，具有显著的短期性、政策性，平台企业对此也多持"表面整改，实则观望"的态度，反垄断应有的合规引领功能尚未发

---

〔1〕 孔祥俊："论互联网平台反垄断的宏观定位——基于政治、政策和法律的分析"，载《比较法研究》2021 年第 2 期。

〔2〕 See Lina Khan, "Amazon's Antitrust Paradox", *Yale Law Journal*, Vol. 126, No. 3, 2017, pp. 798-799.

〔3〕 栗翘楚："工信部深入推进互联互通 分享链接或将告别复制乱码"，载 https://baijiahao.baidu.com/s? id=1711022107182282155&wfr=spider&for=pc，最后访问日期：2023 年 3 月 5 日。

挥。对此，有必要在数字新闻领域要求符合"新公用事业"标准的新闻平台履行开放义务，通过推动多样化、无歧视的公共领域参与，保障作为公众阅读和表达门户的数字新闻平台实现其公共职能。平台开放的对象包括竞争性新闻平台、新闻生产者、新闻消费者。平台开放义务体现为不得以合约或技术方式施加过度的限制，不得阻止新闻生产者和消费者进入、转向或者多归属。当然，这种开放并非无差别、无原则的开放，平台可以为维护平台生态而设定公平、非歧视的限制规则，但该限制应当为促进平台系统整体价值所必需，并且不能以严重限制竞争和公众参与为代价。

（二）促进数字生产资源的开放性和流动性

"数据不单是资源，更是企业重要的资产，掌握丰富的高价值数据资源日益成为抢占未来发展主动权的前提和保障。"[1] 数据是新闻业竞争的核心要素，数据开放对于促进数字新闻行业的公平竞争至关重要。"十四五规划纲要"提出"统筹数据开发利用……加快建立数据资源产权、交易流通……等基础制度和标准规范"。[2] 《数据安全法》第 7 条明确规定，国家鼓励数据依法合理有效利用，保障数据依法有序自由流动。为进一步缓解技术给新闻业带来的结构性挑战与供应替代性威胁，促进数据价值释放和共享利用、打破数据壁垒，要求作为"新公用事业"的新闻平台对合格新闻生产者开放数据是构建平台和谐生态的重要内容。首先，开放的前提是经过消费者授权同意，不违反隐私和个人信息保护义务。其次，开放的生产资源内容应限定为涉及重大公共利益的服务与数据，如满足普惠性、稀缺性的平台公共服务以及脱敏的原始数据等。对于公开数据，数字新闻平台没有正当理由不得爬取。最后，数据共享应该通过专有 API 访问的形式及时、持续地提供，数字新闻平台对所共享的数据负有同等质量保障义务。

（三）更严格的个人信息保护义务

数据收集是个性化新闻推荐模式的基础，而缺乏替代选择的消费者面对具有强大权力的平台时，往往缺乏讨价还价的能力，只能接受不公平的数据收集条款。面对市场力量造成的隐私侵权，反垄断法已经作出回应。2021 年 2 月 7 日发

---

〔1〕 中国信通院：《数据资产管理实践白皮书（4.0 版）》（2019），第 III-1 页。
〔2〕 《中华人民共和国国民经济和社会发展第十四个五年规划和 2035 年远景目标纲要》。

布的《国务院反垄断委员会关于平台经济领域的反垄断指南》（以下简称平台指南）第 16 条规定了"强制收集非必要消费者信息"可能构成《反垄断法》第 17 条规定的"搭售或附加不合理交易条件"。然而，无论是《反垄断法》还是《个人信息保护法》，都是一种事后的规制手段，其作用是有限的。因为"隐私市场"本身是一个缺失的市场，存在着广泛的信息不对称，企业缺乏改善隐私激励，消费者也因有限理性、低估数据价值等情形无法作出最佳选择，这导致以"个人控制"为基础的《个人信息保护法》和以市场竞争为基础的《反垄断法》都难以发挥应有的作用。更有效的方案在于强化缺失的政府监管。"数据隐私及其保护的主动权实际上掌握在技术看门人（technology gatekeepers）的手中。这意味着只有当隐私仅能够为这些看门人的利益服务时，才会受到保护。……将隐私保护从大型科技看门人转移到政府手中，将大大减少使用隐私政策作为排他性和反竞争行为的借口。"[1] Khan 指出，任何广泛的监管框架……专注于滥用数据的做法，而不关注市场结构或政治经济影响问题……往好了说是高度不完整的，往坏了说是对必要改革的阻碍。[2]

数据控制者或处理者的地位越强势，数据主体对其依赖性就越大，就需要越严格地适用公平和可说明性的原则来充分保护数据主体的利益。[3] 数据保护法本质上是建立在纠正权力不对称的前提之上的，因此，在决定控制者和处理者所承担义务时，数据保护法的实施需要更多地考虑控制者和处理者的市场势力。[4] 针对大型平台的监管不仅可以更为高效地保护多数人的隐私，也可以减少数据造

---

〔1〕 Laura Alexander, Privacy and Antitrust at the Crossroads of Big Tech, AAI Issues Report, pages 16, https：//www. antitrustinstitute. org/wp-content/uploads/2021/12/Privacy-Antitrust. pdf.

〔2〕 LM Khan, Pozen D. E. ," A skeptical view of information fiduciaries", *Harv. L. Rev.*, Vol. 133, 2019, pp. 497-541.

〔3〕 Zingales N. ," Between a rock and two hard places：WhatsApp at the crossroad of competition, data protection and consumer law", *Computer Law & Security Review*, Vol. 33, Issue 4, 2017, pp. 553-558.

〔4〕 Graef I, Clifford D and Valcke P. ," Fairness and enforcement：Bridging competition, data protection and consumer law", *International Data Privacy Law*, Vol. 8, Issue 3, 2018, pp. 200-223.

成的进入障碍和促进隐私方面的竞争。[1] 这种方案已经得到了适用。欧委会在《数字市场法案》(*Digital Markets Act*)草案中已明确体现了相关监管思路,提出"守门人"平台不能随意将不同业务数据进行合并使用、不能强制要求消费者进行账户关联、不能强制要求企业消费者在向终端消费者提供服务时使用"守门人"平台的身份验证服务等要求,以此来防止"守门人"平台通过数据集中形成更大的竞争优势。[2] 英国 CMA& ICO 在联合声明中也建议对具有市场影响力的平台规定"设计公平"的义务,以确保它们设计选择架构和默认方式,最大限度地提高消费者对其个人数据使用作出明智选择的能力。[3] "通过适当的监管,可以利用竞争压力来推动保护和支持消费者的创新,如开发隐私友好型技术、明确消费者友好的控制以及创建支持、增强消费者主导的数据移动性的工具。"[4]

对此,我国已经作出初步探索。《个人信息保护法》确立了"重要平台特殊信息义务条款",[5] 正在制定中的《互联网平台落实主体责任指南(征求意见

---

〔1〕 Christophe Carugati, The Antitrust Privacy Dilemma, A Université Paris II-Panthéon-Assas Working Paper, p. 5. 德国 Bundeskartellamt 也指出,主导企业的数据滥用行为在一定程度上抑制了整体的隐私竞争水平,因为其他企业在其行为 "庇护" 下也倾向于侵犯隐私。Bundeskartellamt, Order of 06-Feb-2019, B6-22/16. 反垄断学者罗伯特·施泰纳曾警告说,一家占主导地位的公司的欺骗行为可能会在一个行业中产生多米诺骨牌效应,导致较小的公司在该行业中从事类似的行为并产生低效率。Robert L. Steiner, "Double Standards in the Regulation of Toy Advertising", *Cincinnati L. Rev.*, Vol. 56, 1988, pp. 1259, 1264.

〔2〕 See Article 5 of the DMA.

〔3〕 CMA and ICO, Competition and data protection in digital markets: a joint statement between the CMA and the ICO, para, 58.

〔4〕 CMA and ICO, Competition and data protection in digital markets: a joint statement between the CMA and the ICO, para, 59.

〔5〕《个人信息保护法》第 58 条规定,提供重要互联网平台服务、用户数量巨大、业务类型复杂的个人信息处理者,应当履行下列义务:①按照国家规定建立健全个人信息保护合规制度体系,成立主要由外部成员组成的独立机构对个人信息保护情况进行监督;②遵循公开、公平、公正的原则,制定平台规则,明确平台内产品或者服务提供者处理个人信息的规范和保护个人信息的义务;③对严重违反法律、行政法规处理个人信息的平台内的产品或者服务提供者,停止提供服务;④定期发布个人信息保护社会责任报告,接受社会监督。

稿）》也对超级平台的信息义务作出了更详细的规定，[1] 最近的行动还包括要求特定企业提升隐私政策的透明度、有效性。[2] 为进一步发挥这种制度的功能，可以对被认定为"新公用事业"的新闻平台作出更明确的个人信息保护要求，将隐私保护融入隐私政策设计方案中。例如，针对用于个性化的数据收集，可以将"选择退出"更改为"选择加入"，以确保消费者的选择自由。对于个性化广告，也应该给予更明确、简单、不设障碍的退出选项，约束和规范主导平台的数据收集行为。主管机构应当持续监管"新公用事业"新闻平台的隐私选项设计，确保其透明性和可理解性。在隐私测量工具尚不成熟的情况下，这种强化事前监管的方式能够发挥风险预防功能，有利于监管部门与企业共同探索既有利于释放数据价值，又能够充分保护消费者利益的数据开发方式。

二、非歧视收益分配义务

新闻业属于知识密集型产业，一定的直接盈利能力是新闻业持续健康发展的重要保障。从目前情况看，新闻媒体的直接盈利能力与新闻业独立发展的要求仍相距甚远，注意力收益的不合理分配已成为制约新闻媒体公共性与意识形态属性发挥的主要瓶颈。[3]

（一）分配正义的价值诠释

分配是指已生产出来的产品，通过一定形式被社会成员所占有的过程。分配是社会生产关系不可或缺的重要环节，它既是生产的产物，其分配的对象、分配的性质、分配的结构皆因生产而变，又能够反作用于生产，[4] 因为产品分配是否合理会加速或阻碍生产的发展。分配正义（distributive justice）涉及资源的社

---

〔1〕《互联网平台落实主体责任指南（征求意见稿）》第4条规定："超大型平台经营者应当建立健全数据安全审查与内控机制，对涉及用户个人信息的处理、数据跨境流动，涉及国家和社会公共利益的数据开发行为，必须严格依法依规进行，确保数据安全。超大型平台经营者应当确定数据安全责任人，明确相关人员的名单与联系方式。"

〔2〕 工业和信息化部：《工业和信息化部关于开展信息通信服务感知提升行动的通知（工信部信管函〔2021〕292号）》。"互联网企业（首批实施的企业名单见附件）应以简洁、清晰、易懂的方式，向用户提供APP产品隐私政策摘要；涉及调用用户终端中相册、通讯录、位置等敏感权限的，还应当以适当方式告知用户调用该权限的目的，充分保障用户知情权。"

〔3〕 潘爱玲："我国文化产业融资难问题与对策建议"，载全国哲学社会科学规划办公室编：《国家社会科学基金〈成果要报〉汇编（2013年）》，学习出版社2014年版，第29~32页。

〔4〕 邵丽华："中国特色社会主义的分配公平"，载《光明日报》2020年8月28日，第16版。

会公正分配，与其他形态的正义相比，分配正义更关注分配结果，公平的分配通常会考虑要分配的产品总量、分配程序以及由此产生的分配模式。在《全球分配正义》中，阿姆斯特朗区分了一般分配正义和分配正义，并将分配正义定义为"我们生活中的利益和负担在社会或社区成员之间共享的方式"。[1] 在社会心理学中，分配正义被定义为奖励和负担如何由（分布在）群体成员之间共享的感知公平。例如，当工作时间更长与工作时间更短的工人工资相同时，群体成员可能会觉得分配正义没有发生。为了确定分配正义是否已经发生，个体经常求助于他们群体的行为期望。如果按照群体指定的分配规范分配奖励和负担，则分配正义被视为发生。[2]

由于社会的财富和资源数量有限，利益应该如何分配的问题经常出现。平等、公平和需要是最常见的分配标准。一是基于平等原则进行分配。平等被视为决定谁得到什么的最终标准，那么利益将在所有人之间平均分配，即每个人将获得相同的金额。但是，由于需求水平的现实差异，这种形式的平等不会带来相同的结果或者正义感知。二是基于公平原则进行分配，即按照个人贡献的比例进行分配，那么利益将流向为团体作出更大生产力贡献的人。但是，如果在竞争机会不均等的团体中，这种形式的公平也不会带来相同的结果或者正义感知。三是基于需要原则进行分配，即按照成员的需要进行分配，那么利益将流向更有需求的成员。当某些需求被满足后，欲望转化为更多的占有而不是增长为更高的追求，这种形式的公平也不会带来相同的结果或者正义感知。[3] 四是根据社会效用或符合整个社会最大利益的原则进行分配。[4]

根据相对剥夺（relative deprivation）理论，当人们开始相信他们的结果与类似情况下、类似自己的人所获得的结果不相同时，就会引起一种不公正感。[5]

〔1〕 Chris Armstrong, *Global Distributive Justice: An Introduction*, Cambridge University Press, 2012, pp. 11–14.

〔2〕 Donelson R. Forsyth, *Group Dynamics (5th edition)*, Wadsworth Publishing, 2016, pp. 388–389.

〔3〕 Michelle Maiese, Distributive Justice, https://www.beyondintractability.org/essay/distributive_ justice.

〔4〕 Morton Deutsch, Peter T. Coleman and Eric C. Marcus, "The Handbook of Conflict Resolution: Theory and Practice", *John Wiley & Sons*, 2011, pp. 45–48.

〔5〕 Morton Deutsch, Peter T. Coleman & Eric C. Marcus, "The Handbook of Conflict Resolution: Theory and Practice", *John Wiley & Sons*, 2011, p. 47.

当人们感觉到相对于他人自己处于不公平的劣势或者他们没有得到"公平份额"时，就会引发他们挑战这种不公平结果制度的冲动；尤其是，当一个人或群体的基本需求没有得到满足时，即在"有"和"无"之间存在很大差异之时，挑战甚至社会变革更容易出现。[1] 这也可以解释缘何资源分配不公平的社会很容易发生社会动荡。

在数字新闻市场，生产、分销和消费背离了传统经济模式。首先，该市场存在两种非常有价值的特殊产品：注意力（眼球、流量）和信息（数据）。基于特定的信息请求指令，平台推送相关信息的过程是"注意力交换"。[2] 最常见的例子是广播电台、电视、社交网络、互联网搜索引擎。在这种类型的市场中，平台消费者（以自然人消费者为主）作为生产者，占据了分销链的顶端。其次，注意力的分销通过以物易物的形式完成。平台消费者通过物物交易将注意力转移到像谷歌、脸书、微信这样的注意力中间商（分销商），以换取其想要的产品或服务，如新闻、音乐、电视节目、访问在线社交网络或互联网搜索结果。[3] 最后，注意力消费主体是广告商。注意力中间商将注意力分发给广告商，由他们来消费。广告商实际上是注意力市场的消费者。尽管在这条产业链条中，参与者扮演着非典型的角色，但这种自上而下的模式在结构上与传统的分销系统还是存在相似性。（见图5-1）[4]

〔1〕 Morton Deutsch, Peter T. Coleman & Eric C. Marcus, "The Handbook of Conflict Resolution: Theory and Practice", *John Wiley & Sons*, 2011, pp. 45-48.

〔2〕 Simon P. Anderson & Stephen Coate, "Market Provision of Broadcasting: A Welfare Analysis", *Rev. Econ. Studies*, Vol. 72, 2005, p. 947.

〔3〕 Barak Y. Orbach, "The Antitrust Consumer Welfare Paradox", *J. Comp. L. & Econ*, Vol. 7, 2010, pp. 133, 163.

〔4〕 John M. Newman, Regulating Attention Markets, Newman, John M., Regulating Attention Markets, University of Miami Legal Studies Research Paper, 2019, p. 14.

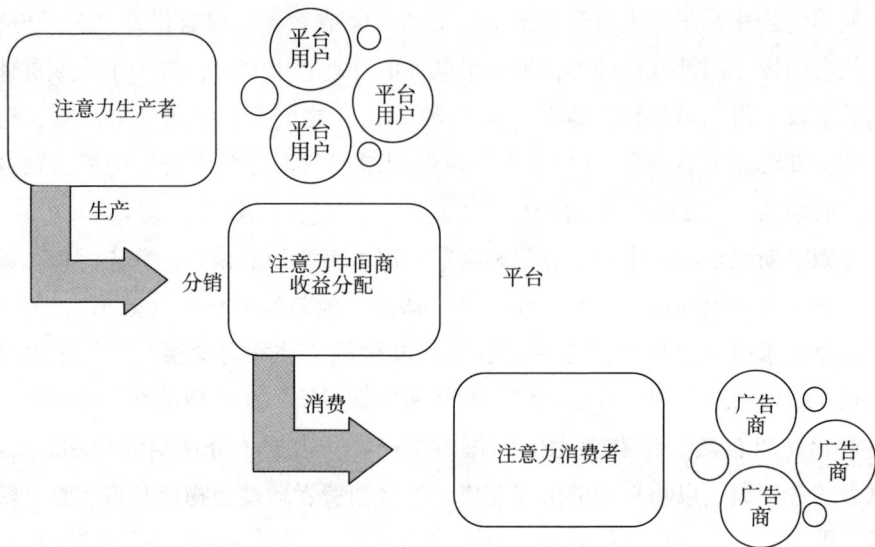

图 5-1　注意力产业链条示意图

　　注意力市场的分配活动具有特殊性、复杂性。例如，在个性化新闻推送中，平台消费者并非绝对的消费者，而是具有消费者与生产者双重身份的主体。在信息的获取和接受过程中，消费者扮演的是消费者的角色，从信息中介获得有价值的内容，以此指导自身的行为。这个过程并非是免费的，消费者将注意力作为对价，而注意力又被中介转移给期望获取注意力的广告商，这使得消费者又具有了生产者的身份，他们作为注意力来源，是信息平台向广告商收取资金的产品来源。此时，广告商成为注意力的消费者。注意力是有限的，是一种稀缺、可交易的资产。因为稀缺，"注意力"之争成为数字平台之间、新闻生产者与加工者之间的现代战场。平台企业以"去中心化""分布式"的新闻生产传播的方式，创造出全新的、高度集中的注意力交易市场，打造出更加大型的中央计划市场——注意力交易市场。随着网民数量爆炸式增加，新闻受众变革为新闻生产者、传播者，新闻的消费却越来越集中在以平台为核心的新媒体手中。[1] 掌握分配大权的平台在分配"注意力"收益之时，紧握决定权、话语权，平台规则即为"群

---

〔1〕 李良荣:《新闻学概论》，复旦大学出版社 2018 年版，第 220 页。

体指定的分配规范"。对消费者而言，消费者对注意力的付出缺少感知，往往无偿或以极低的报酬方式卷入"注意力"交易，且他们容易产生"是按照群体指定的分配规范分配奖励和成本"的认识，对注意力交易中的分配不公平鲜有感知。对新闻生产者而言，由于传统的商业模式被打破，他们参与到平台注意力交易之中，迫于平台掌握的流量生死大权，在市场缺乏法定交易规则的条件下，即便他们不认可平台规则就是"群体指定的分配规范"，他们也往往放弃索价。

（二）注意力收益分配变革制度比较

近年来，Google、Facebook 等数字平台利用第三方的新闻内容增加自身网站流量及广告收入的行为，逐渐受到各国政府的关注。根据国情的差异，对注意力变现（monetize）收益的分配变革主要形成了三种模式。

1. 著作权模式。2019 年欧盟颁布的《数字化单一市场著作权指令》（以下简称《指令》）第 11 条规定，社交媒体、新闻平台等在引用新闻片段之前必须要从新闻出版者处获取相应的许可。[1] 基于平台已成为访问创意作品和新闻文章的主要途径这一时代背景，《指令》旨在将阅读新闻的流量引导至发布新闻的网站、媒体之中，改变平台对流量以及注意力收益的不公平占有，进而刺激消费者和创作者能够更加充分地利用数字平台音乐流媒体服务、视频点播平台、卫星和 IPTV、新闻聚合器和消费者上传内容，增加更多高价值内容的创造和传播，同时，保障言论自由和其他基本权利。流量的转移意味着注意力收益的转移，这对于数字新闻聚合平台将产生巨大的冲击，因此，该条款也被称作"链接税"（link tax）。

《指令》是欧盟著作权规则现代化的缩影，法国是欧盟会员国中第一个将欧盟《指令》中邻接权（neighboring rights）的概念引入其著作权法的国家。[2] 著作邻接权是指与作品的实际作者无关的创造性作品的权利，因其享有的权利与著作权相邻接，故称为著作邻接权。这一类似于著作权的保护规则旨在帮助报纸和杂志出版商以及新闻机构在其内容被在线平台使用时，能够从世界互联网巨头那

---

〔1〕　EC, Directive on Copyright in the Digital Single Market, 2016/0280（COD）, 2016.

〔2〕　Competition Policy International, French Court To Rule If Google Can Be Forced Into Neighboring Rights With Press, https://www.competitionpolicyinternational.com/french-court-to-rule-if-google-can-be-forced-into-neighboring-rights-with-press/.

里获得报酬。关于使用链接的条件以及价格，《指令》第15条规定，由新闻出版商和平台协商决定。

目前，德国正在配合《指令》的出台制定《著作权法修改案》，西班牙拟对其《知识产权法》进行修改。韩国在其著作权法及新闻法修正草案中，增设了"互联网服务经营者需支付新闻或传播新闻者相关费用"的规定。[1]

2. 网络治理模式。英国的反垄断执法机构是竞争与市场管理局（CMA），其中，具体负责对具有市场支配地位的数字平台进行监管的部门是 CMA 下设的"数字市场部门"（Digital Markets Unit，DMU）。但是《网络安全法案》（*Online Safety Bill*）的执法权由通讯管理局（Office of Communications，OFCOM）职掌。2021年，英国国会上议院建议修改《网络安全法案》。根据《网络安全法案（草案）》的规定：①搜索服务、社交媒体平台和其他能够在消费者之间共享消费者生成内容的在线服务，必须降低非法内容对社会可能造成的伤害风险。②上述服务提供者还需要采取措施保护儿童的在线安全。③提供上述服务需要确保人们可以在网上自由表达自己的意见，并要求平台在提供服务时考虑公民表达自由的重要性。④如果公司未能履行上述注意义务，OFCOM 有权对其处以最高1800万英镑或上一年度收入10%的罚款。⑤纳入强制性议价制度，确保新闻媒体从业者获得公平收益。[2]

3. 强制性议价模式。2017年12月，澳大利亚莫里森政府指示澳大利亚竞争和消费者委员会（ACCC）对针对谷歌和脸书所涉的"媒体和广告服务市场的竞争"进行调查。2019年7月，ACCC 发布最终报告，就新闻和媒体领域的竞争状况得出了几个结论：①特定类型的新闻和新闻的生产减少，包括对地方政府和地方法院的报道，而这些信息对民主机制的健康运行非常重要。②长期以来，广告商为澳大利亚公共新闻的生产提供了大量资金，目前还没有任何迹象表明有一种商业模式可以有效地取代广告商模式。[3] 2020年4月，莫里森政府指示 ACCC

---

〔1〕［美］托比·曼德尔：《信息自由：多国法律比较》，龚文庠等译，社会科学文献出版社2011年版，第68页。

〔2〕UK OFCOM, OFCOM To Gain New Online Safety Powers As Government Bill Published Today, https：//www.ofcom.org.uk/about-ofcom/latest/features-and-news/new-online-safety-powers-government-bill-published.

〔3〕ACCC, Digital Platforms Inquiry-Final Report, 2019, p. 1.

制定强制性法规，"以解决数字平台和媒体公司之间的议价能力失衡"。ACCC 于 2020 年 7 月发布了《新闻媒体谈判守则（草案）》（以下简称《守则》），并邀请有关各方就拟议守则提交意见。《守则》获得了澳大利亚议会的广泛支持，作为 2010 年《联邦竞争和消费者法案》新增 IVBA 部分于 2021 年 3 月 2 日颁布。[1]

《守则》就新闻媒体与数字平台间进行收益分配协商的主体、条件及协商无法完成时该如何处理等实体及程序问题作出了详细的规定。《守则》确定的强制性议价模式充分发挥了市场与政府两只手的功能，克服了前两种模式下可能存在的三大难题：一是反垄断执法机构是否能够仅仅因数字平台导致新闻媒体收益减少，就可以推定其存在违法可能性而启动二者之间的协商程序？二是新闻媒体是否会出于对数字平台是其收益瓶颈的忌惮，而对数字平台进行不够客观公正的报道，从而损害新闻自由的价值及媒体的独立性？三是如果新闻媒体业以集体协商方式统合谈判力量，可能涉及同业之间实施垄断协议的监管问题。因此，澳大利亚的强制性议价模式为美国、加拿大等国家纷纷效仿。目前，美国正在拟定《新闻竞争与保护法草案》，内容包含新闻内容创作者在 4 年内与在线内容发布商协商价格可以享受垄断协议法律责任的豁免。加拿大文化部目前正针对新闻媒体与数字平台的收益分配方案向公众征求意见。

（三）中国的选择：强制性议价

1. 强制性议价实施的可行性。数字新闻平台的兴起的确促进了数字新闻业的繁荣，确实给消费者带来了许多福利，但是规制必须在解决短期问题和保持长期发展之间进行权衡，唯有站在促进文化繁荣与民族文化自信的高点，才能够从根本上解决文化发展过程中的短期问题——利益分配。倘若听任平台设定分配规则，扮演"群体指定的分配规范"角色，那么注意力市场（包括数字新闻市场）的微恙必成沉疴宿疾。[2] 重新分配注意力收益是数字新闻产业健康、持续发展的必然选择。《守则》的出台遭到了脸书和谷歌的坚决反对。2021 年 2 月 18 日，脸书"被迫停止澳大利亚出版商和消费者在脸书和 Instagram 上分享本地和国际

---

〔1〕　The Parliament of Australia, Treasury Laws Amendment（News Media and Digital Platforms Mandatory Bargaining Code）Act 2021, Part IVBA Competition and Consumer Act 2010.

〔2〕　马健："论文化规制——基于中外文化管理经验的研究"，上海交通大学 2013 年博士学位论文。

新闻"，即禁止所有消费者分享指向澳大利亚新闻来源的链接。澳大利亚出版物的页面不得存放任何自己的内容，澳大利亚消费者不得分享任何澳大利亚或国际新闻链接，各种非新闻来源和页面都受到影响，包括政府网站。[1] 此为"脸书屏蔽新闻"事件。谷歌则表示，该法案对谷歌产品、运营和财务可能产生的影响构成无法承受的风险……为搜索中的链接和片段付费的要求是谷歌对该法案最关键的担忧，这项规定将为谷歌和数字经济开创一个"站不住脚的先例"。这与搜索引擎的工作方式或互联网的工作方式不兼容……网站之间无限制链接的原则是搜索的基础，再加上无法控制的财务和运营风险，如果这个版本的代码成为法律，我们别无选择，只能停止在澳大利亚提供谷歌搜索。[2] 面对两大巨头关于《守则》是"高度规范的微观监管"的批判，澳大利亚主流媒体公司，包括新闻集团（news corp）、九号娱乐（nine entertainment）等都表达了对该法案的支持。澳大利亚政府强烈批评了两大巨头的封闭、停止之举，称其显示了"数字社交巨头的巨大市场力量"。[3] 在澳大利亚政府"对该法案进行最后一刻的修改"后，两大巨头先后与澳大利亚政府达成了"协议"，向澳大利亚消费者恢复了新闻平台服务供应。[4] 平台巨头的态度转向，既是其对政府监管权力的妥协之果，亦有正义寻求的必然之因。

"《谢尔曼法》立法者们的主要意图根本不是经济效率，而是分配目标（distributive goal）"，即防止垄断者把财富从消费者、中小企业处转移至其处。[5]

〔1〕 Sophie Meixner, Facebook News Ban Drops Reader Traffic To News Stories By 13 Percent within Australia, Chartbeat Data Shows, https：//www. abc. net. au/news/2021-02-19/facebook-referral-traffic-down-news-ban-morrison-frydenberg/13171568.

〔2〕 Natasha Lomas, Google threatens to Close Its Search Engine In Australia As It Lobbies Against Digital News Code, https：//techcrunch. com/2021/01/22/google-threatens-to-close-its-search-engine-in-australia-as-it-lobbies-against-digital-news-code/.

〔3〕 BBC, Facebook Blocks Australian Users From Viewing Or Sharing News, https：//www. bbc. com/news/world-australia-56099523.

〔4〕 Saheli Roy Choudhury, Facebook to Restore News Pages For Australian Users In Coming Days, https：//en. wikipedia. org/wiki/News_ Media_ Bargaining_ Code.

〔5〕 参见［美］赫伯特·霍温坎普：《联邦反托拉斯政策：竞争法律及其实践》，许光耀等译，法律出版社 2009 年版，第 52~53 页。

当然，重新分配总会有输家，往往会引发新的冲突。[1]"正义是社会制度的首要价值"，[2] 社会的基本结构终究须由可预期、受控制的正义来主导，但"正义有着一张普罗透斯似的脸，变幻无常、随时可呈不同形状并具有极不相同的面貌"。[3]"保证每个社会成员都能公平地获得生存与发展的能力"，[4] 是一国社会治理的基本底线与法治建设的初始条件。"人民对美好生活的向往，就是我们的奋斗目标"，[5] 是社会治理的终极目标，是数字新闻市场治理的根本目标。因此，根据社会效用或符合整个社会最大利益的方式分配注意力资源和收益，更平衡地分配权力与利益，是数字新闻市场应当践行的中国之道。

2. 强制性议价主要内容。强制性议价制度旨在解决数字平台和新闻媒体之间存在的议价能力不平衡问题，确保新闻媒体因其产生的内容能获得公平报酬，从而促进新闻业的健康、持续发展。主要内容为：

（1）建立新闻媒体和数字平台的强制性谈判六大规则。

第一，市场议价——数字平台企业和已表示有意讨价还价意愿的合格新闻媒体真诚地开展谈判；

第二，强制仲裁——如果各方无法就在指定数字平台服务上提供相关新闻内容的报酬达成一致，仲裁小组将代表政府在谈判各方提出的两个最终报价中进行选择；

第三，一般要求——要求负责任的数字平台企业向合格新闻媒体提前通知其对所报道的新闻内容可能产生重大影响的计划变更情况；

第四，非差别化要求——要求负责任的数字平台企业不得因为新闻媒体参与或不参与"强制性议价"有关的事项而对其进行差别对待；

---

〔1〕 Michelle Maiese, Distributive Justice, https：//www.beyondintractability.org/essay/distributive_justice.

〔2〕 参见［美］约翰·罗尔斯：《正义论》，何怀宏等译，中国社会科学出版社2001年版，第1页。

〔3〕 ［美］E.博登海默：《法理学：法律哲学与法律方法》，邓正来译，中国政法大学出版社2017年版，第265页。

〔4〕 参见胡玉鸿："依靠法治满足人民对美好生活的要求研究"，载《法律科学（西北政法大学学报）》2021年第2期。

〔5〕 习近平："人民对美好生活的向往，就是我们的奋斗目标"，载《习近平谈治国理政》第一卷，外文出版社2018年版，第4页。

第五，市场外包许可——数字平台企业可能会与不符合"强制性议价"所指的"合格新闻媒体"的其他内容生产者就薪酬或其他事项达成商业交易。只要其他内容生产者将此类协议告知反垄断主管机关，协议当事方就无需遵守"强制性议价"的一般条款、谈判和强制仲裁规定；

第六，标准报价——数字平台企业可能会向新闻媒体提供标准报价，旨在减少与谈判相关的时间和成本。如果双方将商定的报酬标准要约通知执法机构，则双方无需遵守"强制性议价"的一般条款、谈判和强制仲裁规定。

（2）"强制性议价"适用对象。

第一，指定数字平台企业和指定数字平台服务。澳大利亚的经验是，由传播与媒体管理局（ACMA）部长通过立法文书指定数字平台企业和数字平台服务。但在作出具有强烈政府干预色彩的指定之时，部长必须考虑：本国新闻企业与由该企业及其所有相关法人团体组成的集团之间是否存在显著的议价能力失衡；该企业（集团）是否通过与本国新闻企业签订与新闻内容相关的协议（包括为这些企业的新闻内容提供报酬的协议）为本国新闻业的可持续性发展作出了重大贡献。[1]

第二，合格的新闻媒体。"强制性议价"模式仅适用于"合格的新闻媒体"。申请人必须事先申请，并通过审核方能成为"合格的新闻媒体"。在澳大利亚，按照《守则》规定进行申请，且必须通过以下资格测试。[2]

步骤一，进行新闻业务及新闻事业法人登记申请。

步骤二，申请人必须：以书面形式提出申请；列出构成新闻业务的每个新闻来源；基于《守则》第52Z条"关于商业秘密和个人信息"的要求，列出申请法人的联络人详情；其他法律有相关规定的，从其规定。

步骤三，完成相关测试：收入测试、内容测试、澳大利亚公众测试、专业标准测试（详见图5-2）。如果ACMA认为申请人提出申请时向ACMA提供了虚假或误导性信息或文件的，ACMA有权撤销注册。注册新闻业务及新闻事业法人的

---

〔1〕 Art. 52E, The Parliament of Australia, Treasury Laws Amendment (News Media and Digital Platforms Mandatory Bargaining Code) Act 2021, Part IVBA Competition and Consumer Act 2010.

〔2〕 Art. 52F, The Parliament of Australia, Treasury Laws Amendment (News Media and Digital Platforms Mandatory Bargaining Code) Act 2021, Part IVBA Competition and Consumer Act 2010.

企业，不再符合上述收入标准、内容标准、澳大利亚观众标准、专业标准的任何要求的，已经注册的新闻事业法人必须尽快以书面形式通知 ACMA。[1]

申请
申请前 使用新闻业务企业的授权代表事先注册的 myGovlD 信息或申请人预先填写申请表
⇩
提交申请 新闻业务企业的授权代表访问 ACMA 应用程序门户，并完成在线表格，以注册新闻业务 包括指定一家新闻企业（和新闻来源）进行注册
⇩
评估
第一阶段：形式审查 （ACMA 审查是否已正确完成申请表、是否提交了适当的评估证明文件）
第二阶段：资格测试 （ACMA 将根据收入标准、内容标准、澳大利亚观众标准、专业标准进行测试）
⇩
评估结果

成功的申请 ACMA 注册新闻业务，并在其在线注册信息栏上公布详细信息；通知 ACCC 和所有指定的数字平台企业。	不成功的申请 ACMA 通知申请人；如果有异议，再次提出申请

图 5-2　合格新闻媒体评估流程图

三、非歧视技术对待义务

算法技术释放了信息传播的潜能，但也深刻影响着传播内容的分类、优先、

---

[1]　Art. 52I, The Parliament of Australia, Treasury Laws Amendment (News Media and Digital Platforms Mandatory Bargaining Code) Act 2021, Part IVBA Competition and Consumer Act 2010.

推荐、判定。[1] 逐利至上的数字新闻平台掌控下的算法排序产生了诸多问题，包括偏向自产内容，贬低公共性新闻导致供给结构异化，观点、内容上具有过度偏向性，没有为多样化来源、多元化立场保留必要空间。这导致新闻从业者缺乏公平竞争机会。不少从业者指出，数字新闻平台经常在没有提示的情况下修改新闻推送算法，这对其他经营者新闻内容的可见性产生了负面影响。[2] 对此，我国已经作出了初步尝试。《互联网信息服务算法推荐管理规定》第 4 条规定："提供算法推荐服务，应当遵守法律法规，尊重社会公德和伦理，遵守商业道德和职业道德，遵循公正公平、公开透明、科学合理和诚实信用的原则。"但研究者也指出，算法陷阱只有在其创建者理解目标消费者的世界观和行动动机并与之合作的情况下才会有效，因此，目标的自主能动性不会被否定，而是被有效利用。当个性化推荐算法为消费者带来的服务也因为算法陷阱而暗藏俘获风险时，管制者就需要与消费者思想互动——不是帮助消费者如何逃离它们，而是如何让陷阱为他们工作，即对算法进行规训。[3]

（一）规训算法的逻辑

通过成瘾机制训练、驯服消费者的算法规训是一种比强制更有力量的规制手段。在数字技术彰显社会控制能力的今天，唯有在封锁算法权力的同时提升规制权力运作机制的轻便度、速度、有效度，才能实现有效控制，因此，规训算法成为有效对抗算法权力的制度选择。[4] 其一，规训具有侵蚀算法权力的强大力量。"规训是一种谦恭而多疑的权力，是一种精心计算的、持久的运作机制。与威严的君权或国家重大机构比，它的模式、程序都微不足道。然而，它却实实在在地正在侵蚀那些重要形式，改变后者的机制，实施自己的程序。法律机构也不能避免这种几乎毫不掩饰的侵蚀。"其二，算法规训消费者潜在风险巨大。规训权力的价值之一在于，避免因为人体矫正（成瘾）使受到"道德"矫正的消费者持

〔1〕 David Beer, "Power through the Algorithm? Participatory Web Cultures and the Technological Unconscious", *New Media & Society*, Vol. 11, Issue 6, 2009, pp. 985-1002.

〔2〕 Terry Flew, "Platforms on Trial", *InterMedia*, Vol. 46, Issue 2, 2018, pp. 24-29.

〔3〕 Christopher Burr, "Nello Cristianini and James Ladyman, An Analysis of the Interaction Between Intelligent Software Agents and Human Users", *Minds and Machines*, Vol. 28, No. 4, 2018, pp. 735-774.

〔4〕 姜野："算法的规训与规训的算法：人工智能时代算法的法律规制"，载《河北法学》2018 年第 12 期。

续参与注意力争夺过程，并最终沦为平台价值的审查员。[1]　人类反之会被算法控制，不再作为社会的主体而存在。[2]　其三，规训"造就"个人。通过反向规训，搭建平台"全景监狱"，将消费者转化成平台的监督员，是解决个性化推荐规制问题的长效机制。[3]

那如何让规制算法的权力"不仅不阻碍进步，不用自己的种种规章制度来压迫进步，反而在实际上促进进步"呢？什么样的权力增强器也能同时是生产增益器？权力如何能通过增强自身的力量来增加社会力量，而不是剥夺或阻碍社会力量？福柯给出的答案是——全景敞视建筑方案。[4]　"通过强大的社会网络，以监狱为中心，被孤立的不再是君主，而是个人"，规训的成功在于建立简单的工具——层级监视、规范化裁决以及它们在该权力特有的程序（检查）中的组合。[5]　在数字社会个性化新闻推荐治理的实践中，上述工具一一对应：平台各边主体参与，搭建算法监狱，赋予各层级主体相应的"监视权"、建立纠纷规范化裁决机制以及外在的检查与威慑机制。

（二）规训算法的方法

如休谟所言："一切科学对于人性总是或多或少地有些关系，任何学科不论似乎与人性离得多远，它们总是会通过这样或那样的途径回到人性。"[6]　"即使我们的科学比现在发达一百倍，单靠科学我们仍不能生活得更好。"[7]　"我们可以这样说，在我们所能认识的范围内，人类的主要目的是创造像真、善、美那样

---

〔1〕　［法］米歇尔·福柯：《规训与惩罚：监狱的诞生》，刘北成、杨远婴译，生活·读书·新知三联书店 2019 年版，第 143~184 页。

〔2〕　［以］尤瓦尔·赫拉利：《未来简史》，林俊宏译，中信出版社 2017 年版，第 296 页。

〔3〕　［法］米歇尔·福柯：《规训与惩罚：监狱的诞生》，刘北成、杨远婴译，生活·读书·新知三联书店 2019 年版，第 184 页。

〔4〕　［法］米歇尔·福柯：《规训与惩罚：监狱的诞生》，刘北成、杨远婴译，生活·读书·新知三联书店 2019 年版，第 224 页。

〔5〕　［法］米歇尔·福柯：《规训与惩罚：监狱的诞生》，刘北成、杨远婴译，生活·读书·新知三联书店 2019 年版，第 184~185 页。

〔6〕　［英］休谟：《人性论》（上册），关文运译，商务印书馆 1996 年版，第 6 页。

〔7〕　［美］乔治·萨顿：《科学的历史研究》，刘兵、陈恒六、仲维光编译，上海交通大学出版社 2007 年版，第 8~9 页。

一些无形的价值。"〔1〕

1. 个性化推荐算法伦理风险及其分类。为了识别个性化推荐算法设计和系统部署中的伦理风险，首先必须对其中的伦理风险进行分类。道德原则的正确性问题，在哲学界引起了激烈的争论。幸运的是，本研究无需解决此争议，而仅需对普遍共识进行识别。从普遍共识的角度上，至少有两类变量与道德相关，即行动（actions）和后果（consequences）。〔2〕

"效用"（utility）是人们用来衡量某些后果价值的指标。因此，可以合理地假设，个性化推荐算法的任何方面可能对其任何利益相关者的效用产生负面影响，或有可能造成此类负面影响，构成与道德相关的特征。作为结果的"效用"，可以使用可量化的指标来实现，人们也常常采取权利为行动提供定性约束。从行为和结果的角度考虑，我们可以确定：个性化推荐算法产生道德影响有两种方式。①它的操作可以对任何利益相关者的效用产生（负面）影响，并（或）侵犯他们的权利。②这两种道德影响可能是立竿见影的。例如，因为推荐所必需的数据，消费者可能面临隐私风险；因为推荐不准确，导致消费者效用下降，或者可能使消费者面临潜在的不相关或破坏性风险。造成消费者面临某些风险可能没有出现实际不利后果，但"暴露"本身是错误的。〔3〕据此，我们可以将个性化推荐算法引起的道德问题按照两个维度进行分类（见表5-1）：①个性化推荐算法是否对它的利益相关者产生负面影响或者构成无需使用效用来测量的侵权？②负面影响是否构成即时损害（harm），或使利益相关者面临未来损害或侵权的风险。〔4〕基于上述分类，学者们借助多学科、比较性荟萃分析（meta-analysis），确定了个性化新闻推荐面临的七个主要的伦理问题：不当内容、隐私、自

〔1〕［美］乔治·萨顿：《科学史和新人文主义》，陈恒六、刘兵、仲维光编译，上海交通大学出版社2007年版，第12页。

〔2〕当然，意图等其他变量也可能是影响道德的变量，但就本研究目的而言，对行动和后果的差异识别足以清楚地识别道德风险，因此，对其他变量不再做深入研究。See Silvia Milano, Mariarosaria Taddeo and Luciano Floridi, "Recommender Systems and Their Ethical Challenges", *AI & Society*, Vol. 35, 2020, pp. 957-967.

〔3〕Madeleine Hayenhjelm & Jonathan Wolff, "The Moral Problem of Risk Impositions: A Survey of the Literature", *European J of Philosophy*, Vol. 20, Issue S1, 2012, pp. E26-E5.

〔4〕Silvia Milano, "Mariarosaria Taddeo and Luciano Floridi, Recommender Systems and Their Ethical Challenges", *AI & Society*, Vol. 35, 2020, pp. 957-967.

主权和个人身份、不透明性、公平性、社会影响、政治影响。

表 5-1　推荐系统伦理问题分类

	即时损害	面临风险
效用	不准确的建议	在线实验或 A/B 测试：即将选定的消费者组暴露于算法修改实践，目的是从消费者响应中收集关于不同版本的算法有效性的反馈
权利	不公平的待遇	泄露敏感信息

2. 科技伦理审查标准。"科技伦理是开展科学研究、技术开发等科技活动需要遵循的价值理念和行为规范，是促进科技事业健康发展的重要保障。"[1] 个性化推荐技术所带来的突破性变革是推动新闻传播事业发展的重要动力，在遏制算法新闻的道德风险的同时，也需要平衡和兼顾算法等新兴媒介技术的持续发展。为促进个性化新闻推荐技术创新高质量发展、不断推动科技向善，2022 年《关于加强科技伦理治理的意见》发布，明确提出了"科技伦理五原则"：增进人类福祉、尊重生命权利、坚持公平公正、合理控制风险、保持公开透明。这些基本原则构成了数字平台算法服务的伦理底线。从这些基本原则来看，有道德的算法应该满足预防性、安全性、尊重性、透明性、公平性、导向性等五大标准审查。

（1）预防性——消除信息无序。恶信息、假信息、错信息的道德风险涉及侵犯消费者隐私（如通过数据泄露或在没有明确同意的情况下收集数据）、匿名违规、人为操纵、在给消费者的推荐中存在偏见、内容审查不严格，以及缺乏消费者意识的在线测试中存在不平等待遇、缺乏信任等。个性化新闻推荐算法在恶、错、假新闻和恶性新闻的生产与传播上负有不可推卸的责任。Facebook 一度放弃人工编辑，依赖于技术方式应对恶、假、错新闻；今日头条通过加大人工编辑对内容的审核，尽可能降低资讯中负面内容的传播。无论是哪种方式，其落脚点都是事后应对。这种事后处理机制弊端明显，不当内容治理须考虑到社会利益

---

〔1〕　中共中央办公厅、国务院办公厅：《关于加强科技伦理治理的意见》。

以及公众集体利益，对可能发生的道德风险进行整体、有效的防范——以消费者为中心设计（user-centred design）算法，建立不当内容过滤机制。[1]

以消费者为中心设计机制，是基于文化和伦理偏好、侧重治理推荐内容的过滤机制。该机制旨在最大限度地减少对消费者效用的负面影响，特别是不必要的测试和不准确的推荐、对消费者权利的负面影响、不符合消费者价值观的建议以及使消费者面临隐私被侵犯的风险。因此，以消费者为中心的解决方案具有天然的两大缺点：①它们可能不足以保护消费者的隐私，可能导致效率低下。如果足够多的消费者选择退出画像生成或在线测试，则推荐系统生成新推荐的有效性将大大削弱。此外，消费者对参数的选择可能会暴露消费者自身的敏感信息。例如，有些内容令人不快、不相关或在其他方面不可接受，消费者添加一个过滤器来排除这些内容，那么添加行为本身可能会泄露消费者的相关信息。②尽管以消费者为中心的解决方案可能会提高推荐系统的透明度，但它们也将保护权利和效用的责任与义务一并转移给了消费者。当消费者只是名义上被赋予权力，但实际上无法管理保护其利益所需的所有算法时，这些解决方案可能只是责任的转移。[2]

"以消费者为中心"的转变效果随着消费者自身的认识水平和专业知识而变化，这可能导致消费者根据他们控制技术的能力而获得不同的保护水平。作为审查标准之一的"以消费者为中心"，可能是一种不公平的转变。[3] "成就幸福生活愿景"的推荐伦理，是享受推荐服务人群"美好生活"的前提。其具体制度包括：①在社区普遍接受的文化规范的基础上，建立一个"伦理数据库"，作为算法推荐过滤器。②将消费者可调节的"伦理过滤器"——基于消费者指定的伦理偏好筛选推荐内容，作为"伦理数据库"的补充，从而构建一个双层结构的推荐系统，满足更加动态的需求。③推荐伦理的设计指导思想为"成就幸福生

〔1〕 Dimitris Paraschakis, Towards an Ethical Recommendation Framework, 2017 11th International Conference on Research Challenges in Information Science（RCIS），2017, pp. 211-220.

〔2〕 Silvia Milano, "Mariarosaria Taddeo & Luciano Floridi, Recommender systems and their ethical challenges", *AI & Society*, Vol. 35, 2020, pp. 957-967.

〔3〕 Silvia Milano, "Mariarosaria Taddeo & Luciano Floridi, Recommender systems and their ethical challenges", *AI & Society*, Vol. 35, 2020, pp. 957-967.

活愿景"（Eudaimonic RS），其目的是通过使用互联的大数据结构来"创造一个社会，在这个社会中，个人通过深入参与世界而体验到满足感"。帕拉沙基斯经过长期研究提供了一个涉及五个领域伦理的伦理过滤机制：消费者画像实践；数据发布；算法设计；消费者界面设计；在线实验或 A/B 测试。[1]

另外，还有必要根据扬长避短的原则对以消费者为中心设计机制做进一步细化：①设立不同侧重面的道德风险发现机制，对于可能造成信息茧房的算法，在内容同质性达到某个程度时则自动调整消费者标签权重；对于可能影响内容质量的算法，预设敏感词汇以及敏感画面的捕捉。②按照伦理道德风险程度对防范措施分级，包括：一级防范，针对可能造成或已经造成重大道德风险的算法采取"即刻停止"的措施；二级防范，针对可能造成一般道德风险的算法采取"更正重启"的措施；三级防范，针对所产生的影响和可预见的范畴之内的算法采取"调整但不停用"的措施。

（2）安全性——保护消费者隐私安全。消费者放弃一些个人信息，以换取个人利益，平台收集数据以为消费者提供更优的服务，这是个性化推荐系统产生的逻辑。[2] 消费者隐私保护是个性化推荐系统面临的主要挑战之一。大多数商业上最成功的推荐系统都是基于混合或协作过滤技术，通过构建消费者模型来实现个性化推荐，从流程上看，隐私风险可能发生在四个阶段：①在没有消费者明确同意的情况下收集或共享数据时。②一旦数据集被存储，它们可能被泄露给平台外部代理或成为去匿名化处理的对象。在这两个阶段，隐私泄露可能会导致消费者效用损失（如个人消费者成为恶意代理伤害的目标）或者权利被侵犯（如以非法利用消费者个人信息的方式威胁消费者个人的自主权）。[3] ③在算法自主学习作出策略阶段，来自消费者偏好数据的推断也带来了许多隐私泄露风险。消费者可能不知道算法自主学习策略选择的本质，如果他们了解的话，他们可能会

〔1〕　Dimitris Paraschakis, Proceedings of the 10th ACM Conference on Recommender Systems, 2016, https://doi.org/10.1145/2959100.2959101, pp. 463-466.

〔2〕　Arjan Jeckmans, Michael Beye, "Zekeriya Erkin & Pieter Hartel, Reginald Lagendijk and Qiang Tang, Privacy in recommender systems", in SocialMedia Retrieval, *Computer Communications and Networks*, 2013, pp. 263-281.

〔3〕　A. Narayanan & V. *Shmatikov*, *Robust De-anonymization of Large Sparse Datasets*, 2008 IEEE Symposium on Security and Privacy, 2008, pp. 111-125.

反对使用他们的个人数据。例如,平台代理通过观察系统为给定消费者生成的推荐内容就能够反向推断出关于该消费者的一些敏感信息,而执法者也无法将知情同意的授权规制扩展适用到此类间接推断行为。[1] ④在协同过滤阶段,推荐系统可以根据它收集的关于其他消费者交互的数据构建一个消费者模型。换句话说,只要有足够多的消费者与系统交互并共享他们的数据,系统就能够构建相当准确的画像,即使对于那些数据较少的消费者也是如此。这表明,对于个人消费者来说,完全避开系统可能能够得出的关于其个体特征的各种推断是不可行的。这种推断在医学研究等领域可能是一个积极的特征,但在招聘或金融等其他领域则可能有害。

基于隐私保护的个性化推荐算法设计有三大要点:①隐私增强算法架构。这是指采用将数据泄露威胁降至最低的架构、平台和标准。其中,包括各种协议和证书,向消费者保证平台或推荐服务提供商遵守隐私保护惯例,并尽职尽责地保护消费者的个人数据。该架构旨在通过将消费者数据存储在独立且分散的数据库中来降低隐私风险,从而最大限度地降低隐私泄露风险。②涉及数据保护的算法技术。支撑算法技术的基本思想是,使用加密技术来将消费者数据被外部代理出于不正当目的而利用的风险最小化;即使消费者的个人数据泄露给对手或不受信任的一方,他们也只是拥有修改后的或加密的信息,并非原始数据。③立法管制方法。这是指"自上而下"的立法、政策和法规,它们可能是由政府和立法机构强加于推荐服务的,或者是作为自律性行业惯例而采用的。它们可能阻止服务操纵、共享或交易数据。尽管这类方法彻底解决了上述许多隐私风险,但各国(地区)甚至一些国家各州之间的法规差异很大,并且在实践中很难验证这些法规的实施。其中,备受瞩目的是欧盟与 OECD。欧盟在《通用数据保护条例》(GDPR)中引入了明确的指导方针和制裁措施来规范数据收集、使用和存储;OECD 为了确保数据收集者负责任地对待收集的信息,就保护隐私和个人数据跨境流动出台了一部指南。

总体来看,对消费者隐私负责任的个性化推荐算法伦理规则包括:①采集限

---

〔1〕 See Arik Friedman, Bart P. Knijnenburg, Kris Vanhecke, Luc Martens & Shlomo, "Privacy Aspects of Recommender Systems", in F Ricci, L Rokach & B Shapira (eds), *Recommender systems handbook*, *Springer Science*, 2015, pp. 649-688.

制规定。数据应在限制范围内，通过合法和公平的方式收集，并获得同意。②数据质量规定。数据应该相关、准确、完整并保持最新。③目的说明规定。应在收集时说明收集的目的；除非获得同意或法律授权，否则不得出于其他目的使用或披露使用限制数据。④安全保障规定。个人数据应受到保护，以防未经授权的访问、破坏、使用、修改或泄露。⑤开放性规定。消费者应该能够知道什么数据被收集，谁控制着数据，以及它们被用于什么目的。⑥个人参与规定。应允许个人检查收集到的关于自己的数据，并删除、更正、完成或修改这些数据。⑦法律责任规定。数据收集者应对遵守上述措施负责。[1]

（3）尊重性——提升消费者自主权和个人身份。尊重人是许多伦理理论的核心概念，一些理论将其视为道德的本质和所有其他道德义务以及非道德义务的基础。这种关注很大程度上归功于哲学家康德的贡献。在康德之前，荣誉（honor）、自尊（esteem）以及谨慎（prudential）曾在道德和政治理论中发挥了重要作用。自康德提出将尊重人（包括作为一个人）作为道德理论的核心之后，该观点迅速被接纳且日益成为现代人文主义和政治自由主义的核心理想。康德伦理理论的核心是：①成为"一个人"就是拥有一种不同于任何其他类型的存在的地位和价值：它本身就是一个有尊严的目标；②所有人都应该受到尊重，因为他们是人，即自由的理性存在者；③对这样自由的理性存在者唯一合适的反应就是尊重——道德承认的尊重；④人以绝对尊严为目的，必须始终受到尊重，唯有人、所有人才及其自主制定的道德法则才是道德上最重要的尊重对象；⑤尊重是在态度和行为上承认人的尊严。尊重这些生物不仅是适当的，而且是道德上无条件的要求：人的地位和价值必须始终受到尊重。[2] 因此，人们的基本道德义务是尊重他人：①行为应该表达对人的价值的应有尊重，要遵循对道德要求的普遍的诫命，即"任何时候都要将人同时当作目的本身来对待，而不仅仅是当作手段"[3] ②道德上正确的行为是那些表达对人的尊重作为其目的之行为，而道德

---

〔1〕　OECD, OECD Guidelines on the Protection of Privacy and Transborder Flows of Personal Data, 2013。

〔2〕　A. Broadie and E. M. Pybus, "Kant's Concept of 'Respect'", *Kant-Studien*, Vol. 66, Issue1-4, 1975, pp. 58-64.

〔3〕　［德］伊曼努尔·康德：《道德形而上学原理》，苗力田译，上海人民出版社2012年版，第40～46页。

上的错误行为则是那些表达对人的不尊重或蔑视的行为，而不是将其视为目的本身。

通过基于特定目的（如商业目的）推荐、成瘾机制或者通过限制消费者接触的选项范围，从而实现自身商业目的，个性化推荐系统普遍存在侵犯消费者自主权的情况。系统对消费者自主权的干预可能是良性的（如过滤掉不相关的选项、支持消费者更好决策），也可能是有问题的（如劝说），还可能是恶性的（如操纵和强迫）。[1] 但支撑数字新闻的关键性技术——个性化推荐系统，对个体的不尊重或蔑视至少表现在两个方面：①每个消费者的推荐模型是根据其他消费者与系统的交互所提供的反馈被不断地重新配置。从这个意义上来说，系统不应该被固化为——跟踪预先建立的消费者身份并为其定制推荐，而是应该动态地为消费者身份的构建作出贡献。②系统用来对消费者进行分类的标签，可能与消费者自我认同的可识别属性或社会类别不对应，因此，即使消费者可以访问推荐的内容，他们也无法解释它，并以有意义的方式将其与自己的生活体验联系起来。例如，基于"张三买了一条粉色的狗裙"，系统给消费者的标签为"狗主人"，消费者可能认为"买了一条粉色的裙子给狗狗"是重要的，后者对于社会的意义不大，但前者可能应当被放入社会治理的某个指标之中。显然，推荐系统中的个性化是以将消费者从有助于调节其身份体验的社会类别中移除，并将其置入系统设定的身份类别为代价的。[2] 个性化推荐算法陷阱的有效性和普遍性现象引发了人们对"机器时代新闻生产中人的价值迷失"的担忧。[3]

伦理规范建设的目标不应该是帮助消费者如何逃离它们，而是提醒消费者如何让陷阱为他们工作，即提升算法规范的尊重性。个性化新闻推荐算法规范的尊重性提升旨在以尊重消费者自主权为核心，改进算法及其主体在新闻生产、传播过程中的行为。其结果应表现为，以不伤害人的权益为底线，对消费者自主权作

---

〔1〕 Christopher Burr, Nello Cristianini and James Ladyman, "An Analysis of the Interaction Between Intelligent Software Agents and Human Users", *Minds and Machines*, Vol. 28, 2018, pp. 735-774.

〔2〕 See Arik Friedman, Bart P. Knijnenburg, Kris Vanhecke, Luc Martens & Shlomo, "Privacy Aspects of Recommender Systems", in F Ricci, L Rokach & B Shapira (eds), *Recommender systems handbook*, Springer Science, 2015, pp. 649-688.

〔3〕 彭兰："机器与算法的流行时代，人该怎么办"，载《新闻与写作》2016年第12期。

出更多的积极肯定与承认，消费者的被尊重感（reverentia）提升。[1] 基于前述对平台、消费者注意力压迫的研究，对因为不追随算法规则从而遭受流量边缘化的群体，以及因为生存需要而追随算法规则从而遭受被污名化的群体的研究，本研究认为，提升消费者被尊重感的具体路径在于：①对消费者智慧成果的尊重，包括：得到许可是最基本的前提；妥善使用是关键的条件；结果有效是最终的目的。在算法运行过程中，未经授权不爬取他人智慧成果、不私自转载他人智慧成果、不窃取他人知识成果。在算法运行结果中，最终生产、推送的内容中不存在窃取的信息、未经许可擅自发布的信息。②对他人隐私的尊重，包括：在消费者数据收集环节应尊重消费者的选择权，在不危害公共安全的前提下，消费者可以自主决定信息的可公开范围和可收集范围。在数据使用环节，应尊重消费者的知情权，消费者对已收集数据的目的、应用范围和可能达到的效果享有知情权。在所有环节中，还应尊重消费者的拒绝权，包括但不仅限于：拒绝某些与隐私相关数据的二次使用；拒绝隐私数据同第三方关联；拒绝隐私数据被用于营利性调查；拒绝隐私数据在未经同意的情况下被售卖。[2] ③消费者自尊的程度。"人尊重自己的能力在很大程度上取决于他们的社会和政治环境。"[3] "一个体面的社会是一个制度不会羞辱人的社会，也就是说，让人们有充分的理由认为他们的自尊不会受到伤害。"[4] 因此，在个性化推荐算法中，还应创设消费者和消费者群体在面对不公正或压迫时可能保持或恢复自尊的方式，以及生活在压迫或不公正环境下的消费者和消费者群体发展自尊的方式，使他们能够持续、自觉地参与到被尊重感提升的活动中。

（4）透明性——算法透明。数字新闻生产的算法系统复杂，从算法监管到自动写作和新闻机器人，这使得作为新闻伦理关键原则之一的透明度原则受到严峻挑战。算法透明性原则是指影响算法决策的因素，对于使用、管理和使用算法

---

〔1〕 Stanford Encyclopedia of Philosophy, https：//plato. stanford. edu/entries/respect/.

〔2〕 袁帆、严三九："新闻传播领域算法伦理建构"，载《湖北社会科学》2018 年第 12 期。

〔3〕 Stanford Encyclopedia of Philosophy, https：//plato. stanford. edu/entries/respect/.

〔4〕 Stephen Hare, "The Paradox of Moral Humility", *American Philosophical Quarterly*, Vol. 33, No. 2, 1996, pp. 235-241.

系统的人来说应当是可见的或透明的。[1] 缺乏广泛使用、广泛信任、稳健的独立媒体，新闻供应必然导致公共话语的两极分化和政治化，甚至在值得信赖的信息关乎生死的情况下，可能危及生命。[2]

理论上讲，解释个性化推荐是如何完成的，有助于减轻算法侵犯消费者自主权的风险；让消费者了解系统"认为"某些选项与他们相关的原因，有助于增加对消费者进行分类和建模的算法决策的透明度，从而有助于防止偏见。基于不同的目标，对设计和评估推荐系统的解释有不同的形式。在不少以消费者为中心的评估中，采用了"评估推荐原因解释"的指标。什么是"好的解释"取决于几个标准：推荐给消费者的目的；解释是否与产生推荐的机制准确匹配；是否提高了系统的透明度和可审查性；以及它是否帮助消费者更迅速、有效地作出决定。但上述标准付诸实施并非易事。在线推荐与线下推荐都类似于消费者之间的"口头"推荐，但二者间的最大差异在于：线下推荐基于声誉完成，在线推荐者与被推荐者之间不存在声誉激励。因为消费者不能访问其他消费者的身份，也不能访问系统用来生成推荐的模型，在线推荐的准确度会被扭曲。[3] 在大多数个性化推荐算法中，特定的新闻被推荐是基于"最受其他消费者欢迎"，"推荐"又增加了热度，使得其更受欢迎。"推荐"成为该新闻的自我强化机制，成为赢家通吃的助推器；与此同时，"推荐"亦会对内容多样性、选择多元化和竞争产生负面影响。[4] 这也是亚马逊为避免平台内卖家的评价（review）被其他卖家刷差评等不当影响，修订其评价评分规则的主要原因。[5]

---

〔1〕 Nicholas Diakopoulos & Michael Koliska, "Algorithmic Transparency in the News Media", *Digital Journalism*, Vol. 5, Issue 7, 2017, pp. 809-828.

〔2〕 Reuters Institute, The Reuters Institute Digital News Report 2021, https：//reutersinstitute. politics. ox. ac. uk/sites/default/files/2021-06/Digital_ News_ Report_ 2021_ FINAL. pdf, p. 68.

〔3〕 Nava Tintarev & Judith Masthoff: "Designing and Evaluating Explanations for Recommender Systems", in Francesco Ricci, Lior Rokach, Bracha Shapira and Paul B. Kantor, ed., *Recommender Systems Handbook*, Springer, 2011, pp. 479-510.

〔4〕 Fabrizio Germano, Vicenç Gómez & Gaël Le Mens, The few-get-richer: A Surprising Consequence Of Popularity-Based Rankings, https：//arxiv. org/abs/1902. 02580.

〔5〕 亚马逊评价的原计算方式：星数=评价数量＊星数/review 总数。现计算因素更加复杂，评价因素包括：review 是否有 vp 标识；获得评论的时间；评价有趣幽默的数量在最新 10 个评价中的数量；review 的字数；review 是否有被买家点有用，有用的次数；review 的被点击次数；详情页面被点击的次数；卖家离开页面的次数；卖家离开返回页面的比率；review 原星级。

在个性化推荐环境下，算法透明度责任的承担有其特定的主体与内容：

第一，提升主体透明度，主要涵盖组织主体、管理主体和设计主体。算法推荐服务提供者应当落实算法安全主体责任，[1] 提升主体透明度是落实主体责任的前提，是打造有社会责任的算法之关键。社会责任是一个道德框架，它表明个人有义务与其他个人、组织合作并为社区的利益而工作，社区将获得个人付出的收益。[2] 社会责任是每个社会成员都必须履行的职责，它常常需要社会成员在物质意义上的经济发展与社会环境的福利之间进行权衡取舍，以维持经济和生态系统之间的平衡。企业社会责任（CSR）则是指，企业持续承诺以合乎道德的方式行事并为经济发展作出贡献，同时，改善劳动力及其家庭以及当地社区和整个社会的生活质量。[3] 在数字社会中，算法的广泛运用改变了经营者运营和互相联系的方式，使得市场向着数字化的方向演化。[4] 但数字平台对道德风险的控制多从法律风险预防与重塑平台声誉的角度出发，而非站在积极承担治理道德风险的社会责任的视角；平台内算法设计师对新闻公共性的认知、算法社会责任的理解也十分有限。1947 年，美国新闻自由委员会提出新闻的社会责任论。[5] 虽然这一理论诞生于特定的历史环境，但对如今平台媒体社会责任意识不足的现状仍有借鉴意义。[6] 就落实算法推荐主体责任而言：①作为数字守门人的平台及算法提供商需要承担以"滥用公共性"为底层逻辑规则的竞争性义务；[7] ②算

---

〔1〕《互联网信息服务算法推荐管理规定》第 7 条，算法推荐服务提供者应当落实算法安全主体责任，建立健全算法机制机理审核、科技伦理审查、用户注册、信息发布审核、数据安全和个人信息保护、反电信网络诈骗、安全评估监测、安全事件应急处置等管理制度和技术措施，制定并公开算法推荐服务相关规则，配备与算法推荐服务规模相适应的专业人员和技术支撑。

〔2〕 Derrick Jensen, *Endgame*, *Vol. 2 Resistance*, Seven Stories Press, 2006, p. 696.

〔3〕 J. Scott Armstrong & Kesten C. Green: "Effects of Corporate Social Responsibility and Irresponsibility Policies", *Journal of Business Research*, Vol. 66, Issue 10, 2013, pp. 1922-1927.

〔4〕 See Thomas H. Cormen, Charles E. Leiserson, Ronald L. Rivest & Clifford Stein, Introduction to Algorithms, The MIT Press, 2007, p. 5.

〔5〕［美］新闻自由委员会：《一个自由而负责的新闻界》，展江、王征、王涛译，中国人民大学出版社 2004 年版，第 11～12 页。

〔6〕 张军辉、沈宇："理想的彼岸抑或意义的迷失：算法驱动新闻社会责任反思"，载《中国出版》2019 年第 4 期。

〔7〕 张晨颖："公共性视角下的互联网平台反垄断规制"，载《法学研究》2021 年第 4 期。

法科学家和工程师对其知识和发明的各种成果所产生的负面效应负有道德责任。[1] 理由在于，科学家和工程师因为科学技术的许多积极成果享受了荣誉和收益，允许其逃避与科学技术相关的负面后果的责任就是不公平的，放纵其使用或滥用科学知识和技术创新也是危害巨大的。[2] 此外，科学家和工程师皆有责任来检查嵌入其研究问题中的价值观，并以恰当的方法与公众分享他们在研究中发现的道德规范。[3]

第二，提升要素透明度，包括模型的基本意图、运算结果的精准性。如果算法涉及公共利益或消费者权益，平台还应当主动披露源代码、以适当的形式公开训练数据等。当然，鉴于数据对于个性化推荐的基础性作用，最重要的是推荐服务提供商或平台应当为平台内新闻经营者提供明确的数据清单和解释。数字平台应当确保为平台内新闻活动工作者提供与其活动相关的数据清单。该数据清单应当在规定的时间内以易于理解的方式提供。[4] 数据清单所称"数据"包括：①基础数据：播放量；平均播放量；点赞量；平均点赞量；评论量；平均评论量；转发量；平均转发量；②互动数据：点赞、评论、收藏、转发、打赏等；③价值数据：如带货力，即通过转发率（收藏率）及评论、舆情监控，进行带货能力的评定。[5]

第三，提升参与透明度，即算法在新闻生产与传播各环节的参与程度、参与范围等。算法是平台流量的密码，更改算法会对内容分发的可识别度、对推荐流量、对平台内经营者的权益产生重大影响。平台更改算法的目的复杂，既有作为日常维护的一部分对算法进行的更改，其主要目的是确保算法的持续有效性，也有基于特殊目的对算法进行的更改，其主要目的是惩罚。比如，在美团案件中，

---

〔1〕 Wendy Barnaby："Science, Technology, And Social Responsibility"，*Interdisciplinary Science Reviews*，Vol. 25, Issue, 2000, pp. 20-23.

〔2〕 J Ziman："Social responsibility (I) — The Impact of Social Responsibility on Science"，*Impact of Science on Society*，Vol. 21, No. 2, 1971, pp. 113-122.

〔3〕 David B. Resnik & Kevin C. Elliott："The Ethical Challenges of Socially Responsible Science"，*Accountability in Research*，Vol. 23, Issue 1, 2016, pp. 31-46.

〔4〕 Art. 52R, The Parliament of Australia, Treasury Laws Amendment (News Media and Digital Platforms Mandatory Bargaining Code) Act 2021, Part IVBA Competition and Consumer Act 2010.

〔5〕 OECD, Big Data：Bringing Competition Policy to the Digital Era, DAF/COMP/M (2016) 2/ANN4/FINAL, 2017.

"如经营者仍不下线其他竞争性平台，则通过大数据系统或由一线业务人员直接对经营者进行处罚，具体包括实施搜索降权、取消优惠活动、置休（暂停营业）、下线（关店）、调整配送范围、提高起送价格、下架菜品等，迫使经营者停止在其他竞争性平台经营"。[1] 如福柯在规训成功的经验中所言，确定的纠纷解决对于确立规训的效果至关重要，因此，对于算法纠纷的解决，尤其是实践中争议最大的算法修改问题，必须制定清晰的规则——制定算法修改说明规则，符合特定情形的平台更改算法要受到严格程序限制：①计划对指定数字平台服务的算法进行更改；②变更的主要目的是对指定平台内容分发方式进行确定的变更；③算法的变更可能会对新闻内容的流量产生重大影响。[2] 根据《守则》的规定，在上述情形发生时，平台应当在变更前 14 天，以易懂的方式，对每个平台内的新闻经营者发出变更通知；如果变更与紧急公共利益相关，则应该在变更后48 小时内通知并说明变更后的具体影响。[3]

与此同时，在算法伦理建设中，还应该尽量避免两个问题：①因为技术壁垒难以跨越，可能导致的某种程度上算法核心技术内容公开的形式化的透明问题；②因为算法系统通常受到《商业秘密法》《知识产权法》的保护，如何在基于公共利益的算法"透明"和商业秘密"不为公众所知悉"的特征之间达成平衡的问题。

（5）公平性——弥合数字鸿沟。从本质上来说，消费者参与个性化推荐服务，要么是消费注意力，要么是获得注意力，推荐系统的存在是为了促成交易。个性化推荐往往涉及多个利益相关方，因此，在多个参与群体间不可避免地会产生公平性问题。[4] 近年来，算法加持下的数字鸿沟（digital divide）呈现愈演愈烈之势，提升算法决策中的公平性不再仅仅是契约公平的问题，而是事关数字鸿

---

〔1〕　国家市场监督管理总局《行政处罚决定书》，国市监处罚〔2021〕74 号。

〔2〕　The Parliament of Australia, Treasury Laws Amendment（News Media and Digital Platforms Mandatory Bargaining Code）Act 2021, Part IVBA Competition and Consumer Act 2010, Art. 52V.

〔3〕　The Parliament of Australia, Treasury Laws Amendment（News Media and Digital Platforms Mandatory Bargaining Code）Act 2021, Part IVBA Competition and Consumer Act 2010, Art. 52S.

〔4〕　Himan Abdollahpouri, Robin Burke & Bamshad Mobasher："Recommender Systems as Multistakeholder Environments", *UMAP '17: Proceedings of the 25th Conference on User Modeling, Adaptation and Personalization*, 2017, pp. 347-348.

沟的消除与数字正义实现的社会难题。

第一个问题，何为个性化推荐算法中的公平性？对于这个问题历来争议较多，加之不同的人对于公平概念的理解千差万别，因此，如何确保算法决策中的公平性就变得更加复杂。个性化推荐算法中的公平有三种答案：消费者/消费者公平（C-fairness）、供应商公平（P-fairness）以及两者的组合（CP 公平）。[1]

参与个性化推荐服务的消费者，其兴趣是接收最相关的推荐。因此，以消费者公平性为特征的推荐系统必须考虑推荐结果对不同类型但同受法律保护的消费者的不同影响。在这种系统中，不夹带私货、不传递虚假的相关信息就变得至关重要。

参与个性化推荐服务的供应商，其兴趣是将自己的产品或服务推荐给潜在感兴趣的消费者。由于消费者没有从该系统中获得任何直接利益，以供应商公平性为特征的推荐系统，假定消费者本质上是捐赠者，在消费者方面没有任何公平考虑。该类系统不能保证任何给定项目都得到公平的推荐，只能保证推荐列表具有必要的多样性，即在推荐内容中存在列表多样性或被推荐目录覆盖。列表多样性与被推荐目录覆盖范围之差异，犹如个体公平与群体公平之间的差异。列表多样性可以通过向每个消费者推荐相同的"多样化"内容来实现，但是不能为所有供应商提供公平的结果。要获得个体公平，平台需要有更加动态的处理推荐机会的模型来生成目录覆盖范围。较之于平台内的在位经营者，新进入者给平台带来的交易收益会更少，但在确保市场多样性和避免垄断的预设目标之下，监管者往往会要求平台在系统中确保新进入市场的内容供应商获得合理数量的推荐，即解决冷启动的问题，这也是根植于平台多边商业模式所必然要求的公平。

鉴于在多边平台中存在诸多利益相关者的事实，公平不能偏在，因此，能够兼顾消费者与供应商需求的 CP 型公平，成为许多平台的公平支撑。在以 CP 型公平性为特征的推荐系统，开发者应当能够识别不同利益相关者的竞争利益是如

---

〔1〕 Robin Burke, Multisided Fairness for Recommendation, 2017 Workshop on Fairness, Accountability, and Transparency in Machine Learning（FAT/ML 2017），https：//arxiv.org/abs/1707.00093.

何受到系统推荐的影响，并且因此设计出能够在这些利益之间有效调解的系统架构。[1] 这就要求系统尤其是当存在协同过滤情况之时，应当做出不同的应对。

第二个问题，如何评价个性化推荐算法中的公平性？基于协同过滤中不公平的可能来源，可以使用不同的变量来测量系统向不同消费者群提出的推荐之间的效果差距，即评价其公平性。研究证明，即使观察到的评级数据是正确的，也可能发生不同形式的不同消费者群之间基于推荐效果差距所形成的不公平；"推荐"在准确反映消费者偏好之时，总有偏差。偏差造成的原因包括：评级数据随机分布造成的数据非全面偏差、评级数据在不同消费者群中"协同"不均造成的数据非真实偏差、系统对特定消费者群的推荐所产生的反馈回路造成的观察偏差、基于不公平性的数据、方法施加的激励或惩罚导致的激励偏差等。[2]

第三个问题，如何解决个性化推荐算法中的公平性？[3] 上述偏差的存在，印证了数字鸿沟的核心不仅在于信息数量的贫富差距，更在于信息质量的优劣差距。根据罗尔斯阐述正义理论时提出的"差别原则"，即一个正义的社会要弥合偶然性造成的差异，而不能将偶然变成一种必然。算法作为促进信息传播的技术手段，其基本目标是改善信息资源差距，维护"信息穷人"的基本利益。因而，提升个性化推荐算法中的公平性具体涉及两个方面：①信息质量的分配公平。一方面，算法生产、传播的内容中不能存在种族、民族、性别等方面的歧视或偏见；另一方面，根据差别原则，算法在规则制定上不仅要保障信息优势群体的利益，更多的是要向信息弱势群体倾斜，以此协助处于数据鸿沟劣势的受众更好地在算法介入下进行信息资源提升，从而弥合数据鸿沟。②分配关系公平。分配关系公平是算法公平的另一重要方面。在"技术赋权"理念下，分配关系公平体现在平台在设计算法之时，要坚守 CP 型公平的原则，消费者与供应商之间保持

〔1〕 Himan Abdollahpouri, Robin Burke and Bamshad Mobasher："Recommender Systems as Multistakeholder Environments"，*UMAP '17：Proceedings of the 25th Conference on User Modeling，Adaptation and Personalization*，2017，pp. 347-348.

〔2〕 Sirui Yao & Bert Huang，Beyond Parity：Fairness Objectives for Collaborative Filtering，https：//arxiv. org/abs/1705. 08804.

〔3〕 Himan Abdollahpouri, Robin Burke & Bamshad Mobasher："Recommender Systems as Multistakeholder Environments"，*UMAP '17：Proceedings of the 25th Conference on User Modeling，Adaptation and Personalization*，2017，pp. 347-348.

相对公平关系。[1]

（6）导向性——社会主义大众传播的必备条件。个性化推荐系统备受关注的原因在于它们对社会产生了变革性影响，尤其是个性化新闻推荐系统，其设计暗含使消费者接触不到不同观点的风险，制造了自我强化的偏见和"过滤泡沫"，损害了公共辩论、群体审议和更普遍的民主制度的正常运作。[2]

第一，"算法中有歧视"。工程师构建机器学习算法时，他们通常会使用训练数据，在某些情况下，还会使用工程师提供的分类来帮助算法分析数据。这些系统通常被设计成对数据进行聚类，以提供结果。工程师们用他们认为应该有"正确"答案或者至少是合理答案的查询来测试这些结果。人们——以及他们的偏见——参与了每个阶段。他们选择用什么数据来训练一个系统，什么分类是重要的，以及测试哪些例子。他们作出非常人性化的决定，调整算法以实现他们认为的高质量的结果。[3] 另外，个性化推荐产生的结果可能会揭示潜在数据中的偏差，或者它们可能会突出工程师选择的权重如何优先考虑某些内容。尽管工程师们努力工作来清理数据并最小化偏差，但他们无法消除自己的偏差。因为算法的复杂性和大量的潜在数据算法必须分析：工程师不能轻易预测什么、查询将产生什么输出。人们从个性化推荐获得的结果还取决于系统对消费者的了解，包括人口统计信息、搜索查询历史和通过社交媒体获得的数据。这个过程导致不同的消费者画像得到不同的结果。

第二，"算法中有政治鸿沟"。政治活动家和技术创造者伊莱·帕里泽在其名著《过滤泡沫》中指出，个性化算法会产生社会分化，破坏任何创造保护公众知情的能力。[4] 个性化算法的这一特性会对社会效用产生负面影响，新闻推

---

〔1〕 Himan Abdollahpouri, Robin Burke & Bamshad Mobasher: "Recommender Systems as Multistakeholder Environments", *UMAP '17*: *Proceedings of the 25th Conference on User Modeling*, *Adaptation and Personalization*, 2017, pp. 347-348.

〔2〕 Jaron Harambam, Natali Helberger & Joris van Hoboken: "Democratizing Algorithmic News Recommenders: How to Materialize Voice in A Technologically Saturated Media Ecosystem", *The Royal Society*, Vol. 376, Issue 2133, 2018, pp. 1-21.

〔3〕 Danah Boyd, *It's Complicated*: *The Social Lives of Networked Teens*, Yale University Press, 2014, pp. 185-188.

〔4〕 ［美］伊莱·帕里泽:《过滤泡：互联网对我们的隐秘操纵》，方师师、杨媛译，中国人民大学出版社2020年版，第103页。

荐系统、流媒体平台和社交网络的结合会沦为有偏见的政治宣传的舞台。例如，长期点击保守派新闻源的消费者，可能只会看到与他们的政治观点一致的新闻，从而加深了现有的政治鸿沟。2018 年剑桥分析丑闻以及近年来被不断披露的外部干预美国政治选举的事件就是典型例子。[1]

解决个性化新闻推荐系统中的两极分化和社会可操作性问题的方法有二：一是自下而上（优先考虑消费者的偏好以及消费者在决定如何配置个性化推荐方面的自主权），二是自上而下（优先考虑平衡的公共领域的社会偏好）。如前所述，以消费者为中心存在天然不可避免的不公平性，兼具 CP 公平的自上而下更具有现实性。增强推荐系统的社会导向性，可以通过以下路径实现：①推荐算法要为舆论导向，在舆论生成、传播、反馈的过程中对其进行积极的干预与调整。在舆论传播阶段，有针对性地对积极内容、正向新闻进行传播；针对已经产生的不良舆论或负面舆论，在舆论进行发酵过程中进行积极干预，降低负面舆论扩散的范畴，降低其对社会的不良影响。②推荐算法要为公众导向，认识到公众的真正新闻需求，向高质量、有深度的优质内容传播比例倾斜，并通过内容传播提升公众政治、文化、道德等方面的素养。③推荐算法要为政治导向，协助、支持政治正确的内容传播，打击错误的政治观念，不逃避政治责任与义务。同时，推荐算法可以设置不同的"推荐人物角色"或"预先配置拟人化的推荐算法类型"，以表达推荐算法的新颖性、多样性、相关性和其他属性的不同消费者的偏好。[2]

本章小结

如人们所担心的那样，在数字新闻平台强大的锁定效应作用下，数字平台生态系统之间的竞争几乎多存在于消费者加入平台之前，加入之后的竞争较之于其

---

[1] U.S. Senate Documents, The IRA, Social Media and Political Polarization in the United States, 2012–2018, 2019, p. 4.

[2] Jaron Harambam, Natali Helberger & Joris van Hoboken: "Democratizing Algorithmic News Recommenders: How to Materialize Voice in A Technologically Saturated Media Ecosystem", *The Royal Society*, Vol. 376, Issue 2133, 2018, pp. 1–21.

他领域的竞争强度显得微不足道。加之，个性化新闻推荐属于典型的数据驱动型业务，数字平台凭借其生态系统优势，如数据占有、成瘾机制，可以免受潜在竞争的侵扰，数字新闻市场的可竞争性微弱。[1] 因此，数字新闻市场的反垄断并不一定取决于反垄断法为市场自由竞争提供了运转的可能性，而是取决于管制者能够对数字平台的产品或服务供应予以有效控制，并通过对其课以履行保障新闻市场公共性提升的特定义务，使得其他市场主体能够有持续参与竞争的可能性，不同生态系统间的竞争得以维系。在新闻公共性日益式微的市场，当管制者需要通过干预保障公共新闻供给、维护公共利益、捍卫公共领域之时，唯有管制的回归，方能为可竞争的新闻市场存在提供一种可能性，同时旨在鼓励数字新闻市场竞争、提升新闻质量的反垄断法规制则为其提供了另一种可能性。

---

〔1〕 OECD, Summary of Discussion of the Hearing on Competition Economics of Digital Ecosystems, DAF/COMP/M（2020）2/ANN5/FINAL, 2020.

第六章　反垄断规制制度构造之二：
以竞争促进新闻质量提升

> 技术垄断的现实威胁是：信息的失控、泛滥、委琐化和泡沫化使世界难以把握。人可能沦为信息的奴隶，可能会被无序信息的汪洋大海淹死。[1]

——尼尔·波斯曼

第一节　数字新闻平台反垄断法规制主体论

数字新闻平台反垄断规制的重要前提是行为主体与责任主体的认定。新闻平台与记者、新闻出版商、自媒体、消费者有着错综复杂的关系，需要进一步理清，辨明究竟何者是垄断行为的实施者，以及责任应如何划分和承担。尽管数字新闻市场具有较高的集中度，但新闻平台本身是否具有市场支配地位还需要根据案件情况进行考察。考虑到注意力经济的特殊性，相关市场界定方法和市场支配地位认定方法都要进行适应性的改变，以提高其可操作性。

---

〔1〕〔美〕尼尔·波斯曼：《技术垄断：文化向技术投降》，何道宽译，中信出版社 2019 年版，第 XXXViii 页。

一、行为主体的认定与反垄断法律责任的承担

(一) 自媒体生产者是否构成"经营者"

反垄断法在具体案件中的适用,以当事人为合格的经营者为前提要件。对于经营者的认定存在两种理论争议:一是"行为主义",即只要当事人从事商业行为,那么他就是经营者;二是"登记主义",即经营者必须到特定机关完成登记,具备了相应的法律主体资格,才能成为经营者。[1]

在人人传播时代,个性化新闻推荐或者说注意力交易市场涉及平台、消费者、新闻生产者、广告商等四方主体。其中,平台(注意力市场的搭建者、交易的组织者、注意力的贩售者)、广告商(注意力的最终购买者),构成反垄断法意义上合格的"经营者"毋庸置疑。但对于数以万计的自媒体型新闻生产者是否构成经营者之结论并非显而易见,争议必定会出现在个性化新闻推荐引发的反垄断争议中。

根据美国新闻学会认可的权威定义,自媒体(we media)是"普通大众经由数字科技强化、与全球知识体系相连之后,一种开始理解普通大众如何提供与分享他们本身的事实、他们本身的新闻的途径"。[2] 自媒体自主性强、形式自由、主体多元,个人、企业、群体机构都可以成为自媒体,尤为重要的是自媒体生产、传播信息的目的千差万别,这也给主体身份的认定增加了难度。尽管目前尚未有自媒体相关的反垄断诉讼,但是可以预计,一旦发生相关法律纠纷,摆在法院与当事人之间的第一个问题必定是"自媒体"(尤其是个人经营的公众号)是否构成反垄断法意义上的"经营者"。

1. 欧盟的经验。功能性认定方法是对"经营者"主体身份的认定,欧盟与中国在国际上有两种主流的立法模式,即判例法模式与成文法模式。在欧洲,《欧盟运行条约》(TFEU)并没有对"经营者"的概念作出规定,而是把建立、发展其内容与分析框架的任务留给法院。[3] 其经典案例为国际足球联盟 1990 年

---

〔1〕 张毅、姚宝伟:"反垄断法中的经营者释义",载《中国工商管理研究》2014 年第 12 期。

〔2〕 Shayne Bowman and Chris Willis, *We Media: How audiences are shaping the future of news and information*, The Media Center at The American Press Institute, 2003, p. 23.

〔3〕 Ariel Ezrachi, *EU Competition Law: An Analytical Guide to The Leading Cases*, Hart Publishing, 2014, p. 1.

世界杯旅行套餐分销案。[1] 在本案中，欧盟委员会认为："任何实体，不论其法定组织形式是什么，只要从事了经济活动，那么它就是满足《欧盟运行条约》第 101、102 条规定的、合格的经营者；经济活动包含任何商业贸易活动，无论该活动是否营利。"[2] 此后，在 *FENIN v. Commission* 案中，欧洲法院对具有公共管理职能的组织机构是否构成反垄断法意义上的"经营者"作出了进一步明确："购买活动本身是一种经济活动，它可以与购买后的使用行为区分开来。在特定市场，如果一个组织不是因为提供商品或者服务的目的（经济行为），而是因为其他目的（如纯粹的社会目的）购买了商品，即使其购买的数量相当可观，它都不构成经营者。"[3] 简言之，对于具有公共管理职能的组织机构而言，"卖者"构成"经营者"，"买者"则要区分购买之后的目的来区分当事人是否构成"经营者"。[4]

2. 中国的立法与实践变迁。我国《反垄断法》第 15 条对经营者概念作出了清晰的规定，即经营者"是指从事商品生产、经营或者提供服务的自然人、法人和非法人组织"。但仔细研读该条文，会发现究竟什么是"从事"："从事"是否同时包括"买"（purchase）和"卖"（provide），立法并未明确。从语义上理解，"从事"包括买卖，与仅仅包括"卖"的"提供"（provide）有本质区别；以此观之，我国《反垄断法》第 12 条便是区分了商品与服务，并对此作出了不同的"经营者"认定标准。易言之，对于商品而言，无论买者还是卖者都构成"经营者"；对于服务而言，则仅仅卖者构成"经营者"。这显然不符合立法初衷。

从司法实践来看，早在 2005 年，湖南省长沙市中级人民法院就在"湖南王某文诉河北王某文等侵犯著作权、不正当竞争纠纷案"中采取"行为主义"标准完成了对自由作家"经营者"主体身份的认定。湖南省长沙市中级人民法院认为："对于经营者概念的理解应结合该法的立法目的进行。《反法》立法目的

---

〔1〕　Case Ⅳ/33，384 and Ⅳ/33.387，FIFA‐Distribution of Package Tours during the 1990 World Cup，OJ L326/ 31，［1992］.

〔2〕　Case Ⅳ/33，384 and Ⅳ/33.387，FIFA‐Distribution of Package Tours during the 1990 World Cup，OJ L326/ 31，［1992］.

〔3〕　Case C‐205/03P，FENIN v. Commission，ECR I‐6259，5 CMLR 7［2006］.

〔4〕　Ariel Ezrachi，*EU Competition Law：An Analytical Guide to The Leading Cases*，Hart Publishing，2014，p. 25.

在于维护竞争秩序（第1条），即存在竞争的商业化市场都是该法的调整范畴，竞争是这些市场关系自我调整的基本方式……我国除了传统的商品流通市场外，还形成了文化市场、技术市场等新兴市场，只要这些市场主体的行为符合市场经营的一般条件，就应当适用《反法》来调整其竞争关系。对作家群体而言，未进入流通领域的作品尚不是商品。商品是用于交换的劳动产品，作家通过出售作品的出版发行权等途径来换取交换价值，这种交换就是对其作品的经营，此时的作品即商品，作家的经济利益产生于这种交换之中。作为文化市场的商品经营者，作家符合《反法》对竞争主体的要求。"[1] 此后"行为主义"标准在我国司法实践中大行其道，"登记主义"标准日渐式微。

对自媒体而言，生产加工的新闻产品在平台上与消费者的注意力进行交换，其经济利益便产生在这种交换之中。作为内容市场的商品经营者，自媒体符合《反垄断法》第15条对竞争主体的要求，是反垄断法意义上的"经营者"。具体而言：①对于经过登记注册的并具有营利性质的媒体企业，其当然属于"经营者"；②对于公共性的媒体机构，因为其生产、发布新闻属于经济活动，因而也属于经营者；③对于纯粹以个人兴趣或交流目的而发布新闻的自媒体，如在微博和知乎发布文章、无偿回答问题的个人，虽然其发布内容本身不会直接获利，但其本身不属于公共活动、慈善活动的范畴，只要内容有质量或者有关注度，就能换取相应的"流量""注意力"，仍然可以认定为"经营者"。总之，不论行为主体具有何种从事信息生产、传播的目的，无论资金来源、法律地位以及是否获得直接的金钱收益，只要"从市场交易中获得对价进而对市场竞争秩序产生影响"[2] 就可以认定为"经营者"。因此，自媒体生产者应当认定为"经营者"，属于《反垄断法》规制的主体范围。

（二）平台与自媒体生产者是否构成"单一经济体"

"单一经济体"（single economic entity）是指当子公司在母公司控制下从事违法行为时，母公司也要承担违法责任。该规则源自欧盟判例法，从立法上看，我国《反垄断法》上并未明确出现"单一经济体"的概念。单一经济体规则的基

---

〔1〕 湖南省长沙市中级人民法院（2004）长中民三初字第221号民事判决书。

〔2〕 李友根："论经济法视野中的经营者——基于不正当竞争案判例的整理与研究"，载《南京大学学报（哲学、人文科学、社会科学版）》2007年第3期。

本逻辑是：《欧盟运行条约》第 101 条并不适用于同属一个公司集团的经营者之间的协议，以及母子公司之间的协议，尤其是当由经营者组成的公司集团内部的子公司不能自由决定其在市场的行为方针，或协议仅仅涉及了经营者之间内部任务分配的时候。[1] 因此，哪怕子公司有独立非法律人格，子公司的行为仍可以归责于母公司。在子公司受控制从事垄断违法行为的情形下，如果不对其背后的控制者作出处罚，那么垄断违法行为将不能得到有效根治，还有可能导致这种方式成为垄断者规避处罚的途径。[2]

1. "单一经济体"规则及其适用实践。单一经济体规则来源于欧盟 1970 年的 *Centrafarm v. Sterling* 案。在该案中，欧盟法院认为，斯特林制药有限公司对其子公司有完全的控制权，子公司的经营行为是在斯特林制药有限公司同意的情况下进行的，其行为在经济层面上对母公司有影响，因而，应该将二者视为单一经济体。[3] "子公司在市场上并不是根据自己的行为决策，而只是（至少大多数情况下）执行母公司给出的指令……这与二者之间的经济、组织、法律联系也有关系……本案中，母公司与子公司形成了单一经济实体，进而形成了单一经营者……因此，根据母公司与子公司之间形成了《欧盟运行条约》101 条之下单一经营者这一事实，欧盟委员会可以对母公司处以罚金而无论其是否亲自参与违法活动。"[4] 具体规则包括：①假设一家母公司持有子公司 100% 的股份，那么法院可以推定母公司对该存在竞争违法行为的子公司施加了决定性的影响力，该母公司对子公司的罚金共同或者连带承担责任，除非该母公司能够证明子公司在市场上独立运营；[5] ②假设一家母公司持有子公司近乎 100% 的股份，那么法院可以作出前款推定；[6] ③假设两家母公司分别持有子公司 50% 的股份，如果两家母公司均对合资企业有决定性影响，那么三者被认为是一个单一的经济体，因而

---

〔1〕 Ariel Ezrachi, *EU Competition Law: An Analytical Guide to The Leading Cases*, Hart Publishing, 2014, p. 5.

〔2〕 刘武朝："欧盟竞争法中的单一主体规则及借鉴"，载《比较法研究》2014 年第 4 期。

〔3〕 Case 15/74. Centrafarm BV and Adriaan De Peijper v. Sterling Drug Inc. [1974] ERC 1147.

〔4〕 Case C-97/08P, Akzo Nobel and others v. Commission, ECR I8237, 5 CMLR 23 [2009].

〔5〕 Case C-189, 205-8, 213/02P, Dansk Rorindustri A/S and others v. Commission, ECR I5425, 5 CMLR 17 [2005].

〔6〕 Case T-168/05, Arkema SA v. Commision.

形成了符合《欧盟运行条约》第 101 条的单一的经营者；如果两家母公司无法对合资企业有决定性影响，那么该推定不成立；[1] ④子公司对母公司以及共同被同一家母公司控制的子公司的竞争法律责任不承担连带责任。[2]

2020 年 4 月，国家市场监管总局发布葡萄糖酸钙原料药垄断案的处理结果。国家市场监管总局认为，"三家公司具有统一、协调的经营意志，就实施本案垄断行为而言，康惠公司、普云惠公司、太阳神公司关系紧密，并不相互独立……分工协作、密切配合，共同实施了本案垄断行为。"故将三公司统称为"当事人"。[3] 可见，"单一经济体"的概念已经在我国反垄断执法实践中存在并运用，可以预见，该概念的运用将会在更多案件中出现。

2. 平台与自媒体生产者是否构成"单一经济体"？个性化新闻推荐市场中，多数注意力中介虽然自身不生产信息，但随着平台的不断发展壮大，其业务延伸到了信息生产行业。这种获得优势地位后将业务延伸至互补领域以打造"平台生态圈"的做法是当前多数平台采用的发展战略，但平台通常不直接从事相关业务，而是以设立子公司或直接收购公司的方式进入互补市场，进而控制旗下公司从事经营活动。例如，百度和今日头条都创立了"百家号""头条号"等媒体平台，通过发放补贴、广告分红的方式招募作者进行创作，生产媒体内容。这些模式可能涉及"单一经济体"问题。在注意力市场中，个人创作者如果在平台的控制下（如完成平台发布的任务）进行生产、发布信息时，可以考虑是否符合单一经济体规则。具体判断的标准有二：一是平台是否对信息生产者有实际的控制权。根据欧盟 *Arkema SA v. Commision* 案，如果母公司享有存在竞争违法行为的子公司 100% 的股份，或者母公司部分持股但是具有实质控制权（entail control），则推定母公司对其子公司的行为具有决定性的影响；[4] 二是具体行为是否是在平台的指示下作出的，即平台实际主导了相关经营行为。例如，在 *Stora Kopparbegs Bergslags v. Commission* 案中，法院认为，如果子公司无法独立决定其在市场上的行为，在所有重大方面皆执行由母公司给它的指示时，则不能排除母公司的

---

〔1〕 See Case C-172/12P, EI du Pont de Nemours v. Commission, 4 CMLR 7 〔2014〕.

〔2〕 See Case HC094733, Toshiba Carrier UK Ltd v. KME Yorkshire Ltd, EWHC 2665 (Ch) 〔2011〕.

〔3〕 国家市场监督管理总局行政处罚决定书，国市监处〔2020〕8 号。

〔4〕 Case T-168/05, Arkema SA v. Commision 〔2009〕 ECR II-180.

责任。[1] 如果满足上述两个条件之一，则平台应当根据"单一经济体"理论承担责任。

（三）责任的承担

个性化新闻推荐市场的生产者、传播者多元化特征以及角色的模糊导致了责任承担上的不确定性：其一，算法编辑代替人工编辑，模糊了责任的承担。由于推送行为是通过技术自动达成的，平台没有根据主观意愿进行操作或下达任何指令，在责任归属上存在脱离"人类中心主义"，无"人"承担法律责任的困境。[2] 其二，平台的多边市场属性存在多重法律关系，因此，长期以来在平台责任的追究问题上一直存在着"平台责任中行为人与责任人相分离""平台本应技术中立所以承担的是无过错责任"的理论困境。[3] 其三，在人人都是生产者、传播者和把关人的当下，把关的规范性和专业性被淡化，每一位公众都可以借助互联网参与到社会事件的传播过程中，成为一个活跃的传播点，传统大众媒体的中心地位被弱化；人们既能传播信息，也可以接受信息，受传者和传播者的角色难以固定，传受界限淡化、把关人角色模糊，把关责任难以落实到具体个人，[4] 这进一步加剧了行为责任难以界定的困境。

在算法责任的承担上，有的学者强调，应该由开发者承担责任，"虽然算法风险主要来源于算法设计，但真正负责者一般是向平台和消费者直接提供算法应用的开发者"。[5] 有的学者强调平台责任，并提出应该根据算法运用的潜在风险设置不同层次的法律责任，"对于高风险的'关键算法系统'可适当采取严格责任或无过错责任，对于风险适中的算法则采取过错责任原则"。[6] 有的学者认为，可以参照《侵权责任法》第五章产品责任的规则逻辑分配算法责任，规定

---

〔1〕 Case C-286/98P Stora Kopparbegs Bergslags v Commission〔2000〕ECR I-9925，〔2001〕4 CMLR12.

〔2〕 殷继国、沈鸿艺、岳子祺："人工智能时代算法共谋的规制困境及其破解路径"，载《华南理工大学学报（社会科学版）》2020年第4期。

〔3〕 张凌寒："《个人信息保护法（草案）》中的平台算法问责制及其完善"，载《经贸法律评论》2021年第1期。

〔4〕 白瑶："新媒体视域下把关困境的新思考"，载《传播力研究》2018年第17期。

〔5〕 苏宇："算法规制的谱系"，载《中国法学》2020年第3期。

〔6〕 张凌寒："《个人信息保护法（草案）》中的平台算法问责制及其完善"，载《经贸法律评论》2021年第1期。

当事人可以向算法的研发者主张算法责任，也可以向算法的应用者主张算法责任。[1] 可见，算法责任的承担问题还存在较大争议。

对于算法责任的承担问题，我国目前仅有《电子商务法》对此作出了部分规定，明确网络平台对自身推荐、定价与搜索算法的设计行为、部署行为和运行结果负有法律责任。[2] 但该规定能否类推适用于其他法律还有待探讨。相较于推荐算法，学术界与实务界对定价算法的责任问题关注更多，特别是关于平台是否需要对自主类算法的行为承担责任的问题引起了诸多讨论。《平台指南》也对该问题作出了回应，规定经营者根据独立意思表示所作出的价格跟随等平行行为应排除在外，明确经营者无需对未经意思联络的自主类共谋承担责任。然而，推荐算法一般不会产生"自主共谋"的问题，因而无法类推适用该规定。算法责任的确定是规制推荐算法的一个重要因素。多样性缺失、新闻质量下降、假新闻泛滥等问题可能不是平台经营者主动追求或刻意造成的，但却是平台商业模式以及算法技术的运用带来的后果。新闻传播的无序对法律规范提出了要求，而规范很大程度上就是通过问责制度实现的，因而归责对于解决问题至关重要。作为信息的把关人和技术使用的最大受益者，平台应积极履行义务、承担责任，但并非所有情况下都由平台承担责任，算法开发者甚至第三人也可能成为责任主体。这需要我们根据推荐算法的不同运用场景制定责任分配的原则，以更好地规范推荐算法的运用，并维护新闻市场的公平竞争秩序。

二、相关市场的界定与市场支配地位的认定

界定相关市场通常是分析竞争类型和竞争行为的逻辑起点，[3] 这在规制个性化新闻推荐垄断行为时也不例外。离开了相关市场的界定，无从认定平台企业具有市场支配地位、滥用市场支配力量，尤其是对数字经济平台企业相关的反垄断案件分析、相关市场的界定具有基础性意义，同时也是争议的焦点问题。[4]

---

〔1〕 孙清白："人工智能算法的'公共性'应用风险及其二元规制"，载《行政法学研究》2020 年第 4 期。

〔2〕 张凌寒："《电子商务法》中的算法责任及其完善"，载《北京航空航天大学学报（社会科学版）》2018 年第 6 期。

〔3〕 See OECD, Glossary of industrial Organization Economics and Competition Law, https://www.oecd.org/regreform/sectors/2376087.pdf.

〔4〕 叶明：《互联网经济对反垄断法的挑战及对策》，法律出版社 2019 年版，第 38 页。

（一）相关市场界定

没有科学准确地界定相关市场，无法认定当事人是否具有市场支配地位，更无法对违法行为进行规制。相关市场界定的难题在于，新闻平台具有双边市场结构，而且平台往往经营多种产品，区分"这个产品"还是"那个产品"，涉及对"这个产品"的替代还是对"那个产品"的替代；辨认"一个产品还是多个产品"，涉及"一个市场还是多个市场"的判断。[1] 多边市场的相关市场界定难题一直以来争议不断，虽然各国学者对此进行了大量的研究，但始终未能得出一个确定的结论。目前，得到较多认同的是 Filistrucchi 提出来的"交易型平台"界定一个市场、"非交易型平台"界定多个市场的理论。[2] 这种方法在德国 *Immowelt. de* 案和美国运通公司案[3]中均有适用。但也有学者认为，这种两分法过于笼统，存在一定的局限性。[4]

1. 以相关性为底线。破解平台相关市场界定难题的关键在于回归案件的背景和特点，[5] 以"相关性"为底线界定相关市场。例如，在欧盟的谷歌并购 *Double Click* 案中，尽管案涉多边市场，但欧盟委员会将相关产品市场界定为仅包括单边消费者的"在线广告市场"，因为该并购仅对在线广告市场产生影响。[6] 而在谷歌搜索引擎限制竞争案[7]中，由于行为同时影响多个市场，因而在起诉书中同时界定了"通用搜索服务""搜索广告"和"通用文本广告"三个相关产品市场。"市场界定的主要目的，是系统地去识别所涉企业受到了哪些竞争约束"，[8] 如果偏离这一目的，界定缺乏"相关性"的市场，就会导致较大

---

〔1〕 张江莉："论相关产品市场界定中的'产品界定'——多边平台反垄断案件的新难题"，载《法学评论》2019 年第 1 期。

〔2〕 See Lapo Filistrucchi & Damien Geradin & Eric van Damme & Pauline Addeldt, "Market Definition in Two-sided Markets: Theory and practice", *Journal of Competition Law& Economics*, Vol. 10, Issue 2, 2014, pp. 293-339.

〔3〕 See Ohio v. American Express, Co., Case NO. 16-1454 (Fed Cir. February 26, 2018).

〔4〕 See Vikas Kathuria, "Platform Competition and Market Definition in the US Amex Case: Lessons for Economics and Law", *European Competition Journal*, Vol. 15, Issue 2-3, 2019, pp. 254-280.

〔5〕 赵莉莉："反垄断法相关市场界定中的双边性理论适用的挑战和分化"，载《中外法学》2018 年第 2 期。

〔6〕 唐要家、唐春晖："数字平台反垄断相关市场界定"，载《财经问题研究》2021 年第 2 期。

〔7〕 State of South Carolina and State of Texas v. Google LLC, Complaint, Case 1: 20-cv-03010 (2020).

〔8〕 许光耀："界定相关市场的目的与标准研究"，载《价格理论与实践》2016 年第 11 期。

的误差，甚至得出错误的结论。而对于界定一个市场还是多个市场的问题，需要根据损害理论来进行分析。如果存在多个损害，就要界定多个相关市场，以便清晰地分析该损害是否足够引起反垄断干预，以及是否存在积极效果。

对媒体平台这种追逐注意力的经营者应如何界定相关市场。一种观点认为，既然每一个平台都在争夺注意力，那么就应该界定一个包含所有平台的注意力市场。[1] David S. Evans 认为，注意力寻求者至少在某种程度上都存在竞争——当一个注意力寻求者得到更多的关注时，另一个注意力寻求者得到的关注可能会更少，因而，几乎所有争夺注意力的网站都在同一个市场。[2] 相应的结论是，在这个市场内没有哪一个平台能够拥有足够的市场力量，市场竞争非常激烈，不需要对该市场进行干预。Tim Wu 反对这种方法，他认为这种方法会导致相关市场界定过于宽泛，以至于"经济学家和反垄断机构会立即拒绝这一定义"，这种方法过于狭隘：广告商可能会把谷歌和脸书视为替代品，但这并不代表消费者也会将这些公司视为替代品。[3] Newman 也批评了该观点："按照此种方法，我们甚至可以将电影院、杂货店、夜总会和服装设计师界定为一个相关市场，因为他们都在为钱而竞争。"[4] 另一种观点认为，注意力市场不是市场自发产生的，而是被经营者建构的，每一个平台都是一个独立相关市场，因而，其经营者都具有支配地位。这种观点认为，构建这些市场的经营者不仅积累注意力，而且塑造注意力，从而刺激人类作出行为和选择。[5] 注意力的竞争不是在一个市场内发生的，而是精确设计的不同市场之间的竞争，这符合不是自发产生需求（注意力市场的需求是经营者主动创造的）的市场的性质。经营者在寻求注意力过程中创造了市

---

〔1〕 例如，Facebook 在反对德国联邦卡特局的决定的博文中就提到，Facebook 与 TicketMaster、Airbnb、TripAdvisor、Tinder、Yelp、Reddit 都存在竞争。See Facebook, Why We Disagree With the Bundeskartellamt, https://about.fb.com/news/2019/02/bundeskartellamt-order.

〔2〕 David S. Evans, Attention to Rivalry among Online Platforms and its Implications for AntitrustAnalysis (Coase-Sandor Inst. for L. & Econ., Working Paper No. 627, 2013).

〔3〕 Tim Wu, "Blind Spot: The Attention Economy and the Law", *Antitrust Law Journal*, Vol. 82, Issue 3, 2017.

〔4〕 Newman, John M., "Antitrust in Attention Markets: Objections and Responses", *Santa Clara L. Rev.*, Vol. 59, 2019, p. 743.

〔5〕 A. D. I. Kramer, J. E. Guillory, J. T. Hancock, "Experimental Evidence of Massive-scale Emotional-Contagion Through Social Networks", *PNAS*, June 17, 111 (24), 2014, pp. 8788-8790.

场，它允许经营者通过设定运行规则来控制需求和供给双方。所以，与其说平台是注意力中介，不如说是一个个独立的注意力市场，[1] 这样的市场自然要被垄断。如果说第一种观点将注意力市场界定得过于宽泛，第二种观点就有界定过窄的嫌疑。当然，这种观点在消费者粘性强、转换成本极高的情况下是有可能成立的，但现实中很少有平台符合这种特征，特别是在消费者具有多归属性的情况下。

事实上，"注意力市场"不是一个严格的相关市场，界定相关市场仍然要回到消费者需求视角，考虑产品对消费者是否具有可替代性。可以确定的是，尽管不同平台都在争夺注意力，但这不代表它们处于同一相关市场，相关市场界定仍然需要遵循相关市场的原理。传统界定方法仍然是最有效的，只是在分析可替代性时将价格转换为其他指标，例如，可以考虑当注意力成本"小而显著且非暂时性"上升时，消费者是否会转向其他产品，以筛选候选市场并逐步确定最终的相关市场。[2]

2. 可选择的测试工具。在测试工具上，传统的工具并非不能适用，而是需要作出一定的改进。具体来说，可以采取以下改进后的方法界定相关市场。

（1）SSNIC 方法。SSNIC 以"小而显著的非临时性"成本提升代替价格提升，这一方法主要考察的是消费者所需支出成本的变化是否导致消费者转向，因而能够适用于新闻市场。零价格市场并非真正的免费，消费者仍然要付出注意力成本和信息成本。因此，可以用注意力和信息成本替代价格，并以成本的变化作为假定垄断者测试的基础。[3] 注意力是一种稀缺资源，注意力的付出为经营者带来广告收益；信息成本关乎数据和隐私安全，而数据也是平台盈利和发展业务的重要基础。数字市场中的注意力成本和信息成本就相当于价格，因而可以作为假定垄断者测试的基础。对于注意力成本的测量可以采用强度和持续时间两个维度，对信息成本的测量可以运用交易理论进行间接量化，即考虑消费者为换取经

---

〔1〕 Drobny P.，"The Attention Markets as a Challenge for Competition Policy"，*Prace Naukowe Uniwersytetu Ekonomicznego Wrocławiu*，Vol. 63，No. 5，2019.

〔2〕 Tim Wu，"Blind Spot：The Attention Economy and the Law"，*Antitrust Law Journal*，Vol. 82，Issue 3，2017.

〔3〕 John M. Newman，"Antitrust in Zero-Price Markets：Applications"，*Washington University Law Review*，Vol. 94，Issue 1，2016.

营者提供的大数据产品或服务愿意付出的成本。在上涨幅度上，因注意力成本和信息成本的隐蔽性，消费者对该部分成本的上升可能并不敏感，因而可以采取25%~30%的上涨幅度，以便让消费者能够察觉到成本的显著变化。[1]

（2）SSNDQ 方法。Hartman 等提出了与 SSNIP 类似的新方法——SSNDQ（Small but Significant Not-transitory Decrease in Quality，SSNDQ）。[2] Filistrucchi 指出，互联网行业满足此方法的假定，SSNDQ 有可能成为解决互联网行业免费策略下界定相关市场的有效方法。[3] 我国最高人民法院指导案例 78 号也提出，互联网即时通信服务的免费特征使消费者具有较高的价格敏感度，采用价格上涨的测试方法将导致相关市场界定过宽，应当采用质量下降（SSNDQ）的假定垄断者测试进行定性分析。

与 SSNIC 法的分析框架相似，SSNDQ 方法只是以质量替代价格变量进行测试，探讨在一段合理的时期内，经营者小幅降低质量时消费者的流失情况及经营者的盈利情况。SSNDQ 法的具体步骤是：当与该被调查的商品具有供给替代关系的商品质量特别是关键效能提升 25%时（因为消费者对质量的感受更加不敏感，所以采用 25%而不是 5%），消费者会不会转向该商品，或者当该被调查的商品关键效能下降 25%时，消费者是否转向其他可替代商品；或者当该被调查的商品——在互联网领域通常表现为零定价商品上所引入的广告量增长时，消费者是否有意愿且能够转向该商品等。如果前述情形存在可替代商品，那么在界定相关市场时，都需将这类商品划入相关商品市场，通过这类可量化的指标来反向验证质量变化这类难以量化的情形。[4] 同时，SSNDQ 法也可作为一种定性分析法。在"奇虎诉腾讯案"二审中，最高人民法院认为，假定垄断者测试作为一种分析思路或者方法，既可以通过定性分析的方法进行，也可以通过定量分析的

---

〔1〕 殷继国："大数据经营者滥用市场支配地位的法律规制"，载《法商研究》2020 年第 4 期。

〔2〕 Hartman R.，Teece D.，Mitchell W.，et al.，"Assessing Market Power in Regimes of Rapid Technological Change"，*Industrial and Corporate Change*，Vol. 2，Issue 3，1993，pp. 317-350.

〔3〕 Filistrucchi L.，"Market Definition in Multi-Sided Markets"，*Rethinking Antitrust Tools for Multi-Sided Platforms*，2018，pp. 37-64.

〔4〕 张小强、卓光俊："论网络经济中相关市场及市场支配地位的界定——评《中华人民共和国反垄断法》相关规定"，载《重庆大学学报（社会科学版）》2009 年第 5 期。

方法进行。[1] 需要注意的是，不论是进行定量还是定性分析，都要尽量克服质量评价标准选择的主观性与不确定性问题。这就需要进行个案分析，结合行业的背景，采用行业调查和市场测试等方式了解大多数消费者认同的质量参考因素，从而得出一个误差可控的结论。

（3）盈利模式测试法。盈利模式测试法是指在界定相关产品市场时，既不分析复杂的价格变化，也不对产品性能变化进行量化分析，而是以收费主体和对象为依据，根据盈利模式的不同来界定相关产品市场。根据盈利模式的不同，可将互联网划分为不同的市场：一是为消费者提供网络接入服务的市场，其盈利模式是网络接入服务商向消费者收费；二是网络广告服务市场，其盈利模式是网站向广告投放者收费；三是有偿网络内容服务市场，其盈利模式是网站向信息服务订阅者收费。盈利模式相同的互联网企业相互之间往往具有替代性，它们的产品有可能属于同一市场。

以谷歌、百度搜索引擎产品市场的界定为例，在运用盈利模式测试法时，无需充分掌握有关搜索引擎产品的专业知识、原理与特性等，无需仔细比较两种搜索引擎产品的技术特征，也无需调查搜索引擎在双边市场如何收费及其价格变化，只需了解搜索引擎的盈利主要是依靠在其网站上刊登消费者的广告即可。故只需认定谷歌、百度的网络广告服务是否具有替代性，即可界定两种搜索引擎是否在同一相关产品市场。在"奇虎诉腾讯案"中，广东高院也利用盈利模式测试法对传统电话、传真与即时通信服务之间的可替代性进行了分析。法院认为，虽然 QQ 服务在本质上仍然是一种通信服务，与传统的电话、手机、短信等通信服务之间存在一定的竞争关系，但是，其与传统的电话、手机、短信等通信服务相比，不仅在技术上存在较大差异，更为重要的是固定电话、手机及短信均实行收费服务，而即时通信则实行免费服务，两者的盈利模式截然不同，因此，QQ服务与传统的短信、手机通话、固定电话通话之间的盈利模式不一样，不存在较为紧密的产品替代关系，不属于同一相关产品市场。

盈利模式测试法作为回应相关市场界定困难的对策之一，虽然在理论上可以解决传统方法难以解决的零定价商品市场的界定问题，且简单易行，但只能作为

---

〔1〕 最高人民法院（2013）民三终字第4号民事判决书。

一种辅助方法。因为盈利模式仅是一种商业模式，相对成熟且成功的商业模式往往会被不同领域的平台效仿，若仅以商业模式作为界定相关市场的依据，往往不能真实反映不同商品存在的需求/供给替代关系，容易导致相关市场界定范围过宽。

（二）支配地位的认定方法

1. 传统认定方法的优化。平台的市场支配地位认定与传统企业存在一些区别，市场份额的作用弱化，市场进入、市场控制能力、其他经营者对平台的依赖程度的作用强化，并且需要考虑消费者数量、数据、网络效应等新的因素。对此，《〈反垄断法〉修订草案（公开征求意见稿）》《禁止滥用市场支配地位行为暂行规定》以及《平台指南》做出了初步探索，将消费者数量、网络效应、锁定效应、掌握和处理相关数据的能力纳入市场支配地位考量因素之中。在认定新闻平台是否具有市场支配地位时，可以按照上述规定进行操作。但这些规定仍然较为笼统，有待进一步细化。

对于新闻媒体平台，认定市场支配地位需要着重考虑以下因素：①使用时间。Tim Wu 指出，衡量注意力经济人的市场力量应该更加注重时间要素，消费者花在注意力平台上的时间可以用来计算平台的市场份额，[1] 这是衡量新闻平台市场力量更有效的指标。消费者消耗的时间是注意力的替代指标，消耗时间越长，表明平台的控制能力越强。②注意力市场更需要关注转换成本和数据可移植性。在注意力市场中，消费内容并不需要支付货币，因而有学者认为在这些"免费"市场中，竞争只有一键之遥（这也是谷歌的主要辩护观点），不需要运用反垄断法进行干预。[2] 这种观点忽略了数据和网络效应带来的进入壁垒，特别是忽视了转换成本和缺乏数据可移植性可能导致平台内的第三方经营者和内容创作者无法在平台间进行迁移的问题。此外，新闻和社交媒体平台经常会通过阻止其

---

〔1〕 Tim Wu, Attention Brokers, May 7, 2015, http：//www. law. nyu. edu/sites/default/files/upload_documents/Tim%20Wu%20-%20Attention%20Brokers. pdf.

〔2〕 Robert Bork, Antitrust and Google, Chicago Tribune, Apr. 6, 2012, http：//articles. chicagotribune. com/2012-04-06/opinion/ct-perspec-0405-bork-20120406_ Iunpaid-search-results-search-engines-search-algorithms.

他网站访问消费者信息或跳转至其他网站来进一步限制数据的可移植性。[1]　忽略这一点会严重低估平台的市场力量。③提高价格的能力。当市场力量难以直接测量时，有时可以通过评估平台是否可以收取超竞争价格来帮助解决。在注意力市场中，可以将注意力和信息成本看作价格，进而通过考察平台是否在提高了消费者的注意力和信息成本的情况下也能留住客户来推断其是否具有市场力量。[2]

2. 越过相关市场界定的新型方法。除了传统方法之外，还可以采用无需界定相关市场的新型认定方法，这种方法的优势在于能够更好地将市场份额以外的因素纳入考量范围。对于平台市场支配地位评估，需要特别考虑平台权力，这也是平台市场力量的重要来源，而这种权力的大小取决于平台生态系统整体对商户和消费者的价值。传统的相关市场/市场份额认定方法将平台碎片化地看待，对其市场力量的评估是不充分的。事实上，相关市场/市场份额方法只是一种不太精确的方法，并不是每个案件中都必须按照这种方法进行认定。数字市场的特殊性更导致这种方法趋于失效，需要引入更加适应数字经济的市场支配地位认定规则。对平台市场力量更好的评估单位是平台生态系统。德国反法修订的"跨市场竞争优势平台"规则的重要启示是：即使平台企业在任何市场都没有支配地位，它也可能在整个价值链中拥有"战略性重要地位"，因而能够实施反竞争战略。因此，与其研究如何为具有多种产品、跨多个市场竞争的平台界定相关市场，不如将重点放在如何监管相互竞争的生态系统上，通过衡量平台作为一个整体所具有的市场力量来判断平台是否拥有市场支配地位。[3]　实际上，在阿里"二选一"案[4]和美团"二选一"案[5]中，执法机构也考虑了平台对相邻市场的控制以及对跨市场的数据和技术的掌控带来的市场力量增益，这种适应平台经济特点的改进应该进一步上升至立法层面。将平台作为整体来评估市场力量，需要适

---

〔1〕　Suzanne Van Arsdale &Cody Venzke, Predatory Innovation in Software Markets, June 15, 2017, http：//jolt. law. harvard. edu/articles/pdf/v29/29HarvJLTech243. pdf.

〔2〕　Tim Wu, "Blind Spot：The Attention Economy and the Law", *Antitrust Law Journal*, Vol. 82, Issue 3, 2017.

〔3〕　Olivier Budzinski, Sophia Gaenssle & Annika Stöhr, "Outstanding Relevance Across Markets：A New Concept of Market Power？", *Concurrences*, Vol. 17, Issue 3, 2020, pp. 38-43.

〔4〕　参见国家市场监督管理总局国市监处〔2021〕28 号行政处罚决定书。

〔5〕　参见国家市场监督管理总局国市监处〔2021〕74 号行政处罚决定书。

用新的测量方法,具体包括:

(1) 基于平台整体规模效应、网络效应的推定规则。大部分国家的反垄断法都规定了通过市场份额推定市场支配地位的制度,但在平台市场份额指标面临失效的情况下,以往的推定制定难以继续适用。为了适应平台经济的特征,欧盟、德国、美国、日本的最新立法或者草案建立了新的推定规则,不再界定相关市场,而是直接考察规模、财力、数据、市场影响力等因素进行推定。这主要是考虑到,一旦平台在这些方面有较高的水平,就可以通过规模经济、网络效应、数据积累锁定消费者,进而能够控制、影响多个市场的竞争,损害公平竞争秩序,甚至产生系统性风险。当然,可能存在其他因素削弱这种力量,如多归属和较低的进入壁垒,因此,推定的标准应当同时考虑其他抵消性因素,并允许平台提供无市场支配地位证据进行反证。

(2) 直接证据法。传统的市场份额事实上是一种间接证据,它只能得出一个相对普遍的推论。[1] 相比之下,反竞争效果的直接证据能够更为准确地衡量市场力量。[2] 尤其在平台经济中,由于注意力竞争、平台竞争及跨界竞争导致相关市场的边界更加模糊,反垄断实施需要对相关市场——市场支配力——竞争效应范式保持必要警惕,考虑转向运用市场支配力——竞争效应或市场行为——竞争效应两种范式作为分析工具。[3] 在域外的个案裁决中此观点已被法院所采纳。例如,在 *Todd v. Exxon Corp.* 案中,美国联邦第二巡回上诉法院认为,依据复杂的市场份额计算来评估市场力量,如果原告能够证明被告的行为对市场竞争产生了直接的不利影响,则是更为直接的证据。[4] 在美国 IFD 案[5]中,美国最高法院指出,有了"实际的负面影响的证据"就用不着再调查市场份额了,市场力量不过是"负面影响的替代品"而已。过去案件中已确定的直接证据种类

〔1〕 Herbert Hovenkamp, Antitrust and Platform Monopoly, Vol. 130, No. 8, 2021, pp. 1952-2050.

〔2〕 喻玲、兰江华:"滥用市场支配地位诉讼举证困境及对策研究——基于 67 份判决书的实证分析",载《江西财经大学学报》2020 年第 4 期。

〔3〕 朱理:"互联网领域竞争行为的法律边界:挑战与司法回应",载《竞争政策研究》2015 年第 1 期。

〔4〕 See Todd v. Exxon Corp., 275 F. 3d 191 (2nd Cir. 2001).

〔5〕 See FTC v. Ind. Fed'n of Dentists (IFD), 476 U. S. 447 (1986).

包括：高于竞争水平定价；[1] 存在较高进入壁垒；[2] 进行价格歧视的能力；[3] 维持异常利润；[4] 排除竞争对手后定价的急剧改变。[5]

通过上述方法测量平台市场力量，能够将平台作为一个整体来考察其市场控制能力，更符合平台竞争的实际情况。当然，这并不代表相关市场/市场份额方法不能使用，而是在无法找到合适的市场份额指标时，可以适用整体性的测量方法，以便更好地评估平台的市场力量。

第二节　数字新闻平台反垄断法规制方法论

一、反竞争效果分析的规范

反竞争效果分析是判断案件所涉行为是否具有合法性的分水岭。反竞争效果的规范分析可以提升案件裁判说理的质量，减少公众对于执法与司法不公平的感知。数字新闻领域反垄断行为的竞争效果具有多样性，反竞争效果的分析具有复杂性，特别是对于非价格因素的考量，如果缺乏可操作性的评估方法，对数字新闻领域的反垄断规制将难以推进。为此，需要引入多元化的测量方法，明确对数字新闻领域垄断行为违法性的分析框架，规范裁量因素，为数字新闻领域的反垄断执法、司法提供明确的指引。

（一）裁量因素的规范

从趋势上看，芝加哥学派的框架保证了经济分析的严谨性，但却忽视了垄断带来的一系列经济成本，包括经济停滞和创新受阻。[6] 相反，新布兰代斯主义的主张为：当下的反垄断应该摆脱芝加哥学派的狭隘思维，回到布兰代斯主义的

---

〔1〕 See Theme Promotions, Inc. v. News Am. Mktg. FSI, 546 F. 3d 991, 1001 (9th Cir. 2008).

〔2〕 See Broadcom Corp. v. Qualcomm Inc., 501 F. 3d 297, 307 (3d Cir. 2007).

〔3〕 United States v. Eastman Kodak Co., 63 F. 3d 95, 106 (2d Cir. 1995).

〔4〕 See Town Sound & Custom Tops, Inc. v. Chrysler Motors Corp., 959 F. 2d 468, 481 n. 17 (3d Cir. 1992).

〔5〕 See In re Crude Oil Commodity Futures Litig., 913 F. Supp. 2d 41, 51 (S. D. N. Y. 2012).

〔6〕 Tim Wu, "The Curse of Bigness: Antitrust in the New Gilded Age", *Columbia Global Reports*, 2018, pp. 14, 139.

"传统目标"上——将反垄断作为"在一个正常运转的民主国家,必要时对私人权力进行检查"的关键政策。[1]

清晰的反竞争效果分析框架,既要把握特定的反竞争危害,不能误导执掌反垄断法者将竞争与消费者福利等同起来,又要能把握住21世纪市场势力的结构,否则将不足以鼓励真正的竞争。[2] 规范裁量,执掌反垄断法者应做到:

一方面,反竞争效果分析的前期环节就应当将竞争秩序置于首要位置,例如,在界定相关市场时,将竞争秩序保护作为损害理论构建的重要参考因素。无论是互联网平台限定交易案件的反竞争效果分析,抑或是其他类型的反垄断案件分析,相关市场界定是分析的首要工作,竞争秩序是反垄断法所保护的最为重要的法益,因此,要将裁量目标紧紧锁定在保护竞争秩序之上,警惕随意将其他裁量因素升格为反垄断法所保护的法益,进而启动豁免程序。对创新的态度变化与审查方式变化最具有代表性。数字革命引发了关于如何在反垄断法实施中对待创新的讨论,提出了关于竞争和创新之间关系处理的难题,也激发了在判断创新效果时应该采纳何种评估概念、评估程序、评估目标的讨论。[3] 过去,在一些案件中,执法人员将创新视为反垄断法所直接保护的法益,并基于此将创新作为反竞争行为豁免的事由。例如,在携程"大数据杀熟"案中,执法机构就基于此认知仅对携程进行了约谈,并未进行实质分析或处罚。携程这一类具有强大交叉网络外部性的互联网平台规模越大、生态构建越充分,其膨胀就越迅速,对竞争秩序的威胁就越大,[4] 在互联网平台限定交易案中不可将创新置于竞争秩序的位阶之上,仅凭于此就实施豁免。

另一方面,反竞争效果分析的开展要聚焦在竞争的过程与结构,对秩序的保护应侧重于过程性分析。在互联网平台限定交易的反竞争效果分析中,定价和产

---

〔1〕 Tim Wu, "The Curse of Bigness: Antitrust in the New Gilded Age", *Columbia Global Reports*, 2018, pp. 14, 139.

〔2〕 Lina M. Khan, "Amazon's Antitrust Paradox", *Yale Law Journal*, Vol. 126, No. 3, 2016, pp. 710-805.

〔3〕 Wolfgang Kerber, Rights on Data: Competition, Innovation, and Competition Law: Dissecting the Interplay, MAGKS Papers on Economics 201742, Philipps-Universität Marburg, Faculty of Business Administration and Economics, Department of Economics (Volkswirtschaftliche Abteilung).

〔4〕 Investigation of Competition in Digital Markets, House Judiciary Committee.

出结果的变化趋势不能承担反映消费者福利受损的重任。通过促进竞争，反垄断法要维护的是多元的利益诉求，而促进竞争本身就要求对特定案件所涉的竞争过程与结构展开分析。在分析时，具体做到，剖析互联网平台的商业战略；分析市场结构不断变动中的支配地位，判断是否存在以及跨行业传导支配地位；判断是否存在利用平台内数据自营商品打败平台内经营者、精准投资初创企业、获得整个市场系统性优势等其他"涟漪效应"。[1]

（二）创新裁量的规范

创新是反垄断法保护的重要价值，已经上升至立法宗旨保护层面。《反垄断法（修正草案）》中，第一条新增了"鼓励创新"的内容。市场监督管理总局公布的《平台指南》中，也将制定指南的目的确定为"促进平台经济规范、有序、创新、健康发展"。

创新作为反垄断法的立法宗旨是近年来学界较为关注的一个问题。在美国，近年来活跃的新布兰代斯学派非常关注美国《反垄断法》对市场创新的影响。美国新任联邦贸易委员会主席 Lina Khan 指出："技术的进步可能以促进市场力量整合的方式去颠覆现有平衡，但正如政府可以构建政治经济结构以鼓励创新一样，它也可以确保创新的成果不被用来实现对市场的私人化控制。"[2] 在欧盟，反垄断执法存在回归多元宗旨的趋势，Ariel Ezrachi 便梳理了欧盟竞争执法的多项宗旨：①消费者福利；②有效竞争性结构；③效率与创新；④公平；⑤经济自由、多元与民主。[3]

在个性化新闻推荐这一新经济领域，保护创新也具有重要意义。熊彼特认为，对垄断利润或超额利润的追逐正是企业家的动力，实现技术创新是他们的目的或结果，这正是经济兴起和发展的主要原因。大企业才具备足够的财力来支付昂贵的研究与开发费用，因此，垄断者本身是技术创新的主体，[4] 对垄断者的

---

〔1〕　Lina M. Khan, "Amazon's Antitrust Paradox", *Yale Law Journal*, Vol. 126, No. 3, 2016, pp. 564~907.

〔2〕　Lina M. Khan, "Amazon's Antitrust Paradox", *Yale Law Journal*, Vol. 126, No. 3, 2016, pp. 710~805.

〔3〕　Ariel Ezrachi, "EU Competition Law Goals and The Digital Economy", *Oxford Legal Studies Research Paper*, No. 17/2018.

〔4〕　史际春、杨子蛟："反垄断法适用除外制度的理论和实践依据"，载《学海》2006 年第 1 期。

规制不能抑制其创新活力。个性化新闻推荐是一项新兴技术，而对技术反竞争性的审查和规制必须以承认技术中立性为前提，从而为新产品和创新模式预留必要空间。[1] 例如，德国在视频广告屏蔽软件的判决中对竞争纠纷的解决秉持"市场的归市场""技术的归技术"的理念，重点考量当事人市场的和技术的应对能力，对技术创新引发的纠纷保持审慎，以利于商业和技术创新。[2] 在新闻市场的反垄断规制中，可以从两个方面强化对立法宗旨的创新的保护：

一方面，将损害创新作为损害理论。以往将创新作为损害理论的情况主要集中在并购领域。[3] 美国 2010 年的《横向合并指南》指出，"执法部门会考虑一项合并是否可能通过鼓励合并后企业将其创新努力降低至不合并时水平之下，来减少创新竞争"。欧盟方面，依据 2004 年的《横向合并指南》，合并控制要分析的影响之一是"对创新的影响"。在纵向或混合合并情形下，欧盟 2008 年的《非横向合并指南》承认合并控制中要分析的影响之一是对创新的影响。该指南还指出，即使合并后企业的市场份额低于 30%，如果交易涉及可能在不久的将来大幅扩张的创新型企业，则该交易也将受到重点审查。随着数字经济的发展，与创新相关的竞争损害理论近年来日渐受到国际反垄断理论与实务界的重视，例如，OECD 竞争委员会 2015 年开始集中关注"破坏性创新"（disruptive innovation）相关竞争政策问题，特别是针对金融行业。[4] 此外，"掠夺性创新"（predatory innovation）也成为近年来国际竞争法学界的研究热点。例如，该领域的代表性学者 Thibault Schrepel 指出，掠夺性创新是通过产品的一个或多个技术要素的变化，以限制或消除竞争。这一概念描述了所有以创新为幌子，旨在消除竞争且没有使消费者受益的反竞争行为。掠夺性创新可能采取两种不同的形式，即技术平台的变更以及产品技术设计的变更，通过这些方式旨在消除第三方主体的技术与占市场支配地位企业之间的兼容性，或旨在损害竞争性技术的运行。[5]

---

〔1〕 孔祥俊："论反不正当竞争的基本范式"，载《法学家》2018 年第 1 期。

〔2〕 孔祥俊："论反不正当竞争的基本范式"，载《法学家》2018 年第 1 期。

〔3〕 韩伟：《迈向智能时代的反垄断法演化》，法律出版社 2019 年版，第 202 页。

〔4〕 OECD, Hearing On Disruptive Innovation, DAF/COMP（2015）3.

〔5〕 Schrepel T., "Predatory Innovation: The Definite Need for Legal Recognition", *SMU Sci. & Tech. L. Rev.*, 21, 2018, p. 19.

除此之外，近年国际学界讨论的先发制人式兼并（pre-emptive merger）[1]、初创企业收购（startup acquisitions）[2]、对破坏性创新者的预防性收购[3]、扼杀性收购（killer acquisitions）[4] 等问题也将创新视为一种损害理论。我国的《关于平台经济领域的反垄断指南》也在垄断协议、滥用行为、经营者集中等行为中加入了创新考察因素，并将相关行为是否会损害创新作为违法性判断标准之一。

另一方面，将促进创新作为一种抗辩理由。欧盟在 2009 年的《滥用市场支配地位》指南中，针对"拒绝供应和价格挤压"的"效率"部分指出，委员会也将考虑主导企业提出的创新发展在内的抗辩理由。[5] 欧盟的《横向合并指南》特别强调了合并可能带来积极的创新效应，指出源于研发及创新领域的效率提升所带来的新的或改进的产品或服务可能让消费者受益，但必须证明创新相关的效率：①可能会传递给消费者；②可被证实；③合并特有。[6] 就个性化新闻推荐而言，运用算法、大数据等技术进行个性化推荐确实是一种创新，能够提高信息处理效率、降低人工编辑成本，但这不意味着创新能够成为平台自动规避反垄断审查的理由，还需要考虑创新的具体效果，以及对竞争的影响、与其他价值的平衡。

二、竞争损害分析基本逻辑的明晰

"互联网平台不同于上世纪的石油大亨和铁路大亨，其大量投资于人力资源、算法、数据等无形资产，构筑起庞大的生态系统"，[7] 对互联网平台案件而言，裁量标准的细化应结合数字平台的时代属性，从以下三个方面进行考量：

---

〔1〕 尹冉冉、吴涵、黎辉辉："欧盟《数字经济中竞争政策面临的挑战》调研报告介评"，载韩伟主编：《数字市场竞争政策研究》，法律出版社 2017 年版，第 47 页。

〔2〕 Kevin Bryan and Erik Hovenkamp, "Antitrust Limits on Startup Acquisitions", *Review of Industrial Organization*, Vol. 56, 2020, pp. 615-636.

〔3〕 OECD, Hearing on Disruptive Innovation, DAF/COMP（2015）3.

〔4〕 Cunningham, Colleen, Florian Ederer, and Song Ma., "Killer Acquisitions", *Journal of Political Economy*, Vol. 129, No. 3, 2021, pp. 649-702.

〔5〕 欧盟委员会："欧盟滥用市场支配地位指南"，载韩伟主编：《美欧反垄断新规选编》，法律出版社 2016 年版，第 311 页。

〔6〕 See European Commission, Guidelines on The Assessment of Horizontal Mergers Under the Council Regulation on The Control of Concentrations Between Undertakings, Document 52004XC0205（02），2004.

〔7〕 US House Judiciary Committee, Investigation of Competition in Digital Markets，2019.

1. 提出损害理论，在确保相关市场具有相关性的同时，保证反竞争效果分析围绕损害事实。损害理论的提出可改变现行呆板的做法，针对行为的违法性判断不应单依靠所谓的"形式"来解决，而应判断行为对竞争的影响、对消费者福利的损害等。[1] 通常来说，在界定相关市场时，执法机构会采用假定垄断者测试法（以下简称 SSNIP 测试）来判断替代品与诉争产品之间的关系，而执法机构需要通过损害理论来确定 SSNIP 测试的范围，在该范围内开展测试来界定相关市场。此外，在互联网平台领域中，消费者往往无需支付成本即可享受平台服务，平台基于对消费者隐私信息的攫取来实行个性化服务、精准投放广告等。消费者数据权利包括基本的隐私权，以及一系列旨在为消费者提供对其数据更大控制的措施，如数据便携性。[2] 平台的隐私攫取行为将会造成消费者对个人隐私控制的缺位。针对此种情况，执法机构可以提出基于隐私降级的损害理论来界定相关市场和分析其反竞争效果。[3] 美国司法部对谷歌搜索引擎滥用的反竞争效果分析展开路径如下：其一，建立损害理论。在起诉状中，清晰地指出被诉行为是什么，发生于哪个交易市场和环节，以及如何导致了市场竞争损害。[4] 美国司法部认为，谷歌的许多排他性协议和其他行为分别通过以下方式共同损害了竞争，从而在通用搜索服务市场、搜索广告市场和通用搜索文本广告市场上保持了非法垄断地位：①排除通用搜索服务中的竞争，并保护其搜索服务在美国免受任何实质竞争；②从有效的分销渠道中排除通用搜索服务竞争对手，从而剥夺其在上述三个市场中展开竞争的机会；③阻碍通用搜索服务竞争对手的其他潜在分销渠道；④制造更多的进入壁垒，并排除了新兴竞争者在计算机和移动设备上的竞争；⑤阻碍新产品的创新，这些产品本可以作为传统谷歌搜索引擎的替代者或破坏者；⑥使谷歌免受巨大的竞争压力，这有助于改善其通用搜索、搜索广告以及

〔1〕 Abate S., Antitrust and Consumer Enforcement In Data Markets-Are New Theories Of Harm Based On Privacy Degradation Hitting The Mark?, 29th European Regional ITS Conference, Trento 2018. International Telecommunications Society (ITS), 2018.

〔2〕 OECD, Consumer Data Rights and Competition-Background note, DAF/COMP (2020) 1.

〔3〕 Abate S., Antitrust and Consumer Enforcement In Data Markets-Are New Theories Of Harm Based On Privacy Degradation Hitting The Mark?, 29th European Regional ITS Conference, Trento 2018. International Telecommunications Society (ITS), 2018.

〔4〕 兰磊："反《反垄断法》上的'不相关'市场界定"，载《中外法学》2017 年第 6 期。

通用搜索文本广告服务。其二，根据上述损害理论，引出候选市场，并最终界定本案所涉相关产品市场有美国通用搜索服务、美国搜索广告和美国通用搜索文本广告三个相关市场。其三，针对上述六种不同的损害，结合不同的因素，确定了上述六种行为的竞争效果。例如，在限制通用搜索服务市场竞争的分析中，美国司法部认为，谷歌通过降低通用搜索服务的质量（包括隐私、数据使用等方面），损害了通用搜索服务的选择并阻碍了创新，从而损害了消费者利益。再如，美国司法部认为，谷歌的排他性行为也大大排除了搜索广告和通用搜索文本在广告市场中的竞争，从而损害了广告商的利益。其理由为，一方面，谷歌在控制广告投放数量和拍卖动态方面拥有了更大的权力，可以向广告商收取更多费用，这远超于竞争市场内的费用；另一方面，谷歌降低了服务质量，尤其是提供给广告客户的服务，包括限制向广告客户提供的有关其营销活动的信息，这限制了竞争，并损害了消费者利益。[1]

2. 根据损害理论选择测试方法。在进行反竞争效果分析时，合适的测试方法意味着应与损害理论相匹配，使得结果更加公正、准确，具体操作方式如下：①最低效率规模测试。当损害理论为限制竞争对手从事交易行为时，可以进行最低效率规模测试，考察案涉行为是否造成竞争对手无法维持最低效率规模，继而可能被驱逐出该行业。在许多平台服务市场，互联网平台的构建往往需要在算法、数据、人力资源等方面投入巨大成本，最低效率规模（临界规模）才有生存的可能性。[2] 因此，在互联网平台服务领域存在提高竞争对手成本的损害时，需要进行最低效率规模测试，考察行为是否可能导致竞争对手无法维持最低经济效率规模而被驱逐。其逻辑为，若是竞争行为导致除垄断者占据的市场份额以外，其余竞争者无法满足该相关市场的最低效率规模，则该行为就很可能产生排斥、限制竞争的效果；反之，若是剩余的市场份额使得竞争者可以达到高于最低效率规模对应的市场份额，则说明其余竞争者仍然有生存于市场之上的空间，市场没有遭受到实质性的封锁，潜在的竞争者依然可以进入相关市场，涉案行为也

---

〔1〕　参见 United States v. Google LLC，DOJ Complaint，2020.

〔2〕　参见《国家市场监督管理总局行政处罚决定书》（国市监处〔2021〕28号）："……进入网络零售平台服务市场不仅需要投入大量资金建设平台，建立物流体系、支付系统、数据系统等设施，还需要在品牌信用、营销推广等方面持续投入，进入相关市场成本较高……"

就不需要受到反垄断法的制裁。[1] ②当损害理论为市场封锁时，可以进行等效竞争者测试，考察是否产生足够的封锁效应，以至于"等效竞争者"因受到阻碍和排挤而难以竞争。例如，在欧盟英特尔案中，欧盟最高法院假定存在一家芯片公司——"虚芯公司"，该公司的技术、成本和英特尔完全一样，故名为"等效竞争者"，当"等效竞争者"企图进入英特尔已经主导的芯片市场时，在英特尔的"返利"下其能否成功进入是判断英特尔是否造成垄断、妨碍竞争的决定因素。[2] 当然，限定交易行为有多种损害理论和不同的测试方法，其选择和搭配并不是固定的，仍需遵循个案分析思维，但根据损害理论选择合适的测试方法无疑使得竞争损害分析更具科学性和说服力。

3. 测算累积效果。反竞争效果并非单一行为造成，对平台行为的分析应测算累积效果，结合时间和行为数量来进行判断，考量以下三方面因素：①平台的市场地位以及其对平台内经营者的封锁比例；②行为持续时间，若限定交易行为的持续时间长于相关市场内的平均值，则即便平台的市场份额不高仍可能产生市场封锁效果；③其他因素：市场饱和程度、消费者对现存经营者的品牌忠诚度、新进入市场经营者渗入现存限定交易协议的可能性等。[3]

三、损害评估的量化

数字新闻领域垄断行为的损害往往不是表现为可以直接测量的价格损失，而是难以量化评估的注意力、隐私、质量以及多样性损害，对于这些特殊的因素，需要开发新的测量方法才能使对个性化新闻推荐的反垄断法规制具有可操作性。

（一）注意力损害评估

1. 评估的难点。注意力本身不是法律概念，学术上也缺乏统一的认识，注意力损害更加难以测量。对注意力进行保护并将其纳入竞争效果评价是必要的，因为平台可能采取更具侵略性的方式获取注意力，例如，过度投放广告或推送其

---

〔1〕 田辰："排他性交易的反垄断法研究"，对外经济贸易大学 2017 年博士学位论文。

〔2〕 Case COMP/C-3/37. 990-Intel, 2009, paras 28-31.

〔3〕 谢长江："从比较法论法院在竞争法案件中的经济分析取径——以欧盟与美国之独家交易协议案件为例"，载《公平交易季刊》2019 年第 2 期。

他易分散注意力的不相关、低质量的内容，[1] 而消费者由于缺少选择或者转换成本过高而只能被迫接受，这造成了对消费者利益的损害。但识别注意力损害存在极大的障碍，因为注意力损害是一种较为主观的因素。也正是因为无法直接观测损害的程度，这种损害经常被忽视。在实践中，注意力损害体现在两个方面：一是直接的精神损失。人的注意力是有限的，其总量取决于我们的认知能力，在使用过多时也会过载或耗尽。[2] 二是经济损失。在信息爆炸的数字社会，注意力是一种可以转换为货币的稀缺资源。在某一方面投入过多注意力，必然导致在其他方面投入更少的注意力，如果没有足够的回报，就相当于造成了经济上的损失。这也可以理解为机会成本的损失，因为过高的注意力成本占用了我们过多的时间，导致我们工作效率下降，或者没有时间投入到更有价值的事情中去，从而产生了间接的经济损失。但要对注意力损害进行测量不能通过传统方法，而是要引入新的经济学工具。

2. 评估的方法。注意力过度消耗带来的损害是切实存在的。希尔伯特·西蒙斯早就指出，信息的丰富将导致注意力的匮乏。[3] Newman 认为，"注意力数量受到认知能力的约束，一旦信息的可获得供给超过这个自然上限，西蒙斯设想的信息供给和注意力供给之间的反比关系将成立"。[4] 资本控制下的注意力市场允许注意力商人和广告商利用人类认知的局限性，注意力消费具有负溢出效应，不能指望单靠竞争就能治愈注意力市场的所有弊病。[5] 尽管注意力本身难以测量，但我们可以寻找合适的"中介"，遵循这种思路，可以得出两种可行的测试方法：

（1）评估反竞争行为发生前后的广告数量，以考察平台是否因反竞争行为

〔1〕　Peitz M., "Economic Policy for Digital Attention Intermediaries", *ZEW-Centre for European Economic Research Discussion Paper*, 2020, p. 48.

〔2〕　Matthew B. Crawford, "The World Beyond Your Head: On Becoming an Individual in an Age of Distraction", *Farrar, Straus and Giroux*, 2016, p. 23.

〔3〕　Herbert A. Simon, *Designing Organizations for an Information-Rich World*, *Computers, Communications and the Public Interest*, The Johns Hopkins Press, 1971, p. 40.

〔4〕　John M. Newman, "Antitrust in Attention Markets: Objections and Responses", *Santa Clara L. Rev.*, Vol. 59, 2019, p. 743.

〔5〕　John M. Newman, "Regulating Attention Markets", *University of Miami Legal Studies Research Paper*, 2019, p. 45.

而能够投放更多广告而不会损失客户。广告是一种特殊的内容产品，纯粹依靠"购买"赢得关注。广告通常被视为产品退化的一种形式，注意力商人（新闻平台）的收入也取决于它能卖出的广告数量。因此，注意力商人通常会以适当比例混合广告和其他内容，以使其收入最大化的同时，不会因过度降低产品质量而减少消费者数量。广告反映了人类时间和注意力的典型交易方式，广告商向注意力商人支付的费用可以被视为进入消费者头脑的费用，[1] 广告的显著上升可以视为对消费者注意力的损害的替代指标。

（2）计算消费者剩余。[2] 注意力损害衡量的关键不是消费者付出了多少注意力，而是消费者是否获得了等价的回报。只要消费者剩余存在，那么消费者就没有受到实质性的损害。在内容消费方面，消费者剩余测量主要取决于注意力成本与内容的价值是否相当。如果付出更高的注意力成本为消费者带来了更有价值的内容，那么个性化推荐就提高了消费者剩余，反之则减少了消费者剩余。注意力成本对消费者来说主要体现为时间的机会成本——他们本来可以将这些时间用于做其他有价值的事情，包括其他休闲活动和生产活动，在平台上阅读内容花费更多时间意味着损失这些"本可以获得"的利益。[3] 为了方便计算，我们假设消费者消耗的时间有一个恒定的机会成本 W，人们会不断消耗时间来阅读内容，直到时间边际成本等于内容边际价值，如图 6-1 所示。[4] 注意力成本等于内容花费的时间乘以它的成本，即 W×T，用矩形 A 表示；消费者剩余等于内容的价值和注意力成本之间的差额，用三角形 B 表示。

---

〔1〕 Tim Wu, "Blind Spot: The Attention Economy and the Law", *Antitrust Law Journal*, Vol. 82, Issue 3, 2017.

〔2〕 David S. Evans, "Attention Platforms, the Value of Content, and Public Policy", *Review of Industrial Organization*, Vol. 54, 2019, p. 781.

〔3〕 David S. Evans, "Attention Platforms, the Value of Content, and Public Policy", *Review of Industrial Organization*, Vol. 54, 2019, p. 780

〔4〕 David S. Evans, "Attention Platforms, the Value of Content, and Public Policy", *Review of Industrial Organization*, Vol. 54, 2019, p. 780.

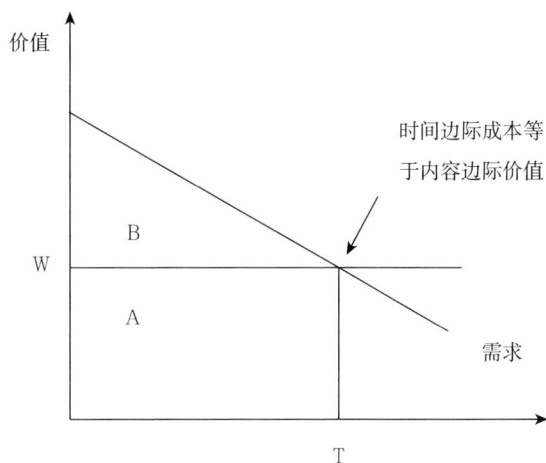

图6-1　在注意力平台消耗的成本和消费者剩余[1]

　　注意力消费者剩余衡量的是内容的价值与消费内容所花费的时间的机会成本的差值，而内容的价值可以用内容提供商的总收入来计算。难点在于如何计算消费者花费的成本——时间的机会成本。目前，学界较为认可的计算方法有二：时值法和货币成本法。[2] 时值法主张时间机会成本可以用边际工资率来表示。[3] 如果人们花更多的时间从事无偿活动，他们将有更少的时间来赚钱，因此，为了使他们的整体福利最大化，人们会不断将时间分配给最有价值的活动，直到活动的时间边际价值等于他们可以赚取的边际工资。根据上述方法，许多学者对消费者剩余进行了估算。例如，Brynjolfsso 计算了互联网服务和电视在 2011 年产生的消费者剩余，他们估算出 2011 年以广告收入为主的互联网服务约产生了 7970 亿美元的收入，而电视产生了 1399 亿美元的收入，总计 2.2 万亿美元。减去根据

〔1〕　David S. Evans，"Attention Platforms, the Value of Content, and Public Policy"，*Review of Industrial Organization*，Vol. 54，2019，p. 781.

〔2〕　David S. Evans，"Attention Platforms, the Value of Content, and Public Policy"，*Review of Industrial Organization*，Vol. 54，2019，p. 782.

〔3〕　Ronald G. Ehrenberg & Robert S. Smith.，*Modern labor economics*，Boston：Prentice Hall，2012，p. 166.

税前边际工资计算的时间机会成本，消费者剩余大约为 1.1 万亿美元。[1] 但许多学者认为，这种计算方式高估了消费者剩余，因为以边际工资为基准计算时间机会成本过于夸大了时间的价值。一些学者提出，应以"宽带费用"代替边际工资计算消费者花费的成本，这被称为"货币成本法"。主张该测量方式的学者认为，宽带价格的个体差异要比边际工资小得多，所以结果更加准确。[2] 虽然学界还未找到误差更小的替代指标，但上述计算方法无疑提供了一种具有操作性的分析方法，有利于评估注意力损害。

（二）隐私损害评估

1. 评估的难点——反垄断价值定位。为顺利通过并购审查，数字平台会对反垄断执法机构作出不会降低隐私保护标准的承诺，但"市场主导者的隐私承诺谎言"往往不攻自破，因此，隐私作为一种反竞争效果裁量因素被纳入反垄断案件之中，如欧盟 Google/DoubleClick 案[3]、德国 Facebook 案[4]。隐私损害评估的探索方向有三：一是将隐私视为影响消费者选择的一个重要因素，如在微软/领英的合并案中，欧盟委员会认为"隐私是竞争的一个重要参数，而该合并将限制消费者在隐私方面的选择"；[5] 二是将隐私作为一种隐性价格，主张将个人数据的披露概念化为消费者为使用免费商品和服务而支付的非货币价格；[6] 三是

---

〔1〕 Erik Brynjolfsson & JooHee Oh, "The Attention Economy: Measuring the Value of Free Digital Services on the Internet", *ICIS*, 2012.

〔2〕 Chad Syverson, "Challenges to Mismeasurement Explanations for The US Productivity Slowdown", *Journal of Economic Perspectives*, Vol. 3, No. 2, 2017, pp. 165-186.

〔3〕 在此案中，当 Google 提出合并方案时，人们对 Google 将拥有的数据访问能力发出警报，特别是对通过用户的浏览活动与个人身份联系起来表示担忧。Google 向欧盟委员会承诺，在交易后不会将 DoubleClick 收集的互联网用户数据与整个 Google 生态系统收集的数据相结合，不会降低用户隐私。但 2016 年 Google 违反承诺，开始将 DoubleClick 数据与其他 Google 服务收集的个人信息相结合，有效地将用户的个人身份信息与其在 Google Maps 上的位置信息、Gmail 信息、搜索历史信息以及其他许多 Google 产品上的信息相结合，即整合数据、用于个性化广告推荐，这严重损害了互联网的匿名性。See Google/DoubleClick, Case COMP/M.4731, Commission decision of March 11, 2008.

〔4〕 See Bundeskatellamt, Decision under Section 32 (1) German Competition Act (GWB), B6-22/16, 6 February 2019.

〔5〕 Case M. 8124-Microsoft/LinkedIn (n 36), paras. 338-347.

〔6〕 Daniel L Rubinfeld and Michal Gal, "The Hidden Costs of Free Goods: Implications for Antitrust Enforcement", *Antitrust Law Journal*, Vol. 80, No. 3, 2016, pp. 521-562.

直接拓展"质量"外延，以涵盖基于隐私的竞争。[1] 笔者赞同将隐私作为质量进行看待，这也是欧盟委员会、加拿大竞争管理局等反垄断执法机构的做法。众所周知，在相关市场界定中，假定垄断者测试要借助 SSNIP（价格上涨测试）或 SSNDQ（质量下降测试）完成，前者面临数字服务"零价格"不能进行涨价测试的困扰，后者面临执法机构不知应该将何者记入"质量"的难题。"只要消费者认为隐私是质量的一个重要因素，那么与隐私有关的问题就可以在竞争评估中得到考虑"[2]，将隐私融入质量，那么收集更多的质量可以视之为质量下降，这就能够为相关市场克服界定 SSNDQ 测试方法的困境提供理论支持。但不同的消费者对隐私的敏感性不同，在收集更多的数据时，隐私不敏感型消费者可能不会认为服务质量下降，而隐私敏感型消费者会持不同看法，甚至会因此放弃使用某些功能。要客观地评价信息成本过高带来的损害并不容易，目前尚未形成普遍认可的隐私损害评估工具，隐私损害无法测量仍是将隐私纳入反垄断法框架的障碍之一。[3]

2. 评估的方法。虽然隐私损害无法直接衡量，但可以寻找替代指标进行侧面评估。综合各国执法、司法实践，评估隐私损害的方法主要有二：

（1）定性分析方法。执法机构可以通过比较行为发生前后的隐私政策、消费者协议、数据收集情况、实际权限等来进行质量评估，进而计算"隐私价格"。[4] 例如，在 WhatsApp 与 Facebook 的合并发生后，其隐私政策变更，要求使用相同服务的消费者在合并后为其披露更多的个人信息，这可以被解释为隐私质量下降。通过隐私政策、数据收集情况来评估隐私损害的测试并不少见，例如，中国消费者协会在 2018 年曾发布《100 款 App 个人信息收集与隐私政策测评报告》，该报告通过组织志愿者对 App 进行实际下载、体验，并邀请专家对消费者协议、隐私政策进行审查，测评了 100 款 App 的隐私保护水平并为其进行打

〔1〕　Erika M. Douglas, The New Antitrust/Data Privacy Law Interface, Vol. 130, 2021, pp. 647-684.

〔2〕　See European Commission, "Mergers: Commission Approves Acquisition of LinkedIn by Microsoft, Subject to Conditions" IP/16/4284 (6 December 2016).

〔3〕　Nils-Peter Schepp and A. Wambach, "On Big Data and Its Relevance for Market Power Assessment", *Journal of European Competition Law & Practice*, Vol. 7, Issue 2, 2016, pp. 120-124.

〔4〕　Elias Deutscher, How to Measure Privacy-Related Consumer Harm in Merger Analysis? A Critical Reassessment of the EU Commission's Merger Control in Data-Driven Markets, https://core. ac. uk/reader/161124352.

分。2020年艾媒网也做了类似的调查，并发布了《2020年中国手机App隐私权限测评报告》，该报告通过统计App权限调取情况、是否存在疑似越界行为评估了各大App的隐私保护情况。

评估隐私质量基本框架的搭建，可以借鉴OECD的做法，关注六项指标：①收集最小化，即收集哪些数据、数据范围是否实现了最小化；②使用最小化，即数据用于什么领域、存储多长时间、与谁共享；③透明度，即在数据收集和使用方面向消费者提供了哪些信息、信息披露是否具有可读性和易理解性；④消费者控制，即消费者能否方便地访问、修改、删除和移植自己的数据，消费者有哪些选择；⑤安全性和隐私设计，即有哪些安全措施来保护数据免受未经授权的访问、意外丢失、破坏，以及平台是否使用了隐私增强技术（PETs）；⑥默认设置是否有利于保护隐私。[1]

（2）定量分析方法。定量分析方法主要采用联合分析法（conjoint analyses），这种方法通过评估产品的某些特征对消费者的选择和支付意愿的影响来对非价格因素进行测量。[2] 联合分析法依赖于经济实验，这些实验通过"控制变量"使消费者面临"假设但现实的选择问题"，[3] 从而模拟消费者在实际购买中进行决策时面临的情况。[4] 具体操作是：第一步，组织一次消费者调查，以识别相关的价格和非价格属性，并确定不同属性对产品选择的影响程度。在Facebook/WhatsApp案中，委员会使用这种方法确定了消费者通信应用的产品属性和属性级别。[5] 第二步，竞争主管机构可以通过调整产品包含的属性和级别，设计不同的应用程序。第三步，要求消费者对这些应用程序进行选择，并给出相应的分数。根据实验中消费者对不同产品的排名情况，执法机构可以通过多变量回归分析（multi-variable regressions）估计消费者在产品选择过程中的每个属性及其级

---

〔1〕 OECD, Consumer Data Rights and Competition-Background note, DAF/COMP（2020）1, para139.

〔2〕 Paul E. Green & V. Srinivasan, "Conjoint Analysis in Marketing: New Developments with Implications for Research and Practice", *Journal of Marketing*, Vol. 54, No. 4, 1990, pp. 3-19.

〔3〕 Stephen Hurley, "The use of surveys in merger and competition analysis", *Journal of Competition Law and Economics*, Vol. 7, No. 1, 2011, pp. 45-68.

〔4〕 Daniel McFadden, "The Choice Theory Approach to Market Research", *Marketing Science*, Vol. 5, No. 4, 1986, pp. 275-297.

〔5〕 Gergely Biczók & Pern Hui Chia, *Interdependent Privacy: Let Me Share Your Data*, in *International Conference on Financial Cryptography and Data Security*, Springer, 2013, pp. 338-353.

别的效用和相对重要性。竞争主管机构可以衡量消费者愿意为某种程度的产品非价格属性（如隐私）支付多少费用，进而对其进行量化评估。

（三）多样性和新闻质量的评估

反垄断法在评价数字新闻市场竞争行为的竞争效果之时，不应仅强调竞争行为的效率改进与经济价值，而应同时重视新闻的社会功能和公共性，以执法促进以多样性为代表的新闻质量的提升。

1. 评估的难点。伴随个性化推荐广泛使用产生的损害不仅包括信息和注意力成本的提高，还包括新闻质量的下降。其一，个性化推荐使得新闻内容同质化，新闻的多样性缺失，消费者陷入算法编织的"信息茧房"。其二，以注意力掠夺为唯一目标的算法导致了新闻的低俗化、低质化，甚至会产生更多的恶、错、假新闻。为最大限度地吸引注意力，算法必须推荐更多能够带来感官刺激、抓眼球的内容，这为暴力、低俗以及耸人听闻的内容提供了生存空间，降低了内容的质量。然而，这些因素是很难评价的。多样性评价本身是一个复杂的问题，不能用简单的数量进行评价，因为多样性并不只是内容多，而是在保障新闻本身价值的情况下提供更多视角、覆盖更多主体的内容。当然，也不能仅仅用种类来判断，因为种类增多可能只是社会分工细化、科学不断发展的结果。此外，如何评价低俗、低质、虚假对新闻质量的影响也是一个问题，过去的监管只关注是否存在违法内容，对整体的新闻质量并不关心。尽管新闻质量在竞争中很重要，但法律通常并未对此给予足够的重视，这主要是因为新闻质量因其多维性、相对性、主观性而难以评估。某些质量特征仅对部分消费者有价值，消费者对于影响质量的特征的优先级也有所不同。[1] 总之，要准确识别新闻本身的质量和多样性的下降，并评估由此产生的损害，才能正确地规制新闻市场的垄断行为，为此需要开发新的评价标准。

2. 多样性的评估方法。不同时代、不同地域的文化各不相同，人类通过文化适应和社会化的学习过程获得文化，这体现在不同社会文化的多样性上。[2] 文化多样性很难被量化，但公共信息的窄化、社会成员共有知识的窄化、社会成

---

〔1〕 OECD, The Role and Measurement of Quality in Competition Analysis, DAF/COMP（2013）17, 2013.

〔2〕 Edward Burnett Tylor, *Primitive Culture*, Vol. 2, Cambridge University Press, 2012, p. 1.

员认同感的降低一定不是文化多样性追寻的指标。新闻是公共信息，其受众是全体社会公民，同时新闻还是国家文化建设的标签之一。当新闻在算法的主导下转向娱乐化、快餐化的软新闻时，新闻事业的社会价值发挥将陷入与社会主义文化事业建设理念相违背的尴尬境地。

新闻多样性的评估问题逐渐为主要司法辖区的监管机构广泛关注。例如，欧盟发布了《媒体多元化和媒体自由》[1]，ACCC发布了《数字平台对新闻和新闻内容的影响》[2]。英国通信管理局（OFCOM）认为多样性的保障来自：①媒体观点的多样性，所有平台都应该有各种各样的独立新闻媒体的声音；②新闻来源的多样性，要防止任何一个媒体所有者对公众舆论和政治议程产生太大影响，这可以通过限制媒体企业所占新闻消费中的份额来实现。[3]

学者们多认为，"度量指标可以包括消费者与对立政治观点的接触、跨意识形态的引用或与具有对立观点的人之间的联系"，[4] 为此进行了深入的研究。Ying Fan 提出了基于经济学的衡量多样性的方法，她对美国日报市场所有权整合的建模考虑了并购是提高还是降低内容质量。她模拟了明尼阿波利斯两家报纸的合并（在现实生活中被司法部以反竞争为由阻止），得出的结论是"如果合并发生，两家报纸都会降低新闻内容质量、当地新闻比例和内容多样性"。[5] 福斯特提出了以下指标：①通过中介集体或任何单一中介消费的新闻份额；②消费者可

---

〔1〕 报告指出："媒体多元化包括合并控制规则、广播内容许可制度、媒体所有权的透明度、编辑自由、公共服务广播机构的独立性、记者的职业状况、媒体与政治、经济之间的关系、妇女和少数群体获得媒体内容的机会、意见的多样性等。"See European Parliament, Committee on Civil Liberties Justice and Home Affairs 2018, Report on Media Pluralism and Media Freedom in the European Union, (2017/2209(INI)), 2018.

〔2〕 D. Wilding, P. Fray, S. Molitorisz & E. McKewon, "The Impact of Digital Platforms on News and Journalistic Content", *Australian Competition and Consumer Commission Report*, 2018.

〔3〕 Measurement Framework for Media Plurality: OFCOM's Advice to The Secretary of State for Culture, Media and Sport, https://www.mediareform.org.uk/wp-content/uploads/2015/11/Ofcom_measurement_framework_for_media_plurality_Statement.pdf. Report to the Secretary of State on the operation of the media ownership rules listed under Section 391 of the Communications Act 2003, https://www.ofcom.org.uk/__data/assets/pdf_file/0027/51867/morr_2015.pdf.

〔4〕 N. Helberger, K. Karppinen & L. D'Acunto, "Exposure Diversity as A Design Principle for Recommender Systems", *Information, Communication & Society*, Vol. 21, No. 2, 2018, pp. 191-207.

〔5〕 Ying Fan, "Ownership Consolidation and Product Characteristics: A Study of the US Daily Newspaper Market", *American Economic Review*, Vol. 103, No. 5, 2013, pp. 1598-1628.

以在多大程度上方便地在中介之间切换或选择其他方式获取新闻；③中介机构以易于获取的格式提供足够广泛的新闻的程度；④中介机构在多大程度上能够方便地获得公正的新闻和其他被认为是公众感兴趣的新闻的来源。[1]

学者们还认为，在数字新闻领域的多样性应该有更加明确的测量标准。Helberger、Karppinen、D'Acunto 建议，度量指标可以包括消费者与对立政治观点的接触、跨意识形态的引用或与具有对立观点的人之间的联系。[2] Moller 等人提出，对算法推荐多样性的度量应包括是否向消费者呈现意识形态对立的内容、呈现的不同类别的文章或是否存在足够多的不同新闻机构的文章。[3] Helberger 提出了一个更为详细的多样性评级标准：①自由主义推荐者：保障政治知情、展示政治选择，能够让专业公民通过阅读增长智慧，而普通公民也能得到想要的内容；②参与式推荐者：映射社会中不同的想法和观点，回应不同的信息需求、风格和偏好；③深思熟虑的推荐者：能让公民接触不同的观点，鼓励在阅读中的"意外发现"，激发人们评论、分享、参与，表达偏好；④建构主义推荐者：鼓励人们接触少数派观点，但也支持人们寻找符合其偏好的观点。[4]

结合这些观点，笔者认为，运用反垄断法保护数字新闻领域的多样性应该适用以下标准：①主体多样性，保障相关市场具有足够的独立媒体，以确保能够生产具有观点、视角的新闻；②暴露多样性，媒体平台必须保障不同来源、不同观点的新闻能够获得公平的呈现机会；③选择多样性，保护消费者的自由选择，包括选择阅读相同观点和不同观点、接触主流内容和"长尾"内容的机会。

3. 新闻质量的评估方法。新闻质量受到多因素的影响，ACCC 认为，新闻质量的指标可以分为内容指标、组织指标和观众参与度指标三组标准，并为此开发了一套较为实用的测量标准。其一，内容评价指标。新闻内容的科学评价是基于

〔1〕 Robin Foster, *News Plurality in a Digital World*, *Reuters Institute for the Study of Journalism*, University of Oxford, 2012, p. 49.

〔2〕 N. Helberger, K. Karppinen & L. D'Acunto, Exposure Diversity as A Design Principle for Recommender Systems, Information, Communication & Society, Vol. 21, No. 2, 2018, pp. 191–207.

〔3〕 J. Möller, D. Trilling, N. Helberger & B. Van Es, "Do Not Blame It on The Algorithm: An Empirical Assessment of Multiple Recommender Systems and Their Impact on Content Diversity", *Information*, *Communication & Society*, Vol. 21, No. 7, 2018, pp. 959–977.

〔4〕 Helberger N., "On the Democratic Role of News Recommenders", *Digital Journalism*, Vol. 7, Issue. 8, 2019, pp. 993–1012.

新闻专业度测评，也是数字平台服务实践满意度测评，更是新闻社会功能实现度的测评，是提升新闻公共性的关键指标。ACCC 在进行大量调研、访谈的基础上，结合传统新闻质量评价标准开发了一个具有 3 个一级指标，每个一级指标之下有 6 个或 8 个二级指标的实施方案（见表 6-1）。[1] 该套指标的设置全面、科学，取值定义严谨、合理，为英国 CMA、韩国 KFTC 等反垄断执法机构所援引。我国反垄断执法机构有必要对此予以借鉴，通过市场调查，结合新闻业专家、记者、其他从业人员以及消费者的意见，设计一套更符合我国数字新闻市场发展现状的评估标准，在具体案件中对新闻质量是否下降进行科学规范、系统全面、精准少误的评估。其二，观众参与度指标。该指标设计旨在鼓励消费者参与，由表述（是否考虑观众的关注点、观点、经历、贡献、愿望和需求）、参与（是否考虑观众的个人和集体的智慧）、交互性（是否提供相关内容的链接、评论或提供反馈）、社区（是否提供消费者论坛和社区空间、是否促进社区对话和公共辩论）、定制（是否为消费者提供定制体验）等五大子指标构成。其三，组织因素指标。该指标设计旨在保障新闻媒体的独立性，由独立性、自立性（编辑人员享有不受商业和政治干预的独立性）、社区领导（对意见领袖的影响、告知公众意见和进行辩论的能力）、定价能力和独有消费者的数量（消费者的支付意愿、对新闻市场的渗透）、编辑部资源和新闻活动的测量（相对于业务规模的记者人数、至少有 5 年经验的足够数量的记者、内容与广告的混合比例、用于原创新闻的空间比例、员工撰写的内容与新闻机构生产内容的比例）等四大子指标构成。

---

[1] D. Wilding, P. Fray, S. Molitorisz & E. McKewon, "The Impact of Digital Platforms on News and Journalistic Content", *Australian Competition and Consumer Commission Report*, 2018, pp. 86-87.

表6-1 质量指标——内容属性

A. 实践标准		B. 专业指标		C. 社会功能标准	
指标	如何评估	指标	如何评估	指标	如何评估
准确	内容真实，经过核实，不具有误导性；意见基于准确的信息，不遗漏关键事实；正文中的材料与标题相对应	直接	突发新闻的及时发布和更新	监督权力	监督强大的利益集团的活动和行为，促进他们承担社会责任
清楚	通俗易懂；标明事实和个人观点	分析	对事件和问题进行理性、博学和有见地的解释，促进人们理解世界	公共性	促进审慎、理性和代表性的公共话语表达
公平	材料呈现公正；赋予被不利地描述的个人或团体申辩的机会	权威	采用权威可靠的专业知识和明确的消息来源	批评性	提供紧急情况、风险、健康、福利、教育、交通、经济、环境、民主和政治的详细信息
隐私保护	尊重隐私；避免对健康或安全造成重大伤害（除非符合公共利益）	独创性	内容是原创的，来源于原始研究、访谈，图像均为自己拍摄、制作	地理相关性	为当地社区提供原创的当地新闻声音；关于地方机构、决策过程和事件的报告

保持平衡	呈现不同来源的对比信息和观点	覆盖的深度和广度	解释背景、原因和后果	有用性	为公民提供信息，使他们能够做出有益于个人和社会生活的有效决策
诚信和透明	避免或披露潜在的利益冲突；内容不是通过不道德或欺骗的手段制作的	创新	具有新颖性的文字和插图；使用创新技术	多样性	提供包含少数群体在内的各种群体的内容；参考文化多样性
		新闻道德	采用公平、诚实、负责的方式收集资料		
		表达	结构清晰、叙述清楚；格式工整、插图精美，无错误		

第三节　数字新闻平台反垄断法规制行为论

个性化新闻推荐的负面影响最终必须落实到具体行为中，才能适用反垄断法进行规制。个性化新闻推荐作为一种商业模式本身并不违法，但是当新闻平台不当利用这种模式扭曲竞争，损害其他经营者和消费者利益时，就有可能违反《反垄断法》。总体来看，风险较高的行为较为宽泛，涉及反垄断法的"三大支柱"。当有证据表明平台确实作出这些行为且损害竞争时，应当及时运用反垄断法进行规制。

一、个性化新闻推荐与垄断协议

综合类新闻平台的零价格模式为反垄断法的适用带来了挑战，现行《反垄断法》以价格理论为基础，更加关注导致价格提高的行为，零价格市场因而成为反垄断审查盲区。在传统市场，反垄断法禁止固定价格的垄断协议，因为这种协议会提高价格、损害竞争。在零价格市场中，商品并非真的免费，"如果你不为产品付费，你就是产品"。[1] 事实上，信息和注意力通常承担着货币的职能，成为消费者获得平台服务的对价，[2] 消费者在平台停留的时间越长，付出越多的数据，平台就能获得越高的收入。既然信息和注意力替代了货币，那么企业完全可以在这种特殊的"价格"方面进行串通。因此，至少在理论上必须承认，市场上可能会存在固定信息或注意力等隐性价格水平的垄断协议。例如，各经营者之间可以同时达成对隐私政策、数据收集[3] 或者广告时间、数量上步调一致的协议，以减少不同平台在这些方面的竞争，共同提高消费者的信息和注意力成本。

（一）个性化新闻推荐与"算法共谋"

既然零价格市场也会存在垄断协议，那么在个性化新闻推荐领域也完全有可能成立"算法共谋"。"算法共谋"一般指不同企业之间使用算法协调价格的行为。[4] 在个性化新闻推荐领域，"算法共谋"是指不同企业之间达成协议，使用相同的算法进行推荐，或者使用算法协调"信息和注意力"水平的行为。已经有学者关注这种协调隐私水平的垄断协议，提出平台可能会通过算法或者建立数据池的方式与竞争对手达成降低隐私保护度的协议。[5] 在 2016 年的欧盟数据保护监督委员会和欧洲消费者组织联合举办的大数据会议上，便有观点认为，建立

〔1〕　Vincent F. Hendricks & Mads Vestergaard, *Reality Lost*: *Markets of Attention*, *Misinformation and Manipulation*, Springer International Publishing, 2019, p. 11.

〔2〕　John M. Newman, "Antitrust in Attention Markets", *University of Miami Legal Studies Research Paper*, No. 3745839, December 9, 2020.

〔3〕　例如，焦海涛教授提出，应当将个人信息保护合谋规定在《反垄断法》中，即在横向垄断协议条款中增加一项内容——"固定或变更个人信息保护水平"。参见焦海涛："个人信息的反垄断法保护：从附属保护到独立保护"，载《法学》2021 年第 4 期。

〔4〕　OECD, Algorithms and Collusion: Competition Policy in the Digital Age, http://www.oecd.org/competition/algorithms-collusion-competitipn-policy-in-the-digital-age.htm.

〔5〕　韩伟："算法合谋反垄断初探——OECD《算法与合谋》报告介评（上）"，载《竞争政策研究》2017 年第 5 期。

数据池可以帮助企业改善智能化水平，促进竞争，但是企业也有可能借助数据池达成垄断协议。[1]

就新闻平台而言，由于普遍采用"零价格"模式，新闻平台往往不在价格上相互竞争，而是依靠更高质量的内容来争夺消费者。高质量的内容不仅包括新闻本身的价值，还包括新闻平台是否能够在消费者付出更少时间成本的情况下满足其多元化的需求。虽然个性化推荐能够显著提升企业的利润，但对消费者来说不一定是好事，尤其对于不喜欢个性化推荐的消费者来说，他们可能会因为某个平台个性化程度过高而产生厌恶，进而转向其竞争对手。这表明不同平台在满足消费者对个性化的不同需求方面也会存在竞争。在市场有效、竞争充分的情况下，平台为了吸引更多消费者会给予其一定的选择空间，为不愿意使用个性化推荐的消费者提供自然推荐结果，并且在消费者选择个性化推荐的情况下，也会保持克制，不会为了获取更多的注意力而不顾质量或多样性，因为他们面临着来自其他平台的竞争压力。然而，如果市场上的数家平台达成协议，均采用一种个性化推荐模式，或者直接使用同样的推荐算法，该推荐算法会最大化消费者的注意力成本（即不考虑质量和多样性，通过上瘾机制最大化消费者的停留时间）。此时，企业就达成了固定"注意力价格水平"的横向垄断协议，该协议通过限制竞争使每一家平台都能够在不考虑质量、多样性的情况下，利用算法最大化消费者的停留时间（即提高注意力价格），而不用担心消费者会转向其他的平台。通过这种协议，参与共谋的平台的利润都得到了提高，而消费者付出了更高的注意力成本（表现为更高的时间成本）。换言之，在协议不存在时，新闻平台之间的竞争会约束平台利用个性化算法攫取注意力，消费者将在个性化方面拥有更多选择；通过协议消除"注意力费用"方面的竞争之后，数个平台都使用更高程度的个性化（并且没有选择）推送模式，以获取更多的注意力，而消费者没有办法通过转向其他平台（因为平台使用相同的算法）来对抗这种行为。

上述行为也可以称为"注意力卡特尔"。在竞争充分的情况下，平台在是否给予选项以及个性化程度方面存在竞争，最终效果是消费者可以自由选择是否接

---

〔1〕 Maurice Stucke and Allen Grunes, *Big Data and Competition Policy*, Oxford University Press, 2016, p. 147.

受个性化及其程度，并相应付出更多或者更少的注意力和信息成本获取内容；在存在注意力卡特尔的情况下，由于平台在更高程度的个性化方面达成共谋，消费者普遍需要付出更多数据、注意力。当然，在自然竞争结果下，也可能会出现数个平台出于自身利益考量而自发使用相同程度的个性化推荐模式的情况，这不能被认定为垄断协议，而是一种平行行为；但如果平台之间就此有过信息交换，就有可能是"注意力卡特尔"的结果，此时，就需要运用反垄断法对这种行为进行规制。但运用反垄断法规制这种新型卡特尔将会更加困难，一方面是因为该行为借助算法自动实施，不会留下行为痕迹和证据，具有较强的隐蔽性；另一方面是因为信息和注意力成本等隐性价格难以测量，这对损害的认定带来了挑战。

（二）个性化新闻推荐与内容抵制共谋

在个性化新闻推荐领域可能出现的另一种垄断协议是联合抵制协议，Evelyn Douek 将其称为"内容卡特尔"（content cartel）[1]。内容卡特尔指的是平台之间达成协议，共同将某些特定的内容或某些特定经营者生产的内容从他们的平台中移除出去，而推荐算法为实现这种联合抵制行为提供了便利的工具。个性化推荐会将某些信息进行过滤，这种过滤为消费者节约了筛选信息的时间，但也方便了各个平台实施联合抵制行为。

"内容卡特尔"虽然是一个新的概念，但在传统案件中也能找到其存在的痕迹。在美国莱姆病案中，IDSA 发布了一份莱姆病治疗的指南，不推荐长期使用抗生素治疗莱姆病。然而，该指南很快受到了质疑，指南制作的委员会成员被披露与药物公司具有财务联系，并且拒绝任命对慢性莱姆病有不同观点的科学家和医师，还排除了一位反对该小组对慢性莱姆病的观点的小组成员。康涅狄格州总检察长 Richard Blumenthal 对该指南进行了反垄断调查，认定莱姆病指南的制作过程存在严重缺陷。[2] 该案虽然不是典型的横向垄断协议案件，但该案展示了如何通过控制信息来达到反竞争目的。作为信息"把关人"的平台具有从事类

〔1〕 Evelyn Douek, The Rise of Content Cartels, Urging transparency and accountability in industry-wide content removal decisions, https：//knightcolumbia. org/content/the-rise-of-content-cartels.

〔2〕 Connecticut Attorney General Office, Attorney General's Investigation Reveals Flawed Lyme Disease Guideline Process, IDSA Agrees to Reassess Guidelines, Install Independent Arbiter, http：//www. ct. gov/ag/cwp/view. asp？A＝2795&Q＝414284.

似行为的可能性。个性化新闻推送的本质是过滤、筛选，一些经营者（包括独立作者和媒体企业）的内容产品不可避免地会被排除在外。当不同信息平台之间为了达成反竞争目的而协同合作删除某种信息，或者删除某个经营者的内容产品时，[1] 就会形成"内容卡特尔"。从安全的角度来看，信息过滤的合作可能是必要的，如 CSAM 和 GIFCT，前者旨在过滤儿童虐待信息的传播，后者则是关于消除恐怖主义言论。然而，这种合作也可能损害消费者利益。例如，前者曾导致 Scorpions 乐队的专辑 Virgin Killer 被错误封杀，[2] 后者则导致许多无辜消费者的账号被封禁。事实上，这种合作可能成为一种限制竞争的手段，正如 Danielle Citron 所说："这扩大了企业之间的合作，这些企业本可以通过投入研发和创新，开发更好的技术来删除此类内容，并将此作为其竞争力的一部分，以获得消费者的青睐。"[3] 此外，内容卡特尔会加剧平台运用算法决定过滤或推送哪些内容时缺乏透明度、正当程序和问责制的情况，内容卡特尔还将允许具有优势地位的经营者联合起来为较小的经营者制定竞争的标准，从而增强了大企业的市场力量。[4] 因此，平台在推荐和过滤方面的合作虽然可能是出于公共政策目的，但也有可能是为了避免在内容审核技术方面进行竞争，以促进平台之间的共同利益，[5] 有必要对这种合作保持警惕，区分必要的保障公共安全的行为和限制竞争的行为的界限，加强对后者的审查和规制。

---

〔1〕 例如，在 2018 年 7 月和 8 月，苹果从 iTunes 移除了 4 个 Infowars 播客，因为其主持人美国阴谋理论家亚历克斯·琼斯（Alex Jones）违反了苹果公司关于仇恨言论的服务条款；Google 关闭了 Infowars 受欢迎的 YouTube 频道；亚马逊放弃了琼斯公司的产品认可；Facebook 则删除了 4 个 Infowars 页面，理由是这些页面违反了社交网络的暴力和仇恨言论政策。其他重要的平台服务很快跟上，它们拒绝了 Infowars 对其服务的访问或禁止其使用某些重要的 MSP。

〔2〕 Karagiannopoulos V., "Book Review: Regulating Speech in Cyberspace: Gatekeepers, Human Rights and Corporate Responsibility by Emily B. Laidlaw", *Journal of Information Rights*, *Policy and Practice*, 2 (1), 2017.

〔3〕 Citron D K. Extremist Speech, "Compelled Conformity, and Censorship Creep", *Notre Dame L. Rev.*, 93, 2017.

〔4〕 Douek, Evelyn, "The Rise of Content Cartels", *Knight First Amendment Institute at Columbia*, 2020, p. 28.

〔5〕 Kate Klonick, "The New Governors: The People, Rules, and Processes Governing Online Speech", *Harv. L. Rev.*, Vol. 131, 2018, pp. 1598, 1616-1662.

（三）个性化新闻推荐与降低内容质量共谋

Simone Galperti、Isabel Trevino[1] 研究发现，注意力方面的竞争会导致市场的低效率，其中一个重要的原因就是可能会产生共谋。他们发现，低清晰度、低质量的内容反而能够吸引更多的注意力，并且在成本上具有显著优势，因而厂商有动机提供更低清晰度、更同质化的内容。从这一点不难推出，谷歌、百度等搜索引擎在占据了领先地位之后，往往也会通过降低搜索结果的准确性来增加收入——如果人们直接搜到了想要的内容，那么他们立刻就会离开，但如果要点击2~3个链接才能获得想要的结果，平台就能卖出更多广告。在平台占据绝对优势地位的情况下，它可能会直接这么做；当市场上有数家竞争者时，它们可能会有达成协议的动机，因为通过串通起来降低准确性、客观性，这些企业不仅能够节省在内容上的投资，还可以通过销售更多广告提高收入。

（四）规制思路

1. 数字新闻卡特尔的识别。如前文所述，数字新闻领域的垄断协议有三种，分别是注意力卡特尔、内容卡特尔、降低质量协议。第一种也可以称为"算法共谋"（推荐算法的共谋）。识别前者需要观察的是，多个平台之间是否采用了相同的推荐算法、类似的个性化模式，或者同时使用算法提高消费者的信息和注意力成本。例如，平台之间可能进行协调，更新各自的隐私政策，要求收集更多数据以促进个性化推荐，或者同时提高平台上的广告数量，可能达成了固定注意力和信息成本水平的垄断协议，意图减少平台在该方面的竞争。

识别内容卡特尔需要考虑公共政策。在没有明显公共政策作为指导的情况下，数个平台如果同时对某一经营者的信息进行过滤、删除，那么就可能达成了内容卡特尔。当然，这种行为较为隐蔽，因为个性化推送本就是"千人千面"，平台本身也不可能公布其推送规则，执法机构发现这种行为可能较为困难，只能从受影响的经营者本身来进行推理。受到内容卡特尔影响的经营者所发布的内容必然会被限制阅读，因此，可以从异常情况发现被过滤的痕迹。在某些情况下，内容卡特尔也可能是公开的，美国的 GIFCT 数据库就是典型的例子。该数据库由

---

〔1〕　Galperti S & Trevino I, "Coordination Motives and Competition for Attention in Information Markets", *Journal of Economic Theory*, Vol. 188, 2020, Article 105055.

数个平台共同建立，旨在删除网络暴力内容。然而，由于缺乏透明度，该数据库也可能成为限制竞争的内容卡特尔，特别当涉及某些性质含糊的内容时。艾玛·利亚斯指出，该数据库长期以来的透明度和问责制的缺失应引起警惕，"除了联盟成员之外，没有人知道数据库中有什么或谁添加了任何内容，也没有独立的机制对数据包含的内容进行审计或提出质疑"。[1] 尽管该数据库的建立是为了公共安全，但也赋予了大平台联合起来制定竞争规则的权力，对这样的卡特尔必须保持警惕，确保其始终为公共安全而行动，而不是旨在限制小平台参与竞争。

降低质量协议与传统垄断协议是相似的，在传统市场上也可能存在此类协议。如果将降低质量视为提高价格的一种方式，那么这种协议与传统垄断协议十分相似。其识别的难点主要在于如何比较质量的下降，这可以通过对比不同时间点的产品属性来进行分析。

2. 竞争损害的分析。对数字新闻卡特尔进行竞争损害分析，关键的问题在于适用合理原则还是本身违法原则，适用后者意味着不需要进一步分析其竞争损害，只需要判断行为的构成要件是否满足即可。在传统市场中，固定价格的横向垄断协议一般适用本身违法原则，因为这种行为具有产生反竞争损害的高度可能性，而且很少产生效率。但零价格市场的横向垄断协议不能直接按照"正价格"市场的做法进行分析，因为零价格市场的垄断协议可能会带来社会效益。例如，内容卡特尔可能是为了更有效率地删除违法内容，维护网络世界的公共安全；或者更好地履行平台的管理义务，减少法律风险。因此，分析零价格市场的反垄断行为更需要关注其行为的动机。[2] 考虑到行为可能具有的效率，直接适用本身违法原则是不合适的，可能会产生过多的假阳性错误。此外，当前的司法、执法在这方面都缺乏经验，甚至在学术上也没有足够的研究以得出具有一致性的理论。因此，在缺乏评估此类协议的丰富经验和理论研究的情况下，运用合理规则进行处理是合适的。[3] 在具体案件的分析中，需要关注两个关键点：一是数字

---

〔1〕 Emma Llansó, Platforms Want Centralized Censorship, That Should Scare You, Wired (Apr. 18, 2019) https：//www. wired. com/story/platforms-centralized-censorship/.

〔2〕 Daniel L Rubinfeld & Michal Gal, "The Hidden Costs of Free Goods：Implications for Antitrust Enforcement", *Antitrust Law Journal*, Vol. 80, No. 3, 2016, pp. 521-562.

〔3〕 John M. Newman, *Washington University Law Review*, Vol. 94, Issue 1, 2016, p. 95.

新闻卡特尔是否存在公共政策方面的正当理由，如减少"三俗"、信息无序、侵权内容等，但行为实施者必须证明该措施是必要的，并且缺乏限制性更小的替代方案；二是数字新闻卡特尔是否实质性地限制了新闻平台之间的竞争，导致消费者缺少选择，被迫支付更高的"隐性价格"，或者只能得到更低质量的产品或者服务。在存在书面协议的情况下，规制这些行为相对难度更低，但如果仅存在协同行为，那么就需要更多证据进行推断，这包括要对非货币价格以及质量的变化进行准确评估。

二、个性化新闻推荐与滥用市场支配地位

运用反垄断法干预个性化新闻推荐并不意味着要直接禁止算法推荐，而是关注平台是否行使垄断力量限制了市场竞争，减少了消费者的选择。从数字新闻实践来看，新闻平台可能存在以下滥用行为。

（一）附加不合理交易条件

新闻平台的个性化推荐常常是强制性的，这可能构成附加不合理交易条件。使用个性化推荐的目的是通过增加每个消费者的新闻"消费"数量来提高消费者的使用时间，[1] 提升消费者粘性、增加平台利润、排挤竞争对手。这导致平台会想尽办法让消费者接受这种模式。为此，平台通常不会给予消费者充分的选择权，而是默认或者强制消费者使用个性化推荐模式。尽管《中华人民共和国电子商务法》（以下简称《电子商务法》）已经明确规定使用个性化推荐模式的平台要赋予消费者选择权，[2] 但从实践来看，这种保护模式因缺乏监督、责任模糊而无法发挥应有的作用。例如，上海消保委曾对微信 App 进行过测评，发现其个性化广告"关闭入口极其隐蔽，关闭流程设置繁琐"，而且还运用技术手段限制关闭的时间。[3] 新闻平台也是如此，多数平台都默认使用个性化推荐模式，

---

〔1〕〔美〕伊莱·帕里泽：《过滤泡：互联网对我们的隐秘操纵》，方师师、杨媛译，中国人民大学出版社 2020 年版，第 17~36 页。

〔2〕《电子商务法》第 18 条第 1 款，电子商务经营者根据消费者的兴趣爱好、消费习惯等特征向其提供商品或者服务的搜索结果的，应当同时向该消费者提供不针对其个人特征的选项，尊重和平等保护消费者合法权益。

〔3〕例如，上海市消保委对微信进行过调查，发现微信 APP"个性化广告推荐关闭入口极其隐蔽，关闭流程设置繁琐，还利用技术手段限制消费者永久关闭个性化广告推荐的权利，消费者仅能进行为期 6 个月的关闭且仍旧会看到广告"。上海市消费者权益保护委员会：《APP 广告消费者权益保护评价报告（2020）》，载 http://www.cqn.com.cn/ms/content/2020-12/18/content_ 8653573.htm，最后访问日期：2021 年 5 月 31 日。

并运用各种技术手段限制消费者退出该模式，以此获得更多的数据和注意力。要从根本上抑制这种行为，仍有赖于市场机制，即通过反垄断法纠正市场失灵。为此，需要对企业强制消费者使用个性化推荐的行为予以干预。从立法条文来看，强制性的个性化推荐可能构成的行为是附加不合理交易条件，这在数据收集和新闻推荐两个阶段都有涉及：

1. 个性化推荐本身可能构成附加不合理交易条件。根据《反垄断法》和《禁止滥用市场支配地位行为暂行规定》，附加不合理交易条件包括"合同期限、支付方式、商品的运输及交付方式或者服务的提供方式"，以及"商品的销售地域、销售对象、售后服务"。强制性（或者变相强制，如使用技术手段限制退出）的个性化新闻推荐属于在"服务的提供方式"上附加不合理的交易条件。这种行为能够帮助企业获得更多数据以及消费者的注意力（停留时间），从而增加企业的利润和竞争能力，帮助企业获得不当竞争优势，损害公平竞争秩序。

虽然《电子商务法》和《个人信息保护法（草案）》都规定了使用算法推荐模式的经营者需提供退出选项，但实践中这种规定未能发挥应有的效果。与个人信息保护的知情同意原则的现实困境相似，消费者对数字新闻个性化推荐模式的选择权同样受到重重阻碍而难以真正实现，平台往往通过设计复杂的条款、隐藏退出选项、附加限制条件等限制消费者选择权的行使，导致大部分消费者实际上只能使用个性化新闻推荐模式。如果经营者具有市场支配地位，那么以上种种变相强制使用个性化推荐模式的行为就构成了附加不合理交易条件，这些条款和条件是滥用垄断权力的体现。

2. 个性化推荐可能伴随着强制收集、利用数据的行为，该行为也可能构成附加不合理交易条件。个性化推荐需要利用消费者的数据进行消费者画像，需要收集、利用更多的数据，在没有以合理方式获得消费者同意，而是运用支配地位强制消费者接受条款的情况下，这可能构成附加不合理交易条件行为。关于强制收集数据是否构成垄断行为，《平台指南》第16条已有明确规定："……分析是否构成搭售或者附加不合理交易条件，可以考虑以下因素：……（五）强制收集非必要消费者信息或者附加与交易标的无关的交易条件、交易流程、服务项目。"这方面的反垄断案例也已经出现。在德国 Facebook 案[1]中，强制性的隐私条款被认定为是滥用市场支配地位的违法行为。在该案中，德国联邦卡特尔局认为，Facebook 作为一个占支配地位的公司，能够强加影响深远的数据处理条件，而消费者因为没有其他选项而无法反抗该行为。尽管 Facebook 主张已经取得了消费者同意，但联邦卡特尔局指出，如果他们的同意是使用 Facebook 服务的先决条件，则不能假定他们自愿同意处理他们的信息。Facebook 的行为损害了竞争，因为 Facebook 通过其不公平的数据收集条件获得了大量数据，它以非法的方式获得了相对于竞争对手的竞争优势，并提高了市场进入壁垒，这反过来又提高了 Facebook 对最终客户的支配力。

新闻平台强制性的个性化推送模式同样存在上述问题，因而个性化推荐本身就意味着更多的数据收集和利用，在默认选项和受限制的选择权之下，消费者被迫使用个性化推送模式，也被迫同意了付出更多的数据，因而这种行为可能构成强制收集数据行为。在个性化新闻推荐领域的附加不合理交易条件行为可以借鉴德国 Facebook 案的思路分析其竞争损害：其一，平台滥用了支配地位，强制（包括变相强制）消费者接受不合理交易条件，包括强制收集更多的数据和强制消费者使用个性化推送模式。其二，这两种行为为平台带来了相对于其他平台的不正当竞争优势，前者为平台带来了更多的数据，使得其他平台需要付出更高的成本才能与其竞争，提高了进入壁垒；后者最大化了消费者的停留时间，提高了平台的广告收益，使得平台市场力量进一步加强，并且可以在广告市场上获得更多优势。如果平台的个性化推荐行为符合上述条件，并且不会产生任何效率，那么就可以认定平台的行为构成附加不合理交易条件。

（二）搭售

个性化新闻推荐也可以看作是一种捆绑销售行为，被捆绑的产品是额外的新闻产品。为了赢得消费者在平台上更多的停留时间，算法推荐系统充分利用人类认知缺陷和成瘾机制吸引消费者的注意力。这损害了消费者的利益。因为他们可能并不想花费太多时间在平台上进行阅读，但算法推送往往会诱使消费者陷入

---

[1] Bundeskatellamt, Decision under Section 32 (1) German Competition Act (GWB), B6-22/16, 6 February 2019.

"致瘾陷阱"，这违背了消费者的意愿，导致消费者在不知不觉中付出了更多的时间阅读新闻内容。个性化推荐模式会显著提升消费者的注意力成本，[1] 美国议员为此提出了《减少社交媒体上瘾科技法案》，要求禁止媒体的"无限滚动"功能。[2] 该议员指出："大型科技企业的营运模式就是要令消费者上瘾，所谓的'创新'并非提供更佳的产品服务，而是利用'心理学把戏'吸引消费者眼球，令他们无法把目光移离屏幕。"可见，个性化新闻推送可能伴随着捆绑搭售行为，平台借助其支配地位和制定算法推荐规则的权力，迫使消费者接受作为被搭售品的额外的新闻内容以及广告。

对个性化新闻推荐中可能存在的搭售行为进行规制，可以借鉴欧盟谷歌购物案的思路。[3] 该案中，欧盟委员会提出谷歌优先排序对竞争的损害主要包括：其一，该行为限制了比较购物服务的竞争。这可能导致商户支付更高的佣金、消费者支付更高的价格，并损害创新。其二，该行为可能会降低谷歌提供比价购物服务质量的激励，因为自我偏好行为免除了它的比较购物服务在质量方面进行竞争的必要性。其三，该行为可能会扭曲消费者的选择。消费者倾向于认为，在Google 的一般搜索结果页面上排列较前的结果是最相关的，无论其他结果是否对解决他们的疑问更为有效。谷歌自我偏好使得消费者的选择受到扭曲，妨碍了他们获得更相关的搜索结果。对于数字新闻个性化推荐领域的搭售行为的竞争损害，可以借鉴谷歌案的思路进行分析。

1. 需要分析是否存在两个独立的产品，这是搭售行为成立的前提，主要判断的标准有需求标准、功能标准和交易习惯标准。[4]

2. 需要分析是否存在捆绑搭售行为。个性化推荐模式下的搭售主要表现为平台通过滥用把关、分发权力，优先推荐符合其利益的内容。随着新闻平台市场发展成熟，各个平台在自身市场上的发展逐渐达到瓶颈，它们将目光投向垄断相

〔1〕 Tim Wu, "Blind Spot: The Attention Economy and the Law", *Antitrust Law Journal*, Vol. 82, Issue 3, 2017, pp. 771-906.

〔2〕 郭炘蔚："防沉迷！美参议员倡议禁止社交媒体页面'无限滚动'"，载 http://www. chinanews. com/gj/2019/08-01/8913508. shtml，最后访问日期：2021 年 5 月 31 日。

〔3〕 Google Search (Shopping), CASE AT. 39740, June 27, 2017.

〔4〕 李剑："合理原则下的单一产品问题——基于中国反垄断法搭售案件的思考"，载《法学家》2015 年第 1 期。

邻市场，即新闻生产市场。典型的例子有今日头条的"头条号"、百度的"百家号"。此时，不透明的算法推荐就成为推广、发展这些自家生产的内容的最好工具，通过赋予自产内容优先排序或者优先推荐的地位，平台扭曲了新闻产品之间的竞争。需要注意的是，当平台通过不透明的算法偏袒其他经营者的内容时，也有可能构成搭售，此时，需要分析该经营者与平台是否成立单一经济体。

3. 分析该行为的竞争损害。搭售行为的主要竞争损害理论是杠杆理论。即企业利用其市场支配地位搭售产品，以将自己的支配地位延伸至其他市场。一般而言，平台利用算法偏袒自产内容会产生限制竞争效果，即利用了其在平台服务市场的支配地位，扭曲了新闻生产市场的竞争。这种方式对其他经营者会产生严重的损害，特别是对于没有足够的市场力量、没有强大的数据和算法的经营者来说，他们将越来越难以与平台竞争。这其中包括一些值得信赖的新闻生产者（如传统的报纸等公共媒体），他们的广告收入越来越多地被平台剥夺，因而缺乏继续生产客观、真实、优质新闻所需要的资源。[1]

（三）拒绝交易

媒体平台成为大多数消费者的新闻来源之后，平台也成为新闻生产者接触消费者的"瓶颈"，通过算法的过滤、推荐，平台掌握了决定何种内容或何种新闻生产者能够流向消费者的权力。平台垄断者是互联网的守门人，新闻生产者必须通过他们的大门才能接触到消费者。新闻平台可以简单地改变它们的算法，让消费者待在它们的"数字墙"内，减少新闻出版商的流量，从而剥夺出版商资助新闻业和反击虚假信息所必需的资源。[2] 今天的新闻出版商非常清楚，数字平台有能力切断他们通往读者的道路，并随时可以切断他们仅剩的微薄收入。[3] 当具有市场支配地位的平台经营者将某些内容不合理地降序或者排除在外时，就可能构成拒绝交易行为。一个经典的例子是，国外一个拥有 35 万忠实粉丝的栏

---

〔1〕 Sally Hubbard, *Online Platforms and Market Power*, Part 1: The Free and Diverse Press, Testimony of Sally Hubbard, June 11, 2019, p. 3.

〔2〕 Sally Hubbard, *Online Platforms and Market Power*, Part 1: The Free and Diverse Press, Testimony of Sally Hubbard, June 11, 2019, p. 6.

〔3〕 Sally Hubbard, *Online Platforms and Market Power*, Part 1: The Free and Diverse Press, Testimony of Sally Hubbard, June 11, 2019, p. 6.

目《你应该认识的女人》，在脸书调整算法之后被大幅减少了流量。[1]《连线》的主编尼汤普森和沃格尔斯坦表示："每个出版商都知道，他们充其量只是脸书大型工业农场的佃农……拥有农场的人有绝对的影响力，如果脸书愿意，它可以悄悄地转动任何会伤害出版商的转盘——通过操纵其流量、广告或读者。"[2] 汤普森在一篇控诉脸书的文章中写道："WIRED 来自脸书的流量突然下降了 90%，经过抗议、投诉，终于发现真相是一家酒类广告公司针对 WIRED 读者的广告被平台错误地归类为诱饵信息，算法对此的处理导致很少有人能阅读它。"[3] 这些事实表明，因市场力量而掌握把关权力的平台可能通过算法推荐技术过滤内容，剥夺平台内经营者接触消费者的权利，从而限制经营者与平台在提供内容上的竞争。这可能成立拒绝交易行为。但拒绝交易行为成立的前提是平台构成必需设施，我国目前尚未有认定平台构成必需设施的案例，这需要进一步明确平台构成必需设施的判断标准。

认定拒绝交易行为的前提是平台构成必要设施。在欧盟，根据 Bronner 案，必需设施的判断条件有三：①行为有可能消除下游市场上所有的竞争；②这种拒绝没有合理理由；③对请求获得该许可的人来说，该产品或服务是其从事自己的活动所必不可少的，没有实际的或潜在的替代品。如果是知识产权案件，还要增加一个"新产品"条件。[4] 美国的 MCI 案中也确定了认定必需设施的四个条件：①设施为垄断者控制；②竞争对手无法实际或者合理地复制这一设施；③对竞争对手使用设施被拒绝；④提供设施是可能的。[5]

我国《平台指南》第 14 条第 2 款规定："认定相关平台是否构成必需设施，一般需要综合考虑该平台占有数据情况、其他平台的可替代性、是否存在潜在可

〔1〕 Sally Hubbard, *Online Platforms and Market Power*, Part 1: The Free and Diverse Press, Testimony of Sally Hubbard, June 11, 2019, p. 89.

〔2〕 Nicholas Thompson and Fred Vogelstein, Inside the Two Years That Shook Facebook-And the World, Wired, January 2018, https://www.wired.com/story/inside-facebook-mark-zuckerberg-2-years-of-hell/.

〔3〕 Nicholas Thompson and Fred Vogelstein, 15 Months of Fresh Hell Inside Facebook, https://www.wired.com/story/facebook-mark-zuckerberg-15-months-of-fresh-hell/.

〔4〕 Case C-7/97, Os car Bronner GmbH& Co. KG v. Media print Zeitungs-und Zeitschriftenverlag GmbH & Co. KG〔1998〕ECR I-7791.

〔5〕 MCI Communications Corp. v. AT&T Co. , 708 F. 2d 1081 (1983).

用平台、发展竞争性平台的可行性、交易相对人对该平台的依赖程度、开放平台对该平台经营者可能造成的影响等因素。"从上述规定来看，我国必需设施认定的条件借鉴了欧盟和欧盟的认定条件，综合了必不可少、可复制性、开放可能性等条件。然而，该规定仅仅列出了需要考虑的因素，没有明确各因素的优先级和重要程度，还需要在个案中进一步明确其适用方法。此外，从世界范围来看，目前尚未出现过有平台被认定为必需设施的例子，因而适用拒绝交易相关规定干预算法推荐行为需要更为谨慎。

新闻平台的拒绝交易行为竞争损害有以下可能：其一，延伸市场力量，排除新闻生产市场的竞争。通过过滤竞争性的新闻产品，平台自产产品能够或者更大地曝光，平台也能够更好地控制消费者流量，这延伸了平台的市场力量，加强了平台在生产、把关、分发等各个环节的控制能力。其二，封锁市场。通过过滤行为，平台实际上消除了其他经营者的竞争机会，其他经营者如果想要赢得更多消费者，只能发展自己的平台，这不仅提高了其竞争成本，也提高了潜在竞争者的进入成本，从而造成对市场的封锁。

当然，拒绝交易也可能提高效率，在传统必需设施理论中，阻却必需设施开放的理由通常还包括防止搭便车、保持技术标准和服务质量、技术安全、交易成本和使用效率等。[1] 在新闻平台服务市场，上述正当理由能否成立还需要进一步考察。总之，新闻平台对经营者内容的过滤是否成立拒绝交易行为需要遵循上诉思路进行详细分析，考虑其最终效果，才能得出正确的结论。

（四）差别待遇

个性化新闻推荐还涉嫌构成差别待遇行为。个性化推荐本就是单独定制，因而平台更加容易对不同受众采取不同的"定价"策略。[2] 特别是考虑到消费者对内容的偏好存在很大的差异，平台可能会利用这一点最大化其收益。在定价方面，注意力商人与一般经营者不同，其定价涉及三个关键决定。首先，它设定了"蜂蜜"（honey）的价格——尽可能多地吸引实体的服务或内容。此时，平台经

---

〔1〕 See John M. Talady & James N. Carlin, "Compulsory Licensing of Intellectual Property under the Competition Laws of United States and European Community", *Geo. Mason L. Rev.*, 10, 2001, p. 443.

〔2〕 ［美］卡尔·夏皮罗、哈尔·R. 范里安：《信息规则：网络经济的策略指导》，孟昭莉、牛露晴译，中国人民大学出版 2017 年版，第 37 页。

常把价格定为零，以吸引尽可能多的参与者（观众）。其次，它为有兴趣进入某个特定注意力流（a given stream of attention）的经营者设定了相应的转售价格。最后，它设定了一个"注意力价格"（attentional price），即假设广告降低了吸引注意力的内容或服务的价值，那么要用广告商要支付多少广告费用才能换取该特定注意力流。[1] 注意力经纪人之间的竞争主要集中在内容的质量和作为注意力提供者的"蜂蜜"的服务上。这是因为消费者申请使用平台服务的价格通常为零，注意力是一种稀缺的商品，消费者不仅需要越来越多的注意力流，而且更重要的是，他需要特定类型的注意力流。这意味着注意力经纪人必须不断引入创新，如新的分销渠道、新产品、新技术等，以确保其拥有持续的吸引注意力的能力。[2] 而对于已经占据领先地位、缺乏有效竞争对手的平台，它们可能不会致力于开发内容，而是通过"价格"歧视来最大化收益，例如，平台可能通过大数据识别消费者的差异，向某些消费者投放更多的广告，以最大化其停留时间。在数据方面也可以采取差异化的测量，针对隐私较为敏感的受众，收集更少的信息，以免消费者出于反感而转向其他平台；对于在这方面不那么敏感的受众，收集更多的信息并进行更高程度的个性化，以充分利用消费者数据获取竞争优势。该行为可能构成差别待遇，但认定的难点在于，一是在隐性价格本身难以测量的情况下，如何确定一个原始的"价格"，以证明存在"差别待遇"；二是差别定价本身是一个中性的行为，需要根据个案情况对其积极与消极竞争效果进行权衡，才能得出合理的结论。

对于差别待遇行为的认定，另一个关键问题在于什么是"条件相同的交易相对人"。对此，《平台指南》特别指出，平台在交易中获取的交易相对人的隐私信息、交易历史、个体偏好、消费习惯等方面存在的差异不影响认定交易相对人的条件。也就是说，个体偏好、消费习惯等因素并不能作为认定交易条件不同从而实施差别待遇的理由，该规定降低了以个性化形式进行差别待遇的行为的规制门槛。但规制算法推荐导致的差别待遇还需要对竞争效果进行详细分析，因为差

---

〔1〕 Tim Wu, "Blind Spot: The Attention Economy and the Law", *Antitrust Law Journal*, Vol. 82, Issue 3, 2017, pp. 771–906.

〔2〕 Paweł Drobny, "The attention markets as a challenge for competition policy", *Prace Naukowe Uniwersytetu Ekonomicznego we Wrocławiu*, Vol. 63, No. 5, 2019, pp. 29–42.

别待遇本身就是一种积极效果与消极效果并存的行为。

对于差别待遇的竞争损害，存在以下可能：其一，维持垄断地位。通过差别待遇，企业能够攫取更多利润，一些消费者必须接受更高的"价格"或更低质量的产品。这可能会提高整体价格，进而损害消费者福利，强化经营者的垄断地位。[1] 其二，损害所在市场的竞争。通过差别待遇，经营者可以对自己的客户采用竞争性价格（隐性价格），而对竞争者对手的客户采取低价，从而诱使这些客户转向该经营者，导致竞争对手因客户流失而无法生存。如果较低的价格低于成本，那么还有可能构成掠夺性定价。其三，损害下游市场竞争。即卖方对自己的不同客户采用不同价格，从而使其中得到优惠待遇的客户在下游市场的竞争中居于优势，而得到歧视待遇的一方将处于不利的竞争地位，破坏了下游市场的公平竞争。

差别待遇也可能提高效率，一是通过降低对某些消费者的"价格"满足其需求，从而扩大交易总量；二是通过提升经营者的盈利能力以创造投资激励，有助于激励企业进入。[2] 因此，对于新闻平台这种"注意力经济人"的歧视行为，也要遵循合理分析原则，综合判断其竞争效果，方能准确判断其是否违法。

三、个性化新闻推荐与经营者集中

（一）新闻市场的经营者集中

个性化新闻推荐平台能够成为新闻市场的领导者，除了依靠算法带来的竞争优势之外，利用资本进行大量的收购也是重要的原因。在新闻平台迅速崛起的过程中，平台经营者除了不断地开拓自己的消费者之外，还进行了大量的并购活动。[3] 频繁的收购活动显著提升了新闻市场的集中度，据国家信息中心统计，我国互联网传媒已然把控了传媒业98%的市场。[4] "在信息资讯市场上，腾讯、微博控制了社交流量，百度勒住了搜索入口，今日头条占据了新闻分发的头部，

---

〔1〕　OECD：Price discrimination，DAF/COMP（2016）15，2016，p. 8.

〔2〕　OECD，Price Discrimination，DAF/COMP（2016）15，2016，p. 10.

〔3〕　如腾讯注资 TCL 雷鸟，爱奇艺、腾讯、百度投资创维的酷开网络，华人文化、腾讯、阿里、中央人民广播电台等共同打造微鲸电视，阿里入股海尔多媒体等。据统计，腾讯以收购、参股或广告投入等方式，直接或间接地拥有了超过 30 家省级传媒集团的股份。

〔4〕　参见国家信息中心："2019 中国网络媒体社会价值白皮书"，载 https：//www. ndrc. gov. cn/xxgk/jd/wsdwhfz/202004/P020200414717451252380. pdf，最后访问日期：2021 年 5 月 19 日。

几乎所有政府媒体的影响力都必须建立在它们所提供的平台上。"[1] 与此相对的是，传统公共媒体比重急剧下降，仅有的公共媒体多依靠政府补贴得以存活。

这种情况在国外也并不少见，并且引起了社会各界的关注。例如，美国传媒大亨默多克先后收购了英国的《太阳报》和《泰晤士报》，斩获了美国的《华尔街日报》以及福克斯电影公司等多种媒体，形成了"默多克传媒帝国"。[2] 美国广播电台是一个更为经典的例子。1996 年，美国《电信法案》通过，放开了对无线电台所有权的限制，引发了一场大规模的行业整合浪潮。在放松管制之前，一家公司只能拥有不超过 40 个无线电台。放开限制之后，到 2002 年，一家公司已经获得了 1200 多家电视台的所有权和（据称）100 个主要市场的观众份额。这些高集中度的并购引发了美国司法部反垄断部门的审查。然而，该部门完全没有考虑对消费者的影响，而是只关注交易是否会对广告商造成损害。这种疏忽是令人费解的，除非美国司法部认为广播市场根本不包括听众。事实上，许多实证研究表明，这些并购确实产生了损害，主要表现为消费者需要付出更高的注意力成本（即广告与数字新闻的比例更高）。[3]

我国当前的并购审查忽略了注意力、隐私保护以及多样性的价值，进而导致新闻市场集中度过高，依靠个性化推荐模式攻城略地的新闻平台成为新闻市场的领导者，控制了大众的新闻来源。越来越多的传统新闻媒体被收购，但反垄断法却并未认识到这种并购的危害，这是当前审查制度的不足之处，也是规制媒体并购行为的难点。在一个大量企业都在追逐注意力的数字市场中，至少在某些情况下，对注意力市场的监管可能比传统的货币交易市场的监管更为迫切——鉴于该领域企业的庞大规模和已经发生的大量合并。[4] 目前，主要的反垄断机构在注意力经济中缺乏处理竞争问题的理论和工具，这将导致它们难以保护公众免受不

---

[1] 吴晓波："民营经济与'新半壁江山'"，载 http：//finance. sina. cn/zl/2018 - 11 - 07/zl - ihmutuea7716944. d. html？cre = wappage&mod = r&loc = 3&r = 9&doct = 0&rfunc = 1&tj = none&cref = cj，最后访问日期：2022 年 3 月 18 日。

[2] 张宏君："帝国掌舵者 默多克"，载《市场观察》2013 年第 7 期。

[3] Maurice E. Stucke & Allen P. Grunes："Why More Antitrust Immunity for the Media Is a Bad Idea"，*NW. U. L. REV.*，Vol. 105，No. 3，2011，pp. 1399，1411-1415.

[4] Tim Wu，"Blind Spot：The Attention Economy and the Law"，*Antitrust Law Journal*，Vol. 82，Issue 3，2017，pp. 771-806.

当合并的影响。规制数字新闻市场理应对此做出改进，以实现更好的规制。

（二）新闻媒体过度集中的危害

1. 集中提升了注意力成本。缺乏对数字新闻推荐市场并购的有效审查会带来反竞争损害，最终表现为消费者需要付出更高的信息和注意力成本。在竞争较少或有限的情况下，占支配地位的公司更容易提高价格，包括数据成本和注意力成本。这对消费者来说意味着更频繁、更长时间的广告，以及不得不遵守更具侵略性的条款。[1] 这一点不难证明，只需将过去的主要新闻网站与今天的新闻网站进行比较，就会发现：随着这些经营者市场力量的壮大，广告量已经大幅增加。[2] 媒体企业的经营者集中带来信息和注意力成本上升的例子并不少见，被批评的最多的就是 Facebook/Whatsapp 案。在该案中，由于没有考虑到二者在注意力市场的竞争，以及并购可能会导致消费者注意力成本上升的问题，欧盟委员会批准了收购。[3] 出于同样的原因，美国也批准了 Facebook 收购 Instagram。不论在美国还是欧盟，Facebook 并购案的通过都遭到了广泛质疑，[4] 许多学者认为，执法机构的决定并未考虑到企业行使并购后增长的市场力量来征收更高的注意力或信息成本带来的伤害。[5] 事实上，在获得市场支配地位并在 2010 年消灭或收购其主要竞争对手后，Facebook 开始通过改变广告和信息产品的混合比例来提高价格。换句话说，它随后开始追求收入最大化的方法，并且开始设定更接近垄断的价格（更高的注意力和信息成本）。除了注意力和信息成本方面的损害之外，市场力量的增强还导致平台更容易向广告商收取更高的价格，这些成本最终可能转嫁给消费者。

2. 集中损害了多样性。如果任凭数字新闻平台在新闻市场通过收购不断扩张，公共媒体会逐渐消亡，个性化新闻推荐模式将成为垄断新闻市场的主导模式，这会损害文化多样性。这并不是杞人忧天，实际上，传统公共媒体地位已经

---

〔1〕　Shiva Shekhar, Zero Pricing Platform Competition, MPRA Paper 99364, 2020, p. 111.

〔2〕　Adam Levy, Hate Ads on Facebook? They´re About to Get Worse, http://www.newsweek.com/hate-ads-facebook-getting-worse-557630.

〔3〕　European Commission, Case M. 7217, Facebook/Whatsapp, 2014, para. 117.

〔4〕　Alexei Oreskovic, FTC Clears Facebook's Acquisition of Instagram, http://www.reuters.com/article/2012/08/23/us-facebook-instagram-idUSBRE87L14 W20120823.

〔5〕　John M. Newman, *Washington University Law Review*, Vol. 94, No. 1, 2016, p. 109.

岌岌可危。一份咨询报告显示，美国媒体行业失去了 3 万多个工作岗位，自 2004 年以来，近 1800 家报纸关闭。[1] 2021 年 2 月，近 100 家报纸印出了空白头版，这是一场全国性运动的一部分，旨在引起人们对全球科技巨头的关注，以及它们对新闻业的可持续性的影响。[2]

新闻业大量针对传统媒体的并购对多样性产生了严重的威胁。一方面，媒体所有权多样性是文化多样性的重要组成。ACCC 指出，媒体多样性包括"观点多样性、文化多样性、所有权多样性和曝光多样性。"[3] 美国通信管理局（OF-COM）对多元化的定义包括"防止任何一个媒体所有者或声音对公众舆论和政治议程产生太大影响"。[4] 欧洲议会法律事务委员会最近针对公民自由、司法和内政委员会的提议发表的声明指出："媒体多元化包含许多方面，包括合并控制、广播许可制度中的内容要求、透明度和媒体所有权的有限集中、编辑自由的确立、公共服务广播机构的独立性地位。"[5] 可见，所有权多样性对文化多样性有重要影响。尽管所有权多样性不是文化多样性的决定性因素，但是仍然具有不可忽视的作用，在各国的法律中都是重要的考察标准。Doyle 指出，"对所有权的有效、公平的上限限制是任何负责任的民主国家都不能放弃的至关重要的工具"。[6]

另一方面，当传统使用人工编辑的新闻媒体日渐消亡，算法推荐模式日益泛滥时，多样性也会受到严重威胁。个性化新闻推荐虽然产出高、推送准确，但会为了迎合消费者而编织"信息茧房"，导致受众阅读内容窄化。如果市场上只剩

〔1〕 Reuters Institute, The Reuters Institute Digital News Report 2021, p. 50. https://reutersinstitute. politics. ox. ac. uk/sites/default/files/2021-06/Digital_ News_ Report_ 2021_ FINAL. pdf.

〔2〕 Reuters Institute, The Reuters Institute Digital News Report 2021, p. 117, https://reutersinstitute. politics. ox. ac. uk/sites/default/files/2021-06/Digital_ News_ Report_ 2021_ FINAL. pdf.

〔3〕 See Wilding, P. Fray, S. Molitorisz & E. McKewon, "The Impact of Digital Platforms on News and Journalistic Content", *Australian Competition and Consumer Commission Report*, 2018, p. 109.

〔4〕 UK OFCOM, "Measurement Framework for Media Plurality: OFCOM's Advice to The Secretary of State for Culture", *Media and Sport*, 2015, p. 6.

〔5〕 European Parliament, Committee on Civil Liberties Justice and Home Affairs 2018, Report on Media Pluralism and Media Freedom in the European Union, (2017/2209 (INI)), 2017.

〔6〕 G. Doyle, "Media Ownership: The Economics and Politics of Convergence and Concentration in The UK And European Media", *SAGE*, 2002, pp. 172, 179.

下数字新闻媒体，阅读完全以相关性为导向，那么消费者接收信息的范围将大大窄化，包括观点、视角的单一化和内容的过度娱乐化，这种影响会反馈到内容生产端，最终损害文化多样性。

3. 集中损害了民主制度。大量并购导致公共媒体消亡，还可能会损害民主制度。一方面，媒体权力的集中本身会导致少数人对公众的影响力过大，造成对政治民主的威胁。正如埃德温·贝克所说："媒体权力的分散，就像投票权的分散一样，是一个民主制度基本的平等主义属性。"[1] 媒体是民主国家中对统治权力的监督者，拥有相当大的权力来影响个人和公众舆论。这也是为什么在许多国家的媒体法律和政策中有着分散舆论权力的悠久传统，其目的就在于实现媒体的独立性、多样性并防止少数声音占据支配地位。[2] 另一方面，传统公共媒体的消亡可能导致言论表达和信息获取的自由受限。美国为保护言论自由建立了公共论坛原则（public forum doctrine），将街道、公园和其他公共场所作为公民可以临时征用的、用于公共讨论和政治交流的场所，这是一种不能被剥夺的基本权利，以保障言论自由的实现。[3] 传统公共媒体承载着类似的功能，为人们提供了不受过滤的、多样性的信息来源，保障接触公众的权利，增加了公民置身于不同群体和观点中的可能，促进人们了解政治、民主、社会而不是纯粹的娱乐数字新闻。这对于整个社会民主制度的发展具有重要作用，因为民主和自由的实现必须首先让公民能够全面地了解信息。[4] 相比之下，数字新闻平台多采用个性化新闻推荐模式来获得更大的利益，这种模式因机制的特殊设计而具有致瘾性，其窄化信息、过度娱乐、低俗化的弊端已导致其频遭谴责。"健康辩论、有效沟通不仅是一种形式，还是一种社会文化，在作为根本的文化培养完成之前，制度不可

〔1〕　C. Edwin Baker, *Media Concentration and Democracy*: *Why Ownership Matters*, Cambridge University Press, 2007, p. 14.

〔2〕　Natali Helberger, "The Political Power of Platforms: How Current Attempts to Regulate Misinformation Amplify Opinion Power", *Digital Journalism*, Vol. 8, Issue 6, 2020, pp. 842–854.

〔3〕　钱弘道、姜斌："'信息割据'下的沟通失效与公共论坛重建——发现互联网时代新的公共论坛原则"，载《浙江大学学报（人文社会科学版）》2013年第1期。

〔4〕　[美] 凯斯·桑斯坦：《网络共和国：网络社会中的民主问题》，黄维明译，上海人民出版社2003年版，第141页。

能有效运作。"[1] 保护公共媒体也是受教育权的延伸，因为公共媒体为他们提供了终身学习的机会，而这种机会是自由社会不可或缺的。但新闻市场的大量并购有消灭"公共论坛"的风险，任由资本控制新闻生产与传播将损害新闻的公共价值，最终损害民主制度本身。

（三）规制的思路

1. 更新集中申报制度。当前的经营者集中以企业的营业额作为申报门槛，近年来，媒体企业之间的并购愈发频繁，特别是媒体平台对传统媒体出版商的收购越来越多，这类集中将对市场竞争产生严重影响，并在注意力、隐私、文化多样性、内容质量方面造成损害，从而降低消费者福利。然而，由于涉及并购的媒体企业营业额可能不大，这类集中基本上被当前的审查制度所忽视，这是现行《反垄断法》在媒体行业经营者集中规制方面的重大不足。此外，扼杀型并购的问题在新闻市场中也较为突出。技术在媒体和相关市场的产品和服务销售中发挥着重要作用，它可以对竞争格局产生重大影响，[2] 占据主导地位的平台对此通常会非常关注。例如，当某个企业开发一种颠覆性的新产品，虽然它的市场份额可能相对较小，但它可能对竞争产生不成比例的巨大影响，现有企业可能会希望通过收购创新企业来消除这一威胁。这也是现有的经营者集中制度需要进一步关注的问题，否则动态竞争、创新性竞争都难以发挥促进竞争和行业发展的作用。

以营业额为基础的申报制度不能反映并购对竞争的危害，也不能反映对多样性、质量、创新的影响。为此，需要在媒体平台的并购方面进行改进：一是要加强主动调查权，对可能影响竞争、损害多样性的并购予以主动审查，关注并购对非价格因素的影响。《国务院关于经营者集中申报标准的规定》和《平台指南》都强调了执法机构对可能具有损害竞争效果的并购的主动审查权，这一权力在过去很少被使用，在收购行为愈加频繁、市场集中度不断上升的当前，有必要更加积极地根据上述规定进行主动调查。二是加强对大型媒体平台并购行为的关注，对处于领先地位的媒体平台的并购行为，可以将举证责任倒置，要求平台证明并

---

〔1〕 钱弘道、姜斌："'信息割据'下的沟通失效与公共论坛重建——发现互联网时代新的公共论坛原则"，载《浙江大学学报（人文社会科学版）》2013 年第 1 期。

〔2〕 Australian Competition and Consumer Commission, Media Merger Guidelines, 2017.

购不会对多样性、内容质量以及创新产生严重损害。这也是国外数字市场经营者集中制度的发展趋势，例如，美国在最新的《竞争和反托拉斯执法改革法》提案中已经指出要对"主导公司对竞争对手或新生竞争对手的收购"进行举证责任倒置，由并购企业举证该行为不会产生限制竞争效果；欧盟《数字市场法（草案）》也规定，"守门人"平台企业对该类集中有告知义务。这种倒置既能够限制扼杀型并购，也能够对平台无序扩张形成有效约束。

2. 明确评估要素。经营者集中的反垄断审查主要考察实体是否在合并之后有足够的市场力量从事反竞争行为。然而，在几乎所有的反垄断案件中，这些关键问题都是通过关注对价格的影响来评估的。但随着经济变得越来越复杂，这些并不是竞争或伤害的唯一形式。[1] 在以注意力和数据为"价格"的新闻市场，如何评价媒体平台的市场份额和集中度呢？ Prat 和 Valletti 提出，由于注意力经纪人不会从向消费者提供在线内容中产生任何收入，需要从消费者群的角度评估合并经纪人的市场力量。这并非是要衡量使用连接平台的消费者数量，而是评价连接实体消费者之间的重叠程度。同时，使用这两个平台的消费者比例越大，合并后的实体将能够阻碍竞争性企业接触消费者的风险就越大。[2] 这可以作为一种衡量合并后的市场力量的方法。

除了集中度之外，更重要的是衡量合并可能会带来的危害。在竞争损害理论的选择和适用上，可以遵循与传统市场相同的理论，即考虑媒体平台与其他企业之间的并购是否会因单边效应、协同效应而产生竞争损害，但在具体的评估要素上有所不同，总体而言，需要考虑集中后的企业是否会产生以下损害：

（1）是否损害注意力。注意力市场是典型的双边市场，因而在分析双边平台之间的集中度时，对反垄断机构的评估应考虑整合对其两个消费者群体福利的影响，而不是局限于分析进行货币交易的市场。传统并购分析只关注广告市场的价格，然后，两个竞争平台之间的合并更可能会使得广告"价格"在消费者处显著提高，这会严重损害消费者的利益。为了增加利润，并购后的平台有动机实

---

〔1〕　Tim Wu, "Blind Spot: The Attention Economy and the Law", *Antitrust Law Journal*, Vol. 82, Issue 3, 2017, pp. 771-806.

〔2〕　Andrea P. & Valletti T., Merger Policy in the Age of Facebook, https://voxeu.org/article/merger-policy-age-facebook.

施策略，增加附属于平台的每个消费者的广告方价值，这也导致消费者特别容易受到合并后平台的剥削——合并后的实体在增加利润、损害消费者福利的能力方面将受到更少的限制。平台因此可以采用多种策略提高利润，包括更频繁、更长时间的广告、更好的消费者定位。[1] 合并后的实体在设定广告"价格"时更少受竞争平台的限制，可以设定更高的注意力"价格"（消费者端），以吸引更多的广告商。一个典型的例子是，Facebook 最开始采用最小化广告或无广告模式，以获得差异化竞争优势。在通过收购消灭主要竞争对手之后，Facebook 开始通过改变广告和内容的混合比例来提高"价格"，即开始设定更接近垄断价格的价格。[2] 这是因为相互竞争的企业在并购后有很强的动机提高产品的价格，但因为广告商有相对更多的选择，听众成为承受这些超竞争成本的主体。[3] 换句话说，随着市场集中度和市场力量的增加，由此产生的寡头和垄断者能够增加他们强加给听众的注意力成本。[4] 注意力市场的并购需要考虑到这种影响，否则会低估媒体企业并购的损害。

（2）是否降低隐私保护水平。与提高注意力成本一样，媒体平台的并购行为可能扩大市场力量，进而减轻在隐私方面进行竞争的压力，从而降低合并后对消费者的隐私保护水平。[5] 欧盟在 2016 年的 Microsoft/LinkedIn 案中，考虑了并购对隐私的影响。欧盟委员会认为合并"可能导致那些隐私保护程度大于领英的竞争对手被边缘化，或者使他们的市场进入更加困难"，其调查显示，在德国和奥地利，社交网络服务提供商 Xing 似乎比领英提供了更大程度的隐私保护，但可能会受到此项集中的影响。[6] 日本《数据和竞争政策研究小组的报告》指出，对于提供"免费"服务的数字平台，隐私保护水平可以构成一个重要的竞

---

〔1〕 Shiva Shekhar, Zero Pricing Platform Competition, MPRA Paper 99364, 2020, p. 111.

〔2〕 Tim Wu, "Blind Spot: The Attention Economy and the Law", Antitrust Law Journal, Vol. 82, Issue 3, 2017, pp. 771-806.

〔3〕 OECD, Small Economies and Competition Policy: A Background Paper, CCNM/GF/COMP（2003）4, 2003.

〔4〕 John M. Newman, "Regulating Attention Markets", University of Miami Legal Studies Research Paper, 2019, p. 36.

〔5〕 Erika M. Douglas, "The New Antitrust/Data Privacy Law Interface", The Yale Law Journal Forum, Vol. 130, 2021.

〔6〕 See Case M. 8124-Microsoft/Linkedln, 2016.

争工具。在这种情况下，隐私保护水平可被视为产品质量的一个要素，并且由于限制而降低的保护水平可被评估为具有减少竞争的效果。故此，有必要将隐私保护作为合并审查过程的一部分进行分析。[1] 虽然学术界对经营者集中案件是否应该考虑隐私保护还存在争议，但考虑到隐私保护水平确实是一个重要的竞争因素，以及实务界已经出现诸多案例的情况，应该将隐私保护纳入经营者集中的反垄断审查范围。在具体审查的过程中应该考虑三个因素：①竞争者之间是否围绕隐私保护展开竞争；②隐私保护水平之所以发生减损，是因为经营者集中造成的反竞争效应引致的结果；③反垄断执法机构是否能够提供可行的足以解决隐私保护问题的措施。[2]

（3）是否损害多样性和质量。

第一，是否降低多样性。由于合并控制可能是保持观点多样性的重要元素，对载有新闻和其他具有社会价值的信息的注意力中介机构应该使用更严格的标准。[3] 澳大利亚《媒体合并指南》指出，如果并购交易会导致"独立声音"数量减少，并可能导致优质新闻或地方和区域内容的损失或减少，可能意味着合并将损害多样性。在澳大利亚 News Corporation 收购澳大利亚报业集团案中，ACCC 考虑了该并购对多样性的影响："尽管印刷报纸的读者人数普遍下降，但仍有读者重视印刷报纸的形式及其提供的方便的新闻内容，这些消费者在收购后可能会面临选择减少的问题。"[4] 然而，考虑到当地仍然存在一些第三方印刷报纸，读者仍可获得足够多的选择，ACCC 没有禁止该收购。在《2017 年政策报告》中，媒体自由和多样化中心（CMPF）也指出，合并行为的审查需要考虑对媒体多样性的影响，这需要将竞争执法的结果置于保护多样性的语境之中加以考虑。[5]

---

〔1〕　See Japan Fair Trade Commission Competition Policy Research Center, Report of Study Group on Data and Competition Policy, 2017.

〔2〕　袁波："大数据领域的反垄断问题研究"，上海交通大学 2019 年博士学位论文。

〔3〕　Monti, G., "Attention intermediaries: Regulatory options and their institutional implications", *TILEC Discussion paper No. DP*2020-018, July 9, 2020.

〔4〕　ACCC, News Corporation's proposed acquisition of APN News & Media Limited's Australian Regional Media Division (ARM), 2016.

〔5〕　Centre for Media Pluralism and Media Freedom, Monitoring media pluralism in Europe: Application of the media pluralism Monitor 2016 in the European Union, Montenegro and Turkey, https://core.ac.uk/download/pdf/131933566.pdf.

尽管并非所有的集中都会损害多样性（例如，并购也可以使被收购的出版物免于被过滤），但它可能会利用"源于所有权的权力来影响编辑内容"。[1]

总之，媒体市场的过度集中可能会损害文化多样性。特别是以个性化新闻推荐模式为基础的平台对传统媒体的大量收购，已经造成了对多样性的严重威胁。保留公共媒体和自由表达、自由阅读的多样化渠道是治理新闻市场的重要原则，因此，多样性应当成为数字新闻推荐市场经营者集中的重点考察因素，这也是保障消费者和公共利益的应然选择。

第二，是否在其他方面降低质量。多样性是质量的重要考虑因素，但还有许多影响新闻产品质量的其他因素，如准确性、真实性、原创性（完整的评估方法在下一节讨论），这些因素也可能受到并购的影响而导致质量损害。在合并未完成之前，由于存在多个竞争激烈的企业，经营者会投入更多成本完善其内容，不仅包括提高新闻生产的质量，也包括更负责任地把关、分发，以防止无价值甚至违法的内容降低消费者体验。在竞争激烈的情况下，注意力平台都将不断投资于内容，并认识到如果内容比另一个平台差，消费者将转移到另一个平台。[2] 这将对平台施加竞争压力，迫使它们解决假新闻、低俗信息、侵权内容等问题，因为这将关系到利润。[3] 而在合并减少竞争之后，由于不再担心这部分消费者的转移，平台没有动力完善其算法，甚至倾向于放大虚假信息来吸引消费者，这可能导致内容质量大幅度下降。因此，经营者集中审查必须考虑对质量的影响，如果存在质量下降的可能性，或者已完成的合并导致了新闻质量显著下降，那么可能表明并购具有反竞争效果，应当予以干预。

---

〔1〕 Centre for Media Pluralism and Media Freedom, Monitoring media pluralism in Europe: Application of the media pluralism Monitor 2016 in the European Union, Montenegro and Turkey, https: //core. ac. uk/download/pdf/131933566. pdf.

〔2〕 David S. Evans, "Attention Platforms, the Value of Content, and Public Policy", *Review of Industrial Organization*, Vol. 54, 2019, pp. 775–792.

〔3〕 Testimony of Sally Hubbard, Online Platforms and Market Power, Part 1: The Free and Diverse Press, June 11, 2019, https: //static1. squarespace. com/static/5e449c8c3ef68d752f3e70dc/t/5ebdf1ec0a67ce269cbea941/158950654 1940/Sally-Hubbard-written-testimony_ 6-11-19. pdf.

第四节　反垄断豁免制度的构建

我国《反垄断法》在第 1 条开宗明义表明，视维护消费者利益和社会公共利益为圭臬。广义上来说，"社会公共利益"涵盖了经济效率和非经济效率等多元目标，这最终都会反映为人民的根本利益。作为市场规制领域的"经济宪法"，反垄断法在维护市场有序竞争的同时，亦需兼顾文化多样性保护等社会政策目标，这是理论与实务界的共识。但公平与效率目标之间并非泾渭分明，而且也很难说哪种目标可以牺牲。尽管竞争的正向积极作用明显，但在某些领域中需要避免过度的竞争。解决价值冲突的主要手段是进行利益衡量，豁免制度是反垄断法解决利益冲突的主要手段之一，[1] 使主体免于遵守其他主体必须遵守的反垄断法的义务、责任或其他要求。豁免制度与适用除外制度有所区别，后者是指被排斥在外或者不适用于某个普遍的种类、原则和法律条文等，对特定领域不适用反垄断法，将其除外于反垄断法的适用范围，[2] 即在一定行业或一定条件下允许垄断组织或垄断行为的存在。[3] 两者在规制方式、自由裁量权、规制对象、效力范围以及发展趋势上均存在着重大差异。美国《反托拉斯法》没有适用除外的概念，大量实践将适用除外理解为对反垄断法适用范围的完全排除过于绝对，易产生误解。无论在欧盟或美国，都不存在对反垄断法适用的完全排除。从这一层面上理解，采用豁免制度进行讨论符合制度发展的需求。

反垄断应该保持对自身制度局限性的健康意识。[4] 在反垄断法的实施中，即使某些情形构成了反垄断法上的违法行为，但因有利于其他社会政策目标的实现，在利益权衡之后，对垄断行为不予禁止，这正是反垄断法侧重从社会整体角度来协调和处理个体与社会之间关系功能之所在，是社会公共利益价值取向的最直接表现，充分体现了反垄断法的政策性、专业性和操作灵活性。

---

〔1〕 焦海涛："社会政策目标的反垄断法豁免标准"，载《法学评论》2017 年第 4 期。

〔2〕 许光耀：《欧共体竞争法通论》，武汉大学出版社 2006 年版，第 163～164 页。

〔3〕 史际春、杨子蛟："反垄断法适用除外制度的理论和实践依据"，载《学海》2006 年第 1 期。

〔4〕 Frank H. Easterbrook, "The Limits of Antitrust", *Texas Law Review*, Vol. 63, No. 1, 1984.

豁免制度贯彻了经济法的社会本位、兼顾公平和效率的价值理念，为社会政策目标的实现提供了制度支持，尤其是经济学、法学、道德和政策的基础。[1]广义的豁免包括对垄断协议、滥用市场支配地位和经营者集中的豁免，狭义上的豁免仅指对前两种情形的豁免，就我国《反垄断法》看来，体现在第 15 条、第 17 条、第 28 条的规定。

过度的注意力消耗会导致注意力产生者（人类）的各种次优行为。认知超负荷和认知耗竭会降低决策质量，降低自我控制，增加说服力，并助长对社会有害的偏见。因此，注意力消耗会导致市场失灵。算法新闻市场的合作、经营者集中等有一定的合理性，但也会产生遏制市场良性竞争的影响，经济力量过于集中亦会致消费者损害，这取决于经营者的市场力量。

在现有条件下，我国个性化新闻推荐反垄断规制体系的构建宜秉持宽容审慎与低度干预的理念，不宜在相关市场界定、市场支配地位认定、反竞争效果分析、法律责任的施加等方面简单照搬"斗志高昂、执法严苛"的欧盟经验，[2]以至于管得过死，而是可以考虑更多地借鉴"坚持合理分析、注重创新效果的综合考量"的美国经验。毕竟，反垄断法的具体适用在本质上是一项旨在通过保护竞争促进市场有效运作的国家行动，也是国家维护自身利益的重要工具，[3]预留创新空间、创造本国数字经济持续繁荣是中美两国不谋而合的愿望。如此，有必要建立在行业主管机关配合下的反垄断豁免审查制度。首先，应明确豁免制度的立法形式和具体内容，除在《反垄断法》中规定豁免的一般情况之外，在行业法规中视具体情况作出规定；其次，在设计豁免制度时应考虑文化行业法律法规与反垄断法之间的协调和互补，避免重复和矛盾；最后，要重视和肯定个案分析的作用，以判例补充成文法。

---

〔1〕 史际春、杨子蛟："反垄断法适用除外制度的理论和实践依据"，载《学海》2006 年第 1 期。

〔2〕 根据维基百科的统计，全球最大互联网企业排行榜，前 20 名里面美国 10 家、中国 8 家、日本 1 家、欧盟 1 家。通过反垄断法的实施，保护欧洲联盟利益、维护成员国国家安全，同时为本联盟内部企业与经济的发展预留足够的空间，自然是欧盟对外国平台企业执法的策略选择依据，这也可以理解欧盟的做法或多或少具有抑制平台（外国企业）发展的色彩。See Wikipedia, List of largest Internet companies, 载 https：//en. wikipedia. org/wiki/List_of_largest_Internet_companies.

〔3〕 Paweł Drobny, "The Attention Markets as a Challenge for Competition Policy", *Research Papers of Wrocła W University of Economics*, Vol. 63, No. 5, 2019, p. 34.

一、豁免模式

相较于在反垄断法和相关产业管制法中明确规定对特定主体的特定行为予以反垄断法豁免的法定豁免，酌定豁免则是由反垄断法执法机构或司法机构通过行政执法或司法方式予以豁免。

如前文所述，新闻个性化推荐的反垄断法规制目标包括保护社会公共利益、文化多样性和创新等多元价值追求，其中涉及文化价值与竞争价值的平衡。在反垄断法实施中对于文化多样性等社会价值的审查采用酌定豁免的基本模式符合算法新闻个性化推荐产业的特征，对于市场主体的行为损害了市场竞争但有利于文化多样性保护时，反垄断法应结合个案进行价值权衡。

1951 年，美国全国广播公司协会（NAB）通过了其首个《电视广播公司行为守则》（以下简称《NAB 守则》）。遵守 NAB 守则是自愿的，但大多数商业广播电台所有者同意遵守限制用于广告的时间。1979 年，美国司法部起诉 NAB，声称其广告限制规定违反了《谢尔曼法》第 1 条。政府的理论很简单：代码是横向竞争者之间的协议，它减少了广告商可用的通话时间供应。这种限制输出的横向协议显然是有害的，因为它本身是非法的——这种分类通常用于核心反垄断违规行为。地区法院拒绝适用本身违法的规则，但警告说如果政府能够证明对市场价格的影响"超过最低限度"，它将谴责广告限制。此后不久，NAB 同意撤销受到质疑的条款。几十年后，美国最高法院对另一项限制广告的横向协议采用了更为宽松的方法，加利福尼亚牙科协会诉 FTC 案涉及一项贸易协会准则禁止其成员赞助虚假或误导性广告。[1] 此准则被解释为在广告上限制价格与服务品质，如广告声称服务价格"打八折"或者是牙医提供"优质服务"。美国联邦贸易委员会（FTC）行政法法官和第九巡回上诉法院均在经过"快速浏览"后谴责了该准则。但最高法院反对，指出对虚假或误导性广告的限制可以缓解信息不对称。[2] 法院还表示此类限制可能是正当的。用反垄断术语来说，被告贸易协会为其广告

---

〔1〕　Calif. Dental Ass'n v. FTC, 526 U. S. 756 (1999).

〔2〕　George A. Akerlof, "The Market for 'Lemons': Quality Uncertainty and the Market Mechanism", *The Quarterly Journal of Economics*, Vol. 84, No. 3, 1970, pp. 488-500.

限制提供了看似合理的"促进竞争的理由"[1]。因此，法院得出结论认为，这一限制行为有利于约束虚假广告，具有促进竞争之效果，并不一定损害消费者利益，因此，不得适用"当然违法"原则。

最初的《NAB 守则》的序言为建立自愿性广告限制提供了以下解释：

"利用电视向家庭传达广告信息的美国企业……请注意，它们的职责不仅限于销售商品和对赞助商产生良好的态度……电视以及所有参与其中的人，都对美国公众共同负责，尊重儿童的特殊需求，承担社区责任，以及促进教育和文化的发展……"

对广告的限制也可能是合理的，因为它们可以缓解上述认知超载和耗竭导致的市场失灵。正如我们所见，过度的注意力消耗会导致次优决策，以及其他各种社会福利减少。限制广告负荷的协议，如司法部质疑的《NAB 守则》条款，至少有可能缓解市场失灵。因此，司法部在 NAB 中确立本身违法规则是不恰当的。如果协议存在潜在的促进竞争之效果，则不可适用当然违法。在合理规则下可以更有效地分析此类协议。当然，在某些情况下，对广告的限制总体上可能证明是反竞争的。[2] 但是如果被告可以以事实证明他们的协议纠正了现实世界的市场失灵，那么反垄断原则适当倾向于将他们的行为视为良性。[3] 长期以来，美国反垄断法司法实践中逐渐形成适用合理原则的统一标准来判断垄断协议是否具有法律许可的理由，根据合理原则对案涉垄断协议或经营者集中的反竞争效果和带来的利益进行价值比较，以决定是否给予豁免。在 Hughes 案中[4]，对涉及电影行业横向联合抵制的行为，法院基于各州的电影审查制度，肯定了"新海斯规则"的合理性，从而判定美国电影协会及其成员拒绝放映违反规则的影片的行为合法，因此，特定行业内的自律行动不能被简单视作联合抵制交易的垄断协议。

综观反垄断执法实践，垄断豁免制度历经了从行业豁免转向行为豁免，从集

---

[1] John M. Newman, "Procompetitive Justifications in Antitrust Law", *Indiana Law Journal*, Vol. 94, Issue. 2, 2019, pp. 501–544.

[2] FTC v. Ind. Fed'n of Dentists, 476 U. S. 447 (1986).

[3] John M. Newman, "Procompetitive Justifications in Antitrust Law", *Indiana Law Journal*, Vol. 94, Issue 2, 2019, pp. 501–544.

[4] Hughes Tool Co. v. Motion Picture Association of America., 66 F. Supp. 1006, 1013 (S. D. N. Y. 1946).

体豁免转向个体豁免的趋势。以国际航运行业为例，该行业适用反垄断豁免的基础理论之一为"空核理论"，该理论认为，价格杠杆在航运市场无法发挥优化资源配置的作用，任由航运企业在市场内自由竞争指挥扰乱市场秩序，影响进出口贸易的顺利进行。[1] 其一，航运产业属于资金密集型产业，进入市场需要巨额资本，限制了竞争主体的数量，运力稳定，服务同质化；其二，对运输服务的需求很少因价格变化而产生大波动，因此，豁免航运企业有正当性和必要性。但实践并未能证明完全由市场调节的航运会出现"扼喉式竞争"，反而是航运协会不断达成联营协议减损消费者福利。航运反垄断豁免法律制度经历了从集体豁免到个体豁免的过程，[2] 从航运行业的集体豁免制度的实效可见，无论是对整个行业适用集体豁免或基于个案分析原则适用的个体豁免均存在制约和弊端，以协议类型为基础进行豁免审查的制度不失为明智的选择。[3] 值得强调的是，反垄断法并未禁止每一种形式的市场协调，并非所有公司间的行为都旨在以牺牲客户或工人为代价来丰富公司。[4]

二、豁免路径

通常，反垄断至少声称比集中权力更喜欢竞争。但竞争并不一定在所有情况下都能产生最佳的福利状态。公司可能会竞相设计更有效的方法来利用个人的有限理性和意志力。[5] 公司本身可能会为"热门"财产或收购目标展开一场浪费性的竞购战，可能会竞争以更好地逃避社会利益法规，通过环境污染更好地将生产成本外部化，[6] 并以其他方式参与各种其他竞争性但有害的做法。

---

〔1〕　该理论由芝加哥大学 Lester Telser 提出，用来解释航运反垄断豁免的经济学基础。

〔2〕　蔡莉妍："论国际航运反垄断豁免的流变与对策选择"，载《大连理工大学学报（社会科学版）》2019 年第 3 期。

〔3〕　李天生、陈苏："航运反垄断豁免法律制度回顾与展望"，载《世界海运》2021 年第 1 期。

〔4〕　Sanjukta Paul, "Antitrust as Allocator of Coordination Rights", *UCLA Law Review*, Vol. 67, No. 2, 2020, pp. 4–62. 文章认为反垄断旨在维护竞争，同时在实践中也是一种"在社会各参与者之间分配经济协调权的方式"；See also, e. g., Broadcast Music, Inc. v. CBS, Inc., 441 U. S. 1 (1979)（拒绝认为部分横向联合许可安排构成价格固定）.

〔5〕　Maurice E. Stucke, "Is Competition Always Good?", *Journal of Antitrust Enforcement*, Vol. 1, Issue 1, 2013, pp. 162–197.

〔6〕　Jeffrey L. Harrison, "Other Markets, Other Costs: Modernizing Antitrust", *U. FIA. J. L. & PUB. POL'Y*, Vol. 27, 2016, p. 373.

（一）事先审查和直接适用

个性化新闻推荐可能涉及联合限制竞争、滥用市场支配地位、经营者集中三种垄断行为，不同行为的审查方式不能一概而论。[1] 目前，我国《反垄断法》对经营者集中行为的豁免采取事先审查，对联合限制竞争和滥用市场支配地位行为的豁免则采取直接豁免方式。

有鉴于新闻公共物品和商品的双重属性，适用文化行业主管部门和反垄断执法机关协同的双层管辖模式，对于涉嫌联合限制竞争和滥用市场支配地位的，由主管部门进行事先审查；准入后经营中涉嫌垄断的，由反垄断执法机关补位查处，同时，允许经营者提出直接适用的豁免申请。

（二）审查标准

反垄断法不是孤立的法律制度，其实施必须置于一国法律体系的整体之中进行考察，必须注重法律制度之间的协调与整合效果。从整体上看，积极效果与消极效果可能相互抵消，不同价值目标之间必须实现平衡。反垄断法实施在追求自身目标的同时，也应兼顾其他政策目标。例如，从经济效率角度看，图书行业的转售价格维持限制了竞争，从社会利益角度看却保护了文化多样性。我们很难说哪个更加重要。[2] 垄断的核心问题在于对市场的控制力，垄断力量可以有效地获得持续的超竞争水平的利润，因此，垄断的介入能够提高产出量，但是市场产量增加并不意味着多样性的增加。讨论价格维持等行为时，这种利润空间与多样性之间的非关联性在很大程度上被忽略。因此，价格所包含的意义范围被扩大，价格包括质量、安全、种类和服务等。在实践中，不可量化的非价格问题上，可量化的价格吸引了全部的注意力。传统分析框架关注的是静态的效率问题，即在投入不变的情况下，有更多数量的产出，这种分析框架很难分析保护文化多样性的问题。

对于豁免制度的适用，美国律师协会曾提出四点建议：①国会应该很少授予反垄断豁免，只有在严格考虑提议的豁免对消费者福利的影响之后，才会考虑授予反垄断豁免；②国会应该只授予那些严格起草的豁免，以便将竞争减少到实现

---

〔1〕 谭晨："国际航空联营反垄断审查的逻辑和路径——基于国外经验和中国实践的观察"，载《竞争政策研究》2020年第6期。

〔2〕 焦海涛："文化多样性保护与反垄断法文化豁免制度"，载《法学》2017年第12期。

预期目标所需的最低限度；③只有当提议的豁免达到国会在特定情况下显著超过反垄断法的目标时，国会才应颁布反垄断豁免；④豁免应包含日落条款。《欧共体条约》中对获得豁免的要件规定为：①有利于改善产品的生产或销售或有利于促进技术和经济进步；②限制对上述目的实现来说是必不可少的；③消费者能够公平分享由此产生的利益；④不得使相关企业有能力消除竞争。结合中国《反垄断法》的规定，个性化新闻推荐领域的反垄断豁免标准的分析应当从保护消费者利益和保护竞争的层面开展：其一，保护消费者利益。以垄断协议为例，协议导致更高的价格，则必须通过增加品质或其他收益对消费者进行完全补偿。由于消费者获益所需时间较长，一定时间内协议的负面影响显著的事实不能排除豁免的适用，但补偿消费者损失所需的效率需求更多。垄断协议限制效果大，成本节约效应相对不明显，消费者很难得到利益的让渡。[1] 其二，保护市场竞争。《反垄断法》规定的不会严重限制相关市场的竞争意味着对竞争和竞争过程的保护要优于从限制垄断协议中获得的潜在促进竞争的效率收益。

（三）豁免程序

在数字经济时代，技术给法律带来了诸多挑战，豁免条件的设置应当厘清价值的有限次序，明确适用的抽象条件，通过个案具体分析完善豁免制度，发挥制度对产业政策与竞争政策的协调功能。"我们必须承认，任何法律决定或行政措施都会受到各方面压力，对具体的判断面面俱到会极其困难，至少是成本太昂贵。况且，一个完全开放的决策过程非常容易为事实上存在的力量对比关系所左右……程序不是要抑制决策过程与外部环境的关系，而是要控制这种关系。各种宏观影响和微观反应应该通过一定的过滤装置、通过适当的途径反映到决策中去。"[2] 反垄断案件不仅影响当事人利益，还涉及对公共利益的保护。听证程序作为行政相对方利益的程序性保障，在反垄断案件调查中发挥着重要的作用。例如，德国允许反垄断机构公开举行听证，以充分保护当事人利益。在个性化新闻推荐领域的反垄断豁免程序中，控制决策过程与外部环境关系的制度涉及公共利益，更需要公开听证制度，保证案件的当事人和利害关系人机会平等。

〔1〕　钟刚：《反垄断豁免制度研究》，北京大学出版社 2010 年版，第 173~178 页。
〔2〕　季卫东：《法治秩序的建构》，中国政法大学出版社 1999 年版，第 16 页。

本章小结

互联网技术、信息技术、数字技术是生产力发展史上最为浓墨重彩的一笔，人类在这些领域取得的成就，令工业时代黯然失色。当人们拥有的闲暇时间日增，内容消费的需求愈大之时，如果优质内容生产跟不上需求抑或平台利用猎奇之心轻松斩获注意力的"痴心不改"，那么数字新闻平台上分发的必然是娱乐吃瓜、历史艳情、职场骚扰等内容。

在算法技术甚嚣尘上、数字媒体万众欢腾的时代，消费者面对海量信息却难以鉴别其是否值得付出注意力，而新闻又兼具体验品（只有经过使用才能得知其真正的品质）[1]与信用品（在消费后也难以衡量其价值）的特征。当人类已经可以没有困难地生产社会所需的信息或者有效地分配这些信息，但作为个体的消费者却无能力处理这些海量信息，在有限的但"理性"的驱动下，消费者唯有放弃选择、不再是独立个体而变成了平台的"产品"，抑或退而求最次，远离平台的注意力剥削，包括放弃投诉、举报权利。由此而去，新闻市场，乃至整个文化市场都将凋敝与萎缩。

"效率并不一定取决于市场本身存在的相互竞争的供应商的数量，而取决于现有的或潜在的市场进入者的竞争压力是否足以促进媒体高效运行，并阻止反竞争的行为。"[2]也许，受规模经济、范围经济的生存压力的影响，数字新闻平台必然成为数字新闻市场的主导厂商，但是在该市场反垄断的过程中，仍有必要通过反垄断法规制体系的更新，改变竞争的评价标准，约束"数字守门人"的竞争行为，用竞争促进新闻产品质量的提升。

---

[1] P. Nelson, "Information and Consumer Behavior", *Journal of Political Economy*, Vol. 78, Issue 2, 1970, pp. 311–329.

[2] [美]吉利恩·多伊尔：《传媒所有权》，陆剑南等译，中国传媒大学出版社2005年版，第26页。

结　语

　　全部秩序的最终目标和意图在于：保护好古老文明的店铺和财富，搭建现在和过去之间的桥梁；补充和完善现有的一切，借此建立现代和未来之间的联系；尤其要让社会中的每一个遵纪守法的人知晓：知识与信息的数量和质量对于理解其所拥有的权利及其务必履行的义务而言，是不可或缺的。[1]

　　数字平台提供的个性化推荐服务的本质是一种过滤信息的过程，其中伴随着无数个信息选择的决策。在消费者进行新闻消费决策之时，缺省规则是"助推"决策的最主要因素，尤其是当缺省规则以隐形的方式呈现时，"助推"决策的效果更加显著。尽管市场力量能够约束一些最有害的缺省规则、竞争性市场对不良违约施加了真正的限制，但毋庸置疑的是，对于消费者保护而言，消费者具有主动选择的能力显然比依赖数字平台设计更高水平的消费者缺省规则更加有效，尤其是当平台算法设计师信息偏在、存在道德风险或者当消费者群体多样化的时候，消费者具有一定的数字素养就显得更为重要。[2] 因此，除了完善反垄断立法、执法、司法之外，还需要加强消费者数字素养（digital literacy）培育，使其具备消费基本数字技能，并将其正确运用至以算法个性化技术为基础的产品和服务。这就需要建立数字素养与技能培养体系，提升数字技术的全民可及性，鼓励

---

　　〔1〕　［英］约翰·斯道雷：《文化理论与大众文化导论》，常江译，北京大学出版社 2010 年版，第 26 页。

　　〔2〕　Cass R. Sunstein, "Deciding by Default", *U. PA. L. REV.*, Vol. 162, No. 1, 2013, pp. 1-57.

人们自觉接纳与学习数字技术；营造良好数字生态，强化数字平台分类分级监管，探索创新监管方式；建立行业自律机制，深入推进"清朗""净网"等系列专项行动；[1] 强化消费者甄别算法陷阱的能力，以官方宣传、学校教育、平台警示等方式帮助消费者掌握算法道德风险的基础知识以及应对技能。

新闻是"统治阶级意志的主流意识形态"，新闻业兼具市场属性与意识形态属性，在个性化新闻推荐技术加持下，在平台强大市场力量的控制下，在"讨好式信息分配"的技术逻辑主导下，"看得越多，越愚昧""读得越多，越偏激"，根植于个性化新闻推荐技术的数字平台"很有可能成为人类刻板印象的最大集群"，资本的数字化仿佛要夷平社会不同群体之间的文化差异。假如夷平的话，数字社会的人，只有一种文化，只有一种文化精神，只有一种思想，只有一种智慧，这是思想与智慧的结束，绝不是我们期待的美好的愿景。

"每一种技术都既是包袱又是恩赐，不是非此即彼的结果，而是利弊同在的产物"，[2] 个性化技术身披"多样性"的五彩华服，带来的却是思想的萎缩、文化的式微。数字新闻市场正面临市场竞争机制被扭曲、新闻事业的意识形态功能衰减的双重危机。通过对此双重危机的理论分析与应对策略阐释，我们既看到了精妙的算法、平台的兴起与普及深化了市场竞争并为公众与信息的精确匹配带来诸多便利与实惠，[3] 又看到了手握消费者数据、个性化推荐技术与注意力交易市场生杀予夺大权的数字新闻平台在其所搭建的注意力交易市场悄无声息地将新闻生产者与消费者伤害至深。对此，数字新闻市场反垄断乃至整个社会治理体系如何才能保障新闻生产者生存与发展基本权利之时不忘其社会"瞭望者"之初心？在管制与反垄断法并用之间将如何平衡方能不负数字平台致力创新、追逐竞争之本心？监管者的重心与利器又将于何处安放方能不违其维护正义、塑造文化强国的真心？

话语生产知识，技术掌控话语，文化领域的祛魅当以复魅为始。"魅"者即

---

[1] 蒋敏娟、翟云："数字化转型背景下的公民数字素养：框架、挑战与应对方略"，载《电子政务》2022年第1期。

[2] ［美］尼尔·波斯曼：《技术垄断：文化向技术投降》，何道宽译，复旦大学出版社2019年版，第9页。

[3] ［英］阿里尔·扎拉奇、［美］莫里斯·E. 斯图克：《算法的陷阱：超级平台、算法垄断与场景欺骗》，余潇译，中信出版集团2018年版，序言。

权威，祛技术统治、技术垄断之魅，复文化之权威，技术是器，文化是其母体。[1] 这是我们在数字新闻市场反垄断时，最需坚守的底线。

---

〔1〕［美〕尼尔·波斯曼：《技术垄断：文化向技术投降》，何道宽等译，中信出版社 2019 年版，第 52~55 页。

参考文献

一、中文著作及译著类

1. 习近平："在为什么要旗帜鲜明反对西方所谓的'普世价值'？"，载中共中央宣传部：《习近平新时代中国特色社会主义思想学习问答》，学习出版社、人民出版社 2021 年版。

2. 中共中央宣传部：《习近平新时代中国特色社会主义思想学习问答》，学习出版社、人民出版社 2021 年版。

3. 张凌寒：《权力之治：人工智能时代的算法规制》，上海人民出版社 2021 年版。

4. 韩伟：《迈向智能时代的反垄断法演化》，法律出版社 2019 年版。

5. 李良荣：《新闻学概论》，复旦大学出版社 2018 年版。

6. 叶明：《互联网经济对反垄断法的挑战及对策》，法律出版社 2019 年版。

7. 逄锦聚等：《政治经济学》，高等教育出版社 2018 年版。

8. 高鸿业：《西方经济学·微观部分》，中国人民大学出版社 2018 年版。

9. 韩伟：《数字市场竞争政策研究》，法律出版社 2017 年版。

10. 习近平："在文艺工作座谈会上的讲话"，载中央文献研究室主编：《十八大以来重要文献选编》（中），中央文献出版社 2016 年版。

11. 李名亮：《网络新闻编辑实务》，学林出版社 2015 年版。

12. 单世联：《论文化观念与文化生产》，新星出版社 2014 年版。

13. 张维迎：《市场的逻辑》，上海人民出版社 2010 年版。

14. 时建中主编：《反垄断法——法典释评与学理探源》，中国人民大学出版社 2008 年版。

15. 于雷：《市场规制法律问题研究》，北京大学出版社 2003 年版。

16. ［法］米歇尔·福柯：《规训与惩罚：监狱的诞生》，刘北成、杨远婴译，生活·读书·新知三联书店 2020 年版。

17. ［美］伊莱·帕里泽：《过滤泡：互联网对我们的隐秘操纵》，方师师、杨媛译，中国人民大学出版社 2020 年版。

18. ［澳］罗伯特·哈桑：《注意力分散时代：高速网络经济中的阅读、书写与政治》，张宁译，复旦大学出版社 2020 年版。

19. ［美］伊森·凯什、［以］奥娜·拉比诺维奇·艾尼：《数字正义：当纠纷解决遇见互联网科技》，赵蕾、赵精武、曹建峰译，法律出版社 2019 年版。

20. ［美］亚历克斯·莫塞德、尼古拉斯 L·约翰逊：《平台垄断：主导 21 世纪经济的力量》，杨菲译，机械工业出版社 2018 年版。

21. ［美］吴修铭（Tim Wu）：《注意力经济：如何把大众的注意力变成生意》，李梁译，中信出版集团 2018 年版。

22. ［英］阿里尔·扎拉奇、［美］莫里斯·E. 斯图克：《算法的陷阱：超级平台、算法垄断与场景欺骗》，余潇译，中信出版集团 2018 年版。

23. ［美］沃尔特·李普曼：《舆论》，常江、肖寒译，北京大学出版社 2018 年版。

24. ［以］尤瓦尔·赫拉利：《未来简史》，林俊宏译，中信出版社 2017 年版。

25. ［法］埃米尔·涂尔干：《社会分工论》，渠敬东译，生活·读书·新知三联书店 2017 年版。

26. ［美］佩德罗·多明戈斯：《终极算法：机器学习和人工智能如何重塑世界》，黄芳萍译，中信出版集团 2017 年版。

27. ［美］雪莉·特克尔：《重拾交谈》，王晋、边若溪、赵岭译，中信出版集团 2017 年版。

28. ［美］詹姆斯·韦伯斯特：《注意力市场：如何吸引数字时代的受众》，郭石磊译，中国人民大学出版社 2017 年版。

29. ［美］卡尔·夏皮罗、哈尔·R. 范里安：《信息规则：网络经济的策略指导》，孟昭莉、牛露晴译，中国人民大学出版社 2017 年版。

30. ［澳］卢克·多梅尔：《算法时代：新经济的新引擎》，胡小锐、钟毅译，中信出版集团 2016 年版。

31. ［英］尼古拉斯·盖恩、戴维·比尔：《新媒介：关键概念》，刘君、周竞男译，复旦大学出版社 2015 年版。

32. ［美］查尔斯·斯特林：《大众传媒革命》，王家全等译，中国人民大学出版社 2014 年版。

33. ［加］大卫·戴岑豪斯：《合法性与正当性：魏玛时代的施米特、凯尔森与海勒》，刘毅译，商务印书馆 2013 年版。

34. ［美］汤姆·纳格、约瑟夫·查莱、陈兆丰：《定价战略与战术：通向利润增长之路》，龚强等译，华夏出版社 2012 年版。

35. ［美］比尔·科瓦齐、汤姆·罗森斯蒂尔：《新闻的十大基本原则：新闻从业者须知和公众的期待》，刘海龙、连晓东译，北京大学出版社 2011 年版。

36. ［美］凯文·凯利：《科技想要什么》，熊祥译，中信出版社 2011 年版。

37. ［美］克莱·舍基：《认知盈余：自由时间的力量》，胡泳、哈丽丝译，中国人民大学出版社 2012 年版。

38. ［美］W. 基普·维斯库斯等：《反垄断与管制经济学》，陈甫军等译，中国人民大学出版社 2010 年版。

39. ［美］尼古拉斯·卡尔：《浅薄：互联网如何毒化了我们的大脑》，刘纯毅译，中信出版社 2010 年版。

40. ［美］赫伯特·霍温坎普：《联邦反托拉斯政策：竞争法律及其实践》，许光耀等译，法律出版社 2009 年版。

41. ［美］史蒂芬·布雷耶：《打破恶性循环：政府如何有效规制风险》，宋华琳译，法律出版社 2009 年版。

42. ［美］汉娜·阿伦特：《人的境况》，王寅丽译，上海世纪出版集团 2009 年版。

43. ［美］Michael Miller：《云计算》，姜进磊等译，机械工业出版社 2009 年版。

44. ［日］丹宗昭信、伊从宽：《经济法总论》，吉田庆子译，中国法制出版社 2010 年版。

45. ［美］凯撒·R. 桑斯坦：《信息乌托邦：众人如何生产知识》，毕竟悦译，法律出版社 2008 年版。

46. ［美］赫伯特·马尔库塞：《单向度的人：发达工业社会的意识形态研究》，刘继译，上海世纪出版集团 2008 年版。

47. ［美］丹尼尔·F. 史普博：《管制与市场》，余晖等译，格致出版社、上海三联书店、上海人民出版社 2008 年版。

48. ［美］罗纳德·德沃金：《至上的美德：平等的理论与实践》，冯克利译，江苏人民出版社 2008 年版。

49. ［美］乔治·萨顿：《科学的历史研究》，刘兵、陈恒六、仲维光译，上海交通大学出版社 2007 年版。

50. ［美］尼尔·波斯曼：《技术垄断：文化向技术投降》，何道宽等译，中信出版社 2019 年版。

51. ［美］托马斯·弗里德曼：《世界是平的》，何帆等译，湖南科学技术出版社 2006 年版。

52. ［德］马克斯·韦伯：《经济与社会》（上卷），林荣远译，商务印书馆 2006 年版。

53. ［美］菲利浦·纳波里："基础原则和传播决策"，载金冠军等主编：《国际传媒政策新视野》，上海三联书店 2005 年版。

54. ［美］新闻自由委员会：《一个自由而负责的新闻界》，展江、王征、王涛译，中国人民大学出版社 2004 年版。

55. ［美］理查德·A. 波斯纳：《反托拉斯法》，孙秋宁译，中国政法大学出版社 2003 年版。

56. ［美］凯斯·桑斯坦：《网络共和国：网络社会中的民主问题》，黄维明译，上海人民出版社 2003 年版。

57. 陈越编：《哲学与政治：阿尔都塞读本》，吉林人民出版社 2003 年版。

58. ［美］沃尔特·李普曼：《公众舆论》，阎克文、江红译，上海人民出版社 2002 年版。

59. ［德］哈贝马斯：《公共领域的结构转型》，曹卫东等译，学林出版社

1999 年版。

60. ［日］中山信弘：《多媒体与著作权》，张玉瑞译，专利文献出版社 1997年版。

61. ［美］尼古拉·尼葛洛庞蒂：《数字化生存》，胡泳、范海燕译，海南出版社 1997 年版。

62. ［英］弗里德里希·奥古斯特·冯·哈耶克：《通往奴役之路》，王明毅等译，中国社会科学出版社 1997 年版。

63. ［英］弗里德里希·冯·哈耶克：《自由秩序原理》，邓正来译，生活·读书·新知三联书店 1997 年版。

64. ［英］休谟：《人性论》，关文运译，商务印书馆 1996 年版。

65. ［美］G. J. 施蒂格勒：《产业组织和政府管制》，潘振民译，上海人民书店、上海三联出版社 1996 年版。

66. ［美］沃尔特·李普曼：《舆论学》，林珊译，华夏出版社 1989 年版。

67. ［美］约翰·罗尔斯：《正义论》，何怀宏等译，中国社会科学出版社 1988 年版。

二、期刊论文类

1. 孟雁北："反垄断法规制平台剥削性滥用的争议与抉择"，载《中外法学》2022 年第 2 期。

2. 曾白凌："媒介权力：论平台在算法中的媒体责任"，载《现代传播（中国传媒大学学报）》2021 年第 10 期。

3. 姜华、张涛甫："传播结构变动中的新闻业及其未来走向"，载《中国社会科学》2021 年第 8 期。

4. 武腾："最小必要原则在平台处理个人信息实践中的适用"，载《法学研究》2021 年第 6 期。

5. 黄杨："算法新闻推送中个性化与公共性的博弈"，载《青年记者》2021年第 6 期。

6. 孙晋："数字平台的反垄断监管"，载《中国社会科学》2021 年第 5 期。

7. 张晨颖："公共性视角下的互联网平台反垄断规制"，载《法学研究》2021 年第 4 期。

8. 高薇："平台监管的新公用事业理论"，载《法学研究》2021 年第 3 期。

9. 常江、刘璇："平台型媒体与数字新闻的价值引领"，载《青年记者》2021 年第 3 期。

10. 李晓辉："算法商业秘密与算法正义"，载《比较法研究》2021 年第 3 期。

11. 唐要家、唐春晖："数字平台反垄断相关市场界定"，载《财经问题研究》2021 年第 2 期。

12. 左亦鲁："假新闻：是什么？为什么？怎么办？"，载《中外法学》2021 年第 2 期。

13. 孔祥俊："论互联网平台反垄断的宏观定位——基于政治、政策和法律的分析"，载《比较法研究》2021 年第 2 期。

14. 黄文森、廖圣清："同质的连接、异质的流动：社交网络新闻生产与扩散机制"，载《新闻与传播研究》2021 年第 2 期。

15. 喻玲、兰江华："算法个性化定价的反垄断法规制：基于消费者细分的视角"，载《社会科学》2021 年第 1 期。

16. 陈鹏："公众新闻生产如何改变新闻业：基于新闻规范、观念与文化的分析"，载《现代传播（中国传媒大学学报）》2020 年第 12 期。

17. 丁晓东："论算法的法律规制"，载《中国社会科学》2020 年第 12 期。

18. 胡江伟、周云倩："新闻算法分发的技术伦理冲突及其规制"，载《社会科学文摘》2020 年第 11 期。

19. 荆学民、于淑婧："自媒体时代的政治传播秩序及中国调适"，载《政治学研究》2020 年第 2 期。

20. 喻玲："算法消费者价格歧视反垄断法属性的误读及辨明"，载《法学》2020 年第 9 期。

21. 陈堂发："论私法范畴的媒体权力——基于《民法典·人格权编》相关条款"，载《新闻与传播研究》2020 年第 8 期。

22. 王诗雯："信息茧房：对个性化推送的过度担忧"，载《视听》2020 年第 6 期。

23. 郭哲："反思算法权力"，载《法学评论》2020 年第 6 期。

24. 张书勤："AI 赋能文化产业的管理制度创新研究"，载《出版广角》2020年第 6 期。

25. 谭晨："国际航空联营反垄断审查的逻辑和路径——基于国外经验和中国实践的观察"，载《竞争政策研究》2020 年第 6 期。

26. 谢新洲、王强："个性化新闻推荐发展动力及趋势研究"，载《新闻爱好者》2020 年第 6 期。

27. 黄韬："信息中心主义的表达自由"，载《华东政法大学学报》2020 年第 5 期。

28. 段宏磊、沈斌："互联网经济领域反垄断中的'必要设施理论'研究"，载《中国应用法学》2020 年第 4 期。

29. 殷继国："大数据经营者滥用市场支配地位的法律规制"，载《法商研究》2020 年第 4 期。

30. 章剑生："作为介入和扩展私法自治领域的行政法"，载《当代法学》2021 年第 3 期。

31. 杨洸、佘佳玲："新闻算法推荐的信息可见性、用户主动性与信息茧房效应：算法与用户互动的视角"，载《新闻大学》2020 年第 2 期。

32. 宋本金："UGC 时代 传统新闻媒体面临的挑战及应对策略"，载《新闻世界》2021 年第 2 期。

33. 万江："政府管制的私法效应：强制性规定司法认定的实证研究"，载《当代法学》2020 年第 2 期。

34. 荆学民、于淑婧："自媒体时代的政治传播秩序及中国调适"，载《政治学研究》2020 年第 2 期。

35. 彭增军："算法与新闻公共性"，载《新闻记者》2020 年第 2 期。

36. 李强："中国国际话语权：演进逻辑、构建维度与现实挑战"，载《中央社会主义学院学报》2020 年第 2 期。

37. 刘斌："算法新闻的公共性建构研究——基于行动者网络理论的视角"，载《人民论坛·学术前沿》2020 年第 1 期。

38. 黄森、黄佩："算法驯化：个性化推荐平台的自媒体内容生产网络及其运作"，载《新闻大学》2020 年第 1 期。

39. 王绍卿等："个性化新闻推荐技术研究综述"，载《计算机科学与探索》2020 年第 1 期。

40. 季为民："中国特色社会主义新闻学'三大体系'的建构"，载《新闻与传播研究》2019 年第 9 期。

41. 马长山："智慧社会建设中的'众创'式制度变革——基于'网约车'合法化进程的法理学分析"，载《中国社会科学》2019 年第 4 期。

42. 陆宇峰："信息社会中的技术反噬效应及其法治挑战——基于四起网络舆情事件的观察"，载《环球法律评论》2019 年第 3 期。

43. 杨保军、李泓江："论算法新闻中的主体关系"，载《编辑之友》2019 年第 8 期。

44. 朱红艳、蒋鑫："国内数字素养研究综述"，载《图书馆工作与研究》2019 年第 8 期。

45. 刘乃梁："包容审慎原则的竞争要义——以网约车监管为例"，载《法学评论》2019 年第 5 期。

46. 侯林林、刘威、张宏邦："注意力市场中短视频用户的困境"，载《新闻知识》2019 年第 5 期。

47. 汪志刚："论民事规训关系——基于福柯权力理论的一种阐释"，载《法学研究》2019 年第 4 期。

48. 张军辉、沈宇："理想的彼岸抑或意义的迷失：算法驱动新闻社会责任反思"，载《中国出版》2019 年第 4 期。

49. 李鑫欣："个性化推荐算法概述与展望"，载《数据挖掘》2019 年第 3 期。

50. 罗昕、肖恬："范式转型：算法时代把关理论的结构性考察"，载《新闻界》2019 第 3 期。

51. 蔡莉妍："论国际航运反垄断豁免的流变与对策选择"，载《大连理工大学学报（社会科学版）》2019 年第 3 期。

52. 鞠宇恒："大数据算法下新闻把关机制研究——以今日头条为例"，载《传播力研究》2019 年第 36 期。

53. 崔迪、吴舫："算法推送新闻的知识效果——以今日头条为例"，载《新闻记者》2019 年第 2 期。

　　54. 刘太刚："从审慎监管到包容审慎监管的学理探析——基于需求溢出理论视角下的风险治理与监管"，载《理论探索》2019 年第 2 期。

　　55. 国秋华："个性化新闻推荐对注意力市场的建构"，载《出版发行研究》2019 年第 2 期。

　　56. 蒋舸："作为算法的法律"，载《清华法学》2019 年第 1 期。

　　57. 白红义、李拓："算法的'迷思'：基于新闻分发平台'今日头条'的元新闻话语研究"，载《新闻大学》2019 年第 1 期。

　　58. 徐健："人工智能助力美联社新闻生产变革"，载《传媒》2019 年第 1 期。

　　59. 姜野："算法的规训与规训的算法：人工智能时代算法的法律规制"，载《河北法学》2018 年第 12 期。

　　60. 王宁："'今日头条'新闻客户端的成功突围探析"，载《传媒论坛》2018 年第 8 期。

　　61. 黄立威等："基于深度学习的推荐系统研究综述"，载《计算机学报》2018 年第 7 期。

　　62. 赵莉莉："反垄断法相关市场界定中的双边性理论适用的挑战和分化"，载《中外法学》2018 年第 2 期。

　　63. 郑智航："网络社会法律治理与技术治理的二元共治"，载《中国法学》2018 年第 2 期。

　　64. 郑戈："算法的法律与法律的算法"，载《中国法律评论》2018 年第 2 期。

　　65. 舒悦、尹莉、李梦雅："基于算法的个性化信息推送服务"，载《新闻研究导刊》2018 年第 1 期。

　　66. 许光耀："界定相关市场的目的与标准研究"，载《价格理论与实践》2016 年第 11 期。

　　67. 周思维："浅析黑马'一点资讯'的成功之道"，载《卷宗》2016 年第 8 期。

　　68. 承上："互联网领域免费行为的反垄断规制——以消费者注意力成本与个

人信息成本为视角"，载《现代经济探讨》2016 年第 3 期。

69. 张长明："出版物转售价格维持的逻辑思辨与适用——基于反垄断法视角"，载《财经理论与实践》2016 年第 2 期。

70. 李剑："合理原则下的单一产品问题——基于中国反垄断法搭售案件的思考"，载《法学家》2015 年第 1 期。

71. 王璐璐、曾元祥、许洁："论文化产品的公共产品属性——兼谈文化产品生产中的政府职能"，载《出版科学》2014 年第 5 期。

72. 刘武朝："欧盟竞争法中的单一主体规则及借鉴"，载《比较法研究》2014 年第 4 期。

73. 高金萍："社交媒体格局下传统媒体如何担当'船桥上的瞭望者'——析美媒'占领华尔街'运动报道"，载《国际新闻界》2012 年第 4 期。

74. 刘建国、周涛、汪秉宏："个性化推荐系统的研究进展"，载《自然科学进展》2009 年第 1 期。

75. 朱继胜："现代技术伦理困惑的反思与求解"，载《前沿》2010 年第 7 期。

76. 蒋晓、韩鸿、兰臻："中国语境下的人工智能新闻伦理建构"，载《西南民族大学学报（人文社科版）》2019 年第 6 期。

77. 张海超："算法新闻生产中的把关及伦理问题研究"，载《传播力研究》2018 年第 20 期。

78. 储殷："'算法新闻'真地撕裂了社会吗"，载《世界知识》2018 年第 17 期。

79. 陈昌凤、翟雨嘉："信息偏向与纠正：寻求智能化时代的价值理性"，载《青年记者》2018 年第 13 期。

80. 袁帆、严三九："新闻传播领域算法伦理建构"，载《湖北社会科学》2018 年第 12 期。

81. 陈昌凤、师文："个性化新闻推荐算法的技术解读与价值探讨"，载《中国编辑》2018 年第 10 期。

82. 王斌、李宛真："如何戳破'过滤气泡'算法推送新闻中的认知窄化及其规避"，载《新闻与写作》2018 年第 9 期。

83. 方师师："算法如何重塑新闻业：现状、问题与规制"，载《新闻与写作》2018 年第 9 期。

84. 吴锋："发达国家'算法新闻'的理论缘起、最新进展及行业影响"，载《编辑之友》2018 年第 5 期。

85. 杨文建："英美数字素养教育研究"，载《图书馆建设》2018 年第 3 期。

86. 郭林生："论算法伦理"，载《华中科技大学学报（社会科学版）》2018 年第 2 期。

87. 孔祥俊："论反不正当竞争的基本范式"，载《法学家》2018 年第 1 期。

88. 张超："作为中介的算法：新闻生产中的算法偏见与应对"，载《中国出版》2018 年第 1 期。

89. 焦海涛："文化多样性保护与反垄断法文化豁免制度"，载《法学》2017 年第 12 期。

90. 乔艳："智媒时代机器人新闻对新闻伦理的冲击与重建"，载《新闻世界》2017 年第 11 期。

91. 徐士英："竞争推进及竞争文化建设的路径探寻"，载《中国价格监管与反垄断》2017 年第 10 期。

92. 苏宏元、舒培钰："网络传播重构新闻生产方式：协作、策展与迭代"，载《编辑之友》2017 年第 6 期。

93. 党东耀："媒介融合生态下'媒介素能'解析——从'媒介素养'到'媒介素能'的变迁"，载《南昌大学学报（人文社会科学版）》2017 年第 1 期。

94. 焦海涛："社会政策目标的反垄断法豁免标准"，载《法学评论》2017 年第 4 期。

95. 罗丹："媒介接近权的历史演化与当代发展——以《迈阿密先驱报》诉托罗尼案为例"，载《东南传播》2017 年第 11 期。

96. 吕尚彬、刘奕夫："传媒智能化与智能传媒"，载《当代传播》2016 年第 4 期。

97. 彭兰："机器与算法的流行时代，人该怎么办"，载《新闻与写作》2016 年第 12 期。

98. 王芳："从意识形态角度浅谈新闻宣传"，载《数字传媒研究》2016 年第 12 期。

99. 喻玲："企业反垄断合规制度的建立路径"，载《社会科学》2015 年第 5 期。

100. 刘英杰、魏溦："意识形态何以提高经济绩效——意识形态的经济功能分析"，载《东南学术》2015 年第 5 期。

101. 王璐璐、曾元祥、许洁："论文化产品的公共产品属性——兼谈文化产品生产中的政府职能"，载《出版科学》2014 年第 5 期。

102. 兰磊："反垄断法唯效率论质疑"，载《华东政法大学学报》2014 年第 4 期。

103. 喻玲："从威慑到合规指引 反垄断法实施的新趋势"，载《中外法学》2013 年第 6 期。

104. 陈景辉："法理论为什么是重要的——法学的知识框架及法理学在其中的位置"，载《法学》2014 年第 3 期。

105. 李剑："出版物多样性保护与反垄断法的转售价格维持规制"，载《中外法学》2013 年第 2 期。

106. 陈映、董天策："试论传媒多元化的政策逻辑"，载《南京社会科学》2012 年第 7 期。

107. 郑艳馨："论公用企业的界定"，载《社会科学家》2011 年第 10 期。

108. 李剑："反垄断私人诉讼困境与反垄断执法的管制化发展"，载《法学研究》2011 年第 5 期。

109. 蒋悟真："反垄断法中的公共利益及其实现"，载《中外法学》2010 年第 4 期。

110. 左惠："文化产品的公共物品属性及其供给模式选择"，载《中州学刊》2009 年第 5 期。

111. 李剑："百度'竞价排名'非滥用市场支配地位行为"，载《法学》2009 年第 3 期。

112. 徐桂权："新闻：从意识形态宣传到公共知识——知识社会学视野下的媒介研究及其理论意义"，载《国际新闻界》2008 年第 2 期。

113. 张占江：“自然垄断行业的反垄断法适用——以电力行业为例”，载《法学研究》2006 年第 6 期。

114. 史际春、杨子蛟：“反垄断法适用除外制度的理论和实践依据”，载《学海》2006 年第 1 期。

115. 何乏笔：“如何批判文化工业——阿多尔诺的艺术作品与美学修养的可能”，载《中山人文学报》2004 年第 19 期。

116. 陆晔、潘忠党：“成名的想象：中国社会转型过程中新闻从业者的专业主义话语建构”，载《新闻学研究》2002 年第 4 期。

三、学位论文类

1. 王喆：“新媒体时代主流意识形态安全研究”，吉林大学 2020 年博士学位论文。

2. 黄娟：“平台经济视角下网约车市场规制的重构”，江西财经大学 2020 年博士学位论文。

3. 孔建华：“当代中国网络舆情治理：行动逻辑、现实困境与路径选择”，吉林大学 2019 年博士学位论文。

4. 袁波：“大数据领域的反垄断问题研究”，上海交通大学 2019 年博士学位论文。

5. 田辰：“排他性交易的反垄断法研究”，对外经济贸易大学 2017 年博士学位论文。

6. 张志军：“社交网络中个性化推荐模型及算法研究”，山东师范大学 2015 年博士学位论文。

7. 马健：“论文化规制——基于中外文化管理经验的研究”，上海交通大学 2013 年博士学位论文。

8. 王丹：“我国文化产业政策及其体系构建研究”，东北师范大学 2013 年博士学位论文。

9. 吕娜：“文化产品审查制度研究——以道德审查为视角”，中国政法大学 2011 年博士学位论文。

10. 陆阳：“中国新闻传播的软实力构成及其创新”，武汉大学 2010 年博士学位论文。

11. 王生升："哈耶克经济自由主义理论与市场经济秩序"，中国人民大学 2002 年博士学位论文。

四、报纸文章、研究报告及网络资料类

1. "《习近平总书记系列重要讲话读本》全文"，载新华网，http：//www. xinhuanet. com/politics/2014-10/13/c_127090941_8. htm。

2. 任晓宁："一点资讯做有料有品的内容平台"，载《中国新闻出版广电报》2016 年 12 月 15 日，第 8 版。

3. 习近平："习近平致人民日报创刊 70 周年的贺信"，载 http：//www. xinhuanet. com/politics/leaders/2018-06/15/c_1122991111. htm。

4. 刘晓朋："习近平视察解放军报社"，载 http：//www. xinhuanet. com/politics/2015-12/26/c_1117588434. htm。

5. 中国互联网络信息中心："1994 年~1996 年互联网大事记"，载 http：//www. cac. gov. cn/2009-04/11/c_126500497. htm。

6. 中国互联网络信息中心："第 47 次《中国互联网络发展状况统计报告》（全文）"，载 http：//www. cac. gov. cn/2021-02/03/c_1613923423079314. htm。

7. 秋林："人民日报：实现平台经济更加规范更有活力更高质量发展"，载 https：//wap. peopleapp. com/article/6083914/5995231。

8. 羽生："人民网三评算法推荐：警惕算法走向创新的反面"，载 http：//opinion. people. com. cn/n1/2017/0920/c1003-29545718. html。

9. 腾讯研究院、工业和信息化部电子科学技术情报研究所："数字经济崛起：未来全球发展的新主线"，载 https：//www. tisi. org/16092。

10. 黄勇："十三届全国人大常委会专题讲座第二十三讲：完善反垄断法律制度 强化竞争政策基础地位"，载 http：//www. npc. gov. cn/npc/c30834/202104/2c6651232feb47b0824d72c81d9ac578. shtml。

五、外文论著类

1. Maurice E. Stucke & Ariel Ezrachi, *Competition Overdose：How Free Market Mythology Transformed us from Citizen Kings to Market Servants*, HarperCollins Publishers, 2020.

2. M. González-Gorosarri & A. I. Tolosa, "Proposal for a Common Framework to

Assess Media Quality", in M. Túñez-López, V. -A. Martínez-Fernández, X. López-García, X. Rúas-Araújo & F. Campos Freire (eds), *Communication: Innovation & Quality*, Springer International Publishing, 2019.

3. Martin Moore& Damian Tambini, *Digital Dominance: The Power of Google, Amazon, Facebook, and Apple*, Oxford University Press, 2018.

4. Tim Wu, *The Curse of Bigness: Antitrust in the New Gilded Age*, Columbia Global Reports, 2018.

5. Matthew B. Crawford, *The World Beyond Your Head: On Becoming an Individual in an Age of Distraction*, Farrar, Straus and Giroux, 2016.

6. ArielEzrachi & Maurice E. Stucke, *The Promise and Perils of the Algorithm-Driven Economy*, Harvard University Press, 2016.

7. P. Valcke, R. Picard& M. Sükösd, *Media Pluralism and Diversity: Concepts, Risks and Global Trends*, Palgrave Macmillan, 2015.

8. ArielEzrachi, *EU Competition Law: An Analytical Guide to The Leading Cases*, Hart Publishing, 2014.

9. NirEyal & Ryan Hoover, *Hooked: How to Build Habit-Forming Products*, Portfolio, 2014.

10. Gillian Doyle, *Understanding Media Economics*, SAGE Publications Ltd, 2013.

11. GergelyBiczók & Pern Hui Chia, *Interdependent privacy: Let Me Share Your Data*, *In International Conference on Financial Cryptography and Data Security*, Springer, Berlin, Heidelberg, 2013.

12. D. McQuail, *Journalism and Society*, SAGE Publications, 2013.

13. G. Doyle, *Understanding Media Economics*, SAGE Publications, 2013.

14. Chris Armstrong, *Global Distributive Justice: An Introduction*, Cambridge University Press, 2012.

15. Ronald G. Ehrenberg& Robert S. Smith, *Modern Labor Economics*, Prentice Hall, 2012.

16. Robin Foster, *News Plurality in a Digital World*, *Reuters Institute for the Study*

of Journalism, University of Oxford, 2012.

17. EliPariser, *The Filter Bubble*: *What the Internet Is Hiding from You*, Penguin Books Limited, 2011.

18. S. Lamble, *News as It Happens*: *An Introduction to Journalism*, Oxford University Press, 2011.

19. N. Carr, *The Shallows*: *What the Internet is Doing to Our Brains*, WW Norton & Company, 2010.

20. P. J. Boczkowski, *News at Work*: *Imitation in an Age of Information Abundance*, University of Chicago Press, 2010.

21. JohannaVehkoo, *What is Quality Journalism*: *And How Can It Be Saved*, *Reuters Institute of The Study of Journalism Fellowship Paper*, University of Oxford, 2010.

22. Thomas H. Cormen, Charles E. Leiserson, Ronald L. Rivest & Clifford Stein, *Introduction to Algorithms*, MIT Press, 2009.

23. L. Lessig, *Code*: *Version* 2. 0, Basic Books, 2006.

24. KatalinJudit Cseres, *Competition law and consumer protection*, Kluwer Law International, 2005.

25. Philip Evans & Tom Wurster, *Blown to Bits*: *How the New Economics of Information Transforms Strategy*, Harvard Business School Press, 2000.

26. PaoloBuccirossi, *Handbook of Antitrust Economics*, The MIT Press, 2008.

27. W. Errington& N. Miragliotta, *Media & Politics*: *An Introduction*, Oxford University Press, 2007.

28. Mark Armstrong, "Recent Developments in the Economics of Price Discrimination", in R. Blundell & W. K. Newey & T. Persson (eds.), *Advances in Economics and Econometrics*: *Theory and Applications*: *Ninth World Congress*: *volume II*, Cambridge University Press, 2006.

29. JosephTurow, Niche Envy, *Marketing Discrimination in the Digital Age*, MIT Press, 2006.

30. Shayne Bowman& Chris Willis, *We Media*: *How audiences are shaping the future of news and information*, Commissioned by The Media Center at The American

Press Institute，2003.

31. Thomas H. Davenport& John C. Beck，*The Attention Economy：Understanding the New Currency of Business*，Harvard Business Review Press，2002.

32. Robert H. Morse，*Antitrust & Trade Associations：How Trade Regulation Laws Apply to Trade and Professional Association*，American Bar Association，1996.

33. Estelle M. Phillips& D. S. Pugh，*How to Get a PhD：A Handbook for Students and their Supervisors*，Open University Press，1994.

34. Robert H. Bork，*The Antitrust Paradox：A Policyat War with Itself*，Free Press，1993.

35. Pierre Bourdieu& Loïc J. D. Wacquant，*An Invitation to Reflexive Sociology*，University of Chicago Press，1992.

36. Philip Selznick，*The Moral Commonwealth：Social Theory and the Promise of Community*，University of California Press，1992.

37. H. A. Simon，"Designing Organizations for an Information – Rich World"，in Greenberger M. (ed.)，*Computers，Communications，and the Public Interest*，The Johns Hopkins Press，1971.

38. Bernard Cecil Cohen，*The Press and Foreign Policy*，Princeton University Press，1963.

39. W. Lippmann，*Liberty and the News*，Princeton University Press，1920.

六、外文论文类

1. Vivien Weiwei Xu，"WeChat and the Sharing of News in Networked China"，*Digital Journalism*，Vol. 10，Issue. 2，2022.

2. HerbertHovenkamp，*Antitrust and Platform Monopoly*，Vol. 130，No. 8，2021.

3. Silvia Milano，Mariarosaria Taddeo & Luciano Floridi，"Recommender Systems and Their Ethical Challenges"，*AI & Society*，Vol. 35，2020.

4. Sanjukta Paul，"Antitrust as Allocator of Coordination Rights"，*UCLA Law Review*，Vol. 67，No. 2，2020.

5. OlivierBudzinski，Sophia Gaenssle & Annika Stöhr，"Outstanding Relevance Across Markets：A New Concept of Market Power?"，*Concurrences*，Vol. 17，Issue 3，

2020.

6. Gregory Day& Abbey Stemler, "Are Dark Patterns Anticompetitive?", *Alabama Law Review*, Vol. 72, 2020.

7. Kevin Bryan& Erik Hovenkamp, "Antitrust Limits on Startup Acquisitions", *Review of Industrial Organization*, Vol. 56, 2020.

8. Urbano Reviglio & Claudio Agosti, "Thinking Outside the Black−Box: The Case for 'Algorithmic Sovereignty' in Social Media", *Social Media+Society*, Vol. 6, Issue 2, 2020.

9. Liam O'Donnell, The Attention Economy: How to Adapt tothe Growing Influence of Digital Media, arailable at https://www.lem.lu/pdf/memoires/201920/O′DONNELL,%20Liam_(2CB)_The%20Attention%20Economy%20How%20to%20adapt%20to%20the%20growing%20influence%20of%20digital%20media.pdf, 2020.

10. D. Geradin & D. Katsifis, "An EU Competition Law Analysis of Online Display Advertising in The Programmatic Age", *European Competition Journal*, Vol. 15, Issue 1, 2019.

11. David S. Evans, "Attention Platforms, the Value of Content, and Public Policy", *Review of Industrial Organization*, Vol. 54, 2019.

12. Seong Jae Min, "From Algorithmic Disengagement to Algorithmic Activities: Charting Social Media Users' Response to News Filtering Algorithms", *Telematics and Informatics*, Vol. 43, 2019.

13. Paweł Drobny, "The Attention Markets as a Challenge for Competition Policy", *Research Papers of Wrocła W University of Economics*, Vol. 63, Issue 5, 2019.

14. Hannah Bloch−Wehba, "Global Platform Governance: Private Power in the Shadow of the State", *SMU Law Review*, Vol. 72, Issue 1, 2019.

15. Helberger N., "On the Democratic Role of News Recommenders", *Digital Journalism*, Vol. 7, Issue. 8, 2019.

16. John M. Newman, "Procompetitive Justifications in Antitrust Law", *Indiana Law Journal*, Vol. 94, Issue 2, 2019.

17. Paweł Drobny, "The Attention Markets as A Challenge for Competition Poli-

cy", *Research Papers of Wrocła W University of Economics*, Vol. 63, No. 5, 2019.

18. Oren Bar-Gill, "Algorithmic Price Discrimination: When Demand Is a Function of Both Preferences and (Mis) Perceptions", *The University of Chicago Law Review*, Vol. 86, No. 2, 2019.

19. K. Sabeel Rahman, "Infrastructural Regulation and the New Utilities", *Yale Journal on Regulation*, Vol. 35, 2018.

20. Maurice E. Stucke & Ariel Ezrachi, "How Your Digital Helper May Undermine Your Welfare, and Our Democracy", *Berkeley Technology Law Journal*, Vol. 32, No. 3, 2018.

21. K. Sabeel Rahman, "The New Utilities: Private Power, Social Infrastructure, and the RevivalOf The Public Utility Concept", *Cardozo Law Review*, Vol. 39, No. 5, 2018.

22. A. E. Marwick, "Why do people share fake news? A Sociotechnical Model of Media Effects", *Georgetown Law Technical Review*, Vol. 2, 2018.

23. N. Helberger, K. Karppinen & L. D'Acunto, "Exposure Diversity as A Design Principle for Recommender Systems", *Information, Communication & Society*, Vol. 21, No. 2, 2018.

24. Möller, J., Trilling D., Helberger, N. & Van Es, "Do not Blame It on The Algorithm: An Empirical Assessment of Multiple Recommender Systems and Their Impact on Content Diversity", *Information, Communication & Society*, Vol. 21, No. 7, 2018.

25. V. Bakirand A. McStay, "Fake News and The Economy of Emotions: Problems, Causes, Solutions", Digital Journalism, Vol. 6, No. 2, 2018.

26. P. Stringer, "Finding a Place in the Journalistic Field: The Pursuit of Recognition and Legitimacy at BuzzFeed and Vice", *Journalism Studies*, Vol. 19, No. 13, 2018.

27. Lina Khan, "Amazon's Antitrust Paradox", *Yale Law Journal*, Vol. 126, No. 3, 2017.

28. Tim Wu, "Blind Spot: The Attention Economy and the Law", *Antitrust Law*

Journal, Vol. 82, Issue 3, 2017.

29. Christopher Townley, Eric Morrison & Karen Yeung, "Big Data and Personalised Price Discrimination in EU Competition Law", *Yearbook of European Law*, Vol. 36, 2017.

30. Rahman K S. , "The New Utilities: Private Power, Social Infrastructure, and the Revival of The Public Utility Concept", *Cardozo L. Rev.* , Vol. 39, 2017.

31. ChadSyverson, "Challenges to Mismeasurement Explanations for The US Productivity Slowdown", *Journal of Economic Perspectives*, Vol. 3, No. 2, 2017.

32. T. Bucher& A. Helmond, "The Affordances of Social Media Platforms", in J. Burgess, A. Marwick & T. Poell (eds), *The SAGE Handbook of Social Media*, SAGE Publications Ltd. , 2017.

33. NicholasDiakopoulos and Michael Koliska, "Algorithmic Transparency in the News Media", *Digital Journalism*, Vol. 5, Issue 7, 2017.

34. Frederik J. Zuiderveen Borgesius, Damian Trilling, Judith Möller, Balázs Bodó, Claes H. de Vreese, & Natali Helberger, "Should We Worry About Filter Bubbles?", *Internet Policy Review*, Vol. 5, Issue 1, 2016.

35. Jeffrey L. Harrison, "Other Markets, Other Costs: Modernizing Antitrust", *U. FLA. J. L. & PUB. POL'Y*, Vol. 27, 2016.

36. Maurice E. Stucke & Ariel Ezrachi, "When Competition Fails to Optimize Quality: A Look at Search Engines", *Yale Journal of Law & Technology*, Vol. 18, 2016.

37. T. Bucher, "The Algorithmic Imaginary: Exploring the OrdinaryAffects of Facebook Algorithms", *Information, Communication and Society*, Vol. 20, No. 1, 2015.

38. Zephyr Teachout & Lina Khan, "Market Structure and Political Law: A Taxonomy of Power", *Duke Journal of Constitutional Law & Public Policy*, Vol. 9, Issue 2, 2014.

39. Cass R. Sunstein, "Deciding by Default", *U. PA. L. REV.* , Vol. 162, No. 1, 2013.

40. David S. Evans, "Attention to Rivalry among Online Platforms and its Implica-

tions for Antitrust Analysis", *Coase - Sandor Inst. for L. & Econ.*, *Working Paper No.* 627, 2013.

41. John M. Newman, *Copyright Freeconomics*, Vol. 66, Issue 5, 2013.

42. Maurice E. Stucke, "Is Competition Always Good?", *Journal of Antitrust Enforcement*, Vol. 1, Issue 1, 2013.

43. MichaelHagenau, Michael Liebmann, Markus Hedwig & Dirk Neumann, "Automated News Reading: Stock Price Prediction Based on Financial News Using Context-Specific Features", *Decision Support Systems*, Vol. 55, Issue 3, 2013.

44. Ying Fan, "Ownership consolidation and product characteristics: A study of the US daily newspaper market", *American Economic Review*, Vol. 103, No. 5, 2013.

45. AnastasiaKiyonaga & Tobias Egner, "Working Memory as Internal Attention: Toward an Integrative Account of Internal and External Selection Processes", *Psychonomic Bulletin & Review*, Vol. 20, No. 2, 2012.

46. MadeleineHayenhjelm & Jonathan Wolff, "The Moral Problem of Risk Impositions: A Survey of the Literature", *European J of Philosophy*, Vol. 20, Issue S1, 2012.

47. Stephen Hurley, "The Use of Surveys in Merger and Competition Analysis", *Journal of Competition Law and Economics*, Vol. 7, No. 1, 2011.

48. C. F. Marshall& E. M David, "Prior Restraint 2.0: A Framework for Applying Section 230 to Online Journalism", *Wake Forest Journal of Law & Policy*, Vol. 1, No. 1, 2011.

49. RahulTongia & Ernest J. Wilson III, "The Flip Side of Metcalfe's Law: Multiple and Growing Costs of Network Exclusion", *International Journal of Communication*, Vol. 5, 2011.

50. Robert M. Entman & Steven S. Wildman, "Reconciling Economic and Non-Economic Perspectives on Media Policy: Transcending the Marketplace of Ideas", *Journal of Communication*, Vol. 42, No. 1, 2010.

51. Mike Walker, "The Importance of a Theory of Harm", *European Competition Law Review*, Vol. 31, No. 10, 2010.

52. Fondevila Gascón & Joan Francesc, "Multimedia, Digital Press and Journalistic Genres in Catalonia and in Spain: An Empirical Analysis", *Communication Studies Journal*, No. 7, 2010.

53. David Beer, "Power through the Algorithm? Participatory Web Cultures and the Technological Unconscious", *New Media & Society*, Vol. 11, Issue 6, 2009.

54. Vibeke Lehmann Nielsen & Christine Parker, "Testing Responsive Regulation in Regulatory Enforcement", *Regulation & Governance*, Vol. 3, No. 4, 2009.

55. A. J. A. M. van Deursen & J. A. G. M. van Dijk, "Improving Digital Skills for The Use of Online Public Information and Services", *Government Information Quarterly*, Vol. 26, Issue 2, 2009.

56. David A. Friedman, "Free Offers: A New Look", *N. M. L. Rev.*, Volume 38, Issue 1, 2008.

57. R. Burrows, "Afterword: Urban Informatics and Social Ontology", in Marcus-Foth, *Handbook of Research on Urban Informatics: The Practice and Promise of the Real-Time City*, Information Science Reference, 2008.

58. Scott Lash, "Power After Hegemony: Cultural Studies inMutation?", *Theory Culture and Society*, Vol. 24, Issue 3, 2007.

59. Kyle Bagwell, "The Economic Analysis of Advertising", *Chapter* 28 *in Handbook of Industrial Organization*, Vol. 3, No, 3, 2007.

60. KevinWallsten, "Agenda Setting and The Blogosphere: An Analysis of The Relationship Between Mainstream Media and Political Blogs", *Review of Policy Research*, Vol. 24, Issue 6, 2007.

61. PierreBarrouillet & Sophie Bernardin and Sophie Portrat and Evie Vergauwe and Valérie Camos, "Time and Cognitive Load in Working Memory", *Journal of Experimental Psychology: Learning, Memory, and Cognition*, Vol. 33, No. 3, 2007.

62. MartinSarter, William J Gehring & Rouba Kozak, "More Attention Must Be Paid: The Neurobiology of Attentional Effort", *Brain Res Rev.*, Vol. 51, Issue 2, 2006.

63. John Braithwaite, "Responsive Regulation and Developing Economies", *World*

Development, Vol. 34, Issue 5, 2006.

64. S. T. Kim & 이영환, "New Functions of Internet Mediated Agenda-Setting: Agenda-Rippling and Reversed Agenda-Setting", *Korean Journal of Journalism & Communication Studies*, Vol. 50, No. 3, 2006.

65. Simon P. Anderson & StephenCoate, "Market Provision of Broadcasting: A Welfare Analysis", *Rev. Econ. Studies*, Vol. 72, 2005.

66. M. Deuze, "What is Journalism? Professional Identity and Ideology of Journalists Reconsidered", *Journalism*, Vol. 6, No. 4, 2005.

67. Maxwell E. McCombs, "A Look at Agenda-setting: Past, Present and Future", *Journalism Studies*, Vol. 6, Issue 4, 2005.

68. Byoungkwan Lee, Karen M. Lancendorfer& Ki Jung Lee, "Agenda-setting and the internet: The Intermedia Influence of Internet Bulletin Boards on Newspaper Coverage of the 2000 General Election in South Korea", *Asian Journal of Communication*, Vol. 15, Issue 1, 2005,

69. J. Strömbäck, "In Search of a Standard: Four Models of Democracy and Their Normative Implications for Journalism", *Journalism Studies*, Vol. 6, No. 3, 2005.

70. MarkDeuze, "The Web and Its Journalisms: Considering the Consequences of Different Types Of Newsmedia Online", *New Media & Society*, Vol. 5, No. 2, 2003.

71. JohannesHörner, "Reputation and Competition", *American Economic Review*, Vol. 92, No. 3, 2002.

72. William A. Galston, "Political Knowledge, Political Engagement, and Civic Education", *Annual Review of Political Science*, Vol. 4, Issue 1, 2001.

73. DavidBawden, "Information and Digital Literacies: A Review of Concepts", *Journal of Documentation*, Vol. 57, No. 2, 2001.

74. Sheena S. Iyengar& Mark R. Lepper, "When Choice Is Demotivating: Can One Desire Too Much of a Good Thing?", *Journal of Personality and Social Psychology*, Vol. 79, No. 6, 2000.

75. Stephen Hare, "The Paradox of Moral Humility", *American Philosophical Quarterly*, Vol. 33, No. 2, 1996.

76. Paul E. Green，V. Srinivasan，"Conjoint Analysis in Marketing：New Developments with Implications for Research and Practice"，*Journal of marketing*，Vol. 54，No. 4，1990.

77. Daniel McFadden，"The Choice Theory Approach to Market Research"，*Marketing science*，Vol. 5，No. 4，1986.

78. William S. Comanor，"Vertical Price–Fixing，Vertical Market Restrictions，and the New Antitrust Policy"，*Harvard Law Review*，Vol. 98，Issue 5，1985.

79. Frank H. Easterbrook，"The Limits of Antitrust"，*Tex. L. Rev.*，Vol. 63，No. 1，1984.

80. A. Broadie & E. M. Pybus，"Kant's Concept of'Respect'"，*Kant–Studien*，Vol. 66，Issue1–4，1975.

81. Maxwell E. McCombs and Donald L. Shaw，"The Agenda–Setting Function of Mass Media"，*The Public Opinion Quarterly*，Vol. 36，No. 2，1972.

82. George A. Akerlof，"The Market for'Lemons'：Quality Uncertainty and the Market Mechanism"，*The Quarterly Journal of Economics*，Vol. 84，No. 3，1970.

83. Gary S. Becker，"A Theory of The Allocation of Time"，*Economic Journal*，Vol. 75，1965.

七、官方文件

1. 联合国教科文组织：《关于在数字时代保护及促进文化多样性的宣言》（2013）。

2. 联合国教科文组织：《世界文化多样性宣言》（2001）。

3. OECD，Methodologies to Measure Market Competition，OECD Competition Committee Issues Paper，2021.

4. OECD，Ex Ante Regulation and Competition in Digital Markets，OECD Competition Committee Discussion Paper，2021.

5. CMA，Algorithms：How They Can Reduce Competition and Harm Consumers，2021.

6. UK Department for Digital，Culture，Media & Sport，The Cairncross Review：A Sustainable Future for Journalism.

7. Reuters Institute, The Reuters Institute Digital News Report 2021, available at https：//reutersinstitute. politics. ox. ac. uk/sites/default/files/2021−06/Digital_News_Report_2021_FINAL. pdf, 2021.

8. Reuters Institute, The Reuters Institute Digital News Report 2020, available at https://reutersinstitute. politics. ox. ac. uk/sites/default/files/2020−06/DNR_2020_FINAL. pdf, 2020.

9. U. S. House of Representatives, Investigation of Competition in Digital Markets, 2020.

10. OECD, Competition in Digital Advertising Markets, 2020.

11. OECD, Algorithms and Collusion：Competition Policy in the Digital Age, 2019.

12. OECD, Challenges to Consumer Policy in the Digital Age, Background Report G20 International Conference on Consumer Policy, 2019.

13. ACCC, Digital Platforms Inquiry−Final Report, 2019.

14. D. Wilding, P. Fray, S. Molitorisz and E. McKewon, The Impact of Digital Platforms on News and Journalistic Content, Australian Competition and Consumer Commission Report, 2018.

15. European Parliament, Committee on Civil Liberties Justice and Home Affairs 2018, Report on Media Pluralism and Media Freedom in the European Union, （2017/2209（INI））, 2018.

16. OECD, Toolkit for Protecting Digital Consumer, 2018.

17. OECD, Rethinking Antitrust Tools for Multi−Sided Platforms, 2018.

18. OECD, Algorithms and Collusion：Competition Policy in the Digital Age, 2017.

19. Reuters Institute, The Reuters Institute Digital News Report 2016, available at https：//s3−eu−west−1. amazonaws. com/media. digitalnewsreport. org/wp−content/uploads/2018/11/Digital−News−Report−2016. pdf, 2016.

20. ICAEW, Acting in the Public Interest：A Framework for Analysis, 2012.

21. CB, Corporate Compliance Programs, 2010.

22. ICN, Assessment of ICN Members' Requirements and Recommendations on Further ICN Work on Competition Advocacy, 2009.

23. OECD, Consumer Education: Policy Recommendations of the OECD's Committee on Consumer Policy, 2009.

24. KFTC, Fair Trade Compliance Program, 2006.

25. ACCC, Corporate Trade Practices Compliance Programs: Compliance Guide, 2005.

26. OECD, Report on LeniencyProgrammes to Fight Hard Core Cartels, 2001.

八、案件文书类

1. State of South Carolina and State of Texas v. Google LLC, Complaint, Case 1: 20-cv-03010 (2020).

2. United States v. Internet Research Agency, Indictment, Case No. 1: 18-cr-00032-DLF (D. D. C. Feb. 16, 2018).

3. Ohio v. American Express, Co., Case NO. 16-1454 (Fed Cir. February 26, 2018).

4. Google Search (Shopping), CASE AT. 39740, June 27, 2017.

5. Case M. 8124-Microsoft/Linkedln (2016).

6. Case C - 172/12P, EI du Pont de Nemours v. Commission, 4 CMLR 7 [2014].

7. Case no comp/m. 6281-microsoft/ skype (2011).

8. Case HC094733, Toshiba Carrier UK Ltd v. KME YorkshireLtd, EWHC 2665 (Ch) [2011].

9. Case C-97/08P, Akzo Nobel and others v. Commission, ECR I-8237, 5 CMLR 23 [2009].

10. Case T-168/05, Arkema SA v. Commision [2009] ECR II-180.

11. Google/DoubleClick, Case COMP/M. 4731 (2008).

12. U. S. v. Vulcan Materials Company and Florida Rock Industries, 1: 07-cv-02044 (2008).

13. Kinderstart. com, LLC v. Google Inc., C 06-2057 JF (RS), (N. D. Cal.

Jan. 22, 2007)

14. Case C - 205/03P, FENIN v. Commission, ECR I - 6259, 5 CMLR 7 [2006].

15. Massachusetts v. Microsoft Corp. , 373 F. 3d 1199 (D. C. Cir. 2004).

16. Case C-189, 205-8, 213/02P, Dansk Rorindustri A/S and others v. Commission, ECR I-5425, 5 CMLR 17 [2005].

17. Glen Holly Entertainment, Inc. v. Tektronix Inc. , 343 F. 3d1000 (2003).

18. Mathias v. Daily News, L. P. , 152 F. Supp. 2d 465, 478 (2001).

19. Case C-286/98P Stora Kopparbegs Bergslags v Commission [2000] ECR I-9925, [2001] 4 CMLR12.

20. Todd v. Exxon Corp. , 275 F. 3d 191 (2nd Cir. 2001).

21. Calif. Dental Ass'n v. FTC, 526 U. S. 756 (1999).

22. Case C- 7 /97, Os car Bronner GmbH& Co. KG v. Media print Zeitungs-und Zeitschriftenverlag GmbH & Co. KG [1998] ECR I- 7791.

23. Case IV/33, 384 and IV/33. 387, FIFA-Distribution of Package Tours during the 1990 World Cup, OJ L326/ 31, [1992].

24. FTC v. Ind. Fed' n of Dentists, 476 U. S. 447 (1986).

25. MCI Communications Corp. v. AT&T Co. , 708 F. 2d 1081 (1983).

26. Reiter v. Sonotone Corp. , 442 U. S. 330, 343 (1979).

27. Case 27/76, United Brands &co and United Brands Continental BV v. Commission, ECR 207, 1 CMLR 429 [1978].

28. Case 15/74. Centrafarm BV and Adriaan De Peijper v. Sterling Drug Inc. [1974] ERC 1147.